本书出版得到
中信改革发展研究基金会支持

FARMERS INTEGRATED
COOPERATIVE:
2017年卷

综合农协
中国"三农"改革突破口

FARMERS INTEGRATED COOPERATIVE:
A BREAKTHROUGH IN CHINA RURAL REFORM

杨 团 孙炳耀 等/著

中国社会科学出版社

图书在版编目（CIP）数据

综合农协：中国"三农"改革突破口.2017年卷／杨团等著.
—北京：中国社会科学出版社，2017.12
ISBN 978-7-5203-1617-0

Ⅰ.①综…　Ⅱ.①杨…　Ⅲ.①农业合作组织—研究—
中国　Ⅳ.①F321.42

中国版本图书馆 CIP 数据核字（2017）第 290085 号

出 版 人	赵剑英	
责任编辑	冯春凤	
责任校对	张爱华	
责任印制	张雪娇	

出　　版	中国社会科学出版社	
社　　址	北京鼓楼西大街甲 158 号	
邮　　编	100720	
网　　址	http://www.csspw.cn	
发 行 部	010-84083685	
门 市 部	010-84029450	
经　　销	新华书店及其他书店	

印　　刷	北京君升印刷有限公司
装　　订	廊坊市广阳区广增装订厂
版　　次	2017 年 12 月第 1 版
印　　次	2017 年 12 月第 1 次印刷

开　　本	710×1000　1/16
印　　张	27.25
插　　页	2
字　　数	447 千字
定　　价	118.00 元

凡购买中国社会科学出版社图书，如有质量问题请与本社营销中心联系调换
电话:010-84083683

目　录

总论

合作：中国农业发展道路的讨论 　　　　　　　　　王小鲁　姜斯栋 / 3

此集体非彼集体

　　——为社区性、综合性乡村合作组织探路 　　　　　　　杨团 / 29

农村与农业

追魂与重建：寻求真实有意义乡村发展的反省与自觉

　　——渠岩的艺术乡建探索与思考 　　　　　　　　　　李人庆 / 67

村委会选举的村庄治理本位：从户内委托辩难走向

　　选举权利祛魅 　　　　　　　　　　　　　　　　　仝志辉 / 82

从农户家庭资产负债表看农村普惠金融供给侧结构性改革 　　孙同全 / 104

开创中国有机农业建设新局面 　　　　　　　　　　　　胡跃高 / 124

技术专利、国家税收、金融资本对奶产业剩余的瓜分

　　使得农户失去可持续发展动力 　　达林太　于洪霞　娜仁高娃 / 138

种植业恢复集体经营不是好办法 　　　　　　　　　　　姜斯栋 / 144

关于农业生产率的三个概念 　　　　　　　　　　　　　姜斯栋 / 153

土地流转

农村的土地流转：农民生计与政策选择方向　　　　刘建进　孙炳耀 / 159

工商资本下乡与农村土地利用

    ——重庆千秋村十年试点　　　　　　　　　　　　　张浩 / 178

农地流转的生计与贫困影响

    ——基于河南某县的案例研究　　　　　　　　　　　张浩 / 191

土地可持续利用与农民生计案例：永胜村农民合作社　　刘建进 / 219

山西省蒲韩地区土地流转问题调查报告　　　　　　　姜斯栋 / 232

农民合作组织发展

中国农民合作组织体系的构建：基本理念与主要原则　　许欣欣 / 255

农村合作组织精准扶贫功能发挥的问题与对策　　　　桂　玉 / 275

农民专业合作社联合组织的发展现状及思考　　　　　兰世辉 / 286

中国农村民间组织的多元发展模式探析　　　　　　　毕天云 / 297

对蒲韩乡村社区的行动研究：弱干预和强干预　　　　杨　团 / 310

供销社综合改革

河南民权县基层供销社综合改革方案设计调研论证报告　孙炳耀 / 329

河北内丘金店镇新农协经营情况调查报告　　　　　　姜斯栋 / 345

东亚农协（农会）研究

对韩国农协结构性市场化改革的探索　　　　　　　　　　　杨团／359

日本政府的农协改革方案及农协自主

　　改革现状　　　　　　　　　曹斌　成田拓未　神田健策／382

从构想到实践：地政学派与台湾土地银行的创设　　　　程朝云／398

调查与研究

雄安新区建设中创新型的"三农"问题解决思路　　综合农协研究组／421

河北省刘现庄调查简记　　　　　　　　　　　　杨团　刘建进／425

后　记　　　　　　　　　　　　　　　　　　　　　　　　／430

总论

合作：中国农业发展道路的讨论[①]

王小鲁　姜斯栋[②]

摘要： 中国农业过去经历了曲折的发展过程。目前在有限土地上推动粮食等传统农产品不断增产的农业道路已经临近极限，同时随着居民收入水平的提高和需求的变化，农业发展需要从数量满足向质量优化转型。伴随城市化进展和劳动力转移，农业会适度扩大经营规模，但资本化大农场不应成为农业的主流经营方式。农户家庭经营加合作的方式将更加适合中国的资源禀赋和总体效率要求。

关键词： 中国农业　农场规模　农业效率　合作

一　中国农业 66 年历史沿革：一个制度经济学的回顾

本节简要回顾中国农业从 1949 年到 2015 年这 66 年的发展过程，评价这期间制度因素的变化对中国农业的影响。

要对这期间制度因素对农业的影响做简明扼要的量化分析，全国粮食产量是一个标志性变量。粮食作物 1949 年占农作物播种面积的 88% ，2015 年仍占 68% 。粮食产值也在很长时期占农业总产值的很大比重。另一个主要

---

① 原载 *Rural China: An International Journal of History and Social Science*, V. 14, No. 2（Oct. 2017）：223 – 247；以及《中国乡村研究》第 14 辑，福州：福建教育出版社；2017。

② 王小鲁，北京国民经济研究所副所长、研究员；姜斯栋，中国经济体制改革研究会特邀研究员。

指标是农民收入。下面以粮食产量和农民收入作为主要线索，结合其他数据，分析农业的变化。本文使用的统计数据，除特别注明者外，均来自国家统计局网站、历年《中国统计年鉴》和《新中国六十年统计资料汇编》，以下不再分别说明。关键年份的粮食产量、农业投入品及农民收入数据，详见本节末的表1。粮食亩产、亩均化肥等投入和农村居民人均收入的年均增长率详见本节末的表2。

以1949年以来的粮食产量变化为线索，可以大致把农业的发展分成如下几个阶段。

1949—1956年：农业恢复时期

在这7年间，粮食总产量从1.1亿吨增长到1.9亿吨（原粮，下同），产量年均增长率7.9%。但1950—1952年更快，年均增长13.1%；1953—1956年的年均增长仅4.1%。其他农产品产量也都有大幅度增长。这期间人均收入没有统计，但据国家统计局农村居民不变价格人均消费增长数据，1953—1956年平均增长3.5%。假定储蓄率不变，这可以近似代替农村居民人均收入增长。这期间农村人口年均增长1.6%，因此农民总收入年均增长约5.0%，快于粮食生产增长0.9个百分点。

这期间，农业生产迅速提高的首要原因应为战后的农业恢复。据安格斯·麦迪森[①]计算，中国在1952年人均GDP仅538国际元（international dollars，1990年价格），低于1820年人均GDP（人均600国际元）。中国经济当时以农业为主，说明农业发生了大衰退，主要原因是政府腐败、土地兼并、外国入侵和国内战争。最近的是1937—1945年的日本侵华战争和1945—1949年的国内战争，长期战乱严重打击了中国农业。1949年战争结束，农业迅速恢复。

农业迅速恢复的另一原因是经过1949年前后的土地改革，农业实现了耕者有其田，家庭农业显示了活力。这也说明家庭农业是适合当时农耕方式的生产形式。从数据看，20世纪50年代初期执政党倡导农业互助组（以及

---

① Angus Maddison, *Chinese Economic Performance in the Long Run*, p. 157, second edition, OECD publication, 2007.

一开始在自愿基础上建立的初级农业合作社）未发现对农业产生不良影响。这是因为虽然均分了土地，但经过长期战乱，人口衰减，许多农户严重缺劳力，或缺畜力、资金，无力进行有效的农业生产。而在自愿基础上的互助合作能使生产要素在农户间融通、互补，对农业的恢复和发展可能是有利的。

1957—1965 年：公社化导致的农业大衰退及恢复

这期间实行了合作化、人民公社化和"大跃进"。其间粮食产量从 1956 年的 1.9 亿吨大幅下降到 1961 年的 1.4 亿吨以下，下降近 30%。此后在 1963—1965 年的调整时期恢复到 1.9 亿吨，与 1956 年大体持平。用农村人均消费变动近似代替人均收入变动，可发现 1957—1958 年人均收入只有微弱增长，1959—1961 年大幅度下降，1962 年以后逐渐回升，直到 1965 年收入水平才超过了 1956 年。整个 9 年平均，人均年收入仅增长 1%。

这期间的农业大衰退和恢复，与制度及政策直接相关。首先，1957 年强制推行的"高级农业合作社"把土地、牲畜自愿入股变成无偿归农村集体所有，统一按劳动量进行分配，而且统一分配的规模扩大到若干个自然村的范围（即几个村组成一个"高级社"）。随后在 1958 年推行的公社化更将统一分配的规模扩大到原来的乡级行政区（通常包括几十个自然村）。在公社范围内，几十个村、几千户或上万户农民都要按照统一的指令从事农业生产、统一进行分配；不仅个人与个人之间，而且村与村之间都实行了大体平均的收入分配。因为农业生产劳动的实际付出难以计量，只能大体按出勤天数统计。这意味着无论一个人工作多么努力或者多么偷懒，最终得到的报酬都基本一样。实际上是对努力工作者的惩罚和对偷懒者的奖励。

在高度依赖人工劳动，依赖耕作者个体的积极性、主动性的传统农耕方式下，把生产规模从农户扩大到人民公社，根本不能提高效率，而大范围的平均分配却严重挫伤了农民的生产热情，使生产效率一落千丈。加上地方政府常常下达错误的生产指令，随意调配劳动力和资金从事无效的生产和建设（如"大炼钢铁"），更高层政府则随意摊派任务、根据虚报的产量征调粮食，导致了巨大的灾难性后果：1960—1962 年以数千万人生命为代价的全国大饥荒。

1963—1965 年的"调整"时期，农业出现恢复，主要是由于在灾难的教训下，从人民公社所有制退到"三级所有，队为基础"。基本核算单位缩小到生产队（通常是一个小自然村或自然村的一小部分），从几千或上万农户统一生产统一分配，缩小到几十家农户统一生产和统一分配。生产的努力程度和收入分配之间的关系更直接了，农民在农业生产中会采取比以前认真的态度，这是恢复的基本原因。但平均分配仍然存在，只是范围缩小了，仍在一定程度上奖懒罚勤，因此农民的生产积极性仍然不高，也就妨碍了农业效率提高。

1966—1977 年：投入增长和"绿色革命"

经过调整时期，粮食产量于 1966 年超过 2 亿吨，并继续增长，到 1977 年超过 2.8 亿吨。这 12 年间粮食产量年均增长 3.2%。其他主要农产品除棉花产量有所下降外，油料、糖料、茶叶、水果、肉类和水产品都有不同程度增长。这期间人民公社制度没有重要变化，农产品价格继续被政府压低，农民的生产积极性仍然不高。[①] 产量的增长主要来自政府推动的投入快速增加和良种的推广。

但随着投入成本增加和农村人口增长（人口年均增长 2.3%），该时期的农业增产并没有显著提高农民收入。农村居民人均消费增长（近似反映人均收入增长）年均仅 1.6%，略微好于 1957—1965 年。

在投入方面，农业机械总动力从 1965 年的 11GW（吉瓦，或百万千瓦）大幅度增长到 1977 年的 103GW；化肥施用量从 194 万吨增至 648 万吨（每公顷耕地从 19 公斤增至 65 公斤）；有效灌溉面积占耕地面积的比例从 32% 上升到 45%。农村电力使用也有大幅度增长。

在良种方面，杂交高粱、玉米和杂交水稻在此期间获得大面积推广。这些改良作物的产量远远高于传统作物，对粮食增产起了关键作用。

投入品增长和良种推广各自对这一时期粮食产量增长的作用有多大，可以作一个粗略估计。化肥在施用量不大的情况下，每公斤化肥约可带来 3—

---

① 用一个明显的事实可以说明农民对集体生产积极性不高。很多地方农民小块自留地的粮食亩产，是集体耕地亩产水平的 2—3 倍。不过自留地面积很小，对改善农民的生活没有太多帮助。

4 公斤粮食增产。按化肥 80% 用于粮食生产，增产系数 3.5 计算，可以解释 1300 万吨的粮食增产。旱地改灌溉，在北方可带来粮食产量 1 倍以上的增长，南方可能较少。按平均增产 80% 计算，可解释 2000 万吨的增产。机械的增产效果不是很突出，主要是通过拖拉机深耕和土地平整起作用；其他作用是代替人力畜力及用于灌溉，后者已反映在灌溉面积变化中了。按 70% 机械用于粮食耕作，每公顷耕地每增加机械动力 1kW（千瓦）增产 7% 计算，增产效果为 800 万吨。三者合计，共解释了 4100 万吨的增产。1977 年与 1965 年相比，增产粮食 8800 万吨（增幅 45%），未被投入品增长解释的 4700 万吨可以看作大面积推广良种的效果，相当于这 12 年的良种推广提高了产量 24%。

1978—1984 年：包产到户改革

在这 7 年间，全国粮食产量从 1977 年的 2.8 亿吨增长到接近 4.1 亿吨，年增长率 5.4%。其他农产品增幅更大，棉花、油料年均增长 17%，糖料、茶叶和水果分别年增产 13%、7% 和 8%；猪牛羊肉年增长 10%，给农民带来了更多的收入。粮食收购价格大幅提高也显著增加了农民收入。统计显示这 7 年农民家庭人均收入年增长 14.6%（不变价格），是 1949 年以来农民收入增长最快的时期。

1978 年中央决定大幅度提高农产品收购价格，同时安徽、四川等省部分地区农民自发实行了包产到户，得到当地官员支持。这一改革在不改变土地集体所有制的条件下，通过承包合同，把土地使用权还给农户，使之能够以家庭为单元从事生产和获得收益。这项改革和提高农产品价格激发了农民空前的生产积极性。由于增产增收效果显著，中央改变政策，在几年内在全国推广了包产到户改革（官方正式名称为"家庭联产承包责任制"），并废除了人民公社制度。

这一时期在投入品方面，农业机械和化肥有大幅度增长，农机总动力从 103GW 增至 195GW，增长 92GW；化肥年施用量从 648 万吨增至 1740 万吨；但灌溉面积减少了 1.2%。按前面的方法估算投入品的增产效果，机械对粮食增产的贡献仍为 800 万吨；化肥因用量增加使边际回报递减，按 3.0 的增产系数计算，贡献为 3300 万吨；灌溉面积减少的效果为 –100 万吨；

投入贡献合计约 4000 万吨。良种此前已获得大面积推广，对增产的边际贡献已经下降，其贡献按 1500 万吨计，两者对增产的贡献合计 5500 万吨。将其从 12500 万吨增产部分中扣除，其余 7000 万吨应为包产到户和农产品提价促进提高效率的贡献，相当于 1977 年粮食产量的 25%。其他农产品的增产效果更大。包产到户改革和农产品提价对农业的促进非常显著。

1985—2006 年：投入产出价格赛跑和阶梯式增产

这一时期，农业经历了几度停顿和发展，粮食产量呈阶梯式上升态势。在 1985—1989 年停顿在 4 亿吨或以下；1990 年上了一个台阶，接近 4.5 亿吨；在 1991—1995 年基本停留在这一水平；直到 1996 年上了 5 亿吨的台阶。此后又有 11 年的停滞和下降，持续到 2007 年才恢复到 5 亿吨。这期间粮食生产年增长率不到 1%，农村居民人均收入年增长 4.6%，增速明显低于包产到户改革时期。

这一时期的农业生产有如下特征：

1. 包产到户制度相比于人民公社制度带来的增产潜力，在 20 世纪 80 年代前半期已经基本释放，农业产出稳定在小规模农户经营所能达到的常态，在没有外力推动的情况下，包产到户制度本身已不再有继续大幅度增产的效应。

2. 农业产出继续增长主要依赖于投入的增长；但由于耕地面积有限、劳动密集度已经很高，投入品的边际回报迅速递减（或者说单位生产成本随投入增加而迅速上升），因此农民是否继续增加投入，取决于农产品与投入品的相对比价。如果农产品价格提高跑不过投入品涨价，农业经营就难以为继。

3. 农民在包产到户后面临若干新问题，例如个体农民面对复杂多变的市场，怎样抵御风险，稳定收入？怎样获得市场变化的信息？怎样不受假良种、假化肥的坑害？怎样学习和传播新农业技术？怎样保证农产品质量并获得收益？怎样保证必要的公共职能，如公共灌溉系统维护、村庄治理和环境保护？这些都需要在产前产后环节和更多的领域开展农户间的合作，以组织化的力量为农户降低成本、提高效率，并维护农户的合法权益。但由于方方面面的原因，这方面未能取得有效进展。

4. 这一时期也出现了农民各种税费负担加重的现象，特别在 20 世纪 90 年代一度成为严重的问题，在有些地方成为导致农民收入增长停滞甚至下降的主要因素。这种情况直到 2005—2006 年取消农业税和其他收费才有了根本改善。

1985—1989 年，农业投入品价格因通货膨胀迅速上涨，化肥和农药的农村综合零售价格 5 年累计涨幅分别为 55% 和 112%。而同期水稻、小麦和玉米的政府定购价分别只提高了 37%、19% 和 19%，而且主要的提价发生在 1989 年，因生产季节的因素，已不可能对当年生产发生影响。粮食议购价（政府超额收购部分的价格）升幅很大，但最主要也发生在 1989 年。显然，1989 年以前的农业相对贸易条件恶化，是农业停滞的基本原因；而 1989 年农产品大幅度提价是促使 1990 年粮食产量上台阶的主要因素。[①] 顺便指出，以往农业政策的调整常常滞后于情况变化，特别是粮食收购价格或保护价格的调整往往在播种以后才宣布，对农民安排生产和规避风险是一个不利因素。

1991—1995 年发生了类似的情况。其间化肥零售价格累计上涨 101%，水稻定购价和议购价在 1991—1994 年分别提高 75% 和 39%，低于化肥价格涨幅。直到 1995 年定购价和议购价分别提高了 23% 和 51%。小麦和玉米的情况也类似。这解释了 1991—1995 年的粮食生产再次停滞，也说明 1996 年粮食上到 5 亿吨台阶是 1995 年大幅度提价的结果。

1997—2006 年粮食生产又一次停滞和下降，原因也类似。鉴于不再有粮食定购价、议购价和化肥价格数据，这里用农产品生产者价格（较早为农产品收购价格）和农业生产资料价格进行分析。1997—2006 年，农业生产资料价格上涨了 10%，同期农产品生产者价格指数下降了 7%。农产品生产价格在 2002 年一度比 1996 年下降 24%，导致 2003 年粮食下跌回 4.3 亿吨。中国加入 WTO 后，政府取消了粮食定价定购，改为市场交易，但保留了粮食最低保护价，而且该价格在很大程度上主导了农产品生产者价格。

在 1985—2006 这 22 年间，粮食仅增产 22%（9000 万吨），而农业机械

---

① 此处和下文的粮食、化肥、农药价格数据来自农业部：《中国农业发展报告'96》，中国农业出版社 1996 年版，第 187—194 页。

总动力大幅增长了 272%，化肥施用量增长了 183%，灌溉面积占耕地面积之比按原来的统计口径从 45% 增长到 63%。[①] 投入增长远远超过了产出增长。粮食产量的有限增长全部由投入的高增长带来，伴随着效率急剧下降。

在这个时期，农民人均收入增长幅度显著超过粮食产量增长幅度（按不变价格计算增长了 169%，年均 4.6%），除了粮食收购价格提高的因素，农民收入显然还大量来自其他附加值更高的农产品产量增长和价格提高。例如，同期油料作物产量增长了 122%；糖料产量增长 119%；茶叶产量增长 148%；水果产量大幅增长 1637%。蔬菜产量早期无统计，估计增幅不大，但因品种多样化和价格上升，应有较大幅度的附加值提高。农民进城务工收入的增长也是一个更重要的因素。

2007—2015 年：政府持续提价促进粮食增产

2006 年，政府取消了农业税，农民负担显著减轻。此后连续提高粮食保护价，使粮食产量于 2007 年恢复到 5 亿吨。此后产量随价格轮番上涨，走出了阶梯模式，于 2013 年突破 6 亿吨，2015 年达 6.2 亿吨，9 年间增长了 25%，年均增长 2.5%。同期农民人均收入年增长 9.4%，尤其在 2010 年以后年均增长接近 10%，首度超过了城镇居民收入增速。

该期间，农业生产资料价格累计上升 54%，而农产品生产者价格累计提高了 83%，产出价格增长显著超过投入价格增长。其中粮食价格上升幅度更大。这主要由于政府不断提高粮食最低保护价，是促使该时期粮食生产持续增长的基本原因。例如 2015 年水稻、小麦、玉米这三种主要粮食产品的最低保护价分别平均在每公斤 2.88 元、2.36 元、2.24 元（玉米为 2014 年价格）；而 1985 年这三者的收购价格（定购和议购平均）依次分别为 0.71 元、0.86 元、0.64 元。价格分别上涨了 306%、174%、250%。

除了价格保护，政府还动用了大量财政资金发放种粮补贴、农机和良种

---

① 耕地面积统计数自 1996 年起根据农业普查数据作了调整，扩大了 36.9%，但灌溉面积基本未变。2006 年国土资源部公布耕地面积为 12173 万公顷，见《中国国土资源统计年鉴 2010》第 17 页。这里按 1997 年口径变化调整为 8892 万公顷，是为了与以前数据可比。实际的灌溉面积比例，应按现行统计计算更准确。

购置补贴、对产粮大县的奖励，等等。

由于不断提高粮食保护价已经成为增产的主要推动力量，国内综合粮价已经显著超过国际国内市场价格，粮食库存越来越多，损失浪费也越来越严重，使政府财政越来越难以支撑。2015 年政府已经放弃了玉米保护价，使玉米价格大跌。未来这种政府保护价不断提高的趋势将难以继续维持。

实际上，这期间粮食增产和提价并不是农民收入增长的唯一因素，而且也不是最主要的因素。粮食收入已不足以维持农民生活，收入增长更多是来自农民的进城务工收入和其他高附加值农业的收入。过去这 9 年间，粮食增产了 1.2 亿吨（增长 25%），而同期水果和蔬菜分别增产 1 亿吨和 2.3 亿吨（分别增长 60%、43%），肉类和水产品分别增产 1500 万吨和 1100 万吨（分别增长 22%、46%），油料和茶叶分别增产 900 万吨和 120 万吨（分别增长 34%、119%）。这些非粮食产品增产与粮食增产的机制有很大的区别，前者主要是市场推动的结果，而粮食增产则主要是政府靠提价推动的结果。[①]

尽管如此，政府推动的粮价提高和种粮补贴仍然是这期间农民收入增加的几个主要来源之一，尤其对粮食主产区的农民增收起了重要作用。农民收入的迅速增加，对于长期以来农民收入过低、城乡之间收入差距过大的情况是一种纠正，具有积极意义。不过，随着不断提高粮价推动增产，投入也在以更快的速度增长。

如果综合考察 1985—2015 年（后包产到户时期）的农业投入和产出增长的情况，2015 年与 1984 年相比粮食产量增长了 53%，农机总动力增长了 473%，化肥施用量增长了 246%，灌溉面积扩大了 49%。这些投入增长对改善农业生产条件起了很大作用，但农业生产成本也越来越高了，粮食生产的边际收益迅速递减，靠增加投入继续推动增产逐渐变得难以持续。

以上 66 年的农业发展过程，如果以粮食产量增长和农民收入增长为两条主线，可以非常简要地概述如下：

---

① 黄宗智教授称前者为"新农业"，对此有详细的描述，见《中国农业发展三大模式——行政、放任与合作的利与弊》，即将发表。

1949—1956 年由于战后恢复和实现了耕者有其田，粮食产量从 1 亿吨增至近 2 亿吨。农民人均收入年均增长 3.5%。

1957—1965 年推行合作化和公社化，产量停滞在 2 亿吨以下，产量和农民收入一度大幅下降，造成大饥荒，其后的调整期恢复到 1956 年水平。

1966—1977 年投入高增长和推广杂交作物，产量从 2 亿吨增至近 3 亿吨，但因体制未变、成本上升和人口增加，农民收入增长微弱，年均增长仅 1.6%。

1978—1984 年包产到户改革和提高农产品价格，回到了耕者有其田的状态，粮食产量从不足 3 亿吨增至 4 亿吨。由于效率提高和提高农产品价格，农民收入大幅度提高，年均增长 14.6%，是农民收入增长最快的时期。

1985—2015 年改革潜力已经释放，通过政府不断提高粮食价格和大量增加投入带动促进粮食增产，产量从 4 亿吨渐升至 6 亿吨以上。农民收入在 2007 年以后增长较快，与粮食提价和增产相关，但更多来自务工和其他高附加值农产品的收入。受到人均耕地的限制，传统的农户经营面临成本上升、边际产出不断递减的挑战，而继续依赖政府提价和增加化肥、农药、机械以增产增收的空间也越来越小。

综上所述，过去的经验说明：

1）农业的特点在于难以对劳动的质量进行监督控制，因此生产与分配必须紧密结合，以形成对生产者的激励。这就是从美欧到日韩，世界上成功的农业模式无一不是以家庭农场为主。而 20 世纪 50—70 年代的集体所有、集体经营模式，不能给生产者以有效激励，导致农业缺乏效率，是其失败的主要原因。

2）20 世纪 80 年代通过包产到户改革恢复了以家庭经营为基础的农业模式，生产有了动力。但缺少产前产后的组织化服务，使农民在有限土地上难以不断增产增收，靠不断提价推动增产增收的潜力也基本上走到头了。农业需要新的改革。

表1 历年粮食产量、农业投入和农民收入

年份	耕地面积（万公顷）	粮食产量（万吨）	化肥施用量折纯（万吨）	农业机械总动力（万千瓦）	耕地灌溉面积（万公顷）	农村居民人均收入（元）	农村人均收入指数（1978＝1）
1949	9788	11318	8a	18a	1996a	65a	0.64a
1956	11182	19275	37b	121b	2734b	81	0.73
1961	10331	13650	45c	757c	3208	87	0.59
1965	10359	19453	194	1099	3306	107	0.79
1977	9925	28272	648	10262	4500	117	0.96
1984	9785	40731	1740	19497	4445	355	2.25
2006	12174	49804	4928	72522	5575	3587	6.71
2015	13500	62144	6023	111728	6587	10772	15.10

注1：有些年份缺数据，用邻近年份数代替；a 为 1952 年数；b 为 1957 年数；c 为 1962 年数。

注2：农村人均收入为现价纯收入，农村人均收入指数是按照不变价格计算的。其中1952—1961 年人均收入及其指数用人均消费及其指数代替。

注3：1996 年以后的耕地面积数根据农业普查数据作了调整，与以前年份数据不可比。

数据来源：据国家统计局历年《中国统计年鉴》和《新中国60 年统计资料汇编》。

表2 历年粮食亩产、单位面积农业投入和农民收入增长率

年份	粮食亩产（公斤）	化肥施用量（公斤/亩）	农机动力（千瓦/公顷）	灌溉面积/耕地面积	农村居民人均收入年增长（％）
1952	115	0.0	0.00	18%	——
1957	137	0.2	0.01	24%	3.2
1961	102	0.3	0.07	30%	−5.4
1965	150	1.2	0.11	32%	7.5
1977	236	4.4	1.03	45%	1.6
1984	354	11.9	1.99	45%	14.6
2006	395	27.0	5.96	46%	4.6
2015	451	29.7	8.28	49%	9.4

注1：粮食亩产按用于粮食生产的耕地面积计算，根据粮食播种面积占总播种面积之比得出。

注2：2006 年和2015 年耕地面积口径大于以前耕地统计数据，因此以前年份的亩产和化肥施用量等数据可能在一定程度上偏高。

注3：末栏农村居民人均收入年增长是指以上面一行的年份为基期计算的不变价年均增长率。

数据来源：同表1。

二　中国农业的适度规模化之路

中国农村人多地少，人均土地有限，不能走美国式大规模机械化家庭农场的道路，高度劳动密集的小规模家庭经营方式得以长期延续。20世纪80年代的包产到户改革释放了家庭经营在精耕细作方面的优势，但土地的单位面积产量不可能无限提高，化肥、农药、机械的高投入必然导致边际收益递减，成本越来越高。

2015年，粮食按播种面积计算的平均亩产已达到366公斤原粮，折算为按耕地面积的亩产为451公斤（6.76吨/公顷）①，考虑到其中北方缺水地区旱地的情况，这一单产水平已相当高。在农业投入方面，2015年每公顷耕地平均的农机总动力8.3千瓦，化肥446公斤（折纯，合亩均30公斤），都已超过了美国的水平。中国政府在2004—2014年对农业机械购置累计补贴了1200亿元，补贴购置的农机3500万台（套）。目前中国化肥施用总量已居世界首位，占全世界总和的1/3，每公顷耕地所施化肥是美国的3倍以上，在数量上已经饱和。过量使用化肥农药造成了成本上升、土壤退化板结、农作物质量劣化、药害频发等后果。显然在原有生产方式下继续靠增加投入，增产潜力已经非常有限了。

此外，随着逐年增产和提价，粮食滞销、库存过大问题也日趋严重。中国农业下一步的主要问题不再是继续提高粮食产量，而是降低成本、提高效率、改善农产品质量、增加品种、满足多种需求，并以此增加农民收入。靠粮食等传统农产品增产早已无法满足农民提高收入的要求。2015年农村人口6亿，比1995年减少约2.6亿人，但农村人均仍只有3.36亩耕地（0.224公顷）。如果都种粮食，扣除投入品成本后人均农业收入充

---

①　这是按总播种面积与耕地面积之比（1.232）计算的。但据一项最近的研究，全国的平均复种指数约为1.4（参见丁明军等：《1999—2013年中国耕地复种指数的时空演变格局》，《地理学报》2015年第7期，转自百度文库）。如果据此将粮食播种面积折算为耕地面积，则单位耕地的粮食亩产为512公斤。该数值仅供参考。

其量只有 2000 元左右，显著低于农村贫困线。实际上目前农村居民收入中，经营性收入和工资性收入（主要来自在城镇打工）各占 40%，其余是转移性和财产性收入。经营性收入中，估计种粮收入不超过一半（即占收入 20% 以下），其余是附加值更高的蔬菜水果、畜牧水产、林业、服务业等收入。

未来提高农业生产效率和农民收入，大致有如下三条路可走：

第一，扩大农业经营规模以提高农业生产率。但这首先有赖于城市化的进展。像所有发达国家走过的路一样，中国只有继续通过城市化大量吸收农村人口和农业劳动力，减少农业劳动力投入，才能有效提高农业生产率和人均收入。但同时，怎样扩大农业经营规模，规模多大更合适，同样是关键问题。

第二，从单纯提高产量转向质量优化的农业发展道路，通过改变经营方式和方向、采纳新技术、提高农产品质量、生产绿色和有机产品等途径来满足多方面的社会需要，从而提高农产品附加值，提高农业生产率和提高农民收入。

第三，以上规模和质量的要求都需要经营方式的改变来适应。分散的小农户难以独自解决这些问题，但经营方式的改变又不应牺牲农户在精耕细作方面的优势和他们的利益。目前已经出现的农业大户、公司化农业和合作经济各自表现出不同特点，也各有不同的短板和风险。特别值得注意的是合作经济在不改变家庭经营的基本规模的条件下，通过产前产后环节的合作为生产者提供服务，能够在相当程度上解决上述问题，是一种值得深入研究的方式。

本节以下部分和后面的两节，将分别讨论规模经济、质量优化和农业经营方式这三个方面的问题。

发达国家的农业，大致有几种模式：

美国式大规模家庭农场，平均每户土地规模合 1100 市亩，其中约 40% 的土地由平均规模 5000 亩以上的中型和大型家庭农场拥有。[①] 数量更多的

---

① 参见美国农业部（2014）《美国农场报告 2014》，转引自湖南农业信息网《美国家庭农场：规模越大盈利越多》。

是"小"农场，平均土地规模也有几百亩。高度机械化，大田作物为主，单产不高，但劳动生产率很高；农户自愿组成专业合作社，为农户提供多种服务。

欧洲式中型家庭农场，户均几百亩；主要经营花卉、饲草、奶牛等高附加值农牧业产品；农户自愿组成专业合作社提供多种服务。

日本、韩国、中国台湾的小规模家庭农场（户均几十亩到上百亩），农业劳动力老龄化；作物以高附加值经济作物为主；农协为农户提供综合服务，而且比欧美的专业合作社多了社区服务。

可以看到在成熟的市场经济下，发达国家农业都选择了家庭农场为主的经营方式，也普遍组织了合作社或农协，为农户提供组织化的服务。各国农业组织方式有显著的共性：种植家庭化，服务合作化、规模化。但各国的家庭农场规模差异很大，美国搞大规模家庭农场，日本、韩国、中国台湾的家庭农场规模小得多。很明显，农场的适度规模（或合理规模）是由人口与土地的资源禀赋关系决定的；越是地广人稀，农场平均规模越大；人口越密集，平均规模越小。在人口密集、土地稀缺的条件下，大规模农场虽然从微观角度看劳动生产率高，但从宏观经济角度看是不经济的。因为它过多占用稀缺的土地资源，过少使用丰富的劳动力资源。因此也不利于农民就业和提高收入。

各国的经验还显示，不管家庭经营的规模有多大，都需要合作组织在产前产后环节为农户提供服务。这是因为服务环节的有效规模可以远远大于生产规模，通过组成合作组织，可以充分发挥服务环节的规模优势。不同点在于，以大型农场为主的农业倾向于组织专业合作社，而小型农场为主的国家多组织综合性农协，而且是由政府推动建立的。这也是有原因的，因为大农场可以高度专业化，生产单一农产品，而小规模家庭农场则往往需要采取灵活多变的方式从事综合性农业经营，才能够适应市场变化、降低风险、提高收益。因此也更需要综合性农民合作社或综合农协为之服务。小农户过于分散，不容易组织起来，政府鼓励和推动也是有必要的。

中国在经过了过去20年城市化发展后，农村人口从1995年8.6亿的峰值减少到 6.0 亿，农户的户均耕地规模从 9 亩左右扩大到 13 亩左右①，实际只有幅度不大的提高。一段时间，媒体过度渲染了农村"谁来种地"的问题，夸大了农地抛荒现象，实际上只要促进土地在农户间流转，这个问题并不严重。目前在平原地区，大面积机械化耕作、播种、收割已经普及，这在农户分散经营的条件下仍然能够实现，机械化耕作可以以服务的形式向农户提供，而不必组织大规模农场。

设想如果未来 20 年，城市化率从 56% 提高到 78%，达到高收入国家的城市化水平，意味着农村人口的一半还将转变为城镇居民，农村人均耕地面积将扩大近一倍。留下的农村人口中，如果一半从事非种植业（养殖业、农产品加工业、手工和工艺品业、广义服务业等），农业人口就只余 1.6 亿，按农业人口计算的人均耕地面积就能再扩大一倍，人均达到 12—13 亩，户均能有 30—40 亩耕地。

按单产不变计，到那时农业劳动生产率将提高到现在的 3—4 倍。虽然远不足以达到满意的劳动生产率和农民收入，也会比现在的情况有很大改善。但即便到那时，仍然无法全面推广美国式的大农场模式，否则将导致 1.6 亿农业人口的绝大部分失去土地，造成巨大的就业压力。讨论中国种植业的规模化能走多远，不能离丌农村人口和劳动力数量仍然巨大这个现实。最终决定农场合理规模的不是微观单位的劳动生产率，而是未来城市化的进展能够进一步吸收多少农村劳动力和接纳多少农村人口进城安家落户。

忽视这个现实，简单地以大规模生产可以提高生产率为理由，推行大规模和超大规模农场的模式，是不妥当的。因为从全社会的角度，把农村人口和劳动力数量包括在内进行全面考察，排斥劳动力的大规模农场，宏观效率是低于适度规模的家庭经营的。因为被挤出的农业人口将成为社会负担。同时，采用雇工经营的资本化大农场模式，则很可能面临过去人民公社模式遇

---

① 按 1995 年耕地统计数计算当时户均应为 7 亩左右，但该数据偏低。1996 年农业普查将全国耕地面积从 9497 万公顷调整为 13004 万公顷，增加 36.9%。这里按调整后的数据计算。此外王小鲁和万广华的一项研究发现全国城乡人口普查数据存在某些遗漏和重复计算。剔除这些因素，估算 2012 年城镇常住人口应增加 4719 万，农村常住人口应减少 3159 万，后者减少 4.9%（见王小鲁、万广华《对中国城乡就业和城市化率的再估计》，载于《劳动经济研究》2013 年第 1 期，第 69—83 页）。这里考虑了这个因素，也考虑了户规模变化的因素。

到的问题，即缺乏劳动者报酬与绩效挂钩的激励机制而导致低效率。因此在微观的劳动生产率提高的同时，土地生产率可能是下降的。因此综合看微观层面的全要素生产率，也未必是规模越大效率越高。即使在发达的西方国家，非家庭经营的资本化大农场也都不是农业的主流。而中国的人口和资源条件决定了，农业只能选择更加节省土地而不是节省劳动力的模式。

由于农村人口的城市化，目前扩大农业经营规模的进程正在进行。据报道，全国已有约 1/3 的耕地发生了流转，向农业大户集中。这一趋势是必然的，但该进程的必要前提条件只能是人口和劳动力不断向城镇转移，使可转让的空闲土地越来越多。超越这个条件过度推进土地大规模集中，就会造成农民失地的严重后果。

目前的耕地流转已经出现了一些问题。不少地方政府倾向于用财政大量补贴等手段，鼓励土地大规模流转，向农业大户和农业公司集中。有些农业公司的经营规模动辄数千亩乃至数万亩。出让土地的农户通常以地租形式获得报酬，有些被公司返聘为农业工人。这种"资本下乡"的模式，有成功的案例，但失败的例子也不少。

一种常见的情况是公司经营亏损，无法偿付地租；另一种情况是投资者以经营农业为名，将获取土地的一部分用于房地产开发牟利。因为盈利丰厚，剩余的大部分土地可能任其荒废或只进行象征性的耕种。这些情况都会直接影响农民生计。后一种情况还往往与官商勾结、权钱交易有关，对此必须采取严厉的措施禁止。政府以吃偏饭的优惠资助方式鼓励资本下乡搞大农场的政策是危险的。土地流转必须严格建立在农民自愿的基础上；同时由于关系到农民生计，政府对土地大规模集中必须持非常审慎的态度并采取相应的保障措施，防止资本兼并土地使农民失去生存基础。

大规模经营导致失败的情况，往往与效率低和决策错误有关。以前人民公社集体经营失败的原因，主要是农业大规模集体劳动的质量难以监督控制，劳动者报酬很难与绩效挂钩，结果劳动者缺乏激励，管理者又对田间现场的情况缺乏直接了解，容易做出错误决策。大农场也往往有类似的情况，向农业工人付工资，一般只能按天计酬，至多进行小段包工，不容易对工作绩效做出准确的评价。而农业的特点决定了，离开劳动者的精耕细作，生产率必然低下。加上不合理的决策和过高的内部组织管理成本，很容易导致亏损。实际上农业的规模效益并不一定主要体现在种植业生产的规模上，而主要体现在生产资料采购、农产品销售、良种及新技术采用的组织化和规模化，即主要是"产前产后"的服务环节。

有些农业公司，采取向农民返包的方式解决这个问题。例如大规模种植温室蔬菜，由公司统一决定种植品种、统一技术规范、提供技术指导、统一采购肥料农药、统一销售产品，还可以创建统一品牌。但田间生产分包给农户，每户承包一个或几个大棚，根据产量和质量与公司结算。实际上生产的基本单位还是农户。这解决了绩效与报酬挂钩的激励问题，同时也容易采取统一的技术规范，具有大批量购销和品牌效应的优势，可以概括为农户加公司的模式。

但这种方式也不一定需要特别大的规模，大公司经营反而增加了公司多层管理的额外组织成本，适度规模可能更好。在农业，适度规模可能因人口密度、农作物品种、地理气候等条件而异，一般而言几十亩到几百亩就可能有较好的经济效益。高附加值农作物的生产规模可以更小，既能满足产前产后的规模经济优势，又便于因地制宜管理，而且管理架构简单，综合成本低。较大的农业户就可以适合这个条件。但基于前面所说的户均30—40亩的未来前景，也不宜单独推广农业大户这一种模式。如果假设未来农业户均规模都达到500亩，那么全国只需要400万农户或者1200万农业人口就够了，会减少数以亿计的就业机会。

目前已经出现的一些农民合作组织，在不改变家庭经营的条件下自愿组织起来，在购销、技术、良种、融资等产前产后服务环节进行合作，可以有效代替公司农业或大户经营的方式，既保持了家庭经营精耕细作的传统优势，又发挥了组织化的规模经济优势。在这种情况下，绩效与报酬挂钩的激励问题更容易解决，管理成本更低，并省去了公司赚取利润的环节，农户的利益更容易得到保证。在农村人口和劳动力仍然较多的情况下，这是一种更适宜的方式。

英国经济学家科斯曾经提出一个极有价值的观点，即在企业组织成本和市场交易成本之间存在替代关系。当企业内部的组织成本小于市场交易成本时，企业规模会倾向于扩大。而如果企业组织成本大于市场交易成本，企业规模必须缩小。企业的合理边界就由两条曲线相交的那一点决定。①

用这个观点来看计划经济制度，其失败就在于，试图把整个社会组织成一个超大企业，全面代替市场，但其组织成本远远超过了市场交易成本，而且在扼杀市场的同时也扼杀了创新。同样，农业企业的适度规模也可以从企业组织成本与市场交易成本的关系这个角度来研究，而且农业的特点和中国人多地少的现实条件决定了大规模生产组织的成本可能更高，效率可能更低。这也是人民公社制度失败的重要原因。农民合作组织的优势在于，以农户为基础的生产最大限度减少了企业组织成本，但在需要组织的（或者说农户的市场交易成本更高的）产前产后服务环节，能够以农民合作组织对分散农户的市场交易进行有效替代。

三　农业转型：从数量满足到质量优化

中国农业目前的突出问题是，主要粮食品种和其他一些传统农产品面临数量饱和，但生产成本过高，农民收益过低；而农产品在质量、食品安全和品种多样化方面远不能满足消费者需要。

从食品需求角度看，随着居民收入水平提高，城乡居民基本都解决了温饱问题。1980年城镇和农村居民的恩格尔系数分别是57%和62%，2015年分别下降到30%和33%。② 在食品消费比重下降的同时，食品支出水平还在继续增长，但目前这主要是用于更高档次、更高价格的消费品，而不是增加实物消费量。

在食品的实物消费中，城镇居民对粮食和蔬菜的人均实物消费量在20世纪80年代初就已经达到峰值（人均成品粮145公斤，蔬菜165公斤），以后持续大幅度下降，到2015年粮食降至73公斤，蔬菜100公斤。肉禽蛋类合计消费量则持续上升，从1981年的人均26公斤上升到2012年46公斤的

---

① R. H. Coase (1937), "The Nature of the Firm," *Economica*, n. s. 4, November. 中文版见科斯《企业、市场与法律》，格致出版社2009年版，第40—42页。

② 恩格尔系数是指食品消费占生活消费支出的比重。随着收入水平提高，恩格尔系数会逐渐降低。但上述恩格尔系数的计算中，食品消费数据包括了烟酒消费。

峰值。近年来这项消费增长已经趋缓，2013 年前后还出现了不稳定的下降。① 估计未来还有小幅度的增长空间。奶类消费还在继续上升，酒类消费已于 2000 年左右达到峰值后趋于回落，成品粮消费还在继续下降。

综合考虑，未来饲料粮需求的小幅度上升将会被口粮和造酒用粮需求的继续下降抵消，城镇居民的人均粮食总需求已经基本饱和。蔬菜、食用油、食糖需求量也已经基本稳定，只是面临品种改善的需求。只有果品需求量还在继续增长。估计未来城镇居民对基于耕地的种植业产品需求走势将大体持平。

农村居民的消费变动趋势与城镇居民大体一致，只是在时间上有滞后。在 20 世纪 80 年代先发生了粮食对蔬菜的替代（原来在粮食不足情况下以蔬菜充饥），蔬菜于 1978 年后从人均 142 公斤的峰值下降到 2015 年的 89 公斤，粮食则从 1984 年人均 267 公斤原粮（约合成品粮 174 公斤）的峰值下降到 2015 年的 160 公斤（合成品粮 104 公斤）。同期发生了肉禽蛋类对粮食和蔬菜的替代。1980 年人均肉禽蛋类合计消费 9 公斤，到 2015 年达到 37 公斤，目前仍在上升阶段。但酒类消费已大体上达到峰值。口粮消费还在迅速下降。

未来，如果农村居民的粮食消费和肉禽蛋类消费逐步达到当前城镇居民的水平，那么人均成品粮消费将再下降 31 公斤，肉禽蛋类消费还将提高 9 公斤左右。按 3 公斤饲料粮换 1 公斤肉禽蛋的比例计算（饲料其余部分由非种植业或种植业产品下脚料提供），口粮需求的下降将足以抵消饲料粮需求的上升。造酒用粮需求会趋于下降。只有奶类和果品需求继续保持上升趋势。再考虑到城乡消费习惯的差异和其他可能的需求因素，估计未来 10 年内农村人均种植业产品总需求也将只有小幅度的上升，之后就将逐渐稳定下来。

城乡合并考虑，再加上人口增长因素（每年仅增长 0.5%，考虑到生育政策变动的影响未来几年估计有可能达到 0.7%，但更长期还会继续下降），

---

① 但这有可能与 2013 年国家统计局更换住户调查样本或改变某些计算口径有关，有待验证。这里肉类只包括猪、牛、羊肉。水产品消费变动趋势也基本一致，但未计算在内，因水产品生产不以粮食为主要饲料，对计算粮食需求影响不大。成品粮与原粮间按折算系数 0.65 换算，下同。

我国居民对粮食的直接和间接需求（包括畜牧养殖业和造酒业）已经基本饱和，加上果品等需求增长，未来对种植业产品的数量需求增长空间也已相对有限。

与此同时，各种高价值和绿色有机食品、营养保健品的销量正在迅速扩大。很明显，居民对食品数量增长的需求正在被提升食品质量和安全性的需求所替代。农业面临的基本任务已经不是如何继续提高粮食产量，而是如何有效率地生产更优质、多样化和更安全的食品及其他农产品，特别是提供更多更优的果品，更新鲜的蔬菜，更好的营养品，以及各种无公害、绿色、有机农产品。这些也恰恰决定了农产品的附加值能否提高，农民的收入能否增加。

在这些方面，小农户在生产环节精耕细作的优势仍然存在，但在提高农产品质量、安全性和提高产品附加值方面确实存在诸多不利条件。农户受到经营规模小、财力单薄和人力资本不足的限制，在采纳新技术和提高农产品质量方面的投资能力和学习能力都相对有限。小农户之间如果不进行合作，难以采纳统一的生产规范和质量标准，难以创建受消费者信赖的品牌。一部分农户在提高产品质量、减少化肥和农药使用、提供绿色和有机食品方面的努力，很容易被少数人的搭便车行为（掺假、以次充好）所破坏。小批量分散采购生产资料和销售农产品成本更高，在价格谈判中常常处于劣势地位。由于这些原因，在面临消费结构变化的新形势面前，小规模农户在节约组织成本方面的优势，正在被其交易成本过高的劣势所抵消。

解决农产品质量和安全性的问题，除了需要政府在食品安全监管方面做出更多努力外，从生产者的角度来看，需要通过组织化来实现。如何实现组织化，就成为未来农业发展的一个关键问题。

四 走家庭经营加合作的组织化道路

在目前的农业实践中，可以观察到大体上三种不同的新经营模式。

其一，通过土地流转扩大农户（或家庭农场）的经营规模。较大的农户（通常几十亩到几百亩地）劳动生产率较高，也较容易控制质量、创建品牌，因而他们在质量优化方面的努力可能得到消费者或批发商的认可并得到相应的回报。如果这种土地流转是因为其他农户自动离开农村导致的自然结果，是合理的。但有些地方政府以行政支持的方式推动土地集中，形成农业大户，可能意味着要让其他本来希望继续务农的农户退出。如果是这样，这样的推进应当慎重。

其二，通过租地的方式集中土地，发展公司化农业。大规模的公司经营更容易在农产品质量和安全性方面进行控制，采纳统一的技术规范、实行统一管理，同时更容易创立品牌，获得消费者信任。但如前所述，公司化农业在建立有效的内部激励机制、降低组织管理成本方面，面临一些不易解决的困难。因此组织化在质量控制方面的优势，有可能被缺乏内部激励、管理成本过高的劣势所抵消。一旦经营失败，必然影响到转出土地的农户的生计。

有些较成功的农业公司，采取反承包的方式，把通过租赁集中起来的土地反向承包给农户耕种，公司只承担产前产后的经营环节，包括品种、技术规范、投入品采购和产品销售。但大公司集中土地还可能将希望继续务农的农户挤出土地。因此如果地方政府过于偏爱大规模经营，用行政支持和财政补贴的方式鼓励发展公司化大农场，有影响农民生计和社会安定的危险。

其三，发展农民合作组织。农民合作组织通常不改变农户独立生产的模式，因此保留了生产与收入分配的直接联系，有利于发挥农户经营精耕细作的效率优势，减少生产环节的管理成本；又通过合作组织统一采购良种和生产资料，普及和规范生产技术（例如，用有机肥和生物农药代替化肥和化学农药），统一销售产品，有利于形成品牌、提高质量、保证食品安全；同时改变了分散的小农户面对大农资供应商和采购商的弱势地位，以合作组织的组织优势来降低小农户较高的市场交易成本。这样的组织有利于保护在市场上处于弱势的农民的利益。

有些案例显示，农民自己的合作组织具有草根优势，农户和合作组织之间的交易成本低，便于监督，在互相信任的基础上容易管理。举例来说，个体农户在从事有机农产品生产时，无论是直接面对市场，还是面对作为发包方的公司，都不一定能遵守不使用化肥农药的承诺；而在面对农民自己的合作组织时，却因为可能破坏合作组织的信誉而会受到邻里的监督和自我道德约束。合作组织具有乡村利益共同体的性质，其监督往往比市场监督和公司的监督更有效。

在实践中，农民合作组织还能够通过综合性的多方面合作对农民提供更多帮助。其中资金合作是一个重要方面。单独的小农户往往因财力单薄会遇到资金周转困难。例如农户要根据农业季节垫付资金采购良种和生产资料，到收获季节后才能偿付。如果缺乏周转资金，往往导致不能正常生产。公司经营也可能面临同样的问题。因为单纯从事农业的公司可能利润不高，财力有限，常常需要从市场上借贷资金，融资成本很高。而农民合作组织把农户的闲散资金集中起来进行互助，往往就能有效解决周转资金不足的问题，还会给借出资金的农户带来合理收益，给借入资金的农户减轻市场利率过高的负担。

农民合作组织的意义并不仅限于经济领域。在实践中，有些农民合作组织在保护和改善农村环境、活跃乡村文化生活、老年人护理和儿童照看、带动村民参与公共治理、传播积极进取团结互助的价值观等方面，也起了积极的作用。这对乡村建设有非常重大的意义。[①]

未来中国农业的发展不会只有一种模式。但上述情况说明，以家庭经营为基础的农民合作是一种非常有希望的农业发展模式，值得进一步推广，使之成为未来农业发展的主流模式。但迄今为止，农民合作组织的发展还比较有限，并存在许多制约其进一步发展的问题，值得进一步探讨。

据农业部等九部门文件，截至 2014 年，全国农村已有 121 万个合作社，成员近 9000 万户。但有研究发现，现有合作社中大部分是有名无实，或名不副实、只为了获得政府补贴和税收优惠的假合作社。[②] 有观点认为，中国

---

① 有关案例研究可参见中国社会科学院社会政策研究中心、北京农禾之家咨询服务中心、河北省基层供销社综合改革研究组《探索"新农协"，破解基层供销社改革难题》，刊于《综合农协：三农改革突破口》2016 卷，中国社会科学出版社 2016 年版，第 3—39 页；姜斯栋、崔鹤鸣、王小鲁：《综合性农民合作组织是实现农村现代化的主要组织形式——山西省永济市蒲韩农协调研报告》，刊于《比较》2015 年第 2 期，第 164—182 页；王小鲁、姜斯栋《农民信用合作的成功案例——山西永济市蒲韩农协合作金融调查》，载于杨团等《综合农协：中国"三农"改革突破口》2015 卷，中国社会科学出版社 2015 年版，第 307—322 页。

② 参见刘老石：《合作社实践与本土评价标准》，载《开放时代》2010 年第 12 期；黄宗智《农业合作化路径选择的两大盲点：东亚农业合作化历史经验的启示》，载《开放时代》2015 年第 5 期。

农民没有合作的能力。真是这样吗？从一些典型案例看，农民不仅有合作的意愿，也有许多成功的经验。合作经济未能在全国顺利发展的原因，主要在于其进一步发展需要若干条件，包括要有适宜的政策环境和当地政府的支持，要有好的带头人，要对合作组织的领导者、组织者进行培训，要有适当的融资渠道，等等。而这些条件，在很多地方都不完备。大致归纳有如下因素：

1) 政府引导有偏向

目前中央政策对农民合作组织和其他经营方式都持支持态度，但很多地方政府在执行中都存在更偏向于提倡和支持公司农业和大户的倾向，财政补贴和其他优惠也往往向公司和大户倾斜。这导致了资本化农业迅速发展，甚至有成为主流的趋势。这首先是因为后者决策机制单一，因此支持更省力，见效较快。而培育农民合作组织则需要参与者更长时间的学习、协调、磨合的过程，也需要政府作为支持者做更加耐心细致的工作。其次，整齐划一的大规模农场有很强的视觉冲击效果，政绩摆在明面，容易看到。合作经济虽然有利于农民，但没有改变农户小规模经营的基本形式，政绩不那么明显，需要更深入的调查才能发现，因此一些急于追求短期政绩的地方政府对其缺乏兴趣。最后，有些情况下，对公司化农业（资本下乡）的支持背后还有寻租动机；因为对个别私人公司的补贴可能包含幕后交易的内容，使相关官员获益，因此乐于支持。这些是合作组织发展的不利条件。

2) 政策限制偏多

目前政府虽有支持农民合作组织的政策，但大多仅限于优惠、补贴，但在合作组织的组织形式、经营范围等方面，还有不少政策限制和干预。例如，政策重点支持"专业合作社"而没有支持综合性合作社，但在我国这种人多地少、经营规模小的农业条件下，农民经营难以高度专业化，需要更多从事综合性经营，而且由于农村青壮劳动力向城市转移，农村中环境保护、针对老人、妇女、儿童的社会性服务等公益需求日益迫切，因此农村中更需要的是综合性合作组织。

再如，在农民金融互助合作方面，有所谓"吸股不吸储、分红不分息"的政策限制。即农民的金融合作只允许采取入股和分红的方式，而不允许采取农户储蓄和付息的方式。实际上农业投资总是伴随着风险，采取入股分红的形式意味着参加合作的农户要承担更多的风险，而且股金的投资方式缺乏灵活性，农户不能根据自己的资金来源和需求变动随时增减参加合作的资金。这严重限制了农民金融合作的发展。事实上，只要限定资金融通的内部性，不允许对外进行商业性吸储放贷，就能够保证金融合作不变质为商业性金融业务。这些苛刻的限制实际是不必要的，可能是出于维护现有银行垄断地位、排斥竞争的目的，不利于农村合作经济的健康发展。

3) 政策引导不力

目前对合作社的政策支持，主要表现在单纯的财政补贴和税收减免等优惠措施。但由于限制较多、政策目标不明确，政府的政策支持和农民的实际需要往往不一致，甚至南辕北辙，也导致出现大量私人企业挂合作组织招牌，冒领政府资助（这种情况估计占目前合作组织的大多数）。有些地方政府明知一些合作组织名实不符，仍然提供支持。而真正的农民合作组织发展仍然艰难。

农民合作组织的形成，需要农民组织者有为公众谋利益的意愿，又具备组织能力和相关的专业知识，还需要更多农民的认同。这些条件在某些情况下能够自发形成，但大面积的自发产生是有难度的。因此在初始阶段，往往需要政府推一把，帮助其克服某些困难，并通过说服教育和监督，保证其运行方向不偏离初衷。这也需要政府有更加明确、具体、合理的政策支持，例如宣传普及合作经济的相关知识，包括理念、主旨、规则、组织架构、内部管理和激励机制的设计，对农民积极分子进行培训，理顺政府扶持政策和合作组织运行机制的对接，等等。

在这些方面，地方政府往往缺乏准备。这需要政府自身进行必要准备，厘清观念，梳理政策。政府也需要明确自己作为帮助者而非主导者的身份。"扶上马，送一程"，最终实现农民合作组织的自主发展，而不是政府始终当婆婆，大事小事都要政府说了算，把农民合作组织当作下属。如果这样，就不再是真正的农民合作组织了。

如果能解决这些问题，可以预期农民合作组织将有很大的发展空间。一些实践已经证明，农民并不缺乏合作的积极性。一旦具备了上述这些初始条件，农民能够焕发出极大的组织热忱和奉献精神，使合作经济能够持续健康发展（参见脚注 12 提供的相关案例文献）。

五　综　述

中国农业经历了曲折的发展道路。20 世纪 50—70 年代人民公社时期实行了违反农民意愿的集体所有、集体生产、集体分配的制度，切断了农业生产与收入分配的联系，使生产丧失了激励，导致惨败。20 世纪 70 年代末到 80 年代的包产到户改革和农产品价格改革，恢复了以农户为基础的个体生产，大幅度提高了农业的产出水平、效率和农民收入。但此后农业的进一步发展不得不依赖持续的高投入和不断提高农产品价格，才能在有限的土地上生产更多的农产品。而在边际产品递减规律的作用下，农业投入和农产品成本越来越高，单靠粮食增产和提高农民收益也越来越难。

当前随着居民生活水平提高，消费者对农产品的需求正在从数量增长转向质量提升，市场条件正在发生重大变化。面对这些变化，同时伴随着城市化推进和闲置土地资源重新配置的需要，以往的农业生产方式已经不能完全满足新的需求，需要通过某些新的组织化形式来适应新的变化。农业需要进行继包产到户之后的第二次变革。目前各地已出现的农业大户（家庭农场）、公司化农业和农民合作组织三种新的农业经营方式，各自表现出不同的优势，也存在某些弱点。这些经营方式的选择，都应当在农民自愿的前提下进行，不应以一刀切的方式由政府包办和强行推进。

但一些地方的实践证明，农民合作组织能够保留农户生产的有效激励机制，在良种采用、技术推广、产品购销等产前产后环节能够向农民提供组织化的服务，有利于保护弱势农户的利益；同时在保证农产品质量方面，有监督和管理成本较低的优势，因此有很大的发展空间。但需要有良好的政策环境，特别是减少不必要的政策限制和政府干预，提供积极的引导和鼓励，并帮助他们解决组织管理设计、人员培训、疏通融资渠道等一系列实际问题。

发展农民合作组织，绝不能走过去公社化的老路，不是对农户个体经营的否定，不是第二次集体化，而是在农户家庭生产的基础上，农民在产前产后环节的自愿联合，通过合作为农户提供服务，从而发挥组织化、规模化的优势。相信农民合作组织的发展壮大，将为未来农业的发展开拓广阔的道路。

此集体非彼集体

——为社区性、综合性乡村合作组织探路[①]

杨团[②]

摘要 本文梳理了围绕农村集体经济制度改革的 30 余年历史，分辨了人民公社集体、股份合作制集体和社区合作集体，合作经济、集体经济、股份经济与社区（社群）经济的不同，提出不宜将适合发达地区的农村集体经济产权制度改革推向全国。本文以蒲韩模式和金店模式为例说明，借鉴东亚综合农协经验和本土经验的社区性、综合性乡村合作组织，是在公社集体制和公司制或股份合作制之外，能激发村庄活力和形成经济社会良性循环的第三条路。

关键词： 集体经济 综合农协 第三条路

1987 年 1 月，中央政治局发出"将农村改革引向深入"的文件，提出要构建"社区性、综合性"的"乡村合作组织"，30 年后，2016 年 12 月 29 日，中央再次发文"稳步推进农村集体经济产权制度改革"，展示了接续 30 年前改革的重大信号：一是重视集体经济；二要将集体经营性资产确权

---

① 原载 *Rural China：An International Journal of History and Social Science*，V. 14，No. 2（Oct. 2017）：454－487；以及黄宗智主编的《中国乡村研究》第 14 辑，福州：福建教育出版社，2017。同时刊登于北京农禾之家咨询服务中心内刊《综合农协》2017 年第 3 期（总第 25 期）。本文得到北京农禾之家咨询服务中心综合农协研究组成员中国社科院研究员郑易生、刘建进，中国改革基金会国民经济研究所王小鲁研究员、中国经济体制改革研究会姜斯栋特邀研究员的帮助支持，在此一并致谢。当然文章只代表作者观点。

② 作者系中国社科院社会学所研究员，中国社科院社会政策研究中心顾问，北京农禾之家咨询服务中心理事长。

到户。

将近40年、跨两代人的农村改革，迄今人们熟知的是包产到户的改革解放了农户让农民家庭经济破土而出的成长史，而不太熟悉的是曾经的人民公社、生产大队、生产队变身为乡、村、组后的集体经济到底怎么样了？夹带在经济改革大潮中的集体经济是不是消亡了？其实，历经坎坷的集体经济并没有全部消亡，而是在不同的历史阶段以不同的方式顽强表现着自己。它的存在，才是中央政府在30年后的今天，针对集体经济出台文件，而且部署未来若干年重大改革的原因。

本文试图通过30年来中国农村集体经济制度改革的实践梳理，引出多年来未解决的问题——它们被村集体股份化、公司化以及似乎只有"脱农入城"才是实现现代化出路的倾向或舆论淡化、掩盖了，探讨在人民公社集体制和村庄股份合作制或公司制之外，有没有第三条路？也就是说，面对广大乡村地域，既要维护社区集体公共资产又要实现农民收益分配权利；既要个人利益又要实现个人与集体的合作；既要农民增收也要社会服务；既要搞活机制又要合乎法理等这些合理内核，能否以一个更有突破性的思想和承载它的组织框架兼收并蓄，唤醒正在衰败或消逝的村庄，让其再次充满生机和活力。

本文探索的这条路，尽管目前走的人很少，但已经成了路。若能得到政府和社会的理解、关注、重视和支持，相信对于破解诸多难题，联合各方力量，达到农民和集体共富、实现城乡互补共荣等多目标都是可能的。

一　历史的回顾

（一）农村政策的演进

20世纪70年代末期启动的农村改革，是伟大的历史变革。在政治上取消了人民公社"政社合一"体制，改为"政社分设"，在经济上取消了剥夺农户个体生产经营权利"归大堆"式的集体经济，开始确立"统分结合、双层经营"的崭新制度。这一新制度不是改革前提出的设想模式，而是在实践中逐步完善的。

自1982年后，中央开创了5年内连发5个一号文件推动农村改革的局面。在分户经营成为主体经营形式之后，政策界和理论界就一直争论是实行土地私有，还是在土地公有制基础上做联产承包、双层经营？后者的主张占了上风，才有这5个一号文件。可见这5个一号文件就是心中有集体但要改革旧集体的文件。为纠正农村改革就是"土地还家，分田单干"的误解，中央先是在1982年提出"联产承包制的运营，可以恰当地协调集体利益与个人利益，并使集体统一经营和劳动者自主经营两个积极性同时得到发挥"，"宜统则统，宜分则分"，通过承包把统和分协调起来；又在1983年将统分结合明确为一种经营方式，"这种分散经营和统一经营相结合的经营方式具有广泛的适应性"，"在这种经营方式下，分户承包的家庭经营只不过是合作经济中的一个经营层次"。而作为合作经济的集体统一经营层次之所以必须存在，是要承担"一家一户办不好或不好办的事"。到1991年，党的十三届八中全会决议更加明确地将统分结合的双层经营体制，作为我国乡村集体经济组织的一项基本制度长期稳定下来，直至1999年写入《宪法》。①

在人民公社体制实行"政社分开"后，原来的"社"即承担集体经济功能的乡、村组织还要不要，如何改革？针对这个问题，中央在1983年就提出"人民公社原来的基本核算单位即生产队和生产大队，在实行联产承包以后……它们仍然是劳动群众集体所有制的合作经济"，而且为了"管理集体的土地等基本生产资料和其他公共财产，为社员提供各种服务……这种地区性合作经济组织是必要的。其名称、规模和管理机构的设置由群众民主决定"。1984年再次提出："为了完善统一经营和分散经营相结合的体制，一般应设置以土地公有为基础的地区性合作经济组织。这种组织，可以叫农业合作社、经济联合社或群众选定的其他名称；可以以村（大队或联队）范围设置，也可以以生产队为单位设置；可以同村民委员会分立，也可以一

---

① 1999年《宪法》第15条："农村集体经济组织实行家庭承包经营为基础、统分结合的双层经营体制。农村中的生产、供销、信用、消费等各种形式的合作经济，是社会主义劳动群众集体所有制经济。"

套班子两块牌子。"1987 年进一步提出，这种地区性合作经济组织就是"主要是围绕公有土地形成"的"乡、村合作组织"，它"与专业合作社不同，具有社区性、综合性的特点"。组织的基本职能是"生产服务、管理协调、资产积累和资源开发"。

可见，当时的指导思想，对人民公社"政社分开"后的"社"，是要改造成一个新型的乡村合作组织。它是地区性或社区性的，是综合性的，既能承担集体土地所有和承包发包的土地经营，各类公共资产和资源的管理和开发，又能为农户提供生产、生活中"办不好或不好办的事"的服务。它的性质是"个人与个人、个人与集体"之间的合作经济，由此区别于将全村、全乡的农民视为同一个经济主体的公社集体经济。这样的社区性、综合性的乡村合作组织，就是中国农村实现"统分结合、双层经营"基本制度的组织载体。

"统分结合、双层经营"体制的制度建设表述在党的十三届八中全会时达到最高峰，但其后就走下坡路。及至今日，这个制度也未能建立起来，被称为"完成了一半的改革"。尽管文件"有了概括性的规定"，但是"没有出台相关法律"，"使得乡村合作经济组织的地位和基本内外关系一直处于一种模糊状态"（张路雄，2012：78—110）。

（二）集体经济的兴起和衰落

到 1984 年年末，各地设立乡人民政府的工作全部完成，"政"分出来了，而原公社控制的集体经济在"社队企业"向"乡镇企业"迅速发展的过程中，以"政企合办"的新方式继续"政社合一"，乡镇企业成了乡政府的钱袋子（温铁军，2009），自然不会再设立"地区性合作经济组织"。村组也通过大办乡镇企业让集体经济获得前所未有的大发展，并支持了村组的公共事务。乡、村两级的"社"都难以分设了。

当时的乡镇企业完全不是政府刻意扶持的，而是顺其农村和农民需要自然发展的产物，连邓小平都直呼"没想到"。源自社（乡）队（村）企业的乡镇企业，抓住城市企业还未醒过来、改革尚未启动的机会，先行一步，大办乡村工业，为农民也为集体找到了农业之外的增收出路。

它的突出作用，一是吸纳了大量农村剩余劳动力，2000 年在我国乡镇企业就业的职工已经达到 12819 万人，比 1980 年增加了近 1 亿人。（杨晓光、樊杰，2008）二是实现了农民、村集体、乡财政统统增收，改善了乡村福利。三是支持了中国改革早中期的高速经济增长。[①]

可是，20 世纪 90 年代中期以后，乡镇企业开始走下坡路。这固然有历史原因，城市经济改革加快，乡镇企业的各种粗陋统统显现出来，不过，当时政府要求的改制才是让其遭灭顶之灾的根子。温铁军解析当时苏南地区的改制时说："1988—1989 年和 1993—1994 年两次宏观经济周期性危机爆发、国家应对政策调整，连续遭遇通胀和紧缩的地方政府预算软约束却把开支刚性直接向企业转嫁，造成乡村两级总公司[②]的'债务'危机。遂在'地方政府甩包袱'的政策推动下，发生乡镇企业大规模改制。"（温铁军，2012）改制就是从集体企业改制为私营个体企业。以 1995 年为分水岭，1995 年之前，乡镇集体企业的增长速度一直高于私营个体企业的增长速度，之后就开始下降。1995—2000 年，从业人数比从 47.12% 下降到 29.9%；营业收入比从 54.1% 下降到 34.2%，利润比从 46.05% 下降到 29.47%。（杨晓光、樊杰，2008）改制的重点是被农业部称为"社会主义劳动群众集体所有制经济"的股份合作企业。[③]（农业部，1990）而文件规定，两三个人就可组成股份合作企业，结果，集体企业大部分半送半卖给了私人、个体。（秦晖，2006）可见，改制中确有意识形态原因。即认为资产由集体拥有就是不清楚的，产权只有归属个人，按股拥有才能清晰。从"要创造出一个新型的乡村集体组织"这一改革初衷的角度看，这次改制的负面影响深远。尤其

---

① 1978—2002 年，乡镇企业增加值年均增长率为 17.2%，乡镇企业职工人数年均增长率为 6.7%，而同期全国 GDP 年均增长率为 9.1%，就业人数年均增长率仅为 2.6%。1990—2002 年，乡镇企业出口总额年均增长率为 11.7%，而同期全国出口总额年均增长率仅为 7.3%。（于立等，2004）

② 苏南模式是在中央政府放权让利后形成的"地方政府公司化"体制下进行，乡村两级政府都以总公司名义直接参与市场活动。

③ 1990 年农业部颁布《农民股份合作企业暂行规定》和《农民股份合作企业示范章程》，1992 年又颁布了《关于推行和完善乡镇企业股份合作制的通知》。农业部将股份合作制规范为"农民股份合作企业是劳动农民的合作经济，是社会主义劳动群众集体所有制经济"，"是由三户以上劳动农民，按照协议，以资金、实物、技术、劳力等作为股份，自愿组织起来从事生产经营活动，实行民主管理，以按劳分配为主，又有一定比例的股金分红，有公共积累，能独立承担民事责任，经依法批准建立的经济组织"。

大面积推行改制后，乡村集体企业基本私有化了，乡村公共开支来自本土集体经济的链条被切断了，侥幸留存下来的乡村企业也脱离过去替政府承担的"以工补农"和解决农村就业的职能。

在乡镇集体企业改制之后，乡村集体经济又遭受两次打击：一是延长承包期，这削弱了集体对于土地的调剂和管理权力，加之在第二轮土地承包中，大部分地方取消了集体留存的机动地，全国村集体经济组织基本上没有了收入。二是在农业税取消后，连通农业税一起收缴的村集体提留也取消了。

取消农业税，由国家承担本是重大惠民政策，但在取消乡统筹同时将村集体提留也一并取消，这不但取消了农民对村社集体应尽的义务，还让农村集体组织更加彻底地退出农户经营环节，农户不得不更加孤立地面对农业生产中"办不好和不好办的事"。正因为如此，农户称分田到户后为"第一次单干以来"，称取消农业税改革后为"第二次单干以来"。（贺雪峰，2012：11）第一次单干以来，村社集体在共同生产事务上还有一定的统筹能力，第二次单干以来，这个统筹能力就不复存在了。

曾当过乡镇党委书记，最先喊出"农民真苦、农村真穷、农业真危险"的三农专家李昌平针对税费改革提出"农民种地一定要交费"，否则，"村集体所有者的权益如何体现？"如何"通过补偿摆平占地不平衡导致的不合理？"如何"给予村委会"这个村民自治组织"必要的财政基础？"村集体经济组织"何来为村民提供各种公共服务的资源？"（李昌平，2004）

在传统集体经济衰落的同时，股份合作制兴起，甚至几乎成了农村新集体经济的代名词。股份合作制早期是乡镇企业转制后一种类似个人合伙的经济形式。村集体最先试验股份合作制的是先期卷入城市化、工业化浪潮的沿海地区。随着城市的发展，人地矛盾突出，传统的土地种植已无法进行，征地越来越多，征地补偿款等新项目让集体资金积累增加。这笔因农村城市化而得来的资金如何分配？老方式引起诸多纠纷。群众称集体资产是"干部资产"，"玻璃箱子，看得见摸不着"，表面上人人有份实际人人无份。为顺应民意，改革一开始就以第二次分配即解决村级集体福利分配的需要为目标，以折股量化为手段，以成立股份合作社为改制最终结果。广东省动作最快，1990 年 5 月、8 月连续出台规定①，接着浙江、上海和江苏等地在少数经济发展条件较好的村以建立股份合作社、股份公司等形式，对集体经济组织产权改革进行探索（许承光，2002；倪冰莉，2014），再后，股份合作制成为农村集体经济组织改革的路径依赖。

回顾这一阶段，我们应当承认：后人民公社时期的乡村集体经济既展示了因管理机制不健全而积累着致命的内在矛盾如"产权不清"，又展示了能够自发创造令世人震惊的乡镇企业奇迹的一种优势与生命力，而从乡镇企业改制的集体性的股份合作社或股份公司似乎又撇开生产转而从分配入手清晰化产权。情况纵横交错，改革路向不明。我们还应当承认：一旦集体经济被削弱或被分开、隔离在乡村事物之外，一旦失去经济来源，乡村就会陷入处处掣肘的困境。

（三）21 世纪以来的农村

由于改制后的乡镇企业吸纳农村劳动力能力的下降，农民更多进入城市打工。2016 年年末农民工总量 2.8 亿人，其中 1.7 亿人外出务工。进入 21 世纪，城镇化进程加快，城郊和市镇周边的大量耕地转为建设用地，资本下乡，城乡经济发展差距快速拉大，与此同时，农村基层财政也越来越窘迫。农村的状况越来越差。

2007 年《农民专业合作社法》②正式颁布实施，提出解决"分"有余，"统"不足，"小生产"与"大市场"脱节的问题，就是要加强新型农业社会化服务体系以强化"统"的功能，以各种新型主体实现"集体统一服务"的功能。（宋洪远，2010；陈锡文，2013）但是，1987 年提出的"统"是集体经济组织统一经营的"统"，是"一串葡萄"的"统"；

---

① 广东省 1990 年 8 月颁发的农村集体经济组织管理规定指出："农村集体经济组织，是指原人民公社、生产大队、生产队建制经过改革、改造、改组形成的合作经济组织，包括经济联合总社、经济联合社、经济合作社和股份合作经济联合总社、股份合作经济联合社、股份合作经济社等。"

② 2013 年中央一号文件中，以"农民合作社"替代了"专业合作社"，并指出"农民合作社是带动农户进入市场的基本主体，是发展农村集体经济的新型实体，是创新农村社会管理的有效载体"。

而专业合作社时期提出的农业社会化服务体系的“统”只能是“一袋土豆”的“统”，内涵大不一样。[①]

一开始，专业社的设立不太顺利，经政府行政手段推动，将成立合作社的数量纳入年度工作考核，才有了迅速增长。2009 年 20 多万家，2013 年中就达到 82.8 万家，占农户总数的 25.2%，到 2016 年 11 月底，已高达 177.4 万家，占农户总数的 43.5%。（农业部，2016）不过，大部分合作社人数很少，规模很小，社均成员只有 61 户。更严重的是，相当部分的合作社是“空壳社”，即合作社只挂名，不运作。据一些地方的调查，“空壳社”占到总量的 30%—40%。[②]

在运作的合作社中，不少由外来资本的农业公司操纵，农民社员基本上没有发言权（郑丹、王伟，2011），更有资本和部门与大农联合，强势主体“利益共谋”形成合作社，这种大农主导的合作社在部门、资本与小农中间增加了一个类似于合伙制企业的中间商，购农资低买高卖，卖产品低收高出，对内“大农吃小农”，对外交易成本的节约也止于汇集社员的购销需求，而真正得到垄断收益的是资本和大农（温铁军，2013）。这类合作社与股份制企业无甚区别，内部治理是大股东控制。这种变异现象甚至成了“中国农民合作社发展初级阶段的突出特征”（苑鹏，2013）。

2008 年以后，中央加大了倡导土地流转的政策力度，意在解决耕地撂荒和提高土地利用效率。之前的流转主要在农户之间，之后政策给企业创造了整片租用土地建立规模化现代农业的机会。但受益者是企业，农民得益有限。且实现土地规模经营的企业绝大部分是靠政府行政干预实现的，农民并非完全自愿。现在看来，原想以土地流转政策破解农业效率问题，却陷入更为复杂的部门、资本、大农、小农、村集体相互博弈的陷阱。更出乎意料的是，很短时期公司制农业企业就快速崛起，成为中国农业规模经营和现代农

---

① 此为中国社科院农村发展研究所刘建进研究员提出的观点。
② 例如，贵州安顺市平坝区的 210 个合作社中，真正运行的只有 122 个，“空壳社”88 个，占 41.9%。

业的主体，这在全球农业大国中是"独有的现象"。①

（四）小结

今天看来，农村改革走到现在，道路曲折，不以人的意志为转移。历史记载了很多有名和无名者们集体性的创新努力，也记载了很多无奈、很多惋惜。

尤其现在国家经济发展翻天覆地，农村的变化却让人难过。农民的经济收入是有提高，但是农村的社会、村庄到哪里去了？大批农民外出打工，大量村庄成了空心村和空壳村，土地抛荒，集体无能为力，农民说，"外头捡到梁上草，家里丢了老母鸡"。

为什么中央一再强调的"统分结合、双层经营"体制在实践中不但没能贯彻，反而被不少人认为是掩盖单干的遮羞布？为什么专业合作社大比例是空壳社，好的社也是企业翻牌社？为什么一谈合作就只是经济合作？为什么一改造集体组织就走向股份制合作社？为什么"政社分设"一到村庄就贯彻不下去？

看来，30多年的农村改革路就像打钟摆，在传统和现实之间、集体和个体之间、行政和市场之间不停地摇晃，没有找到可以稳定住的中间位置。

与一些人看法不同，笔者认为，"统分结合、双层经营"的集体经济体制当年并非没有成功的可能，失败在于功亏一篑。这一篑不是别的，就是没能在当时就将已经认定的双层体制的组织载体——社区性、综合性的乡村合作组织，采取上下结合、政府推动的方式真正建立起来。哪怕粗糙，有个框架就好改进，但没了框架，后来就一风吹了。今天看来，这真是错过了建立新型集体即农村社区合作组织的最好时机。

说到底，核心问题就是，真正适应中国农业、农村、农民需要的，能够获得农民真心信赖的姓农、为农的集体组织究竟长什么样？为了农村的繁荣和农民的利益，新型的农村集体经济组织是走向合作社、股份公司，还是其

---

① 日本、韩国和中国台湾都曾在20世纪限制、禁止农地向企业转移集中，至今，农业经营主体不是企业而是农协（农会）和合作社。美国农业也是农场主合作社和其组成的农业协会占主导地位。

他的什么形式？

二 具有集体性的农民合作组织模式

（一）超级村庄模式

中国社科院社会学所研究员折晓叶，曾自 20 世纪 80 年代起就开始研究一类依靠村集体力量，以村社合一为组织形态，自主发展的村庄，并且将其命名为"超级村庄"（折晓叶，1997）。老牌超级村庄只有 1000 多个，占当时 68 万个村庄的万分之三。这些村都属于没有分田到户、坚持生产大队式的一个集体经营层次的模式。最有名的是华西村。该村早在 20 世纪 60 年代就办起了社队企业，农村改革中没有包产到户而是继续集体统一经营，主要依靠乡镇工业致富，村集体变身为社企合一的股份公司。

在工业化、城市化进程中，又出现了一批新的超级村庄。它们大都地处市郊，因土地增值、盖房出租、经营非农产业有了大额资产收入，农民得到较多分红，集体也有积累，这些村庄全国有 7000 到 1 万个。[①]

而地处贫困地区的贵州安顺的塘约村是不同凡响的一个。他们在 2014 年洪灾后组织了村社合一、全体村民加入的集体合作社，对全村土地、林地、集体建设用地、宅基地、小型水利、集体财产等七权确权，将土地流转回村，集体统一经营，并分专业以不同形式组织各种非农产业项目和接受政府扶贫项目。三年该村人均纯收入提高了一倍多，摘掉了贫困村的帽子，村集体存款增长 50 倍。不仅吸引了外出务工人员返乡就业，还吸引了周边的村庄愿意联合起来走合作之路，确实展示了村集体将农民组织起来的力量。（王宏甲，2016；贵州日报，2017）

（二）股份合作制模式

这条路的改革尝试，源自 1987 年。

[①] 如山东省烟台市南山村、云南省昆明市福保村、黑龙江省甘南县兴十四村、广东省中山市南朗镇崖口村等。

当时，联产承包责任制红利释放已经基本用尽，农业生产和农民收益又陷入连续停滞不前状态，急于寻找新的改革突破口。而人民公社改制后的生产大队、生产队集体经济组织的重建，就被提上日程。最早的试验，是在1987年成立的农村改革试验区"合作经济组织与基本经营制度建设"项目下展开的。以"清理集体财产、明晰产权、促进公共积累"为切入点，重在"搭建县、乡、村的合作经济组织网络"，但是未能取得明显效果。反而同期自发改革的广州天河、深圳横岗等地改出了名堂。(苑鹏，2008)

这类改革基本模式相同，都采取将集体经营性净资产折股量化，设置股权，建立以资产为纽带、村民为股东的股份合作社或社区股份经济合作社或有限责任公司。这类集体组织之所以选择股份合作制，是出于解决村集体福利分配的需要，并不是为了解决管理体制问题，探索集体产权制度改革。

（三）蒲韩模式

山西省运城地区永济市蒲韩乡村社区是一个由农民自发组织、规模最大、时间最长（19年），最符合1987年中央提出"社区性、综合性"的"乡村合作组织"。它覆盖蒲州、韩阳两镇24个行政村、43个自然村，6700户、2万多人口。2004年，在永济市委、市政府支持下在市民政局正式登记注册为"蒲韩农民协会"；2007年，按照政府兴办农民专业合作社的要求，将会员组合成18家合作社和一个有机种植联合社，农民协会也变更为蒲州镇果品协会。不过，他们一直没有打乱2004年登记时的农民协会的核算体制和组织方式，且在原组织基础上，以有机联合社为依托创建资金互助部、城乡互助中心、农民技术学校、红娘手工艺中心、青年有机农场、高龄老年人照顾中心、蒙学堂等各类经济、社会组织，形成了多目标、多功能的综合农协范式的组织网络，并按照所在乡镇的地名，取名为"蒲韩乡村社区"（当地人仍称协会）。(杨团、石远成，2014)

经多年探索，蒲韩乡村社区在曾经的村小教师、带头人郑冰的带领下，走出了一条完全依靠农民自组织的可持续发展之路。2016年销售收入超过7000万元，净盈利超过300万元。自2012年起，3865户骨干农户连续5年，每年在农业上的增收幅度都达10%。

这些业绩是协会总干事团队带队做出来的。该团队的总干事先由协会理事长郑冰兼任，2017年年初确定为30多岁的妇女卫淑丰。总干事带领了主要是当地村民还有县地市青年共113人的职业团队，其中大中专学生占比达70%多，平均年龄不足30岁，是一支本土化、年轻化、专业化的队伍。他们全体拿工资，经费完全来自协会为农民服务的收入。"攒人不攒钱""从小事做起""学习就是生产力"成为这支团队成长的规则。2012年始，这里成为非营利社会组织——北京农禾之家咨询服务中心贯彻"禾力计划"的农民培训基地，已为全国培训几百名禾力乡村社区工作者和几十名禾力乡土培训师。（孙炳耀，2016：277—286）

这个组织的基本特点，是千方百计满足农民的真正需求，围绕需求做综合服务。

农民卖农产品最难，他们就在农产品流通上下功夫，目前形成的三条通路基本解决了农产品销售难的问题。一是城乡互动中心和消费合作社。他们在永济市（县）和运城市（地级市）发展了8000多户城市居民为消费合作社的社员，为这些社员提供的各类农产品就占到农产品销售总量的20%多。二是将18名男青年培育成协会的组织化经纪人，专门与市场打交道、签订单，同时，也打入县城和地市的超市。三是将生产者的农户也视为消费者，进行农产品内部市场的互换。在玉米外部市场价格低迷时，他们通过内部市场，将种植户的玉米卖给农协内部的养殖户，实现了保价流通。

围绕农民贷款难、不方便的问题，协会建立了资金信用部，而且将以往专事信贷的岗位改革成辅导员岗的业务。辅导员岗负责农户信息调查沟通、业务辅导、团购物资收发等工作，是一个将所有与农户面对面直接沟通的协会业务工作全都整合起来的岗位。协会共18个综合业务辅导员，每人至少包干200户，天天下户了解农民对9项业务的需要，建立农户家庭动态档案，并与协会各部门进行信息连接。通过这个真正与农民紧密连接的制度，为小额贷款、农产品销售、老幼服务等奠定了最厚实的基础。目前，每年的贷款余额达2000多万元且没有一笔坏账，合作金融不仅满足了小农户贷款需求，也给协会带来了一定的经济收益。（王小鲁、姜斯栋、崔鹤鸣，2015：285—306）

围绕农食品安全和农技推广的需要，协会先是做青年农场、农技学校、城乡互助中心，2017年又设立生态大树3年计划，以此将城市居民与乡村的土地和生态更紧密地联系起来。

围绕农户家庭老幼照顾的需要，协会为 75 岁以上老人设立不倒翁学堂、为两岁以上学龄前儿童设立蒙学堂、为小学和初中儿童设立夏令营等，这些社会服务项目都已经推广到十多个村。目前还应地区其他县的村委会要求，拟将社区为老服务项目推广至外县的 25 个村。协会还发动各村村民成立了以妇女为主的各支志愿者队伍，形成尊老爱幼、邻里和睦的社区志愿文化，推动了邻里之间、村庄之间、村民和外来者之间建立信任，形成了和谐乡村的社会氛围。（杨团，2015）

显然，这个地处我国中部的普通乡村，以自组织的社区合作集体不仅维护了小农利益，还为解决乡村当下诸如生态安全、农食品安全、社区服务、社区治理乃至就业等多目标复杂问题探了路。

笔者认为，蒲韩协会也为我国乡镇级改革提供了经验。当前我国大多数乡政府已经演变为乡公所，除了行政职能，为农服务职能所剩无几，财政体系无法养活乡一级为农服务的大量事业人员。建在乡镇的东亚综合农协，用经济收入支付协会任用的事业人员工资，担当了本由政府担当的农技推广、社区服务等职能，而蒲韩也正是这样做的，而且收到很好的效果。

（四）金店模式

河北内丘县金店镇新农协是一个目标直接对准社区性、综合性的乡村合作组织的试点。从正式试点算起，迄今不过 17 个月。试点的目标组织——金店镇新农村综合发展合作协会成立刚满一年。该试点的目的，是将基层供销社改造成集生产、金融、供销、推广等多项服务于一体的乡镇全体农民参与的社区合作组织，既是为深化供销社体系改革探路，更是为破解"统"的难题探路。

试点是在地方政府和供销社体系主导下，遵照中央 2015 年 11 号文件精神，将乡镇基层供销社改革成为"姓农""为农""务农"的综合性合作组织。中国社科院社会政策研究中心与北京农禾之家咨询服务中心共组的试点研究组（简称研究组）负责方案和制度设计，以及全程跟踪、协助和指导。并与河北省供销社共同选择了河北省内丘县供销社和下辖的金店镇供销社作为试点单位。试点方案将这个新型社区合作组织命名为金店镇新农村综合发展合作协会。2016 年 4 月 8 日，该协会正式成立，并在县民政局登记注册为社团法人。被通过的法人章程中包括内部可设立信用部、可自办加工事业等多条经济条款，为探索新型的社区合作组织开放了政策空间。（杨团等，2016：3—39）

新农协成立一年间，一是把农民比较有效地组织起来了。所覆盖的全镇 33 个村，自愿参加新农协的农户已有六成，近 6000 户，其中 6 个试点村的约 2000 多户几乎全体入会。

二是逐渐彰显了为农民服务的综合平台作用。新农协从日用品团购、玉米种子、化肥团购起步，逐步向生产生活的深层次拓展，农技培训、撒药服务、玩具加工、汽车保险等，每笔经济服务都为农民带来了经济实惠。还举办年节联欢会、各种赛事、禾趣冬令营、夏令营、五点钟课堂、老年日间活动。与大垒东村委会共建"金店美农空间"，为农民带来了不输于城市的多功能活动场地。这些生产生活服务对农民很有吸引力。众多农户参与的集聚效应和规模效应增大了新农协的话语权，建设银行、中国旅行社、中石油、省农资企业纷纷与新农协对接，探讨合作。

三是组织体制和机制初步形成。新农协通过民主选举产生了由农民组成的新农协理、监事会。以选聘分开为原则，聘任了县供销社副主任吴庆丰做总干事，形成理事长、监事长、总干事三巨头的新农协领导核心。总干事选择了一批农村妇女任村组织员，组成了一支既有农民又有供销社员工、全职与兼职混合的总干事团队。村组织员通过组织村内的舞蹈队、健身队发现骨干成立了多支志愿者服务队。村乡都有了以妇女为主的农民积极分子队伍，她们开始自主地组织各种经济、社会、文化活动。

这支既有经营经验又善于和农民打交道的新型的骨干队伍，让在供销系统工作了 30 年，直接策划和指导、跟进新农协试点的河北省供销社副主任郭志江很感慨："我做了这么多的基层试验和试点，感到最能体现供销社服务宗旨的就是金店镇新农协。"农民为主的总干事团队，"完全颠覆了传统的乡镇供销社就是员工队伍的概念。这让我对未来供销社改革有最大的信心"①。

---

① 2017 年 3 月 13 日，中国供销合作经济学会会长李春生一行考察河北内丘金店镇新农协试点，并于次日于邢台市召开"河北新农协试点座谈会"，此为会议发言。

新农协试点给供销社改革开了一扇窗，让供销社贯彻中央 11 号文件有了抓手。改变了供销社的思想和业务，更重塑了供销社的群众基础。过去的供销社与农民之间只有买卖关系，没有情感联结和共同利益的联结。现在"姓"农为农的服务让供销社得到了农民群众的好评。县供销社看到试点的意义和发展中的新气象，倾体系之力支持新农协并担任新农协社团登记的业务主管单位，并将金店镇供销社人员、资产与金店镇"新农协"融合，朝向新农协嵌入基层社的目标前进，形成乡镇一级以"新农协"为核心的供销社系统的综合服务体系。（杨团，2016：3—39）

这样的供销社/新农协成为党和政府联系农民、服务农民的重要载体和抓手，得到党委政府的重视和支持。内丘县委书记张辉说："谁为农民办事，我就为他办事。"过去供销社埋怨政府，认为"政府不为供销社搭台，我们怎能为农民搭台"，现在这个逻辑颠倒过来了。供销社为农民搭平台，政府就为供销社搭平台了。① 2017 年 3 月，邢台市委、市政府发文要求在全市 12 个县推广金店镇新农协，每个县至少拿出一个乡做新农协试点。他们认为，新农协"顺应了新时期农村经济社会发展的需要"，"体现了政府管理职能，但是没有行政命令"，"兼顾了协会、政府、农民三方的利益"。②

比较蒲韩乡村社区和金店镇，尽管历程不同，基本思路类似：都是建在乡镇地域广泛覆盖当地农民的综合性农民合作组织；都以权能分立为组织原则，建立得力的总干事团队；都用经济服务和经营收入"养"团队，走自负盈亏的路；都因"姓农""为农""务农"得到农民群众的信任和欢迎。而两地最大的区别，在于自发还是政府主导。蒲韩完全是农民自发组织起来的，得到当时县委书记的支持。但是党政一换届就发生支持断裂。这个组织越是得到农民的欢迎，有些地方的政府越难坐得住，一有风吹草动就怀疑农民组织有问题。这导致完全不输于日本、韩国、中国台湾农协的中国大陆最优秀的农民合作组织，无法在政府领导下推广其经验。

研究组恰恰看到了蒲韩模式在中国制度环境下难以避免的缺陷，从而努

---

① 2017 年 3 月 13 日，中国供销合作经济学会会长李春生一行考察河北内丘金店镇新农协试点，并于次日于邢台市召开"河北新农协试点座谈会"，此为会议发言。

② 系 2017 年 3 月 14 日"河北新农协试点座谈会"上，邢台市市委深化改革办公室张立军副主任的发言。

力寻找政府愿意主导，还有部门系统愿意主办的试点场域。希冀通过政府支持下的实践，为中国探索社区合作集体组织的可行道路。金店试点既借鉴了东亚农协（农会）经验，又吸收了本土的蒲韩经验。研究组多次请蒲韩社区接待金店试点组的供销社干部和新农协组织员、志愿者，帮助将蒲韩经验嫁接到金店模式上，从而促进、推动了金店新农协的快速成长。

三 关于农村集体和集体经济组织的分析

（一）四种集体类型

笔者以为，以"公共性"为纵轴，"经营性"为横轴，可将农民集体组织划分为四种类型。其中的"公共性"，是指集体组织举办经济、社会、文化事业以解决"一家一户办不好或不好办的事"；"经营性"，指的是为实现公共性采取的市场的、半市场的、公益慈善的等多种经营方式组合的有效程度。见下表：

公共性	强	人民公社制集体	人民公社制集体
	弱	村庄自治集体	股份合作制集体
		弱	强
		经营性	

· 第一种：人民公社制集体。

它的"公共性"强，"经营性"弱到近于无。第一，集体所有制即生产资料归集体所有。它是公有制的初级形式。第二，公有制的实现形式是单一的。在生产资料归属①既定的条件下，其实现形式即经营方式、组织方式、分配方式等都是单一的，表现为集体占有、集中经营、集中生产、集中分

---

① 生产资料按照"三级所有、队为基础"分别归人民公社、生产大队、生产队所有，此系法定。

配。（崔朝栋，1999；李玉堂，1999）

第二种：村庄自治集体。

它的"公共性"和"经营性"都比较弱。我国目前大部分村庄属于这一类。尽管有了宪法规定的村委会，尽管在免除农业税后大部分省份都给村"两委"的干部发了月津贴。但是一无资金二无能人，大部分村庄的村委会处于散漫状态，能人都进城打工了。甚至有相当一些村多年选不出村干部，因为无人肯干。村委干部在市场大潮中成了鸡肋。

10多年前国家启动大学生村官计划，用意是要加强农村基层组织力量，但是未能对改变现状起作用，反而还要花气力解决这批青年再就业的问题。弱村庄的典型特征就是"户自为战"。每家每户自顾自，甚至连几户的合作社都组织不起来。有点劳动能力的都外出打工了。所以，越是弱村，留守老人和儿童越多。反过来也成立，凡是留守老人和儿童多的村，就是弱村。

第三种：股份合作制集体。

它是村自治集体以股份设置强化了"经营性"而"公共性"并未上升的一类集体。其特征是开发利用资产、资源的能力强，这是一类最接近于公司的集体经济。

出现这种"近公司性质"，是因为这些村庄身陷城市或近城市范围的发展，并非一般的农村发展范围。它们从事的越来越不是农业而是第二、第三产业。整个村庄伴随城市化产生的地租涨价之巨大利益，将这些名为农村而实为城市的变性的村集体和"新市民"卷进与城市及其资本争夺地租权利的博弈。如前所述，股份合作制集体是由公社集体经济组织①改制形成的，而从宏观历史看，这类改制是原在乡的农民"脱农入城"转化进程中的第一阶段。该阶段的主要矛盾是城市化了的原村庄所获红利如何分配，即农民要以土地的集体产权与城市及其资本分享红利，同时又要明确个体在集体红利中的收益权利。

所以，此时的村集体成了失地、少地农民的靠山。因而将承包地折股，

① 广东省1990年颁发的规定指明，农村集体经济组织"是指原人民公社、生产大队、生产队建制经过改革、改造、改组形成的合作经济组织，包括经济联合总社、经济联合社、经济合作社和股份合作经济联合总社、股份合作经济联合社、股份合作经济社等"。

作为分配征地补偿费的计算工具；成立集体股份合作社，以取得在市场中与政府和开发商平等谈判的地位和权利，落实农民对集体资产的收益权；外出打工农民要求"带着集体资产分配权进城"等，这些都可理解为城市化进程中农民和村集体共同创造的自我保护机制。① 显然，这个问题已经超出了股份合作制集体的视野。

笔者以为，从组织社会学的视角看，这类改制后的社区股份合作社，实际上已经变性为兼有经济性、行政性和社会性的企业；村民从"姓农""务农"变为企业持股员工；村庄原有的基于血缘、地缘的人际关系完全改变为业缘关系了。社会学称这种关系是从首属关系转变为次属关系。当这种转变不是基于渐变而是一刀割断时，这个组织的内外环境和规则、规范的改变是超乎想象的。尤其是土地的城镇化置换了村集体原有的资本，对劳动呈现挤出效应时，村干部自然要以"村"作为与各方博弈的牌，在城和乡两头的政策上为己争利。这样的"村"还是村吗？这样的"集体"还是村集体吗？

第四种：社区合作制集体。

这是兼顾"公共性"和"经营性"的集体。既不同于公社制集体，也不同于股份合作制集体。它既有"社"又有"区"的概念。而且这都是源自血缘、地缘这些自然生成物。

"社"的概念指的是社群，社群是指"基于强烈的人际互动关系构成的相互信任的一个群体。……在发展中的经济体里，典型地表现为通过血缘和地域性姻亲关系捆在一起的群落和村庄"（Y. Hayami，2004）。"区"的概念是指一定的地域范围。社区就是指聚居在一定地域范围内的人们所组成的社会生活共同体，是费孝通从英文单词"Community"翻译而来。②

其实，1978年改革之前的生产大队、生产队，尽管有很强的行政控制，

---

① 依照我国土地集体所有的法律，涨价归公的公就是村集体。农民很明白这一点，所以即便高度非农化，即便土地抛荒，也要抓紧成员权，坐等土地升值，坐等集体经营性资产升值。

② 不过，中国人使用这个词的时候，常常望文生义，认为社区就是一个或大或小的地区而已，往往过于强调其地理范围而缩小了它原本的含义。它原本包括各种形式，而且强调的重点是人与人之间因联系密切而结成的各类共同体。所以，它是一种自然化的非正式的机制。如果能将制度建立在人们都能接受的基本的理念规范之上，而这种理念隐含在自然的世界中，这种规则就能稳定，大家就都能接受。

但还存在有丰厚的人际关系土壤，人与人之间有相互信任。历经30多年的改革后，现在绝大多数村庄的自然化机制已不复存在，利益的计算和博弈让信任荡然无存。农村出现"真空"，基层组织，无论村"两委"还是股份制合作社（集体经济组织），都更像是政府行政机构或政商合体的延伸，"没有一个组织能够实事求是地整合农民的利益并代表农民的利益，也没有一个组织能够为农民提供必要的服务"（于建嵘，2004）。村社传统消失了，乡里空间萎缩了，"通过紧密的个人关系和相互信任来引导成员进行自愿合作"的社区群体性的农民合作组织变得十分罕见，社会被"通过基于价格信号的竞争来协调逐利个体"的公司组织、"通过政府命令来强制人们调整资源配置"的行政组织（Y. Hayami，2004）占据了绝大部分空间。这种内外环境下，农民谁也不相信了，生怕自己吃了亏，无论什么集体资产不集体资产，只有分到手的才是真实的。这就是本文所列举的第二类村庄自治集体乃至第三类股份合作制集体的现状。

本文使用社区合作制集体，尤为突出社群的概念，是想通过词汇搭起对于集体和集体经济、集体经济组织等一组概念进行讨论和分辨的桥梁。是想表达同为集体，但是此集体并非彼集体，不仅股份合作制集体不同于公社制集体，社区合作制集体虽有股份存在但并非是用股份制组织起来的，其公共性和经营性双强的性质，使其与股份合作制集体和公社制集体相区分。

社区合作制集体重在"社"，重在人，重在一定地域内的人群以什么样的组织实现互联互信的人际关系，从而实现个人利益和集体利益的双赢，即"义利并举"。其实"村社"这个词将社放在村的后面，更加突出"社"，较之今天行政化的社区更能体现"Community"的本义。一旦缺少了互信带来的紧密的人际关系，村庄就不存在了。有村集体但是无村庄，人还在村不在的情景目前比比皆是。

从这个角度，我们看到了蒲韩和金店真正与众不同的最重要的意义，即在当代中国农民再度组织起来的伟大进程中，他们恰恰在最重要、最困难的环节——重建信任上做出了非凡贡献。我们认为，没有艰苦的、持之以恒的工作，除了极为个别的条件特殊地方，无论怎样的利益机制设计、无论怎样的政策优惠，都不能变成农民之间的信任，都不能拥有集体社会资本。而这才是一个社区内部农民合作的真正基础，然而它已经被毁坏多年了。

　　蒲韩和金店是笔者认为最具备社区合作制集体内涵的模式。它们与超级村庄包括塘约的明显不同恰恰不在经济性质，而在于社会信任的恢复和弘扬。它们是"基于强烈的人际互动关系构成的相互信任"的社群。农户对这个组织有了拥有感，自认为是其中的一员，从而愿意为它做事，听从它的召唤。社群内的社会信任建立了，被社会所承认的合法性机制就培育起来了。而当这样的社区合作集体与大多数农民群众建立了紧密连接即集体社会资本增长了，政府、专业合作社、种田大户、涉农企业等各类主体就拥了过来。它为国家与社会合作开辟乡镇地域为农服务的整合性平台、形成乡村社会新的市场格局创造了可能。

　　那么，超级村庄是不是社区合作制集体呢？老超级村庄源自生产大队集体，其发展有其合理的出发点。它们对公社制集体有所扬弃也有所继承，尤其以改善了的村社合一体制同时加强公共性和经营性是其共同特征。对它们需要做分类比较和历史分析。它们中的大多数采取土地统一经营方式，针对不同专业选用不同的经营方式，包括公司的方式，形成以集体统一经营为主的多层经营体制。不过，在民主参与民主管理，发挥农民的内生动力上，处理农户之间、领导者与农户之间的关系上、与外来人口的合作与融合上，倡导村庄伦理道德和发掘本地多样性文化上，其不足比较明显，例如常被人斥为"暴发户"就是问题的表现之一。而新超级村庄大都没有历史包袱，也没有家底，是在近年并非对集体有利的大环境下，依靠好带头人，在党和政府的帮扶下冲出来的。塘约村就是一例。尽管还有不完善，例如村级规模效率不足等。不过，它的确揭示了一种可能：只要以适当的方式将分散的小农组织起来，在不长的时间内，就能改变乡村的面貌。之所以将塘约归入新超级村庄，是因为村社合一的集体经济组织主体起了重要作用。

　　这些新老超级村庄何以走向以集体社会资本而不是"天赋地权"或"天赋资产"为"基体"① 的社区合作制集体，还要进一步探索。

---

　　① "基体"是沟口雄三创造的概念，笔者理解沟口是试图以此区别亚洲国家在受到西方冲击之前的前近代以历史因素为基础的独立的文化和发展样态。（沟口雄三，2011：63—64）笔者试图探索，即便新老超级村庄可勉强归入社区合作制集体，也与蒲韩、金店式的社区集体在"基体"上不同，其关键在于集体社会资本。

（二）合作经济、集体经济和股份经济

这三个概念经常被混淆。下文试图从股份分类做一厘清。

股份可以分为三种。

投资股。这是以营利为目的，股票最好能上市，通过交易市场让股票升值以获得超值的额外利润。

出资股。这是合作组织成员以出资作为自己参与合作的契约的象征物。合作社成员的出资，都要记账，作为成员资格股。它不是为了营利而投入，而是为成就合作事业，所以，出资是出于明确的非营利目的。出资后的分配，是按照合作社惠顾返还盈余的原则，即将成员利用合作社的程度以交易量来度量并按其多少做分配。这不仅是欧美，也是东亚农协（农会）和中国有史以来民间小规模合作经营的传统出资和利益分配形式。沟口雄三甚至将这种"股"区分于现代语当中的"股份"，说它更类似于江户时代同业公会的"株"①。（沟口雄三，2011：58）

分份股。这是我国农村集体股份制合作社和社区经济股份合作社创造的方式。即将股份作为计量个人在集体资产中收益权的工具，先清产核资再折股量化，给社员按份分好股，作为收益分配的依据。

关于什么是合作经济，它与集体经济的差异，一直存在争议。有人说合作经济是私有制，集体经济是公有制，两棵不同的树结不出同样的果实。不过，合作经济产权的理论研究既有个人所有的私人产权说、社员共有的集体产权说，又有个人产权与集体产权复合而成的复合产权说（欧阳仁根、陈岷等，2005：45—46）。笔者依据实践经验的判断是，合作经济可以建立在私人经济也可以建立在集体经济上。这方面，沟口雄三关于东西方甚至中日两国的合作机理因"基体"不同而不同的观点很值得关注。（沟口雄三，2011：57—65）

合作经济的组织表现形式，首先是合作社。合作社集体与村集体不同。合作社集体是人的自愿组合，没有地域和财产限制。村集体是以国家法定的土地集体所有权为前提，以地域为界限而形成的特定群体组织。将全体村民

---

① 株是指职业、营业上的特权。沟口提出，这种类似于"株"的出资股入到合作社里，是"暗含了个人所有权的共同财产，或者说是一种不允许买卖的株"。

登记造册组成的集体合作社，是最符合政策规范的集体经济组织。但除了超级村庄外，绝大多数的这类村集体经济组织只有架子，不做运营，等着"天赋资产"落下来按股分红。值得一提的是，中央在1983年和1987年的文件中，没有提集体经济组织，而是采用"地区性合作经济组织""社区性、综合性""乡村合作组织"的提法。这表达了中央当时想用合作经济改造公社集体经济、合作组织改造公社集体组织的政策构想。

合作社集体中，专业合作社和综合合作社还有不同，综合合作社有社会功能，具有协会的公益性质；专业合作社只有经济功能。目前北京农禾之家咨询服务中心帮扶的几百家合作社中，相当一部分即便没有像蒲韩、金店那样注册协会，也在顶着专业合作社的牌子做综合合作社。正是它们，一砖一瓦地改善着本社区的组织基础。

合作经济的另一组织表现形式是协会。除农业协会、农技协会外，日本、韩国的农协和中国台湾的农会是由特别法规定的法定社团，它们是不同于合作社的另一类集体。这三地的基层农协（农会）都吸收了当地乡镇社区90%以上的农民，其"组织与功能设计为政治性、经济性、教育性、社会性兼具的多目标功能的农民组织，且各目标间可收连环互补功能之效"（丁文郁，2011）。

总之，合作经济可以容纳自组织和半自组织的集体经济，而"天赋资产"的集体经济未必能和合作经济交集。

合作经济是不是股份经济？合作制是不是股份制？合作制可否用公司实现？这一组问题在现实中大有全面混淆的趋向。

一是将出资股与投资股混为一谈，20世纪50年代初，农民以土地、农具、牲畜等生产资料折股加入初级社，统一使用劳动力，民主商定生产和分配大事，按劳、按股分配。这个股就是劳力股和物资折算的出资股。我国供销社、信用社早期都有不多的社员出资股，资产的积累是靠后来的集体经营。合作社的投资股是针对项目的，常用在合作金融和加工事业上，社员自愿投股，自担风险，自负盈亏。①

---

① 健康的农协组织常常看准市场需要与会员联手投资项目，协会还出大头以承担风险，不让农户吃亏。蒲韩就是这样做的，这也是社区合作制组织真正吸引农民，获得信任的重要方式。

二是将股份合作社与股份公司混为一谈。股份合作社是合作社的一种特殊实现形式，在西方国家，它必须按照"成员民主制、按惠顾返还盈余和资本报酬有限"（徐旭初，2005：65、195 页）这 3 条国际合作社联盟百年未变的原则行事，否则，就应转为股份制公司注册。[①] 但是若用这 3 条原则衡量中国的实践，违反者颇多。例如城中村股份合作社，成员不参与劳动，因"天赋资产"坐享其成，何来按惠顾额分配？资本报酬有限这一条更不合，只要经营性资产产生的利润，就要全部分到人。当按劳分配被按股分配挤出，资本报酬成为唯一报酬时，与私有资本意义上的股份制资本权益还有本质差别吗？为什么在中国，只要办股份合作，无论主体是谁，都很容易滑向私有性质的股份制经济，村集体合作社常常演化为实质上的股份公司？这很值得深思。

还有，村庄是社群的所在地，是自然形成的生命体，是有历史人文传统的人类栖息地。公司则是工业社会的人造物。将村庄和公司混为一谈，是十分荒谬的。对那些打着合作经济和集体经济组织改制的旗号，以故意偏左的意识形态掩盖其以营利为目的的行为，很值得警惕。

（三）社区合作经济

本文所说的社区合作经济是与一般合作经济有关联也有所不同的经济形态。它是社区合作性质的集体经济也可称为社群经济。根据国际学者近期的研究，社群（community）是社会学概念，广义而言是指在地区或领域内有相互关系的人的网络。社群经济（community economy 或 community – based economy）是以社群作为主体管理自身经济和社会发展的经济发展模式。（R. Watts，2005）它是为了实现本地经济的重建和振兴，而由本地居民共同构建和指导的一个全面的、多方位的发展策略，主要致力于加强社群所拥有资源的管理和促进本地经济社会发展，是一个整合了当地社群社会、经济、文化和生态目标的综合性发展策略，它在社群的经济资本与社会资本之

[①] 例如如今西方国家普遍改传统合作社为"股份合作社"（stock co – operative）。对社员发行普通股、对外发行优先股（投资股）以克服融资难，而内部业务、分配和治理上还是遵循了 3 原则，所以国际合作社联盟还认可他们是合作社。这类合作社在西方国家已经相当普遍。美国的农场主合作社中，大约占 80%。

间建立起了桥梁，从而避免了将经济问题与社会问题割裂开来。（Bruce，1998）社群经济模式与传统的资本主义经济不同，是在考虑货币利润的同时，还优先考虑公平、可持续和参与性，重视复杂的、相互依赖的和非市场的相互作用。（PVFP，2013）社群经济发展模式近年在国际上引起很大重视，被认为是可以帮助落后地区尤其是偏远农村地区实现脱贫致富和可持续发展的重要途径。

而社会资本自从科尔曼指出它并非只是蕴藏于个人网络中的财富，而是一种社会的结构性资源后，"越来越多的研究者开始注意到社会资本的集体层面，将其视为一个组织、一个社区甚至是整个社会所拥有的资源和财富"，并且"以信任、连接以及网络结构"作为测量集体社会资本——一个组织的社会资本的要项（罗家德、赵延东，2005：117），这给社群经济的存在和发展增添了说服力。

社群经济与合作经济有很大的相容性，有学者认为合作经济是社群经济的核心。只是，合作社更强调经济参与和民主治理，而社群经济将综合性发展战略，多功能性、整合社会与经济目标、推动社会资本和人力资源建设都放在重要位置。所以说，社群经济是包含了合作经济在内，并较之合作经济更为广泛和深刻的经济形式。（路征、邓翔、廖祖君，2017）

为以中国人熟悉的语汇做表述，我们称社群经济为社区经济或者社区合作经济。它就是本文想区别于集体经济和一般合作经济的重点。这种强调综合性发展、多功能、整合社会与经济目标的社区合作经济的最好典范，就是20世纪50—80年代的东亚农协模式，即日本、韩国和中国台湾的农协（农会）。① 它既是社区农民群体的载体，也是政府和农民之间的枢纽，是乡村治理乃至影响国家治理成败的机制，它的组织架构是法定社团而不是合作社，但这并不影响它在法定社团的架构内允许和鼓励合作社组织形式的存在与发展。② 在三地的本土经济起飞阶段，这种特定的法人社团都起到了"促进农业合作组织发展，以提升农业生产力水平及农民的经济与社会地位，进

---

① 参见黄宗智《中国农业发展三大模式——行政、放任与合作的利与弊》。

② 台湾农村中的"产销班"就是不注册的专业合作社，它们都在台湾乡镇农会推广部下接受指导和帮助。政府给予的资金和项目支持也全部通过各地基层农会一个口子申请和进入。

而促进国民经济发展"① 的作用。

本文提出蒲韩、金店模式就属于这种类型。与超级村庄及塘约道路不同，也与只运作单一经济作物的专业合作社不同，它们以集体社会资本辖制集体经济资本，统合乡镇地域内规模化的社会与经济综合发展。我们将具有这种理念和实践的蒲韩、金店模式称为社区合作经济模式，将实践社区合作经济的农民组织称为将"统"与"分"结合起来的"社区合作制集体"。在一定条件下，它们有可能发展成为不输于东亚综合农协模式的中国式综合农协。

（四）关于农村集体产权制度改革

一定意义上，这项改革是被城镇化、工业化快速发展的形势逼出来的。农村集体经营性资产总量近年增速太快，以至于中央原本到 2017 年年底的改革试点计划还没完成，就提前于 2016 年年底发出了全国推进农村集体产权制度改革的文件。

2015 年年底，全国农村集体经济组织账面资产总额（不包括资源性资产）已经高达 2.86 万亿元，村均 493.6 万元。其中，广东等五省市资产总额为 2.16 万亿元，占全国农村集体资产总额的 75.5%，村均为 929.5 万元。（黄子懿，2017）这比 2012 年年底的全国农村集体经济组织账面资产总额 2.2 万亿元（国务院发展中心农村经济研究部，2015：167）② 增长了 30%，村均资产增长了 33.7%，五省市占村集体资产的比重提升了 15 个百分点。

可见目前面临的迫切问题，不仅是少数已经城市化的农村地区原住民对快速升值的集体资产的收益权诉求强烈，还有"如果不尽早确权到户，在城乡一体化的进程中，这些资产再过若干年就更难说清楚归属，就有流失或被侵占的危险"（韩长赋，2016）。

而将集体经营性资产确权到户，不但可保住财产不被"侵吞"，还能"使资源变资产，资金变股金，农民变股东，让农民得到更多的财产性收

---

① 参见日本农业协同组合法第一条，韩国农协法和中国台湾农会法第一条的含义与其相同。

② 该书第 82 页数据表明，农村集体组织的净资产占农村总净资产近 70%，其中土地资产占农村总净资产近 70%。集体净资产归个人经营、使用部分占 80% 以上，全部净资产中归个人经营、使用部分占 80% 以上。

入"（韩长赋，2016），以农制农，一箭双雕，造成个体看住集体的诱因性机制。农业部现已将集体资产确权到户纳入了"五路进财、支持农民收入增长"中的一路。2015 年，上海农村集体资产分红达 12.7 亿元，浙江省农村集体资产分红达 46 亿元。（黄子懿，2017）

这次改革的第三重构想，是通过资产股份化，堵住依赖地缘的传统乡村集体这个"无底的桶"的"底"（宋洪远，2017），打破村庄的封闭性以推动产权的流转交易。

看来，这次改革有意图在继集体土地流转之后走向规模性的经营性资产流转的方向。

回顾前述缘起于 1987 年广州天河的农村集体产权制度改革，到今年整整 30 年了。而有关这套政策和制度实践的争论从未停歇。众多学者和政策界人士都对这个制度提出诸多不完善处。例如"名实不符"说（高海，2014）①，股权代地权违宪说（邱秀娟，2016），所有权虚置说、政经统合解构说（张晓山，2015），资产分割错误说②（陈锡文，2017）等，不一而足。但也有人分辩说，折股量化集体资产只是明晰产权的一种手段。其目的不是分配集体资产，而是"通过明确社员的财产权，建立'差别共有'的机制，调动社员的积极性，增强集体经济的凝聚力和竞争力"（焦守田，2008）。

严峻的挑战是，集体资产股改确实在从经济发达地区向欠发达地区扩展，且与传统农业地区的集体建设性用地的产权流转合流成了农村改革当下的主流。

那些用"天赋资产"折股量化、按股分红的村集体主要集中在沿海发达地区，而这些富裕村庄目前最多占到全国的 5%。③ 若以这些发达地区的方式用于中等甚至不发达地区，用城郊的方式染指整个农村，那会出现什么状况？最乐观的结果，可能是后者由于集体资源少，利益争夺也就少，从而

---

① "投资者与劳动者身份的分离、利益分配方式的差异、能否退社的不同都导致名实不符。"参见高海《农地入股合作社的组织属性与立法模式——从土地股份合作社的名实不符谈起》，《南京农业大学学报》（社会科学版）2014 年第 1 期。

② 陈锡文在 2017 年"两会"上提出："农村集体产权制度改革的目的是把集体的财产收益权落实到每个成员身上，绝不是把集体的资产分割到每个成员的头上。这个是有差别的。"

③ 据农业部材料，2012 年年底，全国 27 个省份开展集体资产产权制度改革，有 23092 个村完成了改革，占全国总村数的 3.8%。（国务院发展中心农村经济研究部，2015）

缺少对实施股份合作制这种复杂制度的兴趣。贺雪峰曾提出"复杂制度的适用边界"的命题，认为将发达地区复杂的制度创新搬到欠发达地区，需要更多资源与利益来支撑。"在缺少利益争夺和制度援引的情况下，高成本的复杂制度根本不可能运转起来，只能变成村级治理中的形式主义。"（贺雪峰，2016）可就在本文写作中，就听闻贵州省政府决定大力推行村庄公司化，政策界人士为此疾呼"警惕利用股份合作社的名义搞股份公司"。可见，只是形式主义还罢了，若上偏一寸，下偏一丈，差之毫厘，失之千里，后果就严重了。

产权改革不是增量改革，而是一次历史沉疴的清理，是权力、利益的重新调整和再分配，核心是资产量化，关键是解决谁有份、有多少份。如此涉及面广、政策性强、利益矛盾突出的工作，很难统一思想，取得共识，反而可能是各怀心思。早在 2008 年浙江省推动这项改革时，主管的农业厅经管处的干部就将各种人的态度总结为"老百姓怕失利，要平分"；"村干部怕失权，压力大"；"业务干部怕多事，不想干"，"领导干部怕出事，求稳定"（郑水明，2008），现在要全国推行，难度自然更大。

再一个从产权改革牵出来的难题，就是发达地区大抵城镇化得差不多了的村庄，迄今还是村委会、股份合作社一套班子两块牌子，他们手握巨额资产，与地方政府、企业都有密切联系，权力过大，缺乏监督，仅靠村民的股份监督并无大效，仍然可能出问题。所以解构说有理。加上客观上也需要政社分开。因为改制的股份合作社若要登记注册为企业法人，就必须明晰经济组织的属性。中国没有东亚特定法人的农协农会法，可以法定农协组织以经济收益养社会事业。但是按照企业法人包括集体经济组织特定法人①登记后，收益不能用于支持公共事业。谁来给村庄的公共服务买单呢？现在的方案是财政负担。可是，如果仅仅是城中村改制成城市的社区居委会，倒是可以按照城市居委会的方式予以财政支持，而该项改革如要推向全国，财政难道要承担所有村庄的公共事业开支吗？就算国家财政出得起钱，又如何满足需求、种类、方式千变万化的近 60 万个村庄各自的公共服务呢？

事实上在农村这个相对狭小的熟人社会里，生产活动与消费、文化、福

---

① 据悉，2017 年"两会"期间讨论民法修改，已确定将集体经济组织特定法人入列。

利等社会活动往往连在一起。历史上的村就是社会最基层的组织单位，具有共同的生计利益。这种社会结构不变，不管采取什么组织形式，其性质都自然既有社会职能又有经济职能。它既不会成为单纯的企业也不会成为单纯的行政组织。（张路雄，2012：204）有学者指出，"政经分离"的改革并不适用于所有村庄，仅适用于很少数基层政府财政实力雄厚、已经完成"村改居"、群体利益矛盾突出的村庄，而其他绝大部分村庄可能在今后很长一段时间内，仍得沿用原有"政经统合"的治理模式。因为这种地缘、血缘乃至政治（村党支部）纽带关系绞在一起的格局很难完全分离。（王静，2016）要想突破这种"锁定"状态，需要将各主体的功能和账目资产分离，需要干部管理、议事决策和财政支持等一系列制度体系支撑。若再加上将集体经营性资产进行核资清产、农龄调查、资产评估、资产量化、股权设置和组建股份合作社的成本，就更加大到不可估量。这岂不意味着，为了乡村治理"走向法制化、规范化的道路"，为了过渡到"归属清晰、权能完整、流转顺畅、保护严格的中国特色社会主义农村集体产权制度"，国家必须付出巨大的代价吗？与其花费巨大的交易成本还不知道会滑向哪里，并不确定能建立起一个经得起历史考验的农村集体产权制度，为什么不考虑另辟蹊径呢？

我们回到本题上来，农村改革到底要建立一个什么样的集体组织？如何结合基层实际、采纳社区化的合作经济原则，减少小农经济向市场经济转化过程的制度成本。

笔者认为，目前推行的村集体股份制合作社由于具有无法弥补的先天缺陷，无论在哪一类地区都难以长期可持续。将其作为一种模式尚可讨论，但如果只此一家、别无分店，就堵死了其他的探索之路。塘约并不是股份制，而是村社合一的集体性合作社，他们的七权同确针对的是集体和个人的产权权限要厘清，公共资源和公共资产不能被"违规私占"，确权之后也没有折股量化，而是扩大集体生产，这就是不同的探索。

蒲韩、金店由于在乡镇层面，从而具有事业的延展性和对确定性规则的调试性。它们并不受那些以行政权力安排为基础的规则的限制或束缚，例如村组的土地集体所有制由宪法规定，不可选择，"天赋地权"，如之奈何？而乡镇层面，无论自然资源或历史上就有的"公地""风水林"，还是后天经营积累逐渐形成的公共资产，其产权归属就比较容易厘清，用不着为了分钱还没经营就先折股量化。政府反倒可以考虑，委托这类广覆盖乡镇农民的社区经济合作组织帮助农区的村组集体协调解决资产或资源的治理问题。

面对当前农村集体经济产权制度改革的诸多难题，可能需要开辟新的思路。例如可以考虑切断已经村改居的变性的村与土地的联系，撤销其村集体资格。因为其资格赖以存在的集体土地已经成为国家或企业的建设用地，且农户征地补偿和人员岗位也已安排，公共服务也由财政承担。也就是说，国家已经付费赎买了土地集体所有权及其连带物。那么，原土地之上的村已不存在，土地上所有连带物的产权不能确权给所谓"村集体"，已经改制为居委会的原村集体经济组织的三权合一应该撤销，凡国家投入部分应转为城市社区的公共资产，不可量化到个人，应进入村改居后的居委会或街道的社区基金。原村集体经营性资产不外房租、企业、商店、存款，可按照谁投资、谁受益的市场原则成立股份公司，但不宜折股量化到人，因为原集体已经不存在，成员权已经丧失，而股东权可保留。非村改居的集体可以厘清集体和个人的产权，将国家投入的资金进入集体积累，不能量化到人。

总之，在具体操作上，既不能城乡二元对立，又不能钻政策空子，以农村身份干城市的事，以城市的思维冒充和统领农村事物。当我们面临史无前例错综复杂的矛盾，甚至在现行体制和制度下近乎"无解"的问题时，再难也不应放弃客观、公正的底线，也不能只从一条道上找出路、消极被动地应对，而需要花大气力、深入研究这些"无解"问题背后深刻的本质。

当前，的确需要明确村集体经营性资产的清单。凡与资源（包括耕地、建设用地）和非经营性资产有交叉的，一律应由政策明确规定不列入清单，是否确权到户也应根据实际情况由村集体而不是政府来决定。如果某些地区经营性资产太少，应该允许其自行申请不参加这次产权改革。

要允许多样化产权制度实践（苏宇芳、赵鸭桥等，2009：20、23）。多样化的含义有二：一是不同权属主体之间的交叉与联合，如金店模式就是供销社和新农协的交叉和联合；二是同一权属的分解，如蒲韩就是协会、公司、商店、食堂、学校、老人中心等同属一个社会集团。不能把产权只理解为国家、集体、个体三种形式，应该打破公有产权和私人产权二元化的僵局。实际中，各种产权形式有交叉也有变化，并不泾渭分明。确权到户不如说确权到经营主体。但确权还只是第一步，要考虑并允许交叉产权的出现和多样化产权并存，让其在市场空间中自行探寻多种经营方式和合作方式。

从经验得知，只要是共同体，无论合作社、农协、村组、牧民部落，无论国际合作社联盟还是东亚农协，都一定会保有不可分割的经营性资产，这是让其长大和不断发展的根基。回顾我国"统分结合、双层经营"的制度提出了30年还没能形成，很大原因是集体没有可经营物——土地全部分到了户，集体办的乡镇企业也私有化了。我们需要反省集体产权本身和其实现形式的关联关系。还有，在城市化、工业化进程中，以国家为代表的外部主体，与以村集体为代表的内部主体的关系到底如何处理？显然它不仅与经济利益相关，也与制度环境、组织构造和集体社会资本相关。在充满利益算计、要求年年分红必须增长的股份制集体里，难保负责人不超收益分配或无收益分积累，将国家支持集体的资产也分掉了。而在充满信任、人人愿意为他人出把力的社区合作制集体中，无须确权到户，只要确权到经营主体，让农民合作组织定下的乡规民约发挥互信作用，就能让社区共有产权的维护和合理分配得以实现。

四　总　结

中国在"统分结合、双层经营"的农村合作经济道路上已经探索了30年。30年前，中央曾以这样的词语勾画了这个探索的方向："引导农民走合作经济道路，是我党坚定不移的方针，但合作经济的组合，要求平衡多方面利益并形成共同遵守的契约关系，需要有一定的发展过程，很难在短时期内覆盖一切地方和一切领域。"（中共中央政治局，1987）

这里的告诫含有对我国以往农村社会主义改造运动经验教训的总结，这就是不能急功近利，一刀切。有些政府官员倾向于迅速推进那些形象显赫，而且自己方便看见的典型模式，例如城郊村的模式，而对广大农区农民合作组织自创的做法很少关注，遑论喝彩和支持。

工业化、产业化、高科技农业企业、经商、"脱农入城"……已经或正在成为我国一些昔日农村的现实，这是现代化进程的必然产物，也是我们应当珍惜的成就。但是真正困难的挑战不是这个，而是实现全国多数农村自己的进步、繁荣与安康。两者不在一个水平上，而后者的不幸常被遗忘。世界上在局部取得显赫现代化成就的国家并不缺少，但是比较全面地摆脱落后或失衡的有多少呢？再有，从一些我们基本上没有解决的真正难题看，如农村凋敝、涣散，又如终于得到城市反哺的农村，却发现利益的返还是以隔断其天然信任纽带、被动消极的给予方式为代价的，等等，这些都与农民没有自己的组织有直接关系。

而一个健康的农民组织起来的"发展过程"，需要决策者特别注意：

第一是警惕在发展农民合作组织中的单纯经济思想。即片面以农业产业经济视角理解社会—经济—政治混杂的三农问题，将社区性这类非经济因素从合作中剔除。其实不是所有经济学家都轻视社区。"人们曾经认为部落和村庄这样的传统社区是现代化的束缚和桎梏。然而，必须认识到，这些社区为纠正市场和国家失败，进而支持现代经济发展，提供了极为需要的组织原则。"（速水佑次拉郎，2003：283）

第二是警惕用简单化的观念拒绝现实的复杂性。例如，我们需要能够在力求集体产权或收益权的清晰与发挥合作经济效力即集体整合力之间做明智权衡的智慧。手段不能成为目的——在农村集体中，追求"一切分净"与追求"一切归公"一样，最终都会使合作失败、集体解体。

第三是看到国家与社区间的建设性博弈之必要性和可能性。

笔者认为，历经坎坷的中国乡村改革空间已经不大了，能用的方式和时机已经不多了。所以珍惜是第一位的。看不准的，宁可慢，不要忙着推。将城市化地区与广大农区分类指导，多花气力在中西部农村的创新研究上，给予类似蒲韩、金店的乡镇级社区合作组织更大的政策空间，支持其重建党和政府与农民之间的信任，建立与村集体间的互补关系，承担村集体"办不好或不好办的事"。

蒲韩、金店这样的农民合作组织所走的既不是行政化的集体经济组织道路，也不是打着集体牌子的私有化道路，而是以人为本、社区合作、自主经营的第三条道路。它是中国本土长出来的农民组织化的新芽，是从强化集体社会资本、突出人性与合作的方向上探索统合国家、集体、个人利益的做法；它兼具经济性和公益性、以经济支持公益，从而形成可持续生长的机制。（杨团、孙炳耀、郑易生、仝志辉，2013：8—42）尤其在"脱农入城"

快速发展中，如果国家支持，放手让其再造乡村基层组织，并给予土地制度改革超越性的赋权试验，就有可能走出破解诸多难题的新路。

这种组织既不依赖于行政力量，又不依赖于资本力量，不做任何主体的附庸。它的力量来自农民的合作，来自整合地区社会、经济、文化和生态目标的综合性发展策略。同时，它既要政府的支持，也要资本和在市场上的运作。正如庞朴先生论及"一分为三"和中道时所说"中之能介，中之能融，便正是它独立于左右之外、独立发挥作用的表现，而绝非其附属于左右之下、仰赖左右鼻息的结果"（庞朴，2011：104）。

未来的 30 年，不可轻易地要求加快进程。厘清方向、解放思想、允许多样性、尊重群众创造、排除万难、坚韧不拔地走下去是最难也是最重要的。只有很好总结这 30 年的经验教训，才能为下一个 30 年打下坚实基础。

参考文献：

陈锡文：《集体产权制度改革不是分割集体资产》，《上海证券报》2017 年 3 月 10 日。

陈锡文：《构建新型农村经营体制刻不容缓》，《求是》2013 年第 22 期。

崔朝栋：《关于公有制的含义及其实现形式的思考》，《经济经纬》1999 年第 4 期。

丁文郁：《关于台湾农会法规、组织以及与政府之关系》，在台湾政治大学的讲稿，2011 年 6 月 11 日。

沟口雄三：《作为方法的中国》，生活·读书·新知三联书店 2011 年版。

《贵州日报》：《给乡亲一个精神焕发的村庄》，http://news.k618.cn/society/201703/t20170331_10816697.html，2017.3.31。

高海：《农地入股合作社的组织属性与立法模式——从土地股份合作社的名实不符谈起》，《南京农业大学学报》（社会科学版）2014 年第 1 期。

国务院发展中心农村经济研究部：《集体所有制下的产股重构》，中国发展出版社 2015 年版。

黄子懿：《农村集体产权改革何往？确权与流转成难点》，财新网 2017 年 1 月 9 日，http://china.caixin.com/2017-01-09/101041954.html。

贺雪峰：《乡村治理的制度选择》，《武汉大学学报》（人文科学版）2016 年第 69 卷第 2 期。

贺雪峰：《序二》，载张路雄《耕者有其田——中国耕地制度的现实与逻辑》，中国政法大学出版社 2012 年版，第 10—13 页。

韩长赋：《农业部长韩长赋等就相关问题答记者问》，2016 年 3 月 7 日，http：//topics. caixin. com/2016 - 03 - 07/100916956. html。

焦守田：《股权设置：农村集体经济产权改革的核心》。《农村工作通讯》2008 年第 17 期。

李昌平：《集体资产改革，千万不能先玩"股份制"改造，再"一卖了之"》，载《人民食物主权论坛》，2017 年 2 月 17 日；http：//www. shiwuzq. com/portal. php？aid = 898&mod = view。

李昌平：《取消农业税将引发一系列深刻变革》，http：//bbs. tianya. cn/post - free - 181238 - 1. shtml，2004。

李玉堂：《马克思主义经典作家关于公有制及其实现形式的认识与实践》，《湖南社会科学》1999 年第 5 期。

罗家德、赵延东：《社会资本的层次及其测量方法》，李培林、覃方明主编《社会学经验与理论》，社会科学文献出版社 2005 年版，第 100—142 页。

路征、邓翔、廖祖君：《社群经济：一个农村发展的新理念》，《四川大学学报》（哲学社会科学版）2017 年第 1 期。

农业部：《促进农民合作社持续健康发展》，2017 年 4 月 6 日，http：//www. jlonline. com/fangchan/2017 - 04 - 05/237912. shtml。

欧阳仁根、陈岷等：《合作社主体法律制度研究》，人民出版社 2005 年版。

邱秀娟：《农村股份合作社股权设置与流转问题探析》，《公民与法》2016 年第 3 期。

倪冰莉：《广东农村集体经济股份制改革研究》，《河南科技学院学报》2014 年第 3 期。

庞朴：《三生万物》，首都师范大学出版社 2011 年版。

秦晖：《什么是"集体所有制"？——关于产权概念的若干澄清》，2006 年 6 月 11 日，http：//www. aisixiang. com/data/9822. html。

宋洪远：《起草组成员详解"一号文件"："三农"挑战怎么破？》，财新网 2016 年 1 月 27 日，http：//china. caixin. com/2016 - 01 - 27/100904552. html。

宋洪远：《新型农业社会化服务体系建设研究》，《中国流通经济》2010 年 6 月 23 日。

苏宇芳、赵鸭桥等：《权属制度安排的第三条道路——西安南地区集体林林权制度改革研究》，中国农业大学出版社 2009 年版。

孙炳耀：《大力推进农村社会工作人才建设》，载杨团、孙炳耀等编《综合农协·中国"三农"改革突破口 2016 卷》，中国社会科学出版社 2016 年版。

速水佑次拉郎：《贫困发展经济学：从贫困到富裕》，社会科学文献出版社 2003 年版。

王小鲁、姜斯栋、崔鹤鸣：《综合性农民合作组织是实现中国农村现代化的重要组织形式——山西省永济市蒲韩农协调研报告》，载杨团、孙炳耀等编《综合农协·中国"三农"改革突破口 2015 卷》，中国社会科学出版社 2015 年版。

王静：《农村集体股份合作制改革路径研究》，《农村经营管理》2016 年第 5 期。

王宏甲：《塘约道路》，人民出版社 2016 年版。

温铁军：《农民专业合作社发展的困境与出路》，《湖南农业大学学报》（社会科学版）2013 年第 4 期。

温铁军：《解读新苏南模式》，《社会观察》2012 年第 3 期。

苑鹏：《中国特色的农民合作社制度的变异现象研究》，《中国农村观察》2013 年第 3 期。

苑鹏：《改革以来农村合作经济组织的发展》，《经济研究参考》2008 年第 31 期。

徐旭初：《中国农民专业合作经济组织的制度分析》，经济科学出版社 2005 年版。

于立、姜春海、李姝：《中国乡镇企业的过去、现在和未来》，东北财经大学《发展研究参考》2004 年第 8 期，2004 年 4 月 22 日。

许承光：《股份合作制企业发展状态研究》，《理论月刊》2002 年第 10 期。

于建嵘：《我为什么主张重建农民协会?》，《中国社会导刊》2004 年第 2 期。

杨团、孙炳耀、姜斯栋、刘建进、仝志辉：《探索"新农协"，破解基层供销社综合改革难题》，载杨团、孙炳耀等编《综合农协·中国"三农"改革突破口 2016 卷》，中国社会科学出版社 2016 年版。

杨团：《探索解决农村失能老年人照料贫困问题的路径——以山西永济蒲韩乡村社区为例》，《中国社会科学（未定稿）》2015 年第 6 期。

杨团、石远成：《山西永济蒲韩乡村社区：农村社区公共服务的新型提供者》，《中国非营利评论》2014 年第 1 期。

杨团、孙炳耀、郑易生、仝志辉：《探索综合性农民合作组织，促进"三农"改革新突破》，载杨团、孙炳耀等编《综合农协·中国"三农"改革突破口 2013 卷》，社会科学文献出版社 2013 年版。

杨晓光、樊杰：《20世纪90年代中国乡镇企业变革及其地方效应》，《地理学报》2008年第12期。

张文茂：《一场决定亿万农民命运的新的伟大变革和斗争正在展开》，2017年4月15日，http://www.cwzg.cn/politics/201704/35416.html。

张晓山：《关于农村集体产权制度改革的几个理论与政策问题》，《中国农村经济》2015年第2期。

张路雄：《耕者有其田——中国耕地制度的现实与逻辑》，中国政法大学出版社2012年版。

郑丹、王伟：《我国农民专业合作社发展现状、问题及政策建议》，《中国科技论坛》2011年第2期。

郑水明：《农村集体经济组织股份合作制改革的四大障碍》，《农村经营管理》2008年第12期。

折晓叶：《村庄的再造——一个"超级村庄"的社会变迁》，中国社会科学出版社1997年版。

中共中央政治局：《将农村改革引向深入》，1987年1月22日。

农村与农业

追魂与重建：寻求真实有意义
乡村发展的反省与自觉

——渠岩的艺术乡建探索与思考

李人庆[①]

  自 2006 年艺术家渠岩因拍摄作品而与许村相遇，他在这副凋敝的乡村面孔背后，看到了一条从明清延续至今的历史脉络，也唤醒了内心对于故土和家园的强烈情感，并发起了以艺术激活乡村的许村计划，至今已经有十多个年头了。至今在许村的实践包括：2007 年发起"许村计划"，至今长期深入许村，致力于艺术推动乡村复兴的乡建实践。已出版专著《精神在别处》《艺术视界：渠岩的文化立场与社会表达》《艺术乡建——许村重塑启示录》等。2008 年开启的许村宣言和许村论坛，2011 年开启的两年一届的许村国际艺术节，许村国际艺术公社，老粮仓美术馆，乡村助学计划等。以艺术介入乡村，渠岩希望探索出一条乡村建设的新道路，即区别于改造话语和发展话语的艺术修复方式，通过重建人人关系、人物关系和人神关系，尝试修复乡村的情感伦理和信仰价值。伴随着社会对于新乡村建设的需求和关注，以及一系列全国范围新乡建艺术及影像展览，许村计划作为艺术乡建代表之一越来越被社会和学界及当代艺术界所广泛认知和肯定。如果说 2013 年以前的许村计划主要基于渠岩所代表的一批艺术家的精神归乡和文化觉醒以及古村落修复与保护的话，那么之后许村计划则伴随着许村实践的深入和多学科多人群的介入，渠岩所代表的艺术乡建团队也渐渐丰富了艺术乡建无论是在手法，还是在内容上的创新性的突破和理论建构。建立起一整套基于文化复

---

① 作者系中国社科院农村发展研究所副研究员。

兴和乡村重建的理论思考和实践，这些实践和思考集中汇集到了他新近出版的《艺术乡建：许村重塑启示录》一书中。经过多年的展览和宣传，对于"许村计划"和艺术乡建社会大众已有所认知，人们往往也容易看到和认同渠岩和"许村计划"的行动与成果，但对于其背后的思想和背后的行动逻辑与机制还知之甚少。其实，正是这些思考和新的思想观念才是构成了其艺术乡建行动的动力和依据。这就使人们不仅得以对于"许村计划"的成果和行动有所了解，而且得以了解其背后的理论思考和行动逻辑。这一实践和思考不仅为新时期的乡村建设运动提供了一个鲜活的实践探索和案例，而且也为打开和开拓乡村建设思维的理论视界，重新思考和反思乡村建设并创新乡村建设理论做出了积极的贡献。因此，这个个案值得总结探讨，其背后的观念和思考，以及它在当今中国新乡村建设理论中的探索与贡献更值得进一步地总结和挖掘。如果说许村计划在中国乡村建设实践的意义和价值并不仅仅体现在许村这个具体村庄上，重要的是体现在其对于乡村复兴和中国传统文化激活与重建的反思与探索上的话，分析、总结和提炼其发展理念、手法和实践过程，不仅是文化自觉和自省的必要，更是文化重建的必需环节和重要组成部分。它也构成了新乡村重建和中华民族文明复兴过程中的文化自觉反省与重建的一个宝贵的试验与探索。与此同时，它也为乡村建设的实践者提供了一个可资借鉴和参考实践的样本。如果说渠岩的艺术乡建是起源于他的精神归乡的话，那么他的艺术乡建实践和理论则是他和团队在近十年许村艺术乡建历程中，摸爬滚打，一步一个脚印，通过知行合一的思考和实践产生出的结晶。是一个由表及里、由外到内、由浅到深不断深化和升华，多主体跨界互动和理论与现实不断碰撞所产生的过程。它从艺术推动乡村复兴和古村落修复开始，2008 年开启的许村宣言和许村论坛，2011 年开启的两年一届的许村国际艺术节，许村国际艺术公社，2013 年以后又相续拓展和延伸了许村计划，将其原来着重于激活古村落的乡村修复转变为救活乡村的文化重建，在强调争取村民的认同感的同时，增强村民的主体归属意识和获得感与参与感，艺术乡建的社会参与深度和广度与浓度不断提升，着重于解决乡村运动农民不动的问题。推出了一系列许村艺术乡建的项目，如提出了抢救和保护古村落的"许村宣言"，再将"创造新文化，抢救古村落"的概念注入许村，实施社区营造等老粮仓美术馆改造建设、许村农场和许村创意产品、乡村助学活动和村民民宿改造计划等一系列社区营造发展项目，再到寻找走失的神性和魂归许村，力图为"许村历史空间的文明再造行动"，找到和注入新的文化原动力，让许村的村民有尊严地生活在自己的家园。在继承和发扬传统乡建思想和当代艺术实践基础上构成自己一整套艺术乡建的手法和理论话语体系。

从古村落的修复到调理

渠岩对于艺术乡建思考的问题意识是从现实中来的，解决方法也是直接对着问题去的，体现了鲜明的当代艺术家的特点，具有很强的批判性和可操作性，直指问题核心。正是他看到"今天这么多所谓乡村建设团队和组织及项目介入乡村建设发展，他们带着各自不同的文化理想、文化背景和专业技术，这种一窝蜂的现象也产生一个巨大的危机，如果处理不好，认识不到中国乡村真正的问题在哪儿，对于乡村这个庞大复杂的信仰系统没有正确的价值判断，还是简单地用发展的话语、改造的话语，那只能给脆弱的乡村以最后一击。所以今天乡村的危机并没有随着新农村建设运动而缓解，反而有进一步加剧的危险"。激起了他对于原有所谓新农村建设的反思。费孝通在《江村经济》一书中所指出的："社会是多么灵巧的一个组织，哪里经得起硬手硬脚的尝试？如果一般人民的知识不足以维持一种新制度时，这种制度迟早会蜕形的。"时至今日的所谓新农村建设，正以疯狂的城镇化扩张加剧了乡村的萎缩，乡村建设面临着为权力和资本裹挟的命运。乡村扮演着被宰割的牺牲者和失语者的角色。土地被掠夺，伦理秩序遭瓦解，信仰价值体系崩塌，而这些正是今日中国社会文化危机的根源所在。

正是在针对当前所谓现代化进程中的新农村建设批判基础上，渠岩系统地反思了原有单纯的现代性文化引入和疾风暴雨式的社会改造所带来的破坏性建设和碎片化发展，将乡村建设简单地看成了物质建设，忽视乡村建设过程中各利益相关方的多元主体性和文化重建与发展等带来的一系列问题。他指出："中国近代一百年的城市化是按照西方来建构社会的价值，最大的失误就是牺牲了乡村来建设城市。但中国乡村却被那套把自己打扮得牛气烘烘的'发展'话语给污名化，被看成是现代化的敌人，并在现代化过程中被形容成一个先天落后、弱小，继而应被抛弃和牺牲掉的角色。在我们诸多的社会改革中，我们有意无意地将'乡村'的意义剥夺，仅仅保留住一个现代性的命名'农村'，而这背后延续的是苏联时期集体农庄的治理传统。当时苏联把农民集中起来，就是让他们为革命、战争来生产。于是，乡村缩水成了一个被'功能化'的生产单位。被功能化为农村之后，它就完全变成了为革命、为社会主义提供农产品的一个单位。但如果它认为农产品的价值不高了，农业本身没有价值了，就会进一步去掠夺，把乡村的生存空间、物质形态粉碎掉。我们30年的现代化建设对乡村的摧毁超过了任何一次战争。这是民族价值崩溃最重要的一个原因。因为中国整个价值是在乡村，城市已经看不到了。在传统社会，一个人要确立他的生命价值，必须要回到他的乡村，回归他的祖宗。中国传统对城市和乡村的定位是，城市是战场，乡村才是家园。在城市为官，告老还乡，还要回到家乡光宗耀祖，才是个人价值的真正完成。包括商人经商，最后还是要回到乡村，比如近代徽商和晋商的兴盛，就是这个原因。像上海兴起之后，为什么有地主资本家的说法？因为他不愿意放弃乡村的土地和家园，同时又到城市里去开工厂办商业。所以，乡村不仅仅是最后退守的家园，而且是神圣的灵魂安放之地。在今天，乡村的话题被我们一百年的社会改造给消解和污名化了。"

在此基础上他明确提出了："建设美丽乡村的前提是，不要再折腾乡村，而是小心翼翼地修复乡村，认认真真地调理乡村，踏踏实实地管理和维护乡村。"他认为艺术乡建可以发挥艺术形式的情感判断在促进社会沟通融合中的突出特性与作用。在继承和发展原有乡村建设理论基础上，他强调了主体间性和文化自觉在乡建中的作用，并针对深化和升华的原有的乡村建设理论，建构了其艺术乡建的理论和手法。艺术乡建采取从启蒙、修复和调理及发展一个循序渐进、和风细雨润物细无声的方式，改变乡村的内在体质。从西式的局部的粗暴的建设手法，转变为中医式的社会调理的方式来恢复乡村的生机与活力。他提出："'新乡村修复计划'，就是要修正现有的'新农村建设'偏差和误区。我们应该放慢脚步，采用小心翼翼的方式来疗愈乡村，用艺术修复千疮百孔的乡村。在尊重传统营造法式的前提下，用当代的技术手法修复传统民居，在收集和整理传统手工艺的基础上，找出与今天的生活有关联的部分加以发挥和推广，复兴我们智慧的祖先创立的丰富多彩的民族节日与仪式，融入今天的生活方式与文明习惯，建立起一个全新和完整的活动空间系统与东方人的生活方式。"他认为："乡村修复不仅是对建筑本身的挽留和复归，也是对个体家园的肯定和自信。就像被毁坏的物件经过能工巧匠的妙手回春，使其接上历史的脉络并在乡村的发展中传承下去一样，我们需要寻找一套可行的模式与方法，作为村落修复的规范。在确保安全、采光和舒适、卫生的条件下，将个体性、差异化和传统的家族生活结合其中，为被毁坏的乡村提供一个自行修复的有效办法，孕育出兼具个人自由与多样性，复归家族与邻里生活的舒适、健康的村落。"

村落的成长是渐进而自然的，居民在漫长的岁月中需求和习惯的改变，不断渗透和塑造其生活的环境与建筑。"村落和民居并不是静止的，它们会随着主人的成长和发展，一代代的营造和经营而变化。正是因为每家和每个不同的人，世世代代地营造，才会呈现出看似纷乱无章，却变化融洽的无限风情。老的村落不是一蹴而就的，因此我们要小心地保护这种生长的规律。'新农村建设'中整齐划一、兵营式的建筑之所以并不能让村民感到舒适，是在由于没有尊重人性的尺度与人的空间活动。"在这里我们看到他的艺术乡建理论中真正实现了把人放到了发展的首位，而不是只见物，不见人的发展。他说："让农民有尊严地生活在自己的家园里，恢复自己的信仰和生活的保障，这是我的理想。""当代艺术家绝不能只停留在对社会提出问题上，而应积极寻找解决问题的途径。艺术介入乡村，重要的并不是艺术本身，更不是审美范畴，而是成为一种艺术实践行为，乃至一种社会行动。艺术也是让乡村苏醒和恢复人的生命感觉的有效途径。当代艺术必须具有文化启蒙、公民教育乃至社会干预的重要意义。"这深刻反映了他所建构的乡建发展观所具有的人本和人文主义思想内核、知识分子的使命与责任意识以及文化担当。

许村艺术乡建与众多当代新乡村建设运动不同首先就在于它不是基于国家或社会层面的由外到内自上而下的运动，而是发源于个体艺术家本身内在自我寻求精神和心灵归宿的文化自省与自觉产生的。在渠岩看来许村乡建不仅是其艺术采风和文化寻根之旅，更是其自我救赎和找寻灵魂家园之路。也正因如此，使得许村的"艺术乡建不同于近代以来的乡村建设运动，不是把乡村作为被否定的对象，而是肯定乡村的文化价值，使之与时代相衔接"。"'创造一种新的文化'来激活古老的文化"。它所强调的是"艺术要介入社会，要试图对乡村物质形态修复的同时，用艺术去重建一种信仰，重建人与人、人与自然、人与宇宙的共生关系"。"艺术介入乡村，重要的并不是艺术本身，也无关审美范畴，它是一种积极的社会行动以及对生活可能性的探索，通过对人们心灵与生命感觉的抢救，以确立人们对生活的参与感、主体性。"在渠岩的观念中，艺术虽不是灵丹妙药，但也不是我们常人所理解的视觉游戏和审美体验。艺术是一种社会行动，是有效地介入社会和现实的态度，是用人类共有的文化遗产和经验反省今天，用新文明的方式和方法修复长期被疏离的历史和文明以及被隔断的历史。这才是今天介入现实的当代艺术，而不是风花雪月和罗曼蒂克，也不是自我陶醉的自欺欺人的游戏。正是基于这一独特的问题意识和文化自觉，对于寻找精神归宿和家园的诉求，构成了对于传统乡村建设理念和方法的解构，确立了与现代乡村发展理念相契合的主体性建构和发展的多元主体性认知。

"许村艺术乡建的主体就是村民。"对于主体性的问题，渠岩毫不犹豫地回答。他认为，现在乡村的问题是过度现代化产生的问题，这就不能以精英主义居高临下的方式再进行"现代化的抢救和治理"，比如"我赋予""我要改造"等现代话语。从社会学和人类学来讲，都是有问题的。渠岩和许村形成的平等互惠关系，正是这个艺术乡建项目能够长期存在，延续至今的主要原因，而这种平衡的建立，也是在艺术乡建过程中他逐渐领悟到的。"通过人类学和社会学的知识，我发现艺术介入现实有很多问题要解决，必须在社会中构建一个相互的共同体的关系，这个关系不是单项的，要建立共同的价值体系。"渠岩说。在渠岩看来，乡建本身就是一个行动的作品，这个作品包含多种艺术形态，最后留下的可能是一段历史，也可能是参与其中的艺术家的作品，也可能是一个乡村文明的苏醒。通过主体性的确立，渠岩在建立一个艺术和当地能够持续发酵、成长和发展的体系。正确的关系是，相互尊重与认可，互为他者，建构新的乡村共同体。与此同时，多元主体性有村民的主体性、外来知识分子精英的主体性，都是通过采用人类学的一个方法来说就是——互为他者，相互尊重。"艺术家如果摆不正社会介入的姿态，就会成为外部干预和精英主义居高临下的借口，这恰恰是介入社会的艺术家所要警惕的。从 20 世纪中叶开始，艺术介入社会就具备一定的'反治理'色彩，具备一定的现代性批判精神。艺术介入社会作为一种变相性的文化运动，它实则是对治理性政治的修正。何为艺术'介入'社会？首先，它要带有一定的文化建构色彩。为了避免'建构'所带来的权力暴力，艺术的社会文化建构需坚守住文化的'主体间性'，还要基于目标社会与对象的文化主体性与历史情境性进行开放式的启蒙与共生化的建构。其次，艺术介入社会的行为已经超出了'表征'的意涵，不再是单一的审美活动和语言，而是在普适与地方之间，实践出一种能与地方文化生态、历史文脉、权力网络与信仰体系发生持续关系的语境和意识场。也就是说，它不再是停留在画布、装置和言说上的艺术家'作品'。相反，艺术介入社会作为一种'情势'，它就是这个社会生态与生命力得以'转化'与'繁衍'的动力与路径。"渠岩如是说。不能像 20 世纪 30 年代那样，认为乡村天然就是积贫积弱，靠知识分子去拯救。以精英居高临下的态度行事。但是与此同时，也不能采取民粹化的过度屈从村民主体性。"因为乡村主体的价值已经崩溃了，乡村的道德体系已经瓦解了，它就是一个发展话语。为什么叫丰衣足食？丰衣足食就是拜物嘛，完全是遵照村民的意见，那就是满足他无限膨胀的物欲，但他的神性已经缺失掉了。这些东西都是知识分子、文化精英和艺术家在现实当中应该注意的，即如何去调配恰当的主体性和价值，又能真正沟通并建立一种正常的关系。这是一个相对有效的方式。但这个方式是非常漫长的，不是一个运动、一个计划就可以解决的。"正如渠岩所指出的：因为当村的主体性价值转向拜物之后，村民就会以利益来判断你的价值，你能给他带来多少利益，他就判断你能带来多大的贡献。许村好在民风比较淳朴，因为比较偏远，没经过太严重的商业洗礼和改造，这个地方也是中国传统文化的发源地，还算是保留了一些传统。另外，我们还不断地协调、矫正这种关系，我们首先要召回乡村的活力，赋予乡村尊严，建立村民的自信。这是乡村慢慢复活的一个非常重要的方面。从修复到调理，看似一个简单的词语转换，实际上反映了从注重外部寻求解决办法转到恢复运用中国文化和社会精神所体现文化理念的方法，寻求创造性解决中国现代化转型过程中的文化失调问题的方向上来的努力。渠岩说："艺术推动乡村复兴不仅是对历史遗存有效的抢救措施，重要的是创造新文化，要在古村落里创造一种新的文化形态和再生机制。来激活已经濒临消失的文化遗存和村落民居。切实可行地找出一种既能提高农民生活水平和改善居住环境，又保护了传统村落民居及历史遗存的最佳途径。抢救与保护，绝不是拒绝发展与再生，保护的意义恰恰在于"再生"。村落是鲜活的生命体，任何把古村落和民居作为"标本"而保护和展示的行为都是残忍的，在抢救有历史意义和民俗价值的建筑与民居的基础上，采用和风细雨式的方法"调整"与"修复"被遗忘的村落及民俗遗产，以期做出一个新的农村模式。同样能给村民一个新生活的希望与梦想，这才是保护的意义所在，也是新农村建设的方向所在。

乡村运动，农民不动

如何解决梁漱溟当年的感慨：乡村运动，农民不动的问题是所有乡村建设运动不能回避的核心问题，也是农民主体性能否得以实现的关键所在。渠岩通过提出多元主体性和主体间性以及互为主体等概念，破解了非此即彼的二元主体性困境和冲突。他这一创新性解决方案对于破解这一问题具有很强的示范意义和价值。他一方面指出：作为知识分子和艺术乡建工作者"我们不能以居高临下的态度去指挥他们，也不能代替他们自己选择的生活"；但另一方面，他也认识到不要简单地过度强调农民主体的绝对性，因为"他们也有非常大的局限和困境。他们想急切地致富，以求迅速脱贫改变生活，但也会盲目地模仿城市，破坏传统的乡村和民居。这也和我们近百年来模仿西方和文化不自信有极大的关系，我们长期用丰衣足食的诱导代替了精神和心灵的需求"。

"不应该用这种居高临下的启蒙的方式。中国传统对启蒙有一种解读，但西方的启蒙是从启蒙主义过来的，这个也是有问题的。我用的一个词是'融合'，而不用'计划''介入''实验''运动'这些，它就是一个融合的过程。因为不同于赤裸裸的社会改造，艺术家有一种优势，就是情感判断，最适合建立人和人之间的关系，这个关系是慢慢地相互融合、相互影响。""艺术发生作用是潜移默化的，它不是传统的审美，不是风花雪月，也不是视觉的创造，艺术实际上是一个温暖乡村的方式，一个重建人和人关系的方式，艺术本身也有鲜明的身份特征，我们擅长的就是这个东西，而不是经济扶贫和有机农业这些。我们也知道艺术家有所为有所不为，但是我们从复苏人与人的情感关系来做，包括乡村教育，艺术还是有它非常独特的作用。还有一些乡村文化活动，还有艺术学院在许村的写生实践基地。一些打工青年也回来做家庭农场和农家乐，有了收入他就不会离开家园了。还有一个，对乡村不能过度地介入和干扰，因为乡村有它自身苏醒的方式，这完全建立在乡村的文化逻辑之上。过度地操心，农民也会认为你是无病呻吟。所以，哪些能做哪些不能做，我们也是非常谨慎的，把你的东西强行地灌输给乡村也是有问题的。""真正让村民能够接纳你，信服你，这很不容易，你必须做好长期的准备，又要排除掉功利心和利益诉求，你要持之以恒，要感动他们，也不能居高临下，指手画脚。要把握好这个度，必须要脚踏实地地做一些具体的工作。"

农民是趋利的，这个利益怎么解决？许村艺术乡建通过搭建平台和一系列艺术乡建的活动，将不同的发展资源导入到村庄，再通过示范和诱导村民学习在不破坏原有资源和文化基础上，实现文化和生活方式生活质量的提升与改变。国际上对地方节庆有很多讨论。国际艺术节活动是一个为全世界认可的进入乡村的方式，这种方式能带来巨大的人气和关注度，使乡村在和外来人交流当中可能会产生非常大的变化。这是非常重要的一种方式，关键是文化理念和方法措施，有的把握得好一些，有的就没有什么作用，得看具体怎么做。比如许村艺术节，第一届做的是东方和西方的对话，第二届是"魂兮归来"，寻找乡村的神性，第三届是"乡绘许村"。根据许村既有村落遗产和自然风光，将国际艺术村和艺术创作基地的概念植入许村。通过让艺术家在许村创作，留下两个作品捐给许村，捐出来变成乡村美术馆。再有，我联系十几个美术学院在这儿挂牌写生基地，学生在这边写生又能看到老村落自然的东西。上个星期广东建筑学院一百个学生在那里写生、学习。使村民在这个过程中不断地重新认识到古村的价值和美丽，并不断地通过融合和参与到艺术节等各项乡村建设活动中，增强村民对于自身的文化自觉与自信、责任感和归属感与获得感。许村早期做农家乐，个别村民完全按照城里的模式，把乡村的痕迹弄掉，改吊顶、瓷砖、马赛克。上下水改造都不合理，有一大半都是蹲坑，没有坐便器。台湾大学建筑与城乡研究所的志愿者团队免费给他们设计，让村民尽量保护老房子。他们现在开始意识到这样做的好处，所以今年很多村民报名要求改建自家的民宿和农家乐。艺术乡建通过把城里的当代艺术活动放在乡村，要强调和村民的互动和参与不仅活跃了乡村文化生活，而且改变了村民的观念和行为，凝聚了社区共同体参与意识。在艺术节期间，渠岩亲自发起和创立的"许村国际艺术公社"也展示在公众面前。他还邀请建筑专家对许村进行了系统的规划，并对原有的古建筑进行修缮和设计，外形保持了传统风格，与古民居没有两样。青砖灰瓦、肥梁胖柱，房前是古老街巷，屋后是绿色的山，诗情画意；而走进房内，乡村民居特有的房梁、青砖墙等元素仍然存在，延续了传统文化特色，而内部却是现代家居设计风格，落地窗户、整体橱柜、浴池等，现代艺术与传统民居完美地融为一体。第一期完成的改造包括艺术家工作室、艺术公社办公室、艺术资料室。老酒馆改造成的新媒体会议室，邮局改造成的乡村酒吧等。这些空间改造的经费是由当地政府提供的，"和顺乡村艺术节"则是由当地企业赞助的。渠岩认为修复古村落必须保证村民不被打扰，尊重他们的生活方式、行为方式，比如老作坊要保留，辘轳水井要保留。但是，农民也要走向现代化，应该从文明习惯、乡村卫生等方面入手来改善村民的生活。老房子年久失修，没有上下水，生活很不方便，旧房子的改造又比较费事，所以农民宁愿盖新房也不愿改造旧房，但是盖了新房子，历史记忆就没有了。他认为解决这种矛盾的最好的途径就是用和风细雨的办法来修复乡村，绝不能用大拆大建和一刀切的方式。像许村这样，房屋的外貌不动，只进行内部改造，房屋仍是古老家园的特征，仍是我们的文化符号，青砖红瓦都还在，石头墙不用动，但卫生设施不一样了，房屋里面的布局不一样了，农民享受到了现代化的生活。这也是提升村容村貌的一种最佳的途径。在他看来，新农村建设不是推倒重来，只要干净整洁，方便农民生活就好。目前，渠岩正在拿出切实可行的方案，农民如果需要改造自己的房子，可以计算盖房子的成本是多少，渠岩再根据当地的建筑和材料做出预算，让他们根据艺术家的建议来实施改造。这样，能使村民们更珍惜自己的家园和这些有价值的建筑。

渠岩的改造工程颠覆了许村人对城市生活的印象，村里改造明清老街，把老建筑上的包浆都刷了新油漆，渠岩却不让工程队给摄影棚餐厅吊顶，而是调出清漆刷成包浆的效果。村里人扔掉的用了几十年的生活器具被渠岩捡了回来做成装饰品放在工作室里。两排摄影棚里的家具全部是渠岩从山西省，甚至是从北京收回来的老家具。渠岩告诉记者，村里人建新房子把老家具都扔了，认为旧的就是不好的，他把它们收回来，让村民看到老家具的价值。

许村为了接待外国人也做了翻天覆地的准备，县里出钱在村里设了垃圾箱，村民们每人领到了一本文明手册，上面写着基本文明用语和文明行为。范乃文告诉记者，村民们觉得村里还是不够干净，妇女们用扫炕的小笤帚蹲在地上把全村的道路扫了一遍，一点死角都没有。开幕那一天下了一场大雨，山洪过后许村积了厚厚的淤泥，全村村民出来，赶在开幕前全部清理干净。许村甚至和顺县城的人也有了从前只能从电视上看到的城里人的经历。"我们县城电视台从建台以来，电视上没有人说过英语。我把我们的采编团队派到许村20多天采访艺术家，收视率特别高"，李正东说。许村还招募了400名回到和顺县过暑假的大学生做志愿者，这也是全县城第一次看到和参与了志愿者的活动。

艺术乡建倡导的"艺术推动乡村复兴"和"新乡村修复计划"，采用小心翼翼的方式来疗愈乡村，用艺术修复千疮百孔的乡村。在尊重传统营造法式的前提下，用当代的技术手法修复传统民居，在收集和整理传统手工艺的基础上，找出与今天的生活有关联的部分加以发挥和推广，复兴我们智慧的祖先创立的丰富多彩的民族节日与仪式，融入今天的生活方式与文明习惯，建立起来一套全新和完整的活动空间系统与东方人的生活方式系统。正如梁漱溟在20世纪30年代乡村建设中所指出的"所谓建设，不是建设旁的，是建设一个新的社会组织构造——即建设新的礼俗。为什么？因为我们过去的社会组织构造，是形著于社会礼俗，不形著于国家法律，中国的一切一切，都是用一种有社会演成的礼俗，靠此习俗作为大家所走之路（就是秩序）"。许村艺术乡建通过有形的古村落保护修复和整顿村落卫生、修建原有的社区公共空间和公共建筑开始，并通过艺术节的形式一步一步将现代文明导入传统机体中，重新让村民看到了不一样的活法，激起了新的希望和向往，增强了对于渠岩等艺术家倡导的艺术乡建的认同感，重新激发了村庄的活力和村民在乡村建设中的主体性、积极主动性。

艺术节开创出传统文化与当代艺术的碰撞和对话，不仅吸引了艺术家和美院的学生过来创作写生、游客到许村来度假，同时也给当地的农民带来收益。许村国际艺术公社也积极邀请当地的艺术爱好者、村民与团体参与创作过程，从而增进艺术与当地村民的彼此理解与交流，为这座古老的山村以及和顺地区注入新鲜的文化活力。渠岩通过在许村开展的一系列艺术乡建活动作为媒介和手段，不断地将现代文明与传统文化有机地融合在一起，通过互动和参与的方式及项目，邀请村民以他们的节奏、参与式自主的方式共同创造一个属于他们的生活空间、社会秩序和文明形态。正如著名艺术批评家王南溟所指出的："渠岩的许村计划区别于一般的在乡村的文化名流聚会、一般的走马观花式的乡村风情记录，甚至区别于一般的乡村田野调查，而是用行动本身与许村进行交互式建构，即如何用许村的原有资源而不是去破坏它来创造一个新农村。"通过循序渐进和全方位参与式的综合发展的社区营造运动，不断提高村民对于艺术乡建理念的认同感、归属感和获得感构成了许村艺术乡建的核心和基本特点。正是通过循序渐进、一点一滴的努力，使许村的村民逐渐看到和激起了追求新生活的希望，并从沉寂、静止封闭的状态走出来成为乡村建设发展的主体。"修复乡村生活的艺术，不是风花雪月的涂涂画画，也不是将古村视为僵死的文物，建造成博物馆供人旅游参观。艺术要去修复的是传统生活中所包纳的人性价值，是对'家'的修复。我们以乡村中承载着香火文明的老宅为原型，从一宅一院，从一桌一席着手，让村民参与，以期重新建构出融汇现代材料与功能的新范型。"正是通过对于村民当下生活的互动关联，撬动了农民的认同意识、归属意识和获得感，实现了乡村建设的主体自觉、互动和内生性发展。

追寻走失的神性——从修复村庄到修复人性

如果说乡村和古村落的衰败，是由于村民大量走失的结果，是一种外部秩序失序的表现。那么其根源其实是内部秩序的文化紊乱失调所造成的。改革后的实用主义和虚无主义思潮，更使得人们失去了生活的价值和目标及敬畏与约束。今天的中国，乡村解体，人从家族中拆解驱散出来，生命不息的家族祖宗体系逐渐沦丧，人们无法再在家族中找到自己的生命价值。把家族氛围秩序中的人拆散成孤独的个体散落在社会中，他的行为就再也不必为家族的荣誉负责了。虽然法律的惩治作用不可否认，但道德约束和预防还是首要的。今天中国的乡村，不仅是村民的走失，更是神性的走失。我们必须将信念诉诸精神，将信仰诉诸心灵，用我们的文化信仰来填补空白和盲点，重建精神家园，并以自己文化母体来滋养和建设中国式的现代乡村与乡村生活。渠岩在许村实践中逐步认识到"乡村建设也不是无节制地只满足村民不断增长的物质需求，如果不加以正确引导和克制，这也会跟我们的文化使命背道而驰"。所以正是在这个意义上而言，仅仅注重于表面的乡村面貌建设的恢复重建和社会生活的重建，而不注重其内在深层次的价值和信仰层面的重建，乡村建设仍然缺乏一个坚实的基础。正是在这个意义上，渠岩所代表的艺术乡建提出的修复乡村，实质是要修复人性，他深刻地体认到中国转型发展所面临的深刻的精神和文化危机，进而指出我们往往注重物质方面的乡建，而忽视乡建的精神层面是乡建失败的根源所在。整个过程其实包含了渠岩的文化理想和社会建构，是他通过艺术节的方式不断建构起来的。第二届艺术节的主题叫"魂兮归来"，就是要召唤这个民族真正的魂和心灵的回归。第三届艺术节主题就是"家园——乡绘许村"，他深刻地反思和分析了中国乡村真正的原价值在哪里这一核心问题。指出："我们这个民族，我认为可以叫'香火文明'，和家族的延续有关。我认为西方的原价值是灵魂不朽。中国就是传宗接代，家族兴旺，'老婆孩子热炕头'。由于长期的革命运动和社会改造，很多优秀的传统被早已被抹黑和妖魔化，一提就是封建，五四的很多局限和误区在今天依然存在。许多说法不能碰，也没有人反思，更没有人敢怀疑。"他认为艺术乡建的使命和任务就在于解决乡建发展的精神层面的问题意识。"中国乡村真正的问题——神性缺失、信仰缺失。大部分人对乡村的救助包括物质层面和非物质层面：一个是有形的物质遗产的保护和抢救，比如建筑、帮助村民致富；还有非物质遗产的改造。但我们忽视了精神层面，包括信仰的缺失，如果真正的精神层面问题不解决，光用物质帮助乡村，并不能真正救乡村，也可能是另外一种破坏。""现在的城市建房只解决功能，能解决心灵、忏悔的乡村祖宅、祠堂被毁掉了，年轻农民进城后住的房子没有约束力，加上拜物，自己不能完成心灵的救赎。"他指出

"我不是要完全复古，我是要把精神和今天的文明打通，必须是当代的艺术生活，让他们感受建筑物的优雅、崇高、肃穆，这也算是宗教改革"。对于渠岩来说，许村计划或者说许村实践，与其说是心灵感触或一种逆城市化的文艺情怀，毋宁说是一种生命自觉。"亦余心之所向兮，虽九死其犹未悔。"只有精神有了归属，生命才有意义。精神家园和归宿对于人的存在而言，毋宁说是一种更高的生存境界和更需追寻的生命意义。艺术乡建通过乡建的主体性反思，回归到乡村发展的本质与核心的主体性问题，回归到被所谓新乡村建设所遮蔽的主体性建构等一系列文化与精神层面的问题，建构起了由外在秩序重建到内在秩序重建一整套的乡建理念方法，将乡村建设理论提高和升华到一个新的层次。渠岩希望探索出一条以艺术介入乡村建设的新道路，即区别于改造话语和发展话语的艺术修复方式，通过重建人人关系、人物关系和人神关系，尝试修复乡村的情感伦理和信仰价值。这是它不同于所有其他乡村建设的核心所在，重新界定了新乡村建设的文化本质与内涵。

渠岩对于信仰和灵魂的追问来源于其自身的生命觉醒和体验。他在 20 世纪 80 年代的创作都是关于信仰的，他对信仰灵魂的追问伴随着他的一生，不是到了乡村才开始专注和讨论的。20 世纪 90 年代，他在欧洲生活了很多年，使他对西方的宗教也非常了解，但他深刻体会到自己无法信仰西方的宗教，因为他是中国人，西方的宗教触动不了他的价值。他认为："中西方是如何解决灵魂的安放？这是两个文明不同的生成方式，西方人注重生命的物我两元的'元价值'。什么是'物我两元'？即人和物分开，人和现实世界分开。中国的'元价值'是'阴阳一体'，人是自然当中的一部分，天人合一。西方有这样的'元价值'体系才产生了其宗教。'物我二元'产生了此岸和彼岸——此岸是现实，彼岸是天堂。灵魂抵达彼岸的天堂，灵魂才能安宁，西方人解决了死亡的恐怖。宗教信仰带来了灵魂安宁，才产生社会价值，影响道德行为，在现世行善。中国的整个'元初'信仰依靠自身血脉的传承获得生命的意义——传宗接代，就是依靠此岸的血脉生命认证，所以建构一个阴阳世界。死去的祖先在阴间靠活在阳界的后代继续生存，所以子孙会觉得要对得起祖先，不能干坏事，产生了一个价值，再加上家族家序礼教，能约束个人行为。但现在的城市建房只解决功能问题，不能解决心灵、忏悔的乡村祖宅、祠堂被毁掉了的问题，年轻农民进城后没有约束力，加上拜物，自己不能完成心灵的救赎。"2015 年下半年，在西岸艺术中心举办的"城市更新——上海城市空间艺术季主展览"上，渠岩近十年后的新作《当代祠堂》亮相。这是渠岩在许村建立的文化思想第一次以作品的形式呈现，他将乡村显性文化价值的载体——祠堂，用当代的手法再造。此后，渠岩还会沿着这种文化思想的线索创作一系列作品。在创作上蛰伏十年，通过对许村的建设完成自己对文化主体性的建构，并将其融合到自己的作品中，这让渠岩异常兴奋："我在许村建立的文化思想，不一定要在许村完成，它有实验性和建设性，当代艺术家不应仅仅能解构，而且还能建构。这也是我为什么坚持做了十年的原因，它的文化意义马上就要显露出来了！"渠岩认为只有"恢复一个有精神灵性、有基本的伦理规范、彼此关怀和仁德本性的现代中国乡村"，才是真正实现了乡村的复兴。

今天的中国文化，只有单一的社会价值，而丢失了生命深层的意义。"真正的我不会欺骗自己。"每个生命都要追寻更高的人生意义，每个文明都有其"元价值"体系，只有实现了"元价值"体系的回归和再创造，才可能有真正的复兴。一个成熟的文明，必须建构起社会性的价值评定体系及"元价值"评定体系。这两个价值体系的共存，才是文明健康的根基。

最后，他深刻地指出了"乡村就是中国文明文化的家，落叶归根才是乡村的基础价值和生命轮回。乡村构成了中华文明的家园和信仰的圣殿，从这个角度理解乡村的生死我们全都明白，如果我们不把乡村当家园的话，乡村是无法拯救的"。在实现现代化的过程中，不能丢掉了一种宝贵的文化自觉，不能抛弃了传统中那种万变不离其宗的智慧。当代艺术介入乡村的有效性与可持续性，只有从中国自身的文化逻辑出发，才能制衡现代化过程中出现的诸种挑战，才能以自己的方式应对迅捷与摧毁性的变化。因为，中国整个文明是从乡村开始的，它是我们整个民族灵魂安放之地，它承载着民族的灵魂、民族的信仰、民族的道德体系。今天为什么道德体系崩溃？就是因为乡村的价值坍塌了。所以我们要重新确立中国人的价值观，就要从乡村文化的脉络中逐渐寻找并展开。

渠岩所追寻的精神家园努力虽然仅仅是开始，任重道远，但不可否认已真正开启了乡村建设新的方向和篇章。

村委会选举的村庄治理本位：从户内
委托辩难走向选举权利祛魅[①]

仝志辉[②]

摘要：《村民委员会组织法》修订前后对户内委托投票正当性的争议，表明实现村民选举权利无法作为村委会选举制度的根本目标。本文由此质疑村委会选举制度所内涵的"选举权利中心论"，重新理解村委会选举制度的诞生及法制化进程，将保持村庄共同体、改善村庄治理恢复为该制度的根本目标。选举权利中心既不可信，也不足取，村委会选举制度对选举权利的执念应予去除，村庄治理本位自当确立。本文的主旨在于，将治理逻辑重新置于村委会选举和村民自治制度理解的核心。

关键词：村庄治理本位 治理 选举权利 户内委托投票 村庄共同体

一 引 言

委托投票在村民委员会（下文简称"村委会"）选举实践中一直存在，但人们对其正当性却始终存疑。2010 年《村民委员会组织法》修订时，第一次在

---

① 本文曾经发表在《中国农村观察》2016 年第一期。此次发表在不改变原来发表版本愿意的情况下，对于极少量字词做了修正，以便有更加清晰的表达效果，请读者明察。原文责任编辑陈秋红。原来发表版本的题注是：本文部分内容曾受邀在重庆大学人文社会科学高等研究院、北京大学—重庆大学法治研究中心联合主办的第六届"政治、法律与公共政策"年会（2014 年 10 月 18 日，重庆）上发表并得到讨论，本文最后阶段草稿曾得到董磊明、高原和陈士星的评论，感谢上述机构、学者的帮助以及匿名审稿专家的意见。文责自负。
② 作者系中国人民大学农业与农村发展学院教授、国家发展与战略研究院研究员。

村委会选举制度中正式确认了委托投票，要求接受委托的村民必须是委托人在本村的有选举权的近亲属（这可近似地简称为"户内委托"①）。而在这之前，以户内委托为主要形式的委托投票在村委会选举实践中已经使用了将近30年，在地方立法中接受委托投票的地区也越来越多。但是，从动议将委托投票人法到最后户内委托人法，相关争议却一直存在，至今未停。这说明，对户内委托的正当性存在认识上的内在困难。

户内委托正当性无从确立与村委会选举制度以维护村民选举权利为中心有关。村委会选举制度在其持续的法制化进程②中，逐步将目标确立为维护村民的直接选举权利，确立起自由、平等、直接、秘密、公开、公正的选举原则，并依据这些原则设定选举规则，这些原则和规则要求实现村民的自主投票和对选举的高度参与。"自主投票"的投票权被明确赋予单个选民，一个选民只能拥有一份投票权，即"一人一票"。"高度参与"则集中表现为"双过半"规则，即参与投票的村民占全部选民的一半以上选举才有效，候选人得到超过一半投票村民的赞成票才能当选。主流学者也把村委会选举的法制化进程理解为是在不断扩大和落实村民直接选举权利。对法律规定的解释和对法律执行的解释，都如此一致地从选举权利方面来立论，就逐步形成了村委会选举制度的"选举权利中心论"。选举权利成为村委会选举制度设计的中心，也就有了进一步的推论：因为村委会选举制度是村级治理制度的基石，村庄是乡村治理的基础性单元，因此，保障村民选举权利也就成为整个乡村治理的基础。这样，"选举权利中心论"就成为学界和政界共有的对村委会选举的主流解释，并影响到人们对乡村治理发展取向和各种相关制度的理解。

委托投票冲击了"选举权利中心论"所内含的"一人一票"制度和自由投票原则，因此也就只能被视为一种不得已而为的另类制度。户内委托，用"选举权利中心论"来衡量，就更是另类中的另类，因为它必然默许部

---

① 因为文中要多次提及"委托本村有选举权的近亲属代为投票"的制度，为了避免烦琐，有必要在行文时给予简称。考虑到委托近亲属投票在多数情况下表现为一个农民家庭派一个代表投票，因此就将其简称为"户内委托"。"户内委托"只是一个近似于法律表述的说法，但较为接近实际中农民的理解。农民认为，如果限定委托投票的范围，自己家里的人可以替自己投票，这里面反映出"户"可以作为有无受委托人资格的界限来使用。这部法律没有界定哪些人属于近亲属，但是，在村委会选举投票时，村民认可由自己家内部的人替自己投票。因此，在一个村庄中，村民们对近亲属的范围具有共识，绝大多数情况下并不会有歧义。如果在选举竞争激烈的村庄，人们对何为户内成员存在争议，那就可以由村民选举委员会决定解决办法。

② 王振耀（2000）非常明确地将村委会选举的发展过程界定为其"法制化过程"，并给予了具体论述。

分家庭成员的投票权由家长代行，而家长一般会用自己的意志代替委托人的意志。但是，委托投票尤其是户内委托长期被采用必有原因。委托投票适合农村社会实际，在农民大量进城务工和流动频繁的当下农村，要保证"双过半"，委托投票就更是不可缺少，甚至在很多村庄，以户内委托为主要形式的委托投票的选票数量已大大多于选民自己直接投出的选票数量。户内委托要确立其正当性，对村委会选举的理解就必须超越"选举权利中心论"。

法理和选举实践的这种脱节，不仅使得户内委托出现正当性困境，而且引出一系列需要回答的问题：村民参与村委会选举包括以委托投票方式参与村委会选举，其根本要求是什么？村委会选举需要实现的首要目标究竟是什么？在决定村委会选举的具体程序上，国家和村庄各自应具有哪些权力？这些问题又涉及村委会选举性质及村委会选举与乡村治理之间的关系。这些问题是村委会选举研究和乡村治理研究的基本问题，问题的答案似乎在确立村委会选举制度之初就已经明确了。可是，户内委托的正当性困境还是暴露了村委会选举制度内在的矛盾，为重新讨论上述问题带来了契机。

深究这些问题是一项系统的工作，本文仅是开端之作。本文的思路如下：首先，梳理围绕户内委托的种种争论，明确是"选举权利中心论"构成了户内委托正当性确立的障碍。接着，简要分析村委会选举的诞生时刻和法制化进程，提出应注意一种悖论现象："选举权利中心论"虽然不能解释村委会选举实际发挥的功能，却又在村委会选举制度解释中占据着统治性地位。最后，提出确立村委会选举的"村庄治理本位论"，以取代"选举权利中心论"；相应地，户内委托虽不能被"选举权利中心论"接受，但根据"村庄治理本位论"，却是自然和正当的投票方式。本文的旨趣在于，从确立村庄治理本位开始，使村委会选举从理论迷失中回归，将治理逻辑重新置于理解村委会选举和村民自治制度的核心，使乡村治理实践建立于乡村社会基础之上。

二 户内委托辩难中的权利执念

户内委托正当性的悬疑状态从村委会选举实践之初就有，但一直未能引起关注。《村民委员会组织法》立法工作在 2010 年之前一直避免使委托投票进入全国性法律文本。1987年制定《村民委员会组织法（试行）》时，委托投票被视为民主程度低于直接投票的投票方式，没有被写入法律；在这一法律的10年试行期间，由于确有需要，各地逐渐普遍采用委托投票，很多省级地方法规中也对此进行了相关规定；1998年《村民委员会组织法》开始正式施行时，委托投票依然没有被写入全国性法律。2010年修订《村民委员会组织法》时，虽然户内委托最终被写入法律①，但在修订前后对这一制度的必要性和到底采用

---

① 有如此立法结果，也让很多人诧异和不满，尤其是对于一直坚定相信《村民委员会组织法》立法应维护村民个体自主的直接投票权利的人士。这里有必要说明2010年修订《村民委员会组织法》时户内委托规定成文的具体过程：《村民委员会组织法（修订草案）》在2009年12月22日提交给第十一届全国人民代表大会常务委员会第十二次会议第一次审议，一次审议稿第13条第2款第2项规定，村民委员会选举前，应当对"户籍在村里，选举期间不在本村居住，书面委托他人投票的村民"进行登记，加入"参加选举的村民名单"并予以公布。就是在此次审议中，人民代表大会常务委员会委员范徐丽泰提出："对于委托他人投票这个做法我非常抗拒，因为这是给机会给各种各样买票、威胁、误导等行为的漏洞，是非常危险的事情。因此，赞成内务司法委员会的意见，在第13条中增加1款规定'选民委托投票的，应当书面委托候选人以外的其他选民，不得在投票现场临时委托，每一选民接受委托投票不得超过三人。村民选举委员会应当在选举日前对委托投票情况进行审核并公告'，增加它的透明度，也减低被操纵的可能性。"范徐丽泰的审议意见以及她援引的内务司法委员会的意见表明了立法者对于委托投票易产生问题的警惕。但是，在现在所披露的资料中，一次审议稿和第十一届全国人民代表大会常务委员会委员进行一审时的审议意见都没有明确提出"限制受委托人的范围"。在经过公开征求意见后，2010年6月22日，第十一届全国人民代表大会常务委员会第十五次会议第二次审议该法修订草案，在二次审议稿中，因"一些常委委员、部门和地方提出，针对实践中委托投票出现的问题，为保证受委托人根据委托人的意愿进行投票，应当对受委托人的范围加以限定。法律委员会经同内务司法委员会、国务院法制办、民政部研究，建议在第十五条增加一款，作为第四款，规定：'登记参加选举的村民，选举期间外出不能参加投票的，可以书面委托同一家庭户口内其他成员代为投票。'"参见全国人民代表大会法律委员会副主任委员刘锡荣在此次常务委员会上所做《全国人民代表大会法律委员会关于〈中华人民共和国村民委员会组织法（修订草案）〉修改情况的汇报》，受委托人被限制为"同一家庭户口内其他成员"。2010年10月25日，第十一届全国人民代表大会常务委员会第十七次会议第三次审议该法修订草案，在三次审议稿中，有关规定被改为"登记参加选举的村民，选举期间外出不能参加投票的，可以书面委托本村有选举权的近亲属代为投票"。其理由是，"有些常委会组成人员、代表和地方提出，目前不少地方农村的情况是，户多人口少，即户数增多，同一户口内家庭成员少，加上外出打工等因素，如将委托投票的范围限定在同一家庭户口内其他成员，不好操作，建议适当予以放宽，同时对受委托人应规定限制条件"。参见全国人民代表大会法律委员会副主任委员刘锡荣在此次常务委员会上所做《全国人民代表大会法律委员会关于〈中华人民共和国村民委员会组织法（修订草案）〉审议结果的报告》。这一修改在此次审议时未获异议。修订草案三次审议稿在经过审议后，在委托投票的有关规定中增加了"村民选举委员会应当公布委托人和受委托人的名单"并对其他规定做了修改后。参见《全国人民代表大会法律委员会关于〈中华人民共和国村民委员会组织法（修订草案三次审议稿）〉修改意见的报告》，在2010年10月28日经第十一届全国人民代表大会常务委员会第十七次会议表决通过。至此，村委会选举制度纳采了委托投票，委托投票的受委托人也正式被限定为"本村有选举权的近亲属"，即本文近似所称的"户内"。

何种委托方式产生了激烈争论，至今未绝。

在争论中，各方互相辩难，但借以立论的依据却都是维护选民选举权利。关于户内委托投票的争论焦点有两个：一是委托投票到底应不应该推行；二是限制受委托人只能是近亲属的户内委托和不限制受委托人是否是近亲属的户外委托①哪一种更好。

（一）投票权利是否可以委托

有关争论主要围绕两个方面的问题。第一方面的问题是：投票权利是否可以转让？委托投票是否意味着投票权利的转让？有学者认为，投票权是选举权利的重要内容，作为一项政治权利，它既不得转让，也不能继承；委托投票意味着投票权可转让，事实上给予了代理人投多张选票的权利，违背了"一人一票"的基本原则。（袁明圣，2003；臧必飞，2010）而支持委托投票者认为，委托人在委托投票的情况下，并没有转让投票权利，也不是让别人代行选举权利；委托投票是受委托人严格按照委托人的意思写票和投票。② 这两种观点在委托投票权利不可转让上有共识，但对于委托投票是否意味着投票权的转让有分歧。

第二方面的问题是：在委托投票的投票主体（委托人和受委托人）并不具备实施委托投票的相应条件时，正确的选择是遵照投票主体的现状放弃委托投票或保守地推行，还是积极创设条件以推动投票主体扩大使用委托投票？一些人认为，部分外出者已经不关心选举，实质上已经放弃了选举权，不必为了他们而采取委托投票制度；也有人认为，外出务工者不具备完成投票意愿所必需的对候选人了解的信息条件，委托投票在秘密投票制度下也无法核查受委托人是否按照委托人的意愿投票，因此，委托投票是无效的制度安排，不应坚持。（唐鸣，2009）以上看法基本否定委托投票。而支持委托投票者则认为，应该积极创设条件，推动外出者关心选举，创设必要的信息渠道，使外出者了解候选人，使其能更好地利用委托投票形式实现自己的选

---

① 和"户内委托"一样，"户外委托"也是一种近似的简称，以便和"户内委托"对应。
② 见《乡镇论坛》2011年第22期"村治咨询"栏目中的《委托投票中的近亲属的范围怎么界定》，这一栏目内容是由民政部城乡基层政权与社区建设司主管农村选举、村民自治与社区建设的相关工作人员对读者来信进行的书面回答。

举权利。（李尚坤，2010；隆厚文，2010）

对上述第一方面问题的争论更加基本。但是，由于村民选举权利相关理论并没有说明什么是这一权利的核心部分，即不可转让的部分，故而争论无法深入。在第二方面问题的争论中，双方都在强调条件对于实现选举权利的重要性，但是，对于本应得到讨论的问题，例如主体意愿、信息条件等在实现选举权利中的不同作用，并没有进行讨论。由于以上原因，委托投票也就无法说明其自身是不是实现委托人选举权利的必要之举，关于委托投票正当性的争论并无结果。

（二）户内委托与户外委托孰优孰劣

赞同户外委托、反对户内委托的学者认为，户内委托在实现委托人的选举权利方面有天然缺陷。在家庭内部进行委托投票，容易出现家长代替普通家庭成员做出选举决定的情况，从而侵犯普通家庭成员的选举权利。（张同龙、张林秀，2013）而户外委托给予委托人充分的选择自由，委托人可以自由选择村内任何选民作为受委托人——不论他是否是家庭成员。这样，委托人就可以选择避免让家长的意见代替自己的意见，尤其当他和家长意见不一致时。在他们看来，户外委托比户内委托更有利于体现村民的选举意愿；而且，更为重要的是，委托人选择受委托人的权利不应该受到限制；因为选择受委托人的权利本身就是法律要维护的选民选举权利的一部分，而户内委托限制了受委托人的范围，就必然损害委托人的选举权利。以上反对户内委托的理由，可以归结为强调选举权利为中心以及因此而坚持委托权利必须得到自由行使。

户内委托支持者则认为，虽然理论上户外委托更能体现村民的选举意愿，但自由委托的户外委托制度却并不具有通过自由委托实现委托人选举权利的条件，因而，与户外委托相伴随的是贿选、操纵选举现象的频发。[①] 户内委托支持者主要是想以户内委托来避免户外委托出现的乱象，他们将户内委托作为户外委托的"改进版"，但并没有从根本的道理上反对户外委托，甚或也不想这样做。

----

① 唐鸣（2009）对与户外委托相伴随的贿选、操纵选举现象进行了相关描述。

但是，户内委托支持者所强调的实行户外委托引致的弊害，却触及了委托投票落实自由投票原则所面临的几乎所有困难。委托投票需要经过委托人选定受委托人、受委托人接受委托人意愿、受委托人按照委托人意愿投票三个环节。在实行户外委托的情况下，这三个环节中的每个环节都容易出现侵害村民选举权利的违法现象。首先，选定受委托人的过程是受委托人和委托人之间双向互动的过程，由于受委托人充分开放，实践中候选人经常会采用各种手段让自己和自己的竞选支持者争取成为受委托人。他们往往能凭借资源优势、人际关系优势，诱使流动家庭或在村家庭中的流动人口选民选择自己一方作为受委托人。这种动员很容易成功，且很难鉴别委托人是否出于自愿。也就是说，在户外委托制度下，委托人表面上可以自由选择受委托人，但实际上很容易受到占据优势的候选人的强制。① 其次，委托人一旦"自由"选定了受委托人，多数情况下并不会将自己的选举意愿告诉受委托人，或没有办法要求受委托人按照自己的选举意愿进行投票，而只能听凭受委托人替自己决定，委托人在此实际放弃了自己对意愿的委托。最后，在第三个环节，受委托人按照自己的意愿做出对候选人的选择，投出委托人委托给他的选票，委托人的选举意愿在多数情况下则没有得到实现。户外委托在以上三个环节的运作，恰好为贿选、少数人操纵选举等现象的大量出现打开了方便之门，户外委托成为大量贿选和操纵选举行为出现的制度性原因之一。贿选和操纵选举也歪曲了选举结果，使得整个选举丧失了正当性。如果选举权利受到侵害的村民举报，国家机关进行相应的查处，选举纠纷就更是会被放大，从而产生巨大的治理成本，甚至会使村级治理陷入瘫痪。（胡序杭，2006；胡从来，2012）

由此可以看出，户内委托支持者和户外委托支持者虽然各执一端，但所秉持的道理却都是"选举权利中心论"。户内委托支持者只是认为户内委托的弊害较之户外委托要小一些而已，并没有论述户内委托的委托是否足够正当，也并未根本挑战户外委托的正当性；而户外委托支持者坚持认为，要委

---

① 应该说明的是，在2010年修订《村民委员会组织法》之前，委托人选择受委托人环节易被候选人利用的弊端已经被少数省（自治区、直辖市）注意到，并在相关选举办法中做出了有关规定。

托就要自由委托，户内委托在民主程度上要低于户外委托。双方其实都认可村民个体的选举权利至上，委托投票要保证受委托人按照委托人的意愿投票。但是，双方并没有提出衡量委托人的选举权利在委托投票制度下实现程度的标准，也没有说明委托投票的三个环节在实现更高民主程度的自由投票中哪个环节更重要，所以，双方都无法提供判定户内委托和户外委托哪一种在维护村民投票权利上更优的充分理由。

法律最终采纳户内委托并不是因为委托投票和户内委托在正当性和实现条件方面得到了审慎的论证，而是因为：第一，忌惮户外委托制度下现实中多发的选举违法乱象；第二，笼统地坚持保障外出者的选举权利，认为保障外出者选举权利和保障村民选举权利在具体制度设计上不会产生冲突。但是，对于户内委托正当性来说，仅仅因为其不易导致贿选、选举操纵和选举纠纷，并不能取消其对自由委托权利之害。秉持"选举权利中心论"者会认为，即使在户内委托制度下，贿选、选举操纵和选举纠纷虽然几近绝迹，但按选举权利在自由委托情况下才会得到实现的论证，户内委托仍然没有正当性。

总之，正因为存在上述两个无法作出结论的争论，法律最终采纳户内委托也就变成了一种仅仅为了减少贿选、选举操纵和选举纠纷而不得不用的选择，还很难说得上是在保障选举日不在村庄的选民的投票权利。村委会选举制度的"选举权利中心论"充当了争论各方共同的依据，却无法为法律最终的选择提供正当性论证，"选举权利中心论"不仅不能给予户内委托以正当性，而且对于委托投票的正当性也无力给予。不仅如此，在某种意义上，它对选举权利的看重却恰恰成为对户内委托正当性最强有力的质疑理由。户内委托制度虽然看似是小的制度调整，却是检验村委会选举制度将根本目标确定为维护村民选举权利是否合理的试金石。它暴露了村委会选举制度的根本目标不能统率村委会选举制度，基于根本目标的"双过半"和自主投票这两个具体制度间也存在着无法克服的对立。

三　无根的"选举权利中心论"

要想使户内委托的正当性能够自明，就必须重新理解和定位所谓"村民选举权利"，并为村委会选举的合理建构和稳定运行找到新的理论基础。村民直接选举权利从何而来、何以存在？它又为何在法律和政策层面大行其道？回答上述问题，需要回到村委会选举的诞生时刻，并重新梳理村委会选举制度的演进路径。

（一）诞生时刻：村委会选举以村庄治理为本位

村委会选举制度萌芽于 20 世纪 70 年代末 80 年代初广西壮族自治区宜山县合寨村（时称"合寨生产大队"）。[①] 1979 年，合寨大队已经分田到户，农业生产和食物分配已不再需要生产队长来负责了，直接指挥社员的生产队长也没有了权威，大队下属的各个生产队的公共事务无人负责、无人管理。1979 年 10 月，由几个处于当地水库灌区下游的生产队的队长牵头，十几个村民组成了治安联防队，首先解决最令村民头疼的上游村庄村民偷水问题以及村内治安问题。由于效果明显，全大队十几个生产队（当地的生产队叫"屯"）都纷纷效仿，分别成立了夜间巡逻队，几个屯再联合起来成立一个治安联防队。但是，联防队没有正式身份，也没有报酬，过了几个月就运行不下去了。当时的大队书记就和果地屯的一个生产队长商量，在联防队之上，再成立一个正式组织，这个组织可以管治安，也可以管其他事情。于是，1980 年 1 月 8 日中午，由 20 多个村民组织，召集了全屯 800 多人中的 500 多人在一起开会，通过了包括 14 条内容的村民公约。当天夜里，每个户主领到了一张白纸作为选票来推选村委会委员，按照得票多少选出了由 5 人组成的村委会。因人民公社已经解体，自称为社员的组织已经名不副实，他们就把自己选出的组织叫作"村民委员会"。1980 年 2 月 5 日，合寨村的另一个自然村果作屯也出于管理社会治安等突出问题的需要，由 85 户村民每户出一名代表选举产生了村委会。由于该屯有 6 个生产队，最终的由 5 人组成的村委会是由 85 个户代表从第一轮选出的 6 个候选人（每个生产队 1 个）中差额选举产生的。

村民想要利用选举形式解决的真正问题是什么呢？果地屯是为了通过由

---

① 本段论述综合了王布衣（1998）、米有录（1998）、王维博（2010）以及笔者 2005 年在广西壮族自治区桂林市参加全国村委会换届选举情况分析会期间在合寨村现场考察时对村干部的少量访谈。

更多人选出的组织执行村民公约，来解决"社会治安、修路、吃水、集体林场分红、家庭纠纷调解"等难题；果作屯是为了让村民认可的村规民约得到一个强有力的组织来执行，让村里的事情有规可循。两个村庄想通过选举解决的都是分田到户之后村民自主性增强所带来的村民个体之间、村民个体利益和村庄整体利益之间的矛盾，以及社会控制减弱带来的社会治安问题。当时，如果没有通过选举产生公共权力，基本的公共秩序问题得不到解决，村民共同依赖的村庄共同体就不能维系。如何形成和执行代表村庄共同利益的约定和共同行动，是最初的村委会选举要解决的真正问题。公共权力产生的旨向很清楚，就是解决棘手的村庄治理问题。通过选举和村规民约构建起来的新的村庄共同体，在一定意义上恢复了人民公社时期曾经有过的村落内的安定秩序。这个共同体追求内部和谐（例如，村规民约针对有害于邻里关系的无理行为制定了罚则），同时对外又坚持村庄整体利益（例如，萌芽时的治安联防队对外保护村庄用水利益）。这个新构建的共同体其实是在乡村社会状况发生新变化的情况下村民的一种重新集合。

但是，村委会体制与人民公社体制下的生产大队、生产队体制并不是截然分开的，而是有内在联系和历史连续性，这种内在联系和历史连续性是通过村民对村庄秩序的认可和追求而得以建立的。人民公社下的生产大队和生产队，是集体经济组织，有集体财产，也有组织集体生产和对社员进行管理的权力。分田到户后，集体财产受到削弱，但是，分到各户的财产、村庄公共生活的秩序仍然需要得到保全和维持。因为这时生产队长仍然被上级赋予了管理职责，所以，生产队长首先想到的就是要保护集体财产不受侵害，村庄基本秩序例如社会治安、用水秩序等得到维持。而村民虽然不再承担人民公社时期社员的诸多责任和义务，但是，他们愿意继续享有人民公社时期村庄管理有序所带来的好处。因此，由自己选出管理公共事务的当家人，村民自然愿意参与；对于由此订立的公约，他们自然愿意接受。

人民公社在分田到户情形下开始解体，这在村庄层面的突出影响是，农户自主利益凸显但缺乏新的对公共利益进行协调和管理的机制，从而使村庄共同体面临解体的危险。此时诞生的村委会选举，其目的一是维系村庄共同体的存在，二是谋求村庄共同体获得良好的治理。也就是说，在村委会诞生的时刻，村委会选举是以村庄治理为本位的。人民公社时代的村庄共同体是以共同劳动、共同分配为整合机制的，没有了共同劳动和共同分配，村庄共同体的整合就面临困难了。要想维持原有成员组成的村庄共同体，就必须使他们之间产生新的整合机制。而新的村庄共同体首先需要在解决最紧迫的危及自身存续的公共秩序和内部利益冲突的问题中建立起来。也就是说，村庄秩序是首要问题，村民采取的直接选举的方式只是确立新的村庄共同体的手段，也是使新的村庄共同体的管理者获得权威的合理方式。选举是为了确立新的村庄共同体以及制定出对其进行治理的规则，目的是获得更好的村庄治理。选举是为了实现改善村庄治理的目标（目的）而采用的手段。

（二）法制化进程：由村庄治理本位转向选举权利中心

村委会这一新的村庄共同体形式产生后不久即得到党中央的高度关注，1982 年《宪法》把乡镇以下的基层组织定名为"村民委员会"，村民委员会成为中国农村的基层建制，村民委员会中的村民选举产生的自我管理组织也被称为"村民委员会"。《村民委员会组织法》的历次修订都保持着对村民委员会性质的定位，即"村民委员会是村民自我管理、自我教育、自我服务的基层群众性自治组织"。在村民凭借自己的村民身份选出自己的当家人的同时，他们也将自己的身份确定为"村民委员会"（新的村庄共同体）中的一员。应该说，在对村委会做出宪法规定和在全国范围内组织村委会选举之初，村委会的自治组织性质和村委会选举促进自治的目标都得到了高度确认，并且在关于选举的具体法律规定中得到了较好体现。

新的村庄共同体的管理组织即村民委员会经选举产生后，其主要职能是管理村庄公共事务。在人民公社时期，村庄公共事务是由人民公社和生产大队主导的，村庄公共事务管理在很大程度上是便利国家对农村社会的资源汲取，维持国家对农村治理的基本秩序。而分田到户后，每家成为一个利益主体，村庄公共事务和村民之间的关系更加紧密。但是，生产队长没有了国家的支持，也因集体劳动体制瓦解而不再能从中获得收入，所以也就不再管事了。村民自发起来选举产生村委会首先就是为了村庄公共事务的自我管理。因此，村民选举产生的村委会就是村民自我管理的组织，其目的是实现村民自治。村庄治理本位其实是对从村委会诞生以来一直就有的"村民自治"提法的再确认。

但是，如果看村委会选举后续的法制化进程，就不能不得到这样的印象：选举制度越来越将维护选举权利作为目标，而不是将村庄治理作为目标，村委会选举失去了其诞生时的根基，以选举权利为中心的村委会选举论述也成为了"无根"之论。这造成了复杂的后果：一方面，选出优秀人才的可能性，选举制度具有改善村庄治理的潜力；另一方面，因为程序上高扬村民个体的选举权利，村庄选举竞争性过强，从而在一定程度上使相比于人民公社时期本来已经松散化的村庄共同体更加松散化，与竞争性选举相伴而生的选举操纵和贿选甚至使村庄面临分裂的危险，村庄治理得以改善的共同体根基不断受到削弱。也就是说，村委会选举将维护选举权利设定为目标和原则，一定程度上背离了村委会选举改善村庄治理的目的。

为什么村委会选举会发生从改善村庄治理为目标向维护选举权利为目标的转向？由于篇幅所限，本文无法详尽分析有关过程，这里仅扼要指出其中突出的方面：第一，村委会选举越来越被定性为基层民主化的重大举措，被作为推进整个国家民主化进程的奠基性工作之一；第二，村委会选举的主要进展被归结为竞争性选举制度的设立和选举实践中竞争性的增强；第三，村委会选举理论研究的民主导向和立法讨论中的民主导向互相配合，使村委会选举制度以实现村民选举权利为中心确立；第四，随着对外开放进程的推进，国外政府以及非政府组织纷纷以技术援助为名介入中国村委会选举的观察、评估和咨询活动，包括对有关法规的制定提供意见，一定程度上助推了形式民主导向以及权利本位的法律订立和执法实践；第五，身处于竞争性选举实践，越来越多的农民对竞争性选举相沿成习，对权利话语耳熟能详，成为村委会选举中的权利追求者。

四　户内委托的正当性

根据对村委会选举初始时期村委会选举和自治的村庄共同体（即村民委员会）同时成立的分析，可以认为：村委会选举的首要功能是维系村民委员会这一自治共同体的存续。这一功能的实现，一方面是通过全体村民成为选民并有相当多数量的村民实际参与选举表现出来的；另一方面是通过选出足够数量且村民认可的自治共同体的管理组织去具体实现的（这种认可并不一定体现为自治共同体的管理组织成员获得参加投票选民的一半选票）。自治的村庄共同体的存续和其善治的增进是村委会选举的根本目标，也是确定其性质的根源所在；设立村委会选举制度的目的是维系和巩固村庄共同体，便于实现村庄善治；村委会选举制度具体形式的选择必须和村庄治理的目标相契合。这就是本文力主的"村庄治理本位论"。依据"村庄治理本位论"，委托投票包括户内委托的正当性就能得以确立。

（一）村庄治理本位下委托投票具有正当性

委托投票适用于选举日不能到场投票的村民。虽然他在选举日不能到场投票，但是，作为共同体成员，在应向自治的村庄共同体表明自己存在的选举场合，他应以适当方式"在场"，因此，他应该被登记为选民。村民接受并认可这种登记行为，即是认可自己作为成员加入自治的村庄共同体。接受登记成为选民后，如果在选举日因客观原因不能到场投票，他有两种方式可以选择（选择其中一种）：一种选择是放弃投票权利，但这不意味着放弃其自治共同体成员的资格，只是意味着他在选举中成为消极成员，尤其是从选举具有确立村庄共同体的作用这一角度来看；另一种选择是采用委托投票的形式，即委托其他选民为其履行成员义务、行使投票权利，这意味着他和到场投票的村民一样，选择成为选举中的积极成员。

在确立村委会选举制度后，实行委托投票是为了保证"双过半"，即保证足够多的选民参加选举，保证足够多的选民赞成某个候选人。第一个"过半"对于保证选举的正当性意义重大，是保证所有选举程序得以合法开展的基础和前提。这涉及选举得以成立的前提。选举之所以可以开展，是因为选民共处一个共同体，而且有必要维持这个共同体，而选举的结果是产生村委会来作为这个共同体对外的代表和对内进行治理的必要主体。一半以上选民参加选举意味着多数成员认为要通过到场并选举出管理者的方式来维系村庄共同体的存在。这意味着，村庄共同体并不依赖于外界力量而存在，是完全自主、自治的。在以选举和自治方式加强村庄共同体的情况下，由于存在不能实现"双过半"的可能性，即村庄共同体存在的正当性可能受到挑战，委托投票才成为不可或缺的选择。"双过半"的含义不能仅仅从确保村民参与选举方面来理解，而要进一步明确，村民参与是村庄共同体存在和有凝聚力的重要前提。故而委托投票是确保村庄共同体存在的制度选择，而不仅仅是确保不能到场选民选举权利的选择。

换言之，委托投票的正当性首先是因为选举有维持村庄共同体存续这个目的。这个目的的存在，使村民在履行选举权利同时也是在对村庄共同体尽一种成员义务。村庄成员通过委托投票参与选举，其实质是将其选举权利委托给受委托人行使，并通过受委托人尽到他作为村庄共同体成员的义务。他的委托投票因此具有双重性质：一是显示他作为村庄共同体成员参加自治共同体得以成立的选举活动（或者说选举仪式）；二是体现他作为投票人参与选举村庄共同体的管理组织。因此，他应该选择自己信任并完全可以代表他履行其成员义务和选举权利的村民代为投票，受托村民则应该真实表达委托人履行成员义务和实现选举权利的意思。

（二）限制受委托人范围对改善村庄治理利大于弊

认识到委托投票制度的主要功能是通过保持村民的高度参与来维护村庄共同体这一点后，改进委托投票制度就有了基本的遵循。在有关争论涉及是否要限制受委托人范围时，有学者认为，限制受委托人范围会降低村民的选举积极性和村民参选率，从而影响村庄共同体的维系。如果确实存在上述后果，是否限制受委托人范围就应该加以考虑。

事实表明，在法律明确限制委托投票范围为近亲属之前，村民选择受委托人在多数情况下会选择自己的近亲属。[①] 也就是说，即使限制受委托人的范围，也不会影响多数委托人实际进行委托。如果限制受委托人范围（例如限制在近亲属范围内），受其影响不能办理委托的村民数量并没有很多。委托人选择受委托人除了信任因素外，还受很多因素的影响。当法律做出限制受委托人范围的规定后，一部分原本要委托给受委托人范围以外村民的委托人可能会转而选择委托给受委托人范围以内的村民。总之，限制委托投票范围对村民参选率的影响并不严重。

当然，如果限制受委托人范围仅仅只有略微降低村民参选率的效果，徒增小弊却未得一利，限制委托投票范围就没有充分道理，并不足取。事实

---

① 张同龙、张林秀（2013）在这方面给出了可信的具体抽样调查数据。

上，选择限制受委托人范围不仅是因为新增的弊害甚小，还因为它避免了不限制受委托人范围的很多弊害，而这些弊害对于村庄共同体维系和村庄善治威胁很大。具体来说，不限制受委托人范围的弊害是：

第一，不限制受委托人范围使得委托投票大量发生在信任度较低的村民之间，而选举结果本来就非单张选票所能左右。委托人的委托投票意愿无法实现（委托人对自己的一票投的是谁不知道，总体选举结果自己又不能影响）的进一步影响是：村民之间的互不信任加剧，村民对选举的无效能感和政治冷漠增强，从而弱化共同体团结。

第二，不限制受委托人范围使得对委托投票的监督难度很大，容易出现不经过委托人同意或违背委托人意愿的所谓"不规范的委托投票"，使得受委托人违背委托人意愿的行为很容易被竞选各方利用而产生纠纷和冲突。这可以分为以下几种情况：第一种情况，在候选人竞争激烈的村庄，候选人指使其支持者用金钱和利益贿选、暴力压服、劝说、冒领选票等手段，获得受委托权，歪曲委托人的意愿进行投票。上述行为在不限制委托投票范围时容易在很大范围内发生，由此极易发生选举纠纷。第二种情况，由于委托投票的范围很大，选举组织机构无法做出保证委托真实性、限制受委托人接受委托票数量等规定，如果选举结果不为落选一方所接受，某些委托投票者很容易被落选一方串动、出面声明委托投票未经其同意或歪曲其意愿，从而导致选举争议，选举也告无效。这种情况甚至表现为这样的争议情形，即夫妻关系或父子关系中的一方在没有征求另一方同意情况下替另一方投票，另一方会指责选举组织者侵害了他的选举权利。① 实际上，对于受委托人违背自己

---

① 王金红（2009）给出了这样的案例：在2005年江西省奉新县某村进行换届选举时，一个家庭因为丈夫在外打工不能回村参加选举投票，村选举委员会在没有征求这位选民意见的情况下决定由他的妻子代他投票。事后，当这位在外打工的丈夫了解到妻子将自己的一票投给了自己不喜欢的候选人后，向县民政局投诉村选举委员会违背自己的意愿，没有征求本人意见就决定由自己的妻子代替自己投票；同时，妻子违背丈夫的意愿，没有真实表达他的选举意愿。因此，他要求重新举行选举。在经过调查核实后，县民政局要求该村重新举行了选举。但有意思的是，王金红（2009）认为这个案例反映了选民个体权利意识觉醒和不规范的委托投票制度之间的冲突。但笔者认为，案例本身可能还需进行深入调查，丈夫认为妻子代投选票违背其意愿甚至侵犯其选举权利以及民政局要求该村重新进行选举，这背后可能受到候选人竞争因素的影响。王金红（2009）记述，他与笔者就家户代表投票制问题进行过争论，笔者被他认为是持"一户一票"观点的代表人物。

意愿投票的情况，出面申告的村民很少，出面申告的村民在多数情况下是受竞选者在背后指使，以造成选举纠纷，推动重新选举。总之，不限制委托投票范围引发纠纷对选举损害很大，对选举意欲维护的村庄共同体损害也很大，极端时会造成村庄共同体分裂。

（三）户内委托加强家庭内部机制从而助益村庄治理

既然限制受委托人范围可以消除委托投票制度在不限制受委托人范围时容易产生大的弊害，接下去的问题就是确定将受委托人限制在什么范围内。相比于户外委托，将受委托人范围限制为近亲属的户内委托可以增强村庄共同体的紧密程度和凝聚力，有利于巩固村庄共同体和改善村庄治理。

在前述的反对户内委托者看来，户内委托的最大弊端在于，易发生家长的强制从而歪曲委托人的意愿的现象。但是，实际状况怎样呢？家庭内部的委托，首先是经过了一个明示或默会的要求委托和接受委托的过程，其次是经过了一个明确或暗含的委托人和受委托人之间协商确定意愿候选人的过程，再次是经过了委托人对受委托人是否履行职责的确认或审查过程。这些过程都通过家庭内部机制来完成。

户内委托通过充分利用家庭内部机制较之户外委托更能体现委托人的意愿；更重要的是，它通过加强家户的作用，维系和巩固村庄共同体。[①] 在相互之间更强信任的基础上，家庭成员经过必要的协商、共识，户内委托投票会带给委托人比在户外委托时更强烈的选举效能感，委托人会更强烈地感受到选票是根据自己的意愿来投的，从而增强自身与村庄共同体的联系感——虽然这是通过再现和加强委托人与自己家户的联系感而实现的。

五 村民选举权利的归位

随着村委会成员来源和村委会外部发展环境的改变，村委会选举应该立足村庄治理本位做出调整，才能不失其根源和本性。如果固执"选举权利

---

① 当然，从户内机制方面深入揭示户内委托何以优越，需要另文论述。

中心论"，村委会选举就会脱嵌于乡村社会，最终走向其所追求目标的反面。村委会选举研究当下的主要任务是使村民选举权利从"中心"回归其所，使村民选举权利上附着的神圣色彩和深远意义之"魅"得以祛除。根据村庄治理本位论，确立以下三个方面论断，将使村民选举权利归位。

（一）村民选举权利的村庄共同体前提

选举制度有多重功能，但是，不同选举制度的功能都需要联系其得以存在的共同体基础来看待。毕竟没有共同体，共同体的选举就无法举行。村委会选举直接依赖于村庄共同体。没有村庄共同体，村委会选举就无法成立。

即便说维护村民选举权利是村委会选举制度的目的，它也不能单独存在，必须与维系村庄共同体这一首要目的同时存在。维护村民选举权利不能成为村委会选举的终极目标，它只是实现某种终极目标的手段。村委会选举权利的设置，归根结底还是为了实现更好的村庄治理。如果非要坚持说选举权利重要，那也是因为在共同体存续的前提和维护共同体存续的目标下，选举权利才能够凸显出来，没有了村庄共同体这个前提和目的，选举权利的重要性便无从谈起。

"选举权利中心论"因为没有内含村民选举权利的共同体前提和目的，也就不可能被实践所遵循。地方政府尤其是基层政府在一定程度上背叛了它，村民即使是选举权利被赋予的对象，也没有成为它的忠实履行者。事实上，若坚守"选举权利中心论"，村委会选举将无法立足，其所取得的真正成就也无法得到充分说明。坚守它，不仅无法解释村委会选举从何而来，也最终会使村委会选举没有归处，使这一制度的改进走入"死胡同"。其中的道理，说复杂也复杂，说简单也简单：没有共同体，就没有共同体的选举，"皮之不存，毛将焉附？"片面高扬个体的直接选举权利，将动摇共同体存在的根基，从而也将取消选举权利自身。村民的直接选举权利，在村委会选举中不能被片面突出和过分强调，而是要对其祛魅，客观理解其作用，理性发挥其功能。

（二）村委会选举和村民选举参与的双重性质

村委会既是自治的村庄共同体的名称，也是这一共同体的管理组织的名称。村委会选举既是自治的村庄共同体产生和确立的集体仪式，也是自治的村庄共同体的成员选出共同体的管理组织的活动。也就是说，村委会选举具有双重内涵。因而，村民参与村委会选举也具有双重意义。第一重意义是：自治的村庄共同体经过选举诞生后，之后的每一次选举都是对这一共同体存在的重新确认，因此，村民参加每一次自治的村庄共同体选举时的选民登记都是对其成员资格的确认，并且通过实际参与投票从仪式上确认自治的村庄共同体的存在；第二重意义是：村民参加自治管理组织的选举，不仅是其具有自治的村庄共同体成员身份的标志，更是其作为自治的村庄共同体成员对共同体应该承担的一种义务。因为这第二重意义，作为村庄共同体管理组织的村委会可以通过选举产生。上述双重意义也表明，作为自治的村庄共同体的村委会的确立和作为这一共同体成员的村民身份的确立是同时的，而作为管理组织的村委会的成立也是自治的村庄共同体能够实际存在的重要环节。

进而，村民的选举权利既是村民作为村委会一员不可剥夺的权利，也是他能够被自治共同体接纳为成员、能够成为其成员所应该承担的义务。村民的选举权利就是对其作为共同体成员资格的确认。如果村民都不参加选举，村民不成其为村民，村委会也就不复存在了，村庄治理也就无从谈起。村委会选举中的选民登记既是对选举做出必要的准备，更是对自治共同体成员资格的确认。有足够数量的、经过选民登记确认的合格选民参加的选举，具有两个功能：一是宣示或确立自治的村庄共同体的存在和延续；二是选出自治的村庄共同体的管理组织。这两个功能都非常重要，第一个功能在一定意义上要高于第二个功能。举行一次选举可能并没有足额选出管理组织的成员，甚至可能管理组织中的一名成员都没有选出，即并没有完成它的第二个功能，但是，它已经完成了它的第一个功能，并非仅从"选举权利中心论"看待得出的"选举没有成功"。

（三）"一人一票"法律规定的片面性

村民选举参与适用的"一人一票"原则是基于对民主价值和权利观念的推演，并没有充分的实践依据，《村民委员会组织法》明确采纳这一原则，很大程度上是因为立法者对个体选举权利的正当性深信不疑，并简单援引人大代表选举制度中的相关规定。从广西壮族自治区村委会选举萌芽中清晰可见的是一户派一个代表来参加选举，并不论每户有几口人或几个成年人，只是每家投出相等的一票，即"一户一票"。萌芽期过后，立法规范对村委会选举采取了"一人一票"原则，但并没有任何先验的理由证明必须采用"一人一票"原则。村委会成员（村庄共同体的基本构成单位）到底是家户还是村民个体，也并没有得到深入的理解。果地屯和果作屯村委会选举采取的是"一户一票"；而在长达10年的《村民委员会组织法》试行期间，"一人一票""一户一票""10户至15户的村民代表一票"等多种方式在地方法规和村庄实践中并存。从曾经采用多种选举方式的情况看，将村委会成员理解为村民个体和家户都可以，不同村庄可以对多种选举方式的适用性有自己的理解，在投票方式的选择上可以有充分的自主权。2010年《村民委员会组织法》修订时继续确认"一人一票"原则，但同时允许户内委托，这应该被看作法律试行期间允许投票方式多样性的立法原则的复兴，而不应该被看作严格的"一人一票"制度的倒退。联系前文对选举和村民委员会同时确立的历史分析，可以理解为法律已经隐晦地承认了家户作为村民委员会（村庄共同体意义上的）基本构成单位的地位。

六 村庄治理本位与重塑村民自治

从在户内委托辩难中发现村委会选举制度的权利执念，到返回村委会的诞生时刻及其选举法制化进程找到村委会选举制度的治理根基，再到立足村庄共同体提出村庄治理本位、赋予户内委托正当性，最后指出应使村民选举权利从中心回到其恰当位置，祛除其神圣色彩和深远意义之魅，真正恢复村委会选举的村庄治理本位。本文至此对村委会选举制度的上述探索，回应了引言提出的大部分问题。根据村庄治理本位，重塑村民自治也就有了展开讨论的必要和可能。

本文研究所涉及的村委会选举和村民自治议题曾经是政治学和农村社会学研究中的热点，而且还演化出内容涵盖面更广的乡村政治研究和乡村治理研究。这些研究在经过了很长的兴盛期后有一段沉寂，目前又再度兴起。这次兴起与两个方面的实践变化相伴随：第一，全面深化改革将国家治理体系和治理能力现代化作为目标，村民自治和乡村治理在国家治理体系中的地位和作用受到重视，农村土地制度改革、农村集体经济组织立法、农业经营体制构建等实践对村民自治提出了新要求；第二，村民自治发展出现颓势，受贿选盛行、村民参与不足等问题困扰。这次兴起对理论创新的需求巨大，但其紧迫性较之前却要弱一些。这正好给学界从容讨论有关问题提供了空间。这一轮的理论求索，应该容许对理论自身演进的更多反思，也应对实践问题有更深入的回应。

"选举权利中心论"被视为村委会选举研究、村民自治研究的正统，一度成为乡村政治研究和乡村治理研究的正统。但是，正是这一话语建构，束缚了人们的头脑。在村民自治的主要倡导者、设计者、推动者的言论和法律政策的自我设定中，村委会选举制度法制化的主要努力是通过不断强化和规范竞争性选举程序，以期最大限度地落实选民的直接选举权利。村委会选举制度研究的主题也集中于论证选举权利的首要性和如何设计具体制度来落实选举权利。"选举权利中心论"也支撑了"民主选举是村民自治四个民主（民主选举、民主决策、民主管理和民主监督）的基础"这一论断，并和"四个民主可以相互促进"的"关系论"一起，共同成为城乡基层民主政治建设乃至中国民主发展的核心逻辑。这一逻辑以对个体选举权利的完全认可和支持为前提，认为：村民自治的目标是在村委会内部实行直接民主，直接民主最重要的形式是直接选举；直接选举权利是村民自治中的基础性权利，体现为提名权、投票权、罢免权等权利；只有竞争性选举才能充分实现选举权利；村委会直接选举可以增强村民的民主意识和民主能力，为他们加入更高层级的民主选举和国家民主进程的进一步推进做好必要准备；村级民主的逻辑（且不管经验上是否成立）会自然在乡镇乃至更高层级重现。"选举权利中心论"支撑了实现乡村治理民主化的理想，也一度成为设计乡村政治制度的主轴，因此，"选举权利中心论"者很难被说成仅仅是民主价值论（参见郁建兴、黄红华，2002）者，而是"价值—制度"范式（参见徐勇，2015）持有者。在"价值—制度"范式的笼罩下，学者们虽然有了大量有关村委会选举中参与冷漠、贿选、派系政治的个案研究，但也只是在客观上增加了"选举权利中心论"理论逻辑的复杂性，而并没有挑战这一逻辑本身。看来，深究"选举权利中心论"，以进一步反思"价值—制度"范式的不足，是村民自治和乡村治理研究者当下就必须面临的任务。

本文旨在迈出解构"选举权利中心论"、重新寻找村民自治和乡村治理制度根据的第一步，通过重新理解村委会选举的诞生和法制化过程中的关键事实，提出"村庄治理本位论"，并据此提出村委会选举、村民自治的新问题，寻找新范式。"村庄治理本位论"认为，村庄共同体的存续是包括村庄选举在内的所有乡村治理制度确立的前提，村庄治理的改善是包括村庄选举在内的所有乡村治理制度的基础性目标，对于村委会选举来说，甚至是根本性目标。在这一本位论上，乡村治理制度和整个国家治理制度才可以有效衔接，乡村治理制度才成为国家治理制度的有机组成部分。

从村庄治理本位来看，"选举权利中心论"曲解了村委会选举萌芽和发展的实践，虽然强化了"村委会选举是基层民主化的创举和中国民主建设的突破口"的判断，但也逐步使其偏离了维系村庄共同体和改善村庄共同体治理的基本目标；它导出维护选举权利和加强选举竞争性的原则，法制化被当作推进选举的路径，但在程序法定和追求选举方式统一的思路下，村庄失去了自主选择同其村庄社会基础相适应的选举制度的空间，通过选举改善村庄治理的功能受到了很大抑制，村委会选举日渐形式化；进而，整个村级民主蜕化成为一种形式民主，失去了实质民主的生机。

村委会选举制度的设计者、推进者和推介者虽然对其寄予了奠定整个国家民主政治体制基础、推动实现国家民主政治建设的厚望，但是，基于村庄治理本位，他们也应该特别地被提醒，村委会选举如果不具备持续改善村庄治理的功能，村委会选举制度如果不能根据村庄治理的需要得到适时创新，这种厚望终究会无法落实而沦为空想。村委会选举在激进的形式民主思路下的发展，使其正面临失去在乡村治理层面从而也在国家治理层面正当性的危险。因此，村委会选举制度应该得到深度调整，而其前提是深入反思30多年的相关理论研究进程，全面创新村民自治理论和乡村治理理论。

参考文献：

[1] 胡从来：《村委会选举中参选主体、竞选行为与法律责任的研究》，《经济师》

2012 年第 11 期。

[2] 胡序杭：《关于村委会选举公正性问题的探讨》，《理论与改革》2006 年第 1 期。

[3] 李尚坤：《委托投票：取消不如改进》，《公民导刊》2011 年第 1 期。

[4] 隆厚文：《村委会选举"委托投票"不宜取消》，《公民导刊》2010 年第 1 期。

[5] 米有录：《静悄悄的革命从这里开始——寻访中国第一个村民委员会》，《乡镇论坛》1998 年第 12 期。

[6] 唐鸣：《村委会选举中的委托投票问题研究》，《中国农村观察》2009 年第 4 期。

[7] 仝志辉：《村民自治三十年》，《经济研究参考》2008 年第 32 期。

[8] 王布衣：《壮族农民创造的历史——记中国第一个村民委员会的诞生》，《中国民族报》1998 年 12 月 5 日。

[9] 王金红：《候选人资格条件、委托投票与农村选举规制——对村民委员会选举中两个争议性问题的讨论》，《学术研究》2009 年第 4 期。

[10] 王维博：《中国第一个村民委员会诞生记》，《村委主任》2010 年第 6 期。

[11] 王振耀：《中国村民自治理论与实践探索》，宗教文化出版社 2000 年版。

[12] 徐勇：《实践创设并转换范式：村民自治研究的回顾与反思——写在第一个村委会诞生 35 周年之际》，《中国社会科学评价》2015 年第 3 期。

[13] 郁建兴、黄红华：《村民自治研究的研究》，《学术月刊》2002 年第 8 期。

[14] 袁明圣：《委托投票制度的法理分析》，《人大研究》2003 年第 6 期。

[15] 臧云飞：《"委托投票"应当休矣》，《公民导刊》2011 年第 1 期。

[16] 张同龙、张林秀：《村委会选举中的村民投票行为、投票过程及其决定因素》，《管理世界》2013 年第 4 期。

从农户家庭资产负债表看农村普惠金融供给侧结构性改革①

孙同全②

摘要： 农户家庭资产负债表把金融服务需求方和供给方置于同一个逻辑框架内，以信贷供给方的视角分析需求方的家庭财务状况。本文以农业部农村固定观察点 2009—2013 年调查数据为基础，编制不同收入组农户家庭资产负债表，分析了农户家庭资产结构和资产负债状况。分析发现：借款户家庭财务的基本特点是流动资金缺乏，且年度间现金流入不稳定；农村金融服务面临"资源无效"的困境，即在现有的农村产权制度下耕地和住房难以在信贷中发挥抵押物功能；可交易的耕地和住房财产权能够极大提高农户家庭的债务清偿能力，尤其是改善低收入农户的家庭资产负债状况；农户信用评价体系发挥了"资源创造"的作用，信用资产价值可以改善农户家庭的资产结构，降低其资产负债率。

关键词： 农户家庭资产负债表　农村普惠金融供给侧结构性改革

---

① 本文是中国社会科学院创新工程项目"农村金融创新与风险研究"的阶段性成果。本研究得到了中国社会科学院农村发展研究所刘文璞研究员和杜晓山研究员的指导，数据处理得到了董翀、韩磊和陈方三位助理研究员的大力协助，笔者在此深表谢意。原文发表于《中国农村经济》2017 年第 5 期。原文责任编辑董翀。

② 作者系中国社会科学院农村发展研究所副研究员、农村金融研究室主任。

一 引 言

解决农村金融的有效供给，尤其是对农户的信贷服务供给问题，是中国普惠金融发展战略的重中之重，也事关中国全面建成小康社会的国家战略目标的实现。一般情况下，市场交易达成的前提是供需双方互相满足对方的交易条件。在金融市场上，由于存在信贷配给问题，即均衡状态下信贷供给小于信贷需求，所以，金融市场常常表现为卖方市场，农村金融市场尤其如此。在这样的市场中，交易规则更多地掌握在卖方手中。所以，提高农村普惠金融的发展程度主要依靠金融服务供给方的改进。但是，金融服务供给方的行为受到制度环境的影响甚至制约。因此，农村金融供给侧结构性改革还应包括与农村金融密切相关的各项制度改革。

不论是金融服务供给方的改进，还是制度的改革，都应符合服务对象的现实需求，否则，不仅服务对象不会购买服务，而且服务供给方以及制度的任何改进都没有实际意义。因此，尽管农村普惠金融的研究归根结底需要讨论供给侧结构性改革，但仍应首先从微观层面上了解服务对象的特征及其金融服务需求的特点，并以此为研究和制定供给侧结构性改革政策的基本出发点。

目前，关于农村普惠金融的研究概括起来主要有三类进路。第一类是从普惠金融的基本理论出发，结合某一地区金融发展的宏观数据，研究衡量普惠金融发展程度的指标体系。（例如 Sarma，2008；Sarma and Pais，2011；肖翔等，2013）这种研究能够很好地比较不同地区普惠金融的发展状况，也能为推动普惠金融发展提供方向和思路。但是，它显示的是普惠金融发展的抽象结果，并没有为理解普惠金融需求的特点提供足够的信息。第二类是从供给方出发，分析金融机构在农村地区的服务情况，包括治理结构、业务网点布局、产品种类、客户数量、风险管理、盈利能力、经营效率以及服务效果等。（例如汪小亚，2014；谢平、徐忠，2013；沈明高等，2014；张承惠、郑醒尘等，2015；张承惠、郑醒尘等，2016）这种进路的研究能够发现各种金融服务机构的服务特点、优势、劣势、成绩和不足，但仍然缺少对需求方的充分分析，难以为宏观层面的制度改革提供微观层面有关需求方的充分证据。第三类是对农村金融服务对象进行考察，分析内容包括农户家庭资产、收入、生产经营活动、生产和生活开支等方面，这类研究更多关注农户收入状况，以此来判断农户信贷需求的特点和满足程度等（例如甘犁等，2015）。其中有些研究尽管将供给和需求两个方面结合起来进行考察，但没有将这两个方面放在同一个严密的逻辑框架内，因而难以充分说明农村金融市场的规律性。

资产负债表原本是企业财务管理的基本工具，可以反映会计主体在某一特定时点的财务状况。农户家庭资产负债表可以基于金融机构的视角，反映农户家庭生产和生活财务状况，是农户家庭财务状况在金融机构头脑中的映像，能够体现金融机构的观点和思维。因此，农户家庭资产负债表把作为借款人的农户和作为贷款人的金融机构放入了同一个逻辑框架内。就微观视角而言，农户家庭资产负债表研究有助于更好地理解在信贷市场上贷款人对借款农户家庭财务状况及信贷风险的判断；就宏观视角而言，通过对农户家庭资产负债表进行汇总，并对各相关指标进行分析，可以发现农户家庭财务决策偏好的一般特征，从而有助于更准确地归纳农户金融需求的基本特点，也能够更好地揭示农村金融市场运行的特点和基本规律，为研究结论提供更坚实的论证基础。

本文以农业部农村固定观察点的农户数据为基础，构建中国农户家庭资产负债表，分析农村普惠金融发展的主要症结与出路，为农村普惠金融供给侧结构性改革提供参考。

二 居民家庭资产负债表研究综述

（一）国内外关于居民家庭资产负债表的研究

与企业资产负债表类似，居民家庭资产负债表也反映了居民家庭的财务状况，是衡量国家经济实力的重要依据之一，也是衡量居民家庭财富的重要手段。（孙元欣，2006）20 世纪中叶，美国经济学家将资产负债表用于宏观经济分析，尤其是 20 世纪末拉美债务危机后，资产负债表成为债务危机问题的主流分析工具。（李扬等，2013）2008 年国际金融危机爆发后，有学者（例如刘向耘等，2009）运用资产负债表分析美国次贷危机爆发和国际金融危机产生的原因，认为进行宏观分析时必须重视微观基础，而资产负债表分析能够很好地将微观问题与宏观问题结合起来。同时，通过资产负债表分析可以充分了解各类经济主体在资产市场和资产价格变动下的行为及其影响。

资产负债表被用于中国经济分析的时间较晚，且研究成果不多。对居民家庭资产负债表的研究更少，它主要从微观和宏观两个层面展开。在微观层面，现有文献主要是对编制家庭或个人资产负债表的必要性、作用、方法以及相关指标进行分析。黄盛（2001）指出，编制个人资产负债表是建立借款人信用资料的有效途径，可据此评价个人资产负债和信用状况，这是发展消费信贷必不可少的基本条件。杨旭群（2006）认为，家庭资产负债表对居民家庭有三个作用：一是掌握家庭资产规模、流动性以及长短期偿债能力；二是梳理资产类别，结合家庭收支进一步进行家庭理财规划；三是度量家庭目标实现的进程。章昀（2008）对家庭资产负债表提出了三个方面的分析指标，包括营利性指标（例如总资产收益率等）、财务风险指标（例如流动比率、资产负债率、家庭负债与可支配收入比率等）和专项资金分析指标（例如教育投资回报率等），并提出连续编制家庭资产负债表并分析相关指标的变化，可以为家庭投资理财、规避风险提供参考。

在宏观层面，居民家庭资产负债表研究主要分为两个方面：一是将居民作为国家资产负债表的一个部门，研究居民部门资产负债表的编制原理和方法（例如国家统计局国民经济核算司，1998；李金华，2015）；二是研究可能对居民家庭资产负债表产生影响的因素以及家庭资产负债表与宏观经济（尤其是金融危机）的关联性。孙元欣（2006）介绍了美国统计局如何使用家庭资产负债表进行宏观经济分析，分析指标包括家庭资产总量、家庭资产结构、家庭资产存量和增量、可支配收入与家庭资产关系等，并提出家庭资产结构合理化可以使消费效用最大化，进而影响国民经济中的消费部分，家庭资产对国民经济的长期发展发挥着"协调器"和"稳定器"的作用。在此基础上，孙元欣（2007）认为，准确识别中国居民家庭资产的变化趋势对于制定宏观经济政策、促进经济增长和社会稳定，均具有重大现实意义，并提出了中国家庭资产负债表的统计框架、编制方法和分析指标，指标主要包括家庭资产负债率、家庭负债与净资产比率、家庭负债与可支配收入比率等。刘向耘等（2009）编制了2004—2007年中国居民家庭资产负债表，对中国居民家庭资产结构与特征、居民家庭资产负债状况等进行了静态和动态分析，认为中国居民部门资产负债表的稳定性较强，这为中国应对国际金融危机提供了较好的基础；但是，也存在积累率过高、金融资产投资渠道狭窄、收益较低等问题。因此，应在保持风险可控的基础上进一步改善居民家庭资产结构。陈斌开、李涛（2011）研究了影响城镇居民家庭资产和负债状况的因素，认为家庭资产与户主年龄、受教育水平以及家庭收入水平正相关，而家庭负债与这些因素负相关；同时，居民家庭资产负债水平存在地区差异：东部地区资产水平最高、负债水平最低，西部地区资产水平较低、负债水平较高。李扬等（2013，2015b）分别编制了2004—2011年以及2004—2014年中国国家资产负债表以及包括居民部门在内的各部门资产负债表，发现中国居民家庭资产扩张较快，财富积累形式日益多元化，2008年以来居民家庭资产负债率和金融资产负债率均呈上升态势，但债务清偿风险与流动性风险较低。顾淳（2015）通过对比中美两国居民家庭资产负债表结构，研究了资产负债表结构与金融危机的关联性，认为可以通过家庭杠杆率的变化推测金融危机出现的概率。

上述两个层面的研究均没有区分城镇居民与农村居民（即农户），但由于城镇居民家庭财务数据的可得性远远优于农村居民，所以，这些研究成果主要反映的是城镇居民的家庭资产负债状况，而关于农村居民家庭资产负债状况的研究特别缺乏。

（二）中国关于农村居民家庭资产负债表的研究

中国尚无对农村居民家庭资产负债表的专门研究，但有若干关于农户[①]家庭资产负债状况的研究。朱玲（1994）编制了1991年358户农户的人均资产和负债情况表，内容包括生产性固定资产、非生产性固定资产、年末银

---

① 本文中"农村居民"和"农户"意义相同，前者强调户口在农村的个人，后者强调共同生产和生活的家庭单位。

行存款总额、年末负债总额和净资产。基于该表，她发现，农户债务偿还能力是他能否取得贷款的一个重要因素，即农户越穷越借不到钱，而得到贷款的往往是非贫困户。尽管因为缺少一些必要的数据，朱玲没有将这个表称为"资产负债表"，但这是笔者所能找到的反映中国农户家庭资产负债情况并将其作为分析工具的最早文献。中国农业银行联合西南财经大学中国家庭金融调查与研究中心2014年对全国29个省份居民的家庭资产负债情况进行了调查，获得了28000多个有效样本家庭的信息，其中农村家庭占比近50%，调查内容涉及农村家庭收入和支出、资产及其结构、负债及其结构、正规信贷需求及其可得性，以及债务收入比和资产负债率等重要指标（甘犁等，2015）。这是迄今为止中国最全面的有关农户家庭财务状况的研究，但也未构建出中国农户家庭资产负债表。

三 农户家庭资产负债表的编制

（一）农户家庭资产负债表的基本表式

农户家庭既是生活单位，也是生产单位，可以参照企业会计基本准则编制其资产负债表。表1是账户式农户家庭资产负债表的基本表式。[①] 表中资产分为金融资产和非金融资产。金融资产按照流动性由强到弱，又分为手存现金、存款、借出款和家庭外投资。家庭外投资又可以进一步分为股票、债券和其他投资。非金融资产包括实物资产和其他非金融资产。实物资产可以进一步分为耕地、住房和生产性固定资产。负债主要是借入款，包括来自银行、信用社和私人等渠道的借入款。权益包括农户家庭纯收入和资产净值。其中，家庭纯收入是农户当年生产经营收入扣除生产经营费用和义务性税费之后可以用于家庭消费和生产性投资的货币化劳动成果，相当于企业的当年未分配盈余，是当年各项收入的净积累。资产净值是资产负债表中的平衡

---

① 资产负债表可以是报告式，也可以是账户式。报告式资产负债表是上下结构，上半部记录资产，下半部记录负债和权益。账户式资产负债表是左右结构，或称水平结构，左边记录资产，右边记录负债和权益。

项，是农户家庭拥有的资产价值减去未偿还的负债和家庭纯收入的价值，是农户家庭往年财富积累的结果。在农户家庭资产负债表中，相关项目的逻辑平衡关系符合以下等式，即：资产合计＝金融资产＋非金融资产；资产合计＝负债＋权益。

表1　农户家庭资产负债表（　年　月　日）　　　　　单位：元

资产	期末	负债与权益	期末
金融资产		负债	
手存现金余额		借入款余额	
存款余额		银行和信用社渠道借入款余额	
借出款余额		其他渠道借入款余额	
家庭外投资余额			
其中：股票			
债券			
其他投资			
非金融资产		权益	
实物资产 a		家庭纯收入	
其中：耕地		资产净值	
住房			
生产性固定资产			
信用资产 a			
其他非金融资产			
资产合计		负债与权益合计	

注：a 由于耕地和住房价值与信用资产价值具有一定的替代性，在实际分析中，一般情况下前两者与后者不会同时出现在资产负债表中。

尽管农户的耕地和住房一般都是农户家庭中价值最大的资产项目，但是，在金融机构看来，其价值能否全部或部分计入农户家庭资产负债表，存在很大的不确定性。这是因为，财产①的价值须经市场交易来体现。不具交

---

① 财产是指其所有人可以依法对其占有、使用、收益和处分的物质或非物质财富，但不一定能够交易。如果财产不能交易，就难以估算其市场价格，也就无法计入资产负债表。资产是指能够带来收益的、能够在市场上交易的财产，其市场价格可以显示其价值，从而可以计入资产负债表。

易可能性或交易成本过高的财产，在金融机构眼中就不具有价值或价值极低。中国农村集体土地和农民住房就面临这样的尴尬。尽管目前中国正在进行农村集体土地"三权分置"改革①和农村承包土地经营权和农民住房财产权抵押贷款试点②，但根据现有法律，农村集体土地的承包权几乎不可能转让给非集体成员。③ 这些规定极大地降低了农村耕地和农民住房的可交易性，并增加了交易成本。在金融机构接受耕地和住房作为抵押物的情况下，农户家庭耕地和住房的价值就可以计入其资产负债表；反之，就不能计入。就笔者实地调研情况来看，金融机构很少经营"两权"抵押贷款，即使因为各方压力提供了类似信贷产品，也会要求借款人同时提供其他担保方式，如政策性担保公司的担保或第三方保证等，而且，真正发挥控制风险作用的也不是"两权抵押"。

实践中，农村金融机构主要依据对农户家庭的信用评级，在其授信额度内提供信用贷款。决定授信额度的因素是综合性的，包括经济与非经济两个方面。其中，经济方面的因素包括农户家庭劳动力的质量和数量、耕地数量、住房面积及质量、家庭收入等；非经济方面的因素包括家庭成员的人品与社会信誉等。授信额度反映了金融机构对农户家庭未来偿债可能性的预期。实际上，民间借贷的发生也主要依据借款人家庭信用水平，放贷人明示

---

① 中共中央办公厅、国务院办公厅《关于完善农村土地所有权、承包权、经营权分置办法的意见》在农村集体土地所有权和承包经营权分设的基础上，进一步将土地承包经营权分为承包权和经营权，实行所有权、承包权、经营权分置并行，其主要目的在于放活土地经营权，以发展多种形式的适度规模经营，提高土地产出率、劳动生产率和资源利用率，推动现代农业发展，http：//www.gov.cn/zhengce/2016 – 10/30/content_ 5126200.htm。

② 2015 年，全国人大常委会授权国务院在 232 个县（区、市）进行集体所有耕地使用权抵押贷款试点，在 59 个县（区、市）进行农民住房财产权抵押贷款试点。但是，该授权只是暂时调整实施《物权法》《担保法》中关于集体所有的耕地的使用权和集体所有的宅基地的使用权不得抵押的用益物权规定，而没有涉及《农村土地承包法》中关于具有所有权性质的集体土地承包权的规定。因而，实践中上述"两权"抵押贷款试点进展缓慢而艰难。

③ 中国《农村土地承包法》规定，家庭承包的承包方是本集体经济组织的农户；将农村土地发包给本集体经济组织以外的单位或者个人，应事先经本集体经济组织成员的村民会议2/3以上成员或者 2/3 以上村民代表同意，并报乡（镇）政府批准。这些规定使非本集体经济组织成员无权承包土地，或因过高的交易成本而难以达成承包协议。该法还规定，土地承包经营权流转不得改变土地所有权的性质和土地的农业用途。这些规定在保护农村土地集体所有制和保证其农地用途的同时，也大大降低了农村土地的可交易性和流动性，银行以农村土地为抵押物进行贷款的积极性也受到抑制。

或默示地设定授信额度，并在授信额度内出借资金。可见，授信额度能够反映农户家庭的信用价值。因此，将信用价值计入资产负债表，在一定程度上可以对耕地和住房的价值形成替代，从而成为农户家庭的无形资产。这样的农户家庭资产负债表有助于农村金融机构对农户家庭的偿债能力做出准确判断。

（二）农户家庭资产负债表中耕地和住房资产以及信用资产价值的估算方法

在农户家庭资产负债表中，除了耕地和住房价值或信用资产价值之外，其他数据都可以通过直接调查获得。要估算农户耕地和住房作为资产的价值，需要参考其交易价格。农村耕地的价值可以显示为其所有权交易价格。当前，中国农村耕地所有权交易仅有土地征收这一种情况。农村耕地征收价格包括土地补偿费、劳动力安置补助费以及地上附着物和青苗补偿费等费用。[①] 农村耕地征收价格基本上反映的是农村耕地的经济价值，尽管它存在种种缺陷，但仍然可以作为一种可行的参考标准用于估算农村耕地价值。据此，农户家庭耕地价值的估算公式可以表示为：耕地价值 = 单位面积耕地征收价格 × 耕地面积。农户家庭耕地面积数据可以通过调查获得。为了避免高估农户耕地价值，对于耕地征收的平均价格，本文采用了较为保守的每亩 3 万元。[②] 对于农户住房价值的估算，也可采取同样的原则。由于农村住房的交易范围基本上只限于社区内部，且交易量极小，附加值有限，因而可采用住房建设成本来估算住房价值，即：住房价值 = 单位面积住房建设成本 × 住房面积。农户家庭住房面积数据可以通过调查获得。对于农户住房建设成本的平均值，本文也采用了较为保守的每平方

---

① 当然，不同地块价格的高低受被征土地的区位、当地经济社会发展水平、土地供求状况、土地征收后的用途及其市场价格等因素的影响，所以，全国各地甚至每个村的不同地块，价值都有差别。

② 2005 年全国土地征用补偿调查显示，作为永久丧失土地的代价，一般征地补偿费为每亩 2 万—3 万元，与本文对农民耕地价值的估算标准接近。参见陈锡文等《中国农村制度变迁 60 年》，人民出版社 2009 年版，第 60 页。

米 400 元。①

如上所述，信用资产价值可以借助授信额度来表示。一般的农户调查数据中都没有授信额度信息。从笔者实地调研的情况看，农户从金融机构获得的借款余额一般为其授信额度的 20%—90%。假设农户各年末贷款余额都是其所获授信额度的 50%，则其授信额度可估算为其年末贷款余额的 2 倍。而农户年末贷款余额数据可以通过调查获得。这样，即可得到农户家庭的信用资产价值。②

(三) 农户家庭资产负债表的构建

本文利用农业部"全国农村固定观察点调查系统"(以下简称"农村固定观察点") 中 2009—2013 年的数据编制农户家庭资产负债表，并在此基础上分析如何在制度和服务机制两个层面进行农村金融供给侧结构性改革，提高农村金融服务的可得性，推动农村普惠金融发展。

农村固定观察点包括 355 个行政村的 23000 个农户样本。全部样本分布于除港、澳、台以外的全国 31 个省 (自治区、直辖市)。数据内容包括农户家庭人口与劳动力、农牧业生产经营、收入支出与消费、资金往来、主要资产和耐用消费品等信息，以及样本所在村庄基本情况等。本文根据研究目的和研究内容的需要对原始数据中的样本进行了筛选，并删除了异常值样本。2009—2013 年总有效样本数量分别是 20362、19599、19088、19196 和 19519，将总样本按年家庭人均纯收入分为五个收入组后，各年各收入组样本量占比为 19.96%—20.04%，样本基本稳定且在合理范围内。

普惠金融的本质是给所有社会成员以平等的获得金融服务的机会。但有研究发现，农业生产信贷的可得性随农户收入增加而提高 (甘犁、李运，2014)。因此，解决中低收入组农户的金融服务问题应是农村普惠金融建设的重中之重。将农民作为一个整体来研究农村金融供给侧结构性改革，虽然

---

① 2011 年全国"农村居民年末住房价值"单价为 654 元/平方米。参见李扬等 (2015a)，第 42 页。

② 需要注意的是，因为需要通过贷款余额推算授信额度，所以，采用本文方法编制农户家庭资产负债表时，只有对有贷款余额的农户，才能计算其信用资产价值。

可以得到某些启发，但由于"眉毛胡子一把抓"，难以准确识别不同收入水平农户的家庭财务状况和金融需求的特点，也就难以制定精准的政策并设计相应的服务机制和产品，农村普惠金融建设也就会笼而统之，难以产生实效。所以，有必要对农户按收入水平分组，并在此基础上进行资产负债表分析。为了与国家统计局关于城镇居民生活状况的统计口径保持一致，本文将全部有效样本按年家庭人均纯收入排序后均分为五组，即低收入组（以下简称"组1"）、较低收入组（以下简称"组2"）、中等收入组（以下简称"组3"）、较高收入组（以下简称"组4"）和高收入组（以下简称"组5"）。

借款并不是全部农户的行为。为什么有的农户借款，而有的不借款？借款户与非借款户的家庭资产负债表有何差异？这些都是确定农户信贷需求特征的重要依据。所以，在按收入水平分组的基础上，本文进一步按是否借款将各收入组农户分为借款户与非借款户，以便更加清晰、准确地揭示农户金融需求的特征。总之，本文利用上述数据分别编制出全部样本农户、各收入组农户、全部样本中借款户与非借款户、各收入组借款户与非借款户的家庭资产负债表①进行分析。

四 农户家庭资产负债表分析

（一）借款农户家庭资产结构分析

通过分析各收入组借款户与非借款户的家庭资产结构，可以得出借款农户家庭财务的基本特点和借贷原因。在不计入农户耕地与住房的资产价值时，每个收入组借款户的资产结构都呈现两个基本特征：一是金融资产占比都小于实物资产占比，且在年度之间波动较大；二是其金融资产在家庭总资产中的占比始终低于非借款户，且相差幅度较大。如表2所示，

---

① 由于篇幅有限，本文无法将这些家庭资产负债表全部列示出来，详细内容可参见孙同全等《中国农户家庭负债与农村普惠金融建设》，中国社会科学出版社2017年版。

2009—2013 年，组 1 中借款户与非借款户的金融资产占比相差 18.18
（2011 年）—56.50 个百分点（2012 年）；组 2 中二者相差 42.97（2010
年）—47.53 个百分点（2013 年）；组 3 中二者相差 29.23（2009 年）—
54.82 个百分点（2011 年）；组 4 中二者相差 40.25（2010 年）—57.86
个百分点（2013 年）；组 5 中二者相差 43.83（2009 年）—58.69 个百分
点（2012 年）。

表 2　2009—2013 年各收入组借款户与非借款户家庭资产结构

（未计入耕地和住房价值）　　　　　　单位：%

资产类别	年份	组 1		组 2		组 3		组 4		组 5	
		借款户	非借款户	借款户	非借款户	借款户	非借款户	借款户	非借款户	借款户	非借款户
金融资产	2009	15.23	56.66	22.86	67.31	44.82	74.05	27.30	81.17	28.64	72.47
	2010	19.97	58.84	24.99	67.96	37.93	74.35	38.11	78.36	30.49	78.92
	2011	38.14	56.32	21.64	68.61	21.58	76.40	33.25	79.15	18.24	73.33
	2012	10.79	67.29	29.19	74.47	25.33	74.81	27.31	78.48	18.16	76.85
	2013	13.93	64.09	22.15	69.68	39.63	77.36	23.18	81.04	29.4	80.38
实物资产	2009	84.77	43.34	77.14	32.69	55.18	25.95	72.70	18.83	71.36	27.53
	2010	80.03	41.16	75.01	32.04	62.07	25.65	61.89	21.64	69.51	21.08
	2011	61.86	43.68	78.36	31.39	78.42	23.60	66.75	20.85	81.76	26.67
	2012	89.21	32.71	70.81	25.53	74.67	25.19	72.69	21.52	81.84	23.15
	2013	86.07	35.91	77.85	30.32	60.37	22.64	76.82	18.96	70.60	19.62

在计入耕地和住房的资产价值后，虽然各收入组非借款户的金融资产占
比小于实物资产占比，但仍高于借款户的金融资产占比。2009—2013 年，
组 1 中借款户与非借款户的金融资产占比相差 0.99（2011 年）—3.88 个百
分点（2012 年）；组 2 中二者相差 3.17（2009 年）—6.08 个百分点（2013
年）；组 3 中二者相差 3.97（2009 年）—6.92 个百分点（2013 年）；组 4
中二者相差 7.05（2010 年）—12.37 个百分点（2013 年）；组 5 中二者相
差 10.21（2009 年）—18.38 个百分点（2013 年），见表 3。

表3 2009—2013 年各收入组借款户与非借款户家庭资产结构

（计入耕地和住房价值）　　　　　单位：%

资产类别	年份	组1		组2		组3		组4		组5	
		借款户	非借款户	借款户	非借款户	借款户	非借款户	借款户	非借款户	借款户	非借款户
金融资产	2009	0.52	2.57	0.88	4.05	2.44	6.41	1.41	8.84	5.39	15.60
	2010	0.69	2.92	0.84	5.03	2.46	7.16	2.14	9.19	5.87	18.83
	2011	2.39	3.38	1.43	6.16	1.71	7.74	1.55	10.39	3.95	18.17
	2012	1.27	5.15	1.72	7.24	1.57	8.75	2.92	11.29	3.94	19.03
	2013	0.56	5.38	1.44	7.52	3.18	10.10	2.26	14.63	6.69	25.07
实物资产	2009	99.48	97.43	99.12	95.95	97.56	93.59	98.59	91.16	94.61	84.40
	2010	99.31	97.08	99.16	94.97	97.54	92.84	97.86	90.81	94.13	81.17
	2011	97.61	96.62	98.57	93.84	98.29	92.26	98.45	89.61	96.05	81.83
	2012	98.73	94.85	98.28	92.76	98.43	91.25	97.08	88.71	96.06	80.97
	2013	99.44	94.62	98.56	92.48	96.82	89.90	97.74	85.37	93.31	74.93

可见，不管是否计入耕地和住房的价值，各收入组借款户的金融资产占比始终低于非借款户，而且在年度之间波动较大，尤以不计入耕地和住房价值时为甚。金融资产占比较低意味着家庭缺乏流动资金，其波动大则意味着家庭现金流不稳定。在这些情况下，农户需要通过借贷来弥补流动资金不足，平滑现金流。这应该是借款户借款的重要原因，反映出借款户家庭的基本财务特点，也是金融机构开展农户贷款所面临的基本现实和普惠金融建设的基本出发点。

（二）农户家庭资产负债率分析

通过对比计入和不计入农户耕地和住房价值或信用资产价值的农户家庭资产负债率，可以发现农村普惠金融的基本障碍和改革方向。若不计入耕地和住房的价值，且不考虑信用资产价值，则 2009—2013 年各收入组借款户的家庭资产负债率较高。组 1 借款户的家庭资产负债率为 34.10%—106.87%，组 2 借款户达到 67.55%—119.88%，组 3 借款户达到 68.77%—119.44%，组 4 借款户达到 72.96%—95.83%，组 5 借款户达到 50.55%—73.25%，见表4。

资产负债率超过100%意味着农户家庭负债额超过资产总额，家庭净资产为负值。可见，当农户的家庭资产中耕地和住房不能表现出价值，且不计入信用资产价值时，三个较低收入组借款户家庭可能出现资不抵债的情况，而两个较高收入组借款户的家庭资产负债率也处在较高水平。

表4 2009—2013年各收入组借款户家庭资产负债率

（未计入耕地和住房或信用资产价值）　　　　　单位:%

年份	组1	组2	组3	组4	组5
2009	58.01	67.55	78.26	72.96	64.96
2010	87.15	83.93	76.80	81.13	66.71
2011	78.03	82.46	68.77	95.83	50.55
2012	34.10	119.88	75.58	75.22	73.25
2013	106.87	98.11	119.44	73.38	61.11

在表4的基础上计入耕地和住房价值后，各收入组借款户的家庭资产负债率大幅下降。组1借款户的降幅为30.07（2012年）—102.6（2013年）个百分点；组2借款户的降幅为64.94（2009年）—112.81（2012年）个百分点；组3借款户的降幅为63.33（2011年）—109.85（2013年）个百分点；组4借款户的降幅为66.21（2013年）—91.37（2011年）个百分点；组5借款户的降幅为39.62（2011年）—57.37（2012年）个百分点，见表5。总体上看，收入水平越低，家庭资产负债率降幅越大。

表5 计入耕地和住房价值后各收入组借款户家庭资产负债率

（2009—2013年）　　　　　单位:%

年份	组1	组2	组3	组4	组5
2009	56.03	64.94	74.00	69.19	52.73
2010	84.12	81.11	71.82	76.59	53.87
2011	73.14	76.99	63.33	91.37	39.62
2012	30.07	112.81	70.91	67.18	57.37
2013	102.60	91.72	109.85	66.21	47.20

由以上分析可知，耕地和住房的价值能够极大地增加农户家庭资产，大幅度降低其家庭资产负债率；对于金融机构而言，农户家庭债务清偿风险和流动性风险也相应地大幅下降，特别是低收入农户的降幅更大。可见，从法律制度上赋予农民可交易的耕地和住房财产权，能够极大地改善农户家庭资产状况，提高农户家庭债务清偿能力，从而提高农户的信贷可得性，改善不同收入水平农户获得信贷服务不均等的现象。

（三）信用资产对农户家庭资产结构与资产负债率的影响

如前文分析，在现行法律下"两权"抵押贷款试点难有突破，金融机构面临农户耕地和住房作为抵押物的"资源无效"问题，它们开展农户信贷业务主要依靠的是农户信用评价体系。因此，可以通过引入信用资产代替耕地和住房，重建农户家庭资产负债表。根据前文所述信用资产估值方法，可以得出各收入组借款户家庭的信用资产价值。

总体上看，2009—2013 年，各收入组借款户的信用资产价值逐年上升。其中，组 1 从 16340.30 元升至 37201.42 元，组 2 从 22707.00 元升至 45075.01 元，组 3 从 37761.84 元升至 81956.90 元，组 4 从 38394.62 元升至 72663.08 元，组 5 从 94586.36 元升至 169651.78 元，见表 6。[①] 同时可见，农户信用资产价值与收入水平正相关，2009—2013 年，组 5 借款户的信用资产价值是组 1 的 3.86—6.72 倍。

表6 2009—2013 年各收入组借款户的信用资产价值

单位：元

年份	组 1	组 2	组 3	组 4	组 5
2009	16340.30	22707.00	37761.84	38394.62	94586.36
2010	22672.64	25642.68	47911.50	50526.94	118496.98
2011	30204.02	36747.62	48780.62	62884.58	116597.98
2012	24673.14	44276.69	45019.06	79211.24	165731.06
2013	37201.42	45075.01	81956.90	72663.08	169651.78

---

① 此表中数值与笔者在实地调研中发现的农村金融机构对农户的授信额度基本一致。

这样，在计入信用资产价值之后，2009—2013 年各收入组借款户的信用资产价值在资产合计中的占比都超过了 40%，达到 40.55%（组 1 在 2012 年）—70.57%（组 2 在 2012 年）；而且，除了组 1 在 2012 年之外，各年份各收入组借款户的信用资产价值在资产合计中的占比都超过了实物资产与金融资产之和的占比，成为农户家庭中份额最大的资产，见图 1。

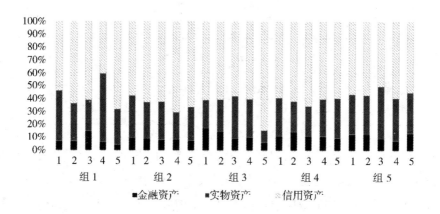

注：横轴数字表示不同年份，即 1 表示 2009 年；2 表示 2010 年；3 表示 2011 年；4 表示 2012 年；5 表示 2013 年。

图 1 2009—2013 年计入信用资产价值之后的各收入组借款户资产结构（未计入耕地和住房价值）

在计入信用资产价值后，各收入组借款户的家庭资产负债率大幅下降，均低于 40%，见表 7。与未计入耕地和住房或信用资产价值时（见表 4）相比，最小降幅为 25.41 个百分点（组 5 在 2011 年），最大降幅为 100.81 个百分点（组 3 在 2013 年）。可见，将信用资产计入资产负债表后，信用资产能够发挥杠杆作用，有效缓解农户家庭"资源无效"的困境。因此，农户信用评价体系具有"资源创造"的作用，是农村金融机构开展业务的基本手段。

表 7　2009—2013 年计入信用价值后各收入组借款户家庭资产负债率

（未计入耕地和住房价值）　　　　　　　　单位:%

年份	组 1	组 2	组 3	组 4	组 5
2009	26.85	28.73	30.51	29.67	28.25
2010	31.77	31.33	30.28	30.93	28.58
2011	30.47	31.13	28.95	32.86	25.14
2012	20.27	35.28	30.09	30.04	29.72
2013	34.06	33.12	18.63	29.74	27.50

五　结　论

通过分析不同收入组农户家庭资产负债表，可以总结出农户家庭的基本财务特点、农户信贷业务的基本障碍以及金融机构开展农户信贷的基本手段。首先，借款农户的家庭财务特点是流动资金不足，且年度之间现金流入不稳定，其借款的目的是平滑现金流，解决家庭金融资源不足的问题。其次，金融机构开展农村信贷服务的基本障碍在于农户家庭"资源无效"，即在现有农村产权制度下农户拥有的耕地和住房资产难以在融资时发挥抵押担保的功能，对低收入农户尤甚。可见，赋予农民可交易的土地和住房财产权，能够极大地改善农民的家庭资产状况，提高农户的负债能力，从而提高其信贷可得性，尤其是低收入农户会受益更多。最后，农户的家庭信用具有资产价值，农户信用评价体系具有"资源创造"的作用，是农村金融机构开展业务的基本手段，能够有效缓解农户家庭"资源无效"的困境。

根据上述结论，农村普惠金融建设的基本思路应该围绕克服农户家庭"资源无效"的困境，适应农户家庭财务的基本特点，充分利用信用评价体系的"资源创造"作用，进行供给侧结构性改革。在宏观制度层面，在稳定农村集体所有制的前提下，以"三权分置"为基础，继续探索建立土地使用权市场，为有效开展"两权"抵押贷款创造条件。除此之外，更为重要的是建立能够充分利用农户信息进行农户家庭信用评价的体制和机制，摆脱抵押物的束缚。首先，应支持能够低成本获得并有效利用农户信息的农村中小金融机构与社区内部的合作金融组织更多、更好、更快地发展，真正建立符合农村实际的多层次和多元化的农村金融服务体系；其次，推动农村信用体系建设，创造良好信用环境，鼓励和支持农村金融机构开展信用贷款业务；最后，加强农村数字金融基础设施建设，支持能够利用大数据降低信息获取成本和风险甄别成本的农村互联网金融的发展。

在金融机构层面，首先，应调整服务机制和产品，摆脱对实物抵押贷款的依赖，建立或进一步完善农户信用评价体系，对农户更多采用信用贷款模式。其次，积极开发和利用数字金融技术，建立农户信用大数据，降低农户信息获取和风险甄别成本，增加农户信贷供给。最后，农业价值链具有互联合同的特征，而互联合同可以通过价值链参与各方相互联动减少信息不对称程度，将各方之间形成的动态信用转换成银行信用①，有利于降低信用信息获取成本和风险甄别成本，因此，金融机构应积极探索农业价值链金融服务机制，推动农村普惠金融发展。

参考文献：

［1］陈斌开、李涛：《中国城镇居民家庭资产——负债现状与成因研究》，《经济研究》2011 年第 S1 期。

［2］陈锡文、赵阳、陈剑波、罗丹：《中国农村制度变迁 60 年》，人民出版社 2009 年版。

［3］陈志新：《供应链融资与农户信贷》，浙江大学出版社 2016 年版。

［4］董翀：《农业价值链金融的供与求：合作社与农户参与价值链融资的影响因素与效果研究》，中国农业出版社 2015 年版。

［5］甘犁、李运：《中国农村家庭金融发展报告（2014）》，西南财经大学出版社 2014 年版。

［6］甘犁、尹志超、谭继军：《中国家庭金融调查报告 2014》，西南财经大学出版社 2015 年版。

---

① 参见董翀（2015），第 11—12 页；陈志新（2016），第 172 页。

[7] 顾淳：《家庭资产负债表结构与金融危机的关联性分析》，《经济研究导刊》2015 年第 13 期。

[8] 国家统计局国民经济核算司：《中国资产负债表编制方法》，中国统计出版社1998 年版。

[9] 黄盛：《推广个人资产负债表，发展消费信贷评估》，《河南金融管理干部学院学报》2001 年第 5 期。

[10] 李金华：《中国国家资产负债表谱系及编制的方法论》，《管理世界》2015 年第 9 期。

[11] 李扬等：《最新国家资产负债表到底揭示了什么》，中国社会科学出版社 2015年版。

[12] 李扬、张晓晶、常欣：《中国国家资产负债表 2013——理论、方法与风险评估》，中国社会科学出版社 2013 年版。

[13] 李扬、张晓晶、常欣等：《中国国家资产负债表 2015——杠杆调整与风险管理》，中国社会科学出版社 2015 年版。

[14] 李扬、张晓晶、常欣、汤铎铎、李成：《中国主权资产负债表及其风险评估（上）》，《经济研究》2012 年第 6 期。

[15] 刘向耘、牛慕鸿、杨娉：《中国居民资产负债表分析》，《金融研究》2009 年第 10 期。

[16] 沈明高、徐忠、沈艳：《中国农村金融研究：改革、转型与发展》，北京大学出版社 2014 年版。

[17] 孙同全、董翀、陈方、韩磊等：《中国农户家庭资产负债表与农村普惠金融建设》，中国社会科学出版社 2017 年版。

[18] 孙元欣：《美国家庭资产统计方法和分析》，《统计研究》2006 年第 2 期。

[19] 孙元欣：《中国居民家庭资产的统计框架构想》，《统计与决策》2007 年第 3期。

[20] 汪小亚：《农村金融改革：重点领域和基本途径》，中国金融出版社 2014 年版。

[21] 肖翔、张韶华、赵大伟：《普惠金融指标体系的国际经验与启示》，《上海金融》2013 年第 8 期。

[22] 谢平、徐忠：《新世纪以来农村金融改革研究》，中国金融出版社 2013 年版。

[23] 杨旭群：《编制一张家庭资产负债表》，《经济师》2006 年第 7 期。

[24] 章昀：《家庭资产负债表中的指标分析》，《商业文化》2008 年第 6 期。

[25] 张承惠、郑醒尘等：《中国农村金融发展报告 2014》，中国发展出版社 2015 年版。

[26] 张承惠、郑醒尘等：《中国农村金融发展报告 2015》，中国发展出版社 2016 年版。

[27] 朱玲：《贫困地区农户的收入、资产和负债》，《金融研究》1994 年第 3 期。

[28] Sarma，M. and J. Pais，2011，"Financial Inclusion and Development"，*Journal of International Development*，23（1）：613 – 628.

[29] Sarma，M.，2008，"Index of Financial Inclusion"，*Working Paper*，No. 215，Indian Council for Research on International Economic Relations.

开创中国有机农业建设新局面

胡跃高[①]

2017年5月9日到12日，作者参加了半汤商学院第20期"美丽乡村·特色小镇投资建设运营"高研班活动。河南商丘、湖北枝江、吉林长春、海南海口、安徽长丰及农垦集团安徽农场的近60名学员参加了活动。其间听取了三瓜公社社长刘浩、安徽朗坤集团董事长徐珍玉、原郝堂村支部书记胡静、半汤商学院院长陈民利、北京绿十字生态文化传播中心主任孙君、上海微建（Vjian）建筑空间设计有限公司董事长宋微建的专题报告及其主持的讨论。这次活动安排内容丰富，实践性强，自己感受深刻，触动大。有以下认识进行交流。

一 我国乡村正迎来一场难得的建设高潮

2017年"两会"期间，俞正声主席肯定了贵州省安顺市塘约村的建设经验，引起了乡村建设者的重视。本次研讨会在半汤商学院所在地三瓜公社进行了考察学习，活动期间介绍了农业部支持的朗坤集团创建海南海口市石山镇的典型经验，河南信阳市平桥区晁陂镇郝堂村的建设经验，加之作者近年来考察安徽省阜阳市颍州区三合镇南塘合作社、山西省永济市蒲韩合作社、河南省灵宝市罗家村乡建实践、甘肃省定西市安定区吕坪合作社等了解的情况，可明显感到，我国乡村正迎来一场历史性建设高潮。这是我国从1984年前后开始，进入漫长的乡村建设道路探索，2003年后中央连发13个"一号文件"

---

① 作者系中国农业大学农学院教授。

呼唤，2007 年后发达国家发展陷入困境，城市与工业建设明确转型等一系列战略变化基础上的标志性事件。乡村建设者当深刻领会其内涵，下真功夫，抓住难得的机遇，认真扎实工作，努力开创全新的国家城乡和谐建设局面。

二　互联网是打开乡建大门的金钥匙

历史地观察，互联网技术、机器人技术是今日世界技术革命意义的大成果。其所推动的发展隶属于第五次产业革命。第五次产业革命发起于城市化与工业化过程，伴随全球社会经济转型浪潮，必将冲破阻力，驰向乡建领域。中国作为农业大国，同时为第五次产业革命的重要建设者，自然一马当先，驶向乡村建设"互联网＋"的时代；另一方面，乡村建设为第六次产业革命的核心内容，是即将启动的社会经济建设工程。这意味着正在进行的第五次产业革命与第六次产业革命将两相结合，汇聚为巨大的产业革命浪潮，从而使我国率先启动乡村建设工程，走向解决城乡发展不平衡问题，实现城乡和谐，步入生态文明殿堂，为人类社会发展做出新的历史性贡献。这样的发展态势事实上是在回应 33 年前人民科学家钱学森为国家中长期发展绘制的产业革命与中国发展的蓝图。从历史高度审视，今日互联网技术在客观上成为了打开未来我国小村建设大门的金钥匙；第三，从第五次产业革命到第六次产业革命巨大的战略纵深，中国与世界乡村发展、城乡和谐建设艰苦卓绝的建设任务来考虑，对习惯了在工业社会攻城略地，如今竟然自觉不自觉地闯入全新乡村建设领域的信息技术弄潮儿们提出了更高的要求。未来乡村建设者必须认识到，通过实践与学习，成长为兼通第五次产业革命、第六次产业革命的通才，是新时期建设提出的重大要求，虚心、主动、自觉地学习锻炼将成为乡村建设者的终生工作任务。

三　乡村建设领域——希望之地与"温柔"沙场

农业是国民经济的基础，乡村是万年以来人类社会的生发中心，是文明的根基所在。今日工业社会之所以终将被有机社会取代，其根本原因在于工业社会僵硬地使国民经济畸形发育，并据此刀俎，强势削弱残害乡村，使之消亡，走上了从根本上断绝人类文明的绝路。我们必须清醒地认识到，今日由工业文明转向生态文明的世界大潮中，相当部分的人们是被大潮劈头盖脸裹挟进来，走向乡村的，其心灵与行为中必然大量地保留着工业文明的烙印。特别是当下中国，改革开放30多年奋斗至今的我们，刚刚处于通过强力的工业文明手段，取得了一定经济成就与城市建设成果，目前正在收受世人瞩目。这样背景中成长起来的"建设者"，一旦进入乡村，往往被列为或自命为先头队伍，在其公开或潜藏的建设思想、行为中，自然而然地暴露出工业文明习气，只要一有时机就将膨胀，甚至会恶性发作。

一方面，今日生态文明大厦建设必然要求整个乡村基础实现新生，乡建领域遂成为社会经济建设战略主战场。建设者们必须有坚定的理想、科学的战略规划，严格依照生态文明伟大建设目标，分领域、分阶段，诚心诚意地长期协同建设，才能完成任务；另一方面，工业文明时期以经济效益为唯一判别标准，工业化国家乡村 GDP 占总 GDP 比重长期低于 5%，甚至更低，乡村经济能力处于绝对弱势地位，奄奄一息。成长于工业文明时代的人们移师乡建时，必然存在依傍居高临下的经济地位，颐指气使的行为，其结果便是今日乡建中惨败者居多，成功者稀少的现实情景。上述现象在乡村建设中一再发生的事实发人深省。理想与错误思想共存，建设与破坏同在，进展与失败混杂，构成了今日乡村既为生态文明建设者的希望之地，也是工业文明宠儿的"温柔"沙场与死生之地。当代乡村建设者对此不能不洞察！

四 乡村建设工作要三位一体，同步建设

乡村为地理系统的基础结构单元。地理系统性质决定了乡村系统三元结构特征。其一为农业生产系统；其二为乡村社会系统；其三为乡村区域系统。乡村系统具有开放的复杂巨系统的性质。分析今日乡村建设的实践路径，基本归纳为三种类型：第一，从农业生产系统开进路径。如甘肃吕坪合作社，是从马铃薯生产经营入手的，朗坤集团海南石山镇项目，是从互联网

切入，落脚于石斛等生产与经营项目。第二，社会系统开进路径。如山西永济的蒲韩合作社最初是从妇女健身活动，跳广场舞开始的。此外，河南灵宝市罗家村项目、南塘合作社建设最初也是从社会系统导入开始的。第三，社区资源环境系统开进路径。如安徽三瓜公社南瓜村建设始于村庄改造建设。现实案例中，也有两条路径结合导入的情况发生，如河南省郝堂村建设是社会系统与乡村区域系统综合建设导入开始的。

值得注意的是，无论是单一或两条路径结合进入乡建系统，都将迅速面临向乡村系统综合展开发展的要求，即殊途同归，最终走向以农业生产系统为抓手，乡村社会系统为主导，乡村区域资源环境系统为基础的发展方向。假如一段时间内，农业生产系统不能建设好，那么乡建工作则将面临"皮肉之苦"；如果乡村社会系统建设不能跟上步伐，乡建工作就会遭受"心腹之痛"；而倘若乡村区域资源环境系统处理不到位，乡建工作则终将难免"性命攸关"的生死考验。乡村建设中存在三元结构木桶效应这一客观规律，曾使许多乡建工作者吃尽苦头，许多情况下不得不铩羽而归，其教训惨痛，值得汲取。

乡村建设工作三位一体，同步建设，协调发展的建设方针，无疑增加了有关建设工作的难度，但也平生出了其特殊性、科学性、客观性、戏剧性。这也充分证明生态文明建设是一场深刻的以产业革命、文化革命、政治革命为基础的社会革命。乡建工作局面宏大，乡建行为入村入户，要始终注意乡建工作中小与大的关系。乡建无小事，谁轻慢待之，谁就将受到历史的嘲弄与惩罚。

五　村民是乡村建设的主人

乡建工作中有一种倾向，就是部分成功的企业到乡村大片流转土地，经营经济作物或相关项目。美其名曰："农民可以从出租土地获得一份收入，然后再从受雇于该企业可以得到第二份收入，是一桩包赚不赔的好买卖！"显然，按照工业社会思维，这话确实有道理。但从近年来大量的乡村建设的实践看，这种方式利少弊多，无普遍推广价值。首先，这类从农业生产系统开进路径取得成功的企业，往往靠的是信息不对称或技术不对称，靠经营特殊产品获益。这样的项目即便短期成功，一旦信息与技术走向均衡，效益便减低，难以持久，遑论普遍实施。第二，多数这样的企业得到政府一时鼓励，流转了土地，它们如果去经营普通项目，常常赚不到钱，就会成为"鸡肋"项目。这叫始乱终弃。不免要搁置土地走人，最终吃亏的是村民。第三，企业拿到土地，意在最大限度获得利润，极少按当地生态资源特点经营项目，多选择搞高档蔬菜、精品水果、特种养殖等耗水，有时是污染资源的生产项目。其结果是使当地资源生态环境状况更加恶化。这类情况一旦出现，地方政府出于是引进项目，自己搅在中间，干预不得，有时甚至还给点资金支持，缓减矛盾。但长远来看，这无异于饮鸩止渴，无可持续性可言。第四，村民与土地的关系本质上是一种生命共同体的关系。合则同利，分则两伤。一旦离开土地，特别是上了楼，其生活成本必升，生活质量固降。之后，因村民相对于企业经济实力处于绝对弱势地位，心理压力顿显；乡村现实生活贫老弱病，日甚一日；既失土地，又无路挣钱，两相夹击，村民则落入坐吃山空、人心惶惶的境地。民心不定，企业难安，乡村建设工作终将陷入被动局面，必败无疑。

当代乡村建设的根本任务是服务乡村社会，服务全体乡村社会成员。我们究竟采取导入新的力量以主导乡村发展，还是全心全意地依靠村民自主经营致富，这是两条道路、两种结果的大是大非的问题。中国特色的社会主义乡村建设，要求我们必须从战略高度明确认识到，村民是乡村建设的主人。我们应诚心诚意、坚定不移地支持当地村民自主建设，发展生产力，繁荣乡村，为城乡和谐发展奠定可靠基础。任何企图简化、便捷处理这一问题，投机取巧的路子，终将会聪明反被聪明误，陷入难免失败的悲惨结局。

六　合作社是乡村建设的法宝

农业与乡村社会的简单再生产与扩大再生产在本质上要求社会合作。这是千百万年来乡村社会稳定、持续发展的本质所在。1978 年以来，我国实行分户承包责任制，所具有的为解决温饱问题的策略意义，其价值与功能在

1984 年基本解决温饱问题前后已完成释放。在生态文明战略建设的今天，我们一定要在新基础上，坚定村级意义上的综合农业合作社建设。前一阶段农村专业合作组织建设探索的只是部分农户、单一专业经济意义的合作，这是初级合作阶段的认识与实践行为。今日乡村建设工作在客观上要求走向全村庄、多重意义上的综合性农业合作，以及以此为基础的多村庄共建的合作联社。近 20 年来，山西省蒲韩合作社在实践中探索发展，合作社规模达到 3865 户社员，合作社综合稳步推进，集体合作经济充满生机活力，获得社员衷心拥护的事实，展示出新型综合合作社在当前形势下，具有旺盛的生命力与广阔的发展空间。

有人担心这是不是要倒退到 1978 年前的生产队与人民公社。蒲韩合作社、南塘合作社、吕坪合作社等众多综合合作社的实践与尝试，表明这种担心是多余的。历史是一往无前地走向未来的。1949—1978 年我国乡村曾认真尝试合作社生产方式，1978 年到今天又全面实行分散经营实践，从今开始再重新走向合作发展。这无疑是一个艰难、曲折而又悲壮的历史发展过程。当代中国民众在人类发展史上，组织世界范围内最大的社会规模，用 2—3 代人的时间，经历了乡村合作与分解正反两方面大规模、激烈与深刻的历史洗礼！经历了这样过程的中国人民，完全能够应用乡村合作问题上积累的最权威的智慧，深刻接受相关经验教训，实事求是，坚定走向乡村综合合作的光明未来。

七　有机农业是乡村建设的根本大道

当前我国农业面临五大战略安全问题。第一，食品安全问题。这是今日乡村百姓与城市消费者共同面临的第一大农业安全问题。第二，粮食安全问题。从 2014 年起我国年粮食进口量连续 3 年超过 1 亿吨以上，人均进口规模达到 70kg 左右。这突破了中国历史上从来没有过的粮食安全警戒线高度。第三，乡村社会安全问题。我国乡村"三留"问题严峻，老龄化趋势明显。第四，乡村资源环境安全问题。乡村土壤、水源面临质量降低，总量不足，乡村生态环境恶化趋势。第五，国际农业安全问题。我国周边国家多数存在农业不安全问题，如其未来发生波动，必然与我国产生共振效应。五大农业安全问题，从战略层面决定了未来我国农业采取的任何发展举措、技术与技术体系构建、目标模式探索，都必须服从五大目标约束，同时缓减，而不是加重五重压力的目标方向。

2008 年，国际有机运动联盟对有机农业曾做出新的定义：有机农业是一种能维护土壤、生态系统和人类健康的生产体系，它遵从当地的生态节律、生物多样性和自然循环，而不依赖会带来不利影响的投入物质。有机农业是传统农业、创新思维和科学技术的结合，它有利于保护我们所共享的生存环境，也有利于促进包括人类在内的自然界的公平与和谐共生。这是国际有机农业发展近 100 年来最重要的标志性事件之一。

根据有机农业国内外理论探索与实践进展，展望其未来发展趋势与农业安全目标方向间的关系，可以推断：第一，有机农业可以保障农产品质量，能够从根本上解决食品安全问题；第二，在单位面积产量保障技术已经取得部分进展形势下，可望实现有机农产品生产基本不减产，甚至增产，能够保障粮食安全；第三，由于有机产品价格更稳定，将使农产品总体市场价格有提升，消费者愿意为有机产品支付更高的价格，进而可整体稳定与增加乡村收入，这在根本上可为解决乡村社会安全问题提供根本保障；第四，有机农业大量使用环境友好技术，可全面解决自然地理系统存在的安全威胁问题；第五，如果有机农业在一地、一国率先启动，取得成功，我们就能够在此基础上推而广之，最终为解决全球农业安全问题提供可靠道路。

上述对比分析表明，当代有机农业道路是兼顾农业安全五大建设目标任务与产业内涵的现实发展道路，是 20 世纪 70 年代以来，近半个世纪中，世界农业建设中长期思考与积极探索的理论结果与实践结果。有机农业道路就是生态文明建设道路，有机农业是未来生态文明建设的核心任务。从长远历史发展的角度俯瞰，有机农业是未来人类社会突破常规现代化偏态发展模式，走向全面可持续生态文明建设目标方向的可靠道路。在理论与实践两方面认识与建设有机农业，将成为今后数十年中国与世界农业实现可持续发展的基本任务。

八　农民工为未来乡建的主力军

1978 年以来，为响应国家工业建设与城市建设战略决策，一批批乡村优秀人才孔雀东南飞，离开农村，奔赴大中城市。他们为国民经济建设做出了卓越贡献，如今仍积极活跃在各地城市与各行各业中。这是一支近 3 亿人的农民工城市建设大军。

今日中国，面临城市建设基本告一段落，工业产能总体过剩，工业生产力智能化大发展，乡村建设重新成为主战场的战略格局。分析社会结构成分，很容易发现，农民工就是我国未来乡村建设的主力军。这是因为，第一，农民工及其子弟是乡村社会的核心力量，他们年富力强，受教育程度较高，是国家最优秀的劳动力资源；第二，从改革开放开始，农民工便不辞劳苦，走南闯北，东奔西颠，在生活中磨炼，已经成为当今中国社会跨越城乡、兼通工农，甚至往来于中外，成为当今世界最不同寻常、最具战斗力、最具智慧的生产力队伍。他们是联结当今我国整个国民经济与社会的最强有力的载体与社会新生网络，他们中相当部分人已经成为国家建设的栋梁之材；第三，作为撑起中国社会脊梁的农民工及其子弟从乡村来，对乡村最熟悉，与乡村社会的感情最深，与乡亲们心连心，在村民中威信高，一旦回来，便能够得到村民的真心拥护。适当动员千万人级别到亿人级别的优秀农民工返乡，带领村民建设乡村，他们就将轻车驾熟，进入角色，迅速改变今日乡村建设中核心人才短缺的面貌，改观乡村落后面貌，走向城乡和谐发展。

从全局意义上看，农民工既是我国改革开放伟大成就的创造者，同时更是国家未来城乡和谐建设最可宝贵的财富，是当代中国社会主义事业建设的脊梁。当代农民工是我国社会经济历史运动的产物，他们的历史价值并没有完结，而是有着更加光明的未来。从战略全局观察，珍视农民工便是珍视未来，忽视农民工便将失去未来。当代中国乡村建设的伟力就蕴藏在乡村之中，其领导基础力量就蕴藏在农民工队伍及其子弟之中。

九 积极引导农业科技界加盟乡村建设

多年从事乡建工作的孙君于 2017 年曾向农业教育工作者发问："如今的农业大学毕业生能有几人到农村工作？既然绝大部分毕业生都不能到农村工作，农业大学是不是该改名了？"这一问题是尖锐的，戳到了农业的痛处。

我国农业科技工作者曾经对国家农业现代化建设发挥过重要作用。1978 年改革开放以来，国家将国民经济建设重心移向城市与工业。乡村建设工作成为配角，农业科技工作受到影响。1978 年我国农村人口占全国比重为 84.2%，绝对数量为 8.1 亿人；2015 年我国农村人口占全国比重为 43.9%，绝对数量为 6.04 亿人。2015 年村民数量仍为 1978 年的 75%。同一时段，1978 年国家有大专院校 698 所，其中农科类院校为 55 所，农科类院校占比为 9.2%；同年全国大专院校毕业生总数为 164581 人，农科类院校毕业生为 11423 人，占比为 6.9%；2015 年统计，全国有大专院校 2560 所，其中农科类院校为 81 所，占比为 3.2%弱；2015 年全国大专院校毕业生总数为 1003.18 万人，其中农科类院校毕业生为 36.69 万人，占比为 3.66%。分别降低了 6 个百分点与 3.3 个百分点。

对比上述统计数据分析基本结果，可以窥视我国农村社会结构规模与国家科技力量布局结构状况之间存在的严重的不平衡状态。1978 年前，国家已经存在工农剪刀差，结构不平衡问题。改革开放后，追赶现代化，进行工业化、城市化建设，城乡不平衡问题不仅没有解决，而是趋向于更加不平衡。半个多世纪连续的结构不平衡累积，使得今日我国乡村建设这一战略领域的科学技术水准及以科学技术为基础的产业实力、乡村社会管理水平与乡村文化氛围等，处于绝对低水平状态。我国社会普遍存在涉农领域人才总量不足，多数涉农工作人员用非所学，长期屈就于农业，有的人甚至直到离开工作岗位都没有搞清楚什么是农业。由此导致整个农业产业领域长期恶性循环，人才稀缺，导致对农业整体不了解，农业科技工作远不能适应农业建设需要，等等。于是乎在全社会形成了农业产业领域没有前途的社会观念，造成优秀农业人才更加稀缺，周而复始，陷入了一轮又一轮的深度恶性循环之中。

那么，农业衰落究竟是根因于偏见，还是由农业历史发展的客观必然性所致？这是一个超越历史时段，需要用生态文明时代的历史事实来准确回答的问题。我们相信历史终将会对这一关于工业文明时期全球农业衰落的根因问题给出准确结论。就人类社会来说，眼下最为紧迫的现实是，我们必须立即回答如何在现有社会经济状况下，正确打造生态文明时代的农业基础的问题。

科学技术是第一生产力。在今日农业科学技术极度稀缺，常识性问题普遍存在的农业领域尤其如此。对此我们事实上面临着两种抉择：一是抛弃现有农业科学技术基础，另搞一套；二是在现有基础上，通过有计划、有步骤地改造、充实、完善现有农业科技体系，使其逐步担当起建设先锋队的重任。从国民经济与历史发展的全局意义上讲，答案显然应当是后者。中国应当充分利用现存有限的农业科学技术资源基础，消除不利于其健康成长的一切障碍因素，促使其茁壮成长。当代乡村建设工作者应当积极利用现有资源与优势，注意以点对点方式，积极联系与对接现有农业科技资源或潜在农业科技资源，其中包括国际农业科技资源，在推进自身建设进步的同时，主动参与或主导构建适应于生态文明时代需要的农业科技体系，推动乡村大建设时代的到来。

十　必须同时重视三类建设者的觉醒

生态文明建设的核心是人的建设问题。更确切地讲，是人心觉悟的问题。从战略结构分析，全部村民（村民、村干部、农民工、农民工子弟）是乡村建设的主人，一切外来建设者（企业家、电商人士、非政府组织人士、自由职业者、离退休乡绅）是仆人，而乡村管理工作者（县、乡镇干部、大学生村官、外派村第一书记等）则是管家。

当前乡建社会严峻的现实是：第一，"主人"失位。因村民长期自己管理自己，在村集体发展上"赋闲"，普遍存在不具备经济实力，建设能力绝对弱化，社会智力水准整体低于城市部分，"主人"意识淡漠，目前情况下不具备独立主导乡村建设的能力。因此，在面对外来企业或地方领导时，总能听到他们附和的微弱声音："你们定吧！"但等到问题真正暴露，触犯群众利益，矛盾激化时，他们多数又做不了主。好多项目就是这样搁浅的。

第二，"仆人"越位。他们虽然结构成分复杂，但基本可分为两种类型。一类为乡建关注者与热心人士，往往认为乡村是人类"最后的一块净土"，"是文明复兴的希望所在"，像热心的蜜蜂一样，积极的在乡村传花授粉。时间稍长，便认为自己是最了解乡建的人，自认也是说了算。而客观看，他们实际上是说了不能算，不能做主的人；另一部分是工业文明建设中的成功人士，他们认为乡村就是"最后一块蛋糕"，自己要争取切到一块，往往像热锅上的蚂蚁一般往来打拼。第一类人中如最终有幸得到村民信赖者，也可能扎下根来，进入不断克服困难，逐步生长阶段。假如长时间得不到村民的支持，则难免失败走人；第二类人中，往往以主人自居，自主经营，因而最终不可避免地与村民形成矛盾关系，处理不及时，则可能激化矛盾。他们中发展最好的，不过成为了一个开明的家庭农场主，存在于乡村，见容于村民之中。多数则失败之后，不明不白地离开了乡村。

第三，县乡镇管理干部失能。这类社会成员普遍曾接受过大专院校教育，但农业类院校中毕业者很少。因此在上学期间对农业就没有系统了解与掌握。工作后他们处于"招商引资""经营城市"等工业社会氛围之中忙碌，处在与处理村民利益得失问题的最前沿阵地。在实际问题解决中，经常遭遇"主人"弱势与"仆人"强势矛盾，在调整利益关系时，出于一时便利，或判断失误，或越俎代庖，往往造成与村民关系疏远，将天平偏向第二类人。久而久之，趋向于乡村建设失能。实际建设中也存在例外，上述三类人群中仍然存在乡建成功人士，不时能见到他们事迹的报道，得到社会的肯定与认同。他们则实属凤毛麟角，百倍珍贵。但由于工业文明思维作怪，未能放在决策者的口袋里，失落在盲区中，白白浪费着宝贵人才。

现在我们要讨论的问题是，相当数量的这三路人马在整体上思想不到位，构成了今日乡建工作难度大的现实基础。当我们面对紧迫的生态文明时代乡村建设任务时，客观形势要求我们"三个臭皮匠，合成诸葛亮"。有人说，"这是不可能的事！"但谁说鸡毛不能上天？今日中国就是在工业文明的不可能中去探寻，而且一定要寻找到生态文明的建设道路！乡建工作中"主人""仆人"与"管家"的思想到位、制度建设与健康的运行机制建设，最终将决定我国乡村建设事业成败。

十一 还政于乡镇，还权于村两委

廖星尘（2017）撰文指出，我国乡村改革之前，乡镇级地方政府有属于自己的水管站、农技（机）站、计生站、文化站、广播站、经管站、林业站，以及教育组、卫生院等"七院"，还有与县（市）级共管的财政所、派出所、土管所、税务所、司法所、邮电所、供电所、工商所和信用所"八所"，简称"七站八所"管理体系。21世纪初农村税费改革后，乡镇体制实行改革，"七站八所"管理组织体系先后解体，尽管个别站所得以保留，但与乡镇的关系实际上名存实亡，有关职能收缩到县（市）级。其主要结果为乡镇的财政支配权缺失，丧失了经济调配能力；没有了动议否决权，对域内项目废立落地无决定权，甚至无须过问；失去了人事任免权，乡镇基本无权过问本级人事的任免问题。乡镇级政府由此越来越失去了权威和公信力，管制职能与执行力弱化。

在乡镇职能变化的同时，村级组织机构也在发生变化。在村两委方面，随着两轮土地承包责任制的落实，两委的经济管理职能丧失；大量优势劳动力输出，又使其社会管理职能弱化；21世纪初，小村小学撤点并校，取消医疗点，其公共服务功能丧失，等等。在此形势下，多数村级组织陷入困境，处于基本维持状态。有的两委干部口袋里装着图章常年外出打工；有的两委主要领导双肩挑与多肩挑，民兵连长、妇联一带而过；有的多年连选连任，甚至70多岁还在连任，苦等后来人。当然，也有极端违法乱纪的事件时有发生。

行政村与自然村是生态文明建设的前线，乡镇是这一建设的前线指挥所。一支由老人、妇女与儿童组成的前沿队伍，加上组织功能严重弱化，几乎是只剩下光杆司令的前线指挥所，能够维持基本防守已经相当吃力，而要承担繁重的有机农业与生态文明建设任务，就必须改革现有基本状况。改革开放已经 39 年，与之前相比，今日乡村形势已经发生巨大变化，加之城乡错综复杂，我们应在深入细致的调研基础上，有计划、有步骤地改革乡镇组织机构状况，充实行政村与自然村级组织，为承担未来建设任务提供组织保障。

十二　新的历史时期乡村党支部要成为乡建战斗堡垒

中国共产党在 1921 年以来大量的社会实践探索经验与理论研究结果一致表明，我国乡村蕴含着无比巨大的建设与发展前途，而这样的前途只有在党和国家的领导下才能完成建设。地处农业文明腹地的山西蒲韩合作社，用 20 年探索发展经验证明了一条朴素的真理，只要诚诚恳恳地服务村民，就可以激发群众无穷无尽的创造力与建设力，而地方党组织对这样探索的支持十分重要；安徽南塘兴农合作社的发展过程证实，党的农村基层党员们在关键时刻、关键问题上是能够发挥乡村建设重要作用的，他们是可以信赖的；河南郝堂村的建设经验证明，只要有乡村党组织的坚强领导，中部地区乡村就可以在不太长的时期内改变面貌；2014 年以来，贵州塘约村用 2 年多时间发展建设的事实，再次给了我们启示。当地政府在总结中特别强调了 4 点经验：一是突出基层党建引领；二是强化农村综合治理；三是大胆改革创新；四是找准发展路子。而这 4 点中最终还是要归纳到党组织强有力的领导那里去；甘肃吕坪合作社的经验证明在西北贫困地区也可以进行合作，稳步发展农业生产；2015 年以来安徽三瓜公社建设的实例再次表明，有地方党委与政府适当引导与支持，现代中国的民营资本是可以在乡村建设发展中发挥积极作用的。

一桩桩、一件件，一而再，再而三的事实证明有机农业是未来生态文明建设的基本内容，走综合合作之路就是基本建设方式，党的坚定领导是这项事业必定成功的根本保证。当年中国共产党就是依靠人民大众坚定地走农村包围城市，最后夺取城市的道路，取得了中国革命的胜利的。尽管是万里长征第一步，但这给全人类留下了一笔建设与发展的宝贵财富。改革开放以来，我国城市与工业先行一步，取得了一定进步。用社会主义事业历史发展的眼光来看，这样的进步也是万里长征一小步，中国共产党的使命还未完成，还不能停步。今日世界生态文明建设伟业与建设重担，历史地落在了中国人民身上。今天作为当代中华民族先锋队的中国共产党，理应当仁不让，继续学习世界一切民族与人民在一切历史时期创造的优秀文明成果，发扬扎根乡村，艰苦奋斗的精神，团结一切可以团结的力量，创造更大的辉煌，以告慰历史，昭示世界，书写新的篇章。

工业文明退潮，生态文明登场，一起一落，是当代人类文明历史正在发生的最重大的历史事件。随着生态文明世界伸展目标方向的确定，道路问题便成为横亘在人们面前的难题：怎样从现实出发，大步进入伟大的生态文明时代呢？

近代以来大量中外实践经验证明，走全世界乡村新生，用乡村温暖城市，呼唤城市，城乡和谐的发展道路，就是这一光明大道。这将是一条全人类意义上，由城市建设主战场，掉转 180 度，走向乡村建设主战场，坚持干下去的道路。这无疑将成为新一场人类社会思想、行为与其客观世界的翻天覆地变化！当代中国人秉持自己的历史、社会与自然资源，自觉地进行了长期的道路探索，积累了最可宝贵的经验教训。我们谨向坚定、勇敢的道路开辟者致敬。当代中国人应当全心全意支持开辟这一光明大道，迎接生态文明时代的到来，在新时期再次为人类文明发展做出新的巨大贡献。

技术专利、国家税收、金融资本对奶产业剩余的瓜分使得农户失去可持续发展动力[1]

达林太　于洪霞　娜仁高娃[2]

实现农业现代化的核心目标是提高农牧民人均纯收入，该指标值越高，表明农牧民对农牧业生产的投入能力越强，农牧民自身对农业机械的采用、新技术新产品的推广以及对农牧业持续投入的保障能力就越强，农牧民生活也就越富裕。反之，农牧民的生活就会下降。下面根据 2015 年、2016 年两年的调研数据，揭示原奶生产的产业链上各利益相关者的分配情况，以此来说明为什么个体奶农不能应对各类风险，增收难的主要原因。

一　调研奶农生产经营状况及产业链上的剩余分配

（一）调研奶农的生产经营状况

2015 年度在人大"内蒙古乳业农户金融研究"项目资助下，作了一个基线调研，当时主要是对奶农 2014 年的生产经营作了一些调研，调研了

① 此文章系"一带一路"建设下的内蒙古农牧业产业组织体系研究，教育部人文科学重点研究基地重大项目（项目批号：16JJD850008）的一个成果。
② 达林太，经济学博士，研究员，内蒙古大学蒙古学研究中心，研究方向：资源环境经济；
于洪霞，管理学博士，副教授，内蒙古农业大学经济管理学院，研究方向：畜牧业经济；
娜仁高娃，社会学博士，项目总监，内蒙古楚日雅牧区生态研究中心，研究方向：牧区经济。

256 户。调研的范围主要是奶农生产牛奶到交付奶站的这一段产业链上的分配，从所调查的农户中，有 9 户经营奶站。

为了使调研问题更加精准，针对 2016 年年初奶农倒奶和杀牛现象，在教育部《内蒙古自治区蒙古族人口问题研究》课题的资助下，2016 年再对前一年调研的农户进行了跟踪调研。由于前一年调研的 3 户退出养殖业，为了调研的持续性，在相邻的生产队调研了其他 3 户，每户 4 人。

表 1　调研 256 农户生产经营状况（2014 年、2015 年）

调研时间	平均存栏奶牛（头）	泌乳牛平均（头）	平均年单产（公斤/头）	平均饲养成本（元/头）	平均奶价（元/公斤）	平均净收益（元/头）	户均原奶纯收入（元/户）
2014	15	7	5037	8760	3.70	991.7	14875.5
2015	14	7	5178	10130	3.6	809.6	12144

数据来源：2015—2016 年调研。

调研奶农 2015 年奶牛存栏数比 2014 年下降了 1 头，这也是奶农应对市场风险的具体措施，遇到原奶价格下降或者饲草料成本上涨，奶农往往会出栏育成牛来降低饲草料成本，集中饲草料主要饲喂泌乳的奶牛，这往往会导致后备乳牛不足。2015 年每头牛产奶比 2014 年有所增长，这可能与饲喂有关系，2015 年奶牛饲养成本增加，也导致奶农户均收入减少，2015 年奶农户均收入比 2014 年减少了 2731.5 元。

（二）调研奶农的资金来源

从家庭经营的农牧户的资金获得来源看，基本来源于几个方面，信用社和合作银行较多，也有从民间放贷人手里借钱，从上游的饲草料公司赊销也是奶农经常采取的融资形式。

从 256 户农户调研的资金来源看，2015 年获得政府资助的农户 1 户，属于棚圈改造项目，政府带工带料项目，奶农辅助劳动。奶农从银行贷款的有 47 户，平均贷款 0.5 万元；从信用社获得贷款的有 233 户，平均贷款

1.254 万元；高利贷贷款 59 户，平均贷款 0.89 万元；从饲草料公司赊销的有 96 户，平均赊销 1.08 万元。无息贷款 7 户，无息贷款属于妇联的妇女创业贷款，主要是用于妇女创业购买奶牛，政府贴息。

表2　调研 256 户农户获得资金利息或手续费支出（2015 年）

	银行贷款	信用社贷款	高利贷	上游赊账	无息贷款
户数（户）	47	233	59	96	7
总额（万元）	23.5	292.182	52.51	103.68	3.5
利息（包括手续费）（万元）	1.692	35.06184	12.6024	12.4416	0.021

数据来源：作者实地调查整理制表（2016）。

银行贷款利率为 0.6%，一般为一年期贷款，奶农一般春季贷款，第二年同期还款，按时还款可以继续贷款，银行贷款的条件是奶农的奶款必须在该银行结算。信用社贷款一般为一年期，放款时间一般也是春季，也有例外，信用社贷款利率加贷款手续费为 1%。高利贷放款一年四季随时贷款，奶农一般选择利率为 2% 的贷款，这款产品由于利率较低，对贷款期限有约定，最短时间为一年，调研的奶农用于生产的高利贷一般选择贷款期一年。奶农在购置生产资料时也往往选择从上游的农资门市部赊销，赊销期一般为 6 个月之内，赊销产品价格一般较高，其差价基本和一年期的高利贷利率差不多，利息约为 2%。无息贷款不需要支付利息，每笔手续费为 30 元。

（三）调研奶农的生产成本构成

2015 年 256 户奶农生产经营中，户均支付各类贷款或赊销的利息和手续费为 0.2415 万元，支付购买饲草的现金为 3.9619 万元，购买饲料支付的现金为 9.5786 万元，配种及兽医服务支付现金为 0.0425 万元，购买机械配件或维修支付的现金为 0.0255 万元，奶农的劳动力不计成本。

表3 调研 256 户农户成本详细构成（2015 年） 　　　单位：万元

	金融信贷产生的成本				饲草料成本		社会化服务成本		劳动力成本
	金融部门贷款利息	上游赊账利息	高利贷利息	无息贷款费用	饲草成本	饲料成本	配种及兽医服务	机械维护	劳动力成本
全部农户各类成本	36.75	12.44	12.60	0.02	1014.25	2452.12	64	38.4	0
户均各类成本	0.2415				3.9619	9.5786	0.250	0.15	0
户均税费	—	—	—	—	0.673523	1.66235	0.0425	0.0255	
技术专利费	—	—	—	—	—	2.8735	—	—	

数据来源：作者实地调查整理制表（2016）。

近几年经常出现假饲草料、假配种和假配件事件，奶农为了追溯生产厂家，要求提供饲草料的公司提供购货的正式发票，饲草料公司大都是大公司，一般都提供了增值税发票，税额占 17%；兽医配种服务和农机配件购置维护也为农户都提供了增值税票，纳税额为 17%。

通过采访为奶农提供饲料的公司，该公司生产配合饲料，生产饲料的配方及部分添加剂属于购买技术专利，据公司的财务人员提供的财务报表显示，其技术成本占到销售价的 30%，以此推算饲料的技术成本以 30% 计算。

（四）调研奶农原奶产业链上各利益相关者的分配

通过各类商品或服务提供者提供的发票计算，各利益相关者分配见下表。

表4 原奶生产产业链上的各利益相关者之间的分配（2015 年）

单位：元；%

	金融资本	国家税费	技术专利	奶农效益
分配	2414.90	23358.68	28735	12144
占比	3.62	35.05	43.11	18.22

数据来源：由表1和表3计算所得。

2015 年奶农户均在购买饲草料和服务支付国家的税费为 2.4039 万元，奶农户均支付的饲料技术专利费为 2.8735 万元，奶农户均支付各类利息及服务费为 0.2415 万元，奶农户均原奶生产纯收入为 1.2144 万元。

二　该调研发现的主要问题

（一）农户奶牛养殖模式在中国奶业发展过程中发挥过非常重要的作用，其对国家和社会的贡献巨大，比如，提供了大量的原奶，解决了很大一部分农村剩余劳动的就业等，更加重要的是农民在农村的自主择业，是中国未来国家稳定的蓄水池。

（二）从以上的原奶生产的产业链追踪分析发现，在原奶生产的产业链中，巨大的利益被国家的税收、技术专利和金融资本瓜分殆尽，占到整个产业链利益的 82%。这也是为什么奶农不能可持续发展的主要原因。

（三）假如不对原奶产业链上的农户进行适当的扶持，奶农势必会被淘汰，奶农的劳动力无限供给和劳动力不计成本的经营模式，对稳定奶价和保障国家奶业的安全所提供的支撑将不复存在，这对国家和社会来说都是一大损失。

（四）政府推动的规模化牧场又具有投资大、风险大、成本高、效益低、环境污染等劣势。根据我们对奶农和公司牧场的比较分析，奶农这一模式尽管处于非常的劣势，但比享受很多优惠政策的大公司牧场还是具有一定的比较优势。

近年来，奶业产业链上的加工企业及原料和服务供应商的快速发展，一定程度上得益于价格低廉的原奶供应，其背后则是众多散户不计成本的劳动付出。

三　一些政策建议

（一）政府要参照企业原料供应实行上游税收抵扣政策，研究和实施对奶农购买原料或服务的退税政策，这样可以保障奶农和公司牧场享受同样公平的待遇，进而保障中国原奶生产的可持续发展。

（二）政府要研究发展合作牧场，这样既给予农户继续留在奶牛养殖行业提供了选择，又改善了农户养殖模式的技术水平和管理技能，比农户养殖模式更具有竞争优势，是奶牛养殖业现代化更加可靠的实现路径。

（三）政府要帮助奶农合作社组建自己的饲草料加工厂，利用奶农自己种植的粮食的秸秆、玉米等原料生产全价配合饲料，以应对技术专利对奶业的盘剥。依据外部性理论，这样更能促进下游更多的消费群体对奶制品的消费，实现国家财富的增长。

（四）政府应该帮助奶农在合作社内部组建互助合作基金，以应对高利贷对奶业的盘剥。

（五）政府应该通过培训，使得奶农学习简单的奶制品加工，应对出售原奶过剩时期的倒奶浪费。

种植业恢复集体经营不是好办法

姜斯栋[①]

提要：传统的农业集体制由于产权虚置，缺乏动力。而种植业由于劳动质量难于监管，不适宜采用集体劳动、雇用劳动为主的经营方式，因此特别不适于集体经营，而更适于家庭经营。在这方面，不仅我国过去的集体化农业提供了充分的经验教训，近年来发展的资本型，甚至近一两年重新出现的土地入股式的集体化模式，只要是以集体劳动、雇佣劳动为主，就往往出现难于管理的问题。因此，种植业重新搞集体经营不是好办法。

关键词：农业种植业集体制度

传统的农业集体化制度产权虚置，因此缺乏动力

我国农村从 20 世纪 50 年代到 70 年代末实行着一种集体化制度，我们称它为"传统的农业集体制"，其主要特征：第一是土地由村庄（生产大队或生产队）集体所有；第二是农业实行集体经营，社员参加集体劳动"按劳分配"；第三是"政社合一"，人民公社、大队、生产队既是生产经营组织，又是政权组织，村庄是政权体系的末梢。

传统集体化制度在中国的近 30 年实践，证明它是一种缺乏效率的经济制度。中国农业在集体制下近 30 年，始终没有解决国民吃饱肚子的问题。

---

① 作者系中国经济体制改革研究会特邀研究员。

在人民公社初期，管理体制是绝对的大锅饭，不仅土地统一经营，连生活资料都共有共享（体现于公共食堂）。后来退到三级所有，队为基础，在生产队内以评定工分的方式结合部分劳动采用计件，试图实现按劳付酬。但这样仍然不能克服集体制下的动力不足问题，于是到"文革"结束，"经济到了崩溃边缘"时，推行"土地集体所有，家庭承包经营"的崭新体制。

其实20世纪50年代实行农业集体化，目的并不是提高农业生产率，当时的指导思想是优先工业化，实行农业集体化是更方便地从农村征收农业剩余产品，为工业化提供廉价的发展资源。因此，为了保证征收而建立的集体经济制度，是宁可损失农业效率的。

世界上采用这种集体制的主要是实行苏联式社会主义制度的国家。在苏联解体之后，俄罗斯及东欧各国纷纷摒弃了这种制度。至今维持这种制度的只有朝鲜等极少数几个国家。我们至今还可以在以色列看到和我们传统集体制十分类似的农业组织基布兹，它产生于以色列复国运动期间，作为一种在复国期间大家抱团奋斗的组织形式，在一段时期相当成功。后来基布兹组织的数量逐渐减少，剩余的基布兹组织也多经历了管理制度的改革，在集体经营中增加了一些物质刺激的措施。

传统的集体化制度缺乏效率，原因是集体所有制下的产权虚置。在集体制中只有边界模糊的"共同产权"，每个参加合作者不能清晰地看清自己与这个共同产权的关系。这种产权结构使得管理者和劳动者都缺乏动力。

不同经济制度下的动力机制

在私有制为基础的市场经济中，首先是依靠投资者、劳动者个人出自私欲的动力，在一个市场型的企业中，企业管理的作用既要以利益刺激每个人的工作积极性，又要维护这些积极性不致引起相互冲突，要把这些单个人的动力协调到有利于完成企业的目标（追求利润）。

在小型共同体中，存在一种建立在熟人社会基础上的互惠机制（或者叫互酬机制）。人们对于自己单独难以完成的工作，通过互相帮忙合作完成。在人类早期这种合作经常可以增加生存的机会。因为是近邻，甚至是近亲，不会斤斤计较，这次我帮了你，下次我有需要你也可以帮我，因此叫互酬机制。这种机制可以为小型共同体的共同行动提供动力，尽管这种动力可能弱于市场机制下出自私欲的动力。在西方发达国家农业经济中，存在一种私人农场主之间自愿达成的合作经济，旨在为这些独立农户提供生产、销售的服务。在这种以私有制为基础的合作制中，合作者之间既有出于互惠机制的合作，同时又有根据清晰的产权边界划分的独立利益，对于较大的共同体，反而比单纯依靠互惠机制更容易维护合作，也更能保证有比较充足的动力。

而从动力机制角度看，传统型集体制和这种"合作经济"存在很大差异。在集体制中，只有边界模糊的"共同产权"，每个参加合作者不能清晰地看清自己与这个共同产权的关系。与此同时，从土地改革起始，对农村治理实行了一套阶级斗争的法则，一部分人以政权机器为依据对另一部分人实行强制管理（这也是从农村强行征收剩余产品的需要），这样就根本上破坏了近邻社会，破坏了互惠机制赖以存在的基础。因此，在集体制之下，尽管农民是被强制组织在一起了，但反而导致了农民的原子化，极大地损害了农民的生产积极性。

劳动质量难于监管，使得种植业特别不适宜集体经营

集体所有制表现出来的问题是产权虚置使得农民缺乏动力，这是深刻的历史教训。而对于农业来说，实行传统集体制还有比城市二三产业更为头痛的问题，这就是种植业的劳动质量难以监督。集体经营，在20世纪50—70年代的生产力水平下就意味着集体劳动。有些农活如果实行计件付酬，劳动质量难以保证，而如果实行计时付酬，由于农民缺乏动力，就形成出工不出力，劳动效率低下。这是农业集体经营中一个难以克服的问题。传统集体化时代在乡村治理方面经常依靠暴力，主要原因是为保证对农业剩余产品的顺利征收，而捎带的意义就在于依靠暴力，依靠高压维持劳动效率。在传统集体化时代影响深远的农业学大寨运动，最典型的做法是"大批促大干"，其本质就是以暴力方式维持劳动效率。这种方法既不

人道，又不可持续。

我们看到，除了前面列举的少数国家在一段时期内实行了集体化制度以外，世界各国尽管农业资源条件相差很大，都无例外地实行以家庭农场为主的农业经济制度。比较一下各国的农业资源条件，美国这样的新大陆国家每个农业经营单位平均经营土地在千亩以上，欧洲各国平均经营几百亩土地，而东亚的日本、韩国、中国台湾省平均只经营几十亩土地，但这三类农业经营制度都以家庭农场为主，而且无论他们经营的土地是农户自家所有，还是租种别人的土地。在家庭农场制下，种植业劳动大多是以自家劳动力为主，尽量减少雇用劳动。这无疑就是为了保证劳动效率，减低管理成本。显然，各国几乎都采用家庭农场形式，农业劳动都避免采用集体劳动，尽量减少雇用劳动，是人类多年共同经验的结晶。

种植业中的劳动管理问题并不只在传统集体制农业中表现出来，即使在资本型农业中，如果过多采用雇用劳动，同样会存在要么雇用劳动者出工不出力，要么管理成本大得难以承受这样的两难境地。

而在我国经历的资本化农业的发展中，许多投入农业的公司、大户不接受古今中外的教训，又重新吃了这样的亏。在过去几年、十几年中，资本化的规模农业在一些地区快速发展，但最近几年，一些规模农业的投资者遭遇了挫折。玉米价格政策变化、经济作物市场波动都是造成规模农业经营波折的原因，但其中仍有一个重要原因是这些缺乏经验的投资者，在种植业中简单化地采用统一经营、集体劳动的方式。历经波折之后仍然坚持下来的投资者，很多都是在初期尝到劳动管理的困难之后，逐步选择了避免大规模集体劳动的经营方式。一些投资者在几年中经过了几次经营管理改革，先是改为在集体劳动时尽可能地采用计件付酬，第二步又划小核算单位，采用作业队承包的方式，而往往最终采用把流转来的土地分块，分别承包给一些家庭，重新恢复到以家庭为种植单位。还有一些投资者干脆退出种植业，只为家庭种植者提供各种生产、销售服务。

种植业不适宜采用集体经营，国际国内有这么多的经验教训，想不通的是，为什么在中国，在今天，又有一些人积极主张恢复集体经营呢？

土地入股的集体化方式并不能保证集体经营效率

首先需要说明的是，此一轮人们提倡的集体经营模式已经与传统集体化模式有所不同。我们以贵州省安顺市塘约村的集体化模式为例分析这些变化。

塘约村在经过土地确权之后，农户的承包地折成股份加入合作社，盈利的40%按股份分红。在实行承包制以后，农民得到的土地经营权不仅包括在土地上自主耕作以及获取种植果实的权利，而且获得了土地经营权易手时收取土地租金的权利，因此农民得到的已经不仅是在这块土地上的劳动果实，而且包括了部分财产权利（除了最终买卖土地的权力仍保留在集体）。塘约村此一轮的集体化模式，是以农户的土地承包权入股分红，此次的集体制是建立在农户土地承包权（私有权利）的基础之上的，这与传统集体制相比是一个很大的进步。

这种变化是实质性的变化，但仍然不是完全意义上的质变。因为在这种"股份制度"下，农户根据土地承包权得到的股份，大体上只是一个分配的标准，他们可以知道因为土地入股可以在集体收获中分得多大比例，但并不能根据这个股份得到经营权的参与权。因为在塘约的政社合一的体制下，村集体经济（合作社）的经营授权是来自村党总支，而不是来自这些农民股东。

那么实行了这种股份制的集体经济，在农民参加集体劳动时能不能增强动力呢？塘约的合作社是负责管理种植业的机构，在经过最初两年的统一经营实践之后，2017年实行了管理制度的改革，把2000多亩土地划分为六个作业队，实行作业队长责任制。这项改革表明塘约合作社在统一种植时同样遇到了种植业集体劳动管理难的问题。

为什么在实行了土地折股制度之后，农民成了股东，仍然没有解决动力问题呢？在这种股份制中的农民实际上具有双重性：一方面他们是以土地承包权入股的股东，而在参加集体劳动时他们又是雇用劳动者，在他们参加集体劳动时合作社股东这一身份并不能起多大作用，起作用的反而是雇用劳动者的身份。因此，土地入股在分配上体现了土地承包带来的私有权利，但并没有解决集体劳动时的动力问题。

塘约村合作社今年进行的管理改革，一方面是划小了核算单位，六个作业队长负责管理比合作社"一个人"负责应该有很大进步，特别是实行作业队长责任制，实质上是通过调动队长的私利动力，由队长去加强对劳动者的督促。可以预期，这样改革之后相比原来更大范围内统一经营的效果一定会好，但这种管理方法是不是已经能够保证劳动效率？我们觉得还要观察。实行队长责任制队长们的积极性可以保证，但能不能把劳动效率提高到满意的程度还要看这六个管理者对劳动者采用什么样的管理方法。也许最好的方法是进一步划小核算单位，除个别不适合分到家庭管理的作物或地块之外，还是大体落到以家庭为基本种植单位为好。

塘约集体经营模式获得成功有特殊性，缺乏可复制性

人们可以说，尽管塘约在集体经营中同样遇到劳动管理难的问题，但塘约的集体化道路在头两年已经取得了很大成功。而我认为塘约的集体经营取得成绩，有几个特殊因素，一般村庄很难同时具有这样几个因素。首先是塘约有一位有能力、有见识，又有公益心的领导人左文学。对于集体经济的成功，这是一个不可或缺的条件。第二，必须承认，塘约两三年发生巨变，与政府给予大力支持是一定有关的。一个村子，两三年内得到几千万元资金的支持，这是一般的村无法想象的。支持也包括在塘约村全面转向种植经济作物时，政府在产品销售上也给予了很实际的帮助。产品销售对于一个转型初期的经营机构是一个大问题。第三，塘约村改为集体经营后显著增收，重要原因是从种粮食全面改为种附加值高得多的经济作物，主要并不是因为"集体经营"使得效率提高。而产品转型，少数村子搞是容易有效果的，如果在面上推广就不能指望靠产品转型来提高收入，因为从整体来说，对新产品的消费能力是有限的，大家都来转产，市场需求不足，就会发生东西多了卖不掉的情况。从种粮食作物改种经济作物，最怕的就是农产品陡然增多引起价格大跌，改种经济作物后的市场风险要大得多。而且，从宏观上说，每

年可以有多少土地改种经济作物，一来要符合市场需求，二来还要服从粮食安全的大局。

由于有以上这样几个条件，不能因塘约取得成绩就简单证明集体经济的威力，特别不能因此就以为塘约的做法推广到面上也同样能成功。

其实在全国普遍推行承包制的年月，也一直有少数村庄坚持传统集体制并取得成功，但它们其实也有共同特点。就拿人们称为坚持集体经济的"十大先进村"来说，这些村成功在于搞工业。在推行承包制之前，他们由于有坚强的村集体领导，村集体经济发展得好，因此集体经济有一定积累，在改革初期乡镇企业发展的阶段，这些明星村发展乡镇企业获得成功。这样，土地本身成为乡镇企业（集体经济）发展的重要资源，不能分；或者即使还有部分土地坚持农用，但在全村总收入中已经不占重要地位，因此农民对土地承包的要求不强烈。

另一种情况是在改革开放后工业化城市化进程中，东部沿海一些地区，工业化城市化进程快，一批村庄土地被大量非农使用，种植业在收入中比重大大下降，甚至消失，土地收归村统一支配才更容易公平分配。后来中央文件中主张搞集体资产折股到户，成立股份化的集体经济组织，主要就是指这种村。中央的意思显然是想通过分股到户加强对资产收入的管理，维护公平，抑制贪腐。

也就是说，过去不同时期搞集体经济获得成功的村，几乎都伴随了产业结构的调整。十大集体经济先进村中，没有一个村是以粮食种植为主的，甚至连以农业为主的也没有。在现在阶段，搞集体经济初步成功的村，也仍然具有这个特点。塘约村在土地改为集体经营的同时，由种植粮食作物为主改为种植经济作物为主，这种改变大大提高了种植业的盈利能力。因此塘约村在动员农户加入合作社时，承诺了土地保底分红不低于市场租金水平，事实上在结算之后，合作社还有盈余给农户追加分红，这当然要归功于产品结构改变。但这同时意味着，塘约经验并没有证明如果合作社坚持以种粮为主，是不是能给社员满意的分红？塘约种植合作社的经营成功，更多说明的是产业结构调整带来了增收，并不能有力地说明是家庭经营改为集体经营带来了增收。

无疑产业结构调整是农业现代化过程中的一个重要内容。但产业结构调整的频率是由市场需求决定的，不可能是无限扩大的。而且中国有粮食安全目标，不可能以大量出口经济作物换取粮食作物进口。因此，在同一段时间中只能有一部分村通过产业结构调整增加收入，如果要全面推行集体化，大部分村仍需要坚持粮食种植。所以说，如果实践中的集体经营并没有证明可以通过提高粮食作物生产率而得到发展，那么这样的集体经营是不能推广的。

一些值得注意的倾向

那么，为什么一些人要积极主张重走农业集体化道路，重新收回土地搞集体经营呢？我们认为其中有一些不健康的因素。

在现实中，谁对恢复集体化积极性高呢？据我们观察，积极性高的是干部，而不是农民。从塘约的例子看，农民对于恢复集体化，开始时并不信任，因此村总支对于土地入股承诺了很高的条件（按市场租金水平保底，如果增收再另行分红），即使这样农民仍提出要先支付保底租金才同意把土地交给合作社，于是才有了总支委们从信用社借钱垫付分红的事。不能怨农民的觉悟低，实际中的确有一些农户已经不愿意再种承包地，但他们不愿把土地交给集体经营，是因为对集体经营没有信心。而我们访问了一些干部，他们其中一些人觉得对历史教训应该吸取，对重新搞集体经营要慎重。的确也有些村干部赞成搞集体经营，我想搞集体经营至少意味着村干部的权力陡然变大，可以支配比原来多得多的集体资源。但也有些对村民负责任的村干部（比如我插队那个村的支书）不赞成搞集体经营，认为那样管理难度会过大。也碰到一些年轻的县乡干部赞成搞集体经营，但我觉得这些干部对当年集体化年代的经验教训恐怕印象不深。

另一个情况是有的地方政府摆出不惜一切代价，也要创造出集体化道路典型的架势。我们觉得这些干部并非因为对集体化道路充满信心，而是要争取政治业绩。这种动机和近年来政府中越来越严重的好大喜功的作风结合，就不在乎花多少钱也要堆出样板。在创造集体经营的成功典型时，集中资源，不计工本地大量投入。从道路、公共设施（办公、文化体育、村史教育、广场）、水利设施、农业生产设施（大棚等）、农机、用水用电，直至改善村庄门面的"立面改造"项目。这些本来都是政府支农的项目，一个村子两三年间能得到一两个项目已经很幸运，但对于领导决心推出的重点村，则在"集中使用财力见成效"的口号下，可以在两三年内往一个村投入几千万元。这样的特殊支持自然使得先进点上的集体经营容易获得成功，但显然缺乏可复制性。如果大面积推广集体经营的经验政府哪来这么大的扶植力度呢？如果是在过去，这样花大钱堆样板在有的领导面前是过不了关的，会被他们认为是投机取巧，而现在则被看成是干部有事业心、有魄力，不会批评，反而会受到表扬。

简单的结论

以上我们想说明的是，种植业重新搞集体经营并不能保证提高农业生产率。中国的种植业平均经营规模过小，提高经营规模无疑是提高农业生产率的有效路径（我们不赞成那种中国精耕细作的小农模式是最有效率的耕作模式的看法），但提高种植规模是有限制条件的。从宏观角度说，种植规模的提高受到城市化进程的限制，农业规模提高过快就会造成农村劳动力的浪费；从微观角度看，种植规模提高要以机械利用水平相适应，或者说要受到自家劳动力可以耕作面积的能力的制约，否则，以雇用劳动为主，就反而降低劳动效率，加大管理成本，造成"规模负效益"。

因此我们认为，不能为了提高种植规模就简单以资本型农业代替家庭型农业，也不能以集体经营代替家庭经营，而应该坚持家庭经营为主的模式，至少要在种植环节坚持以家庭为经营单位。同时发展规模较大的服务经营主体，为从事种植的农户提供产前产中产后的服务（农资采购、农机、融资、农产品加工/仓储/销售等），从服务的规模化上要规模效益。这种服务主体最好采用合作制，类似蒲韩联合社那样由农户共同合作组建，但也可以是第三方（比如供销社、公司）领办，也可以尝试由村集体领办这样的服务实体。

关于农业生产率的三个概念

姜斯栋[①]

摘要：中国和美国的农业资源禀赋存在很大差异，美国每个农业经营单位（主要是家庭农场）平均拥有上千亩耕地，而中国一个家庭平均只耕种不到十亩耕地。因此，美国的劳动生产率高于中国，中国的土地生产率高于美国。但更重要的概念是全要素生产率（一定农业产出所花费的所有要素投入），即"比较成本"，在没有国家干预的情况下这个"比较成本"决定国际竞争的胜负。

需要对中国农业资源条件导致的农产品国际竞争中的劣势心中有数，由此实事求是地制定有关农业政策（规模经营政策、粮食自给率目标、进出口政策、财政补贴政策等），而不是盲目地认为中国的农业生产率高于外国，进而以"粮食多了"之类的谎话麻痹自己。

关键词：农业生产率　全要素生产率　劳动生产率　土地生产率

在讨论三农问题时，经常会出现农业生产率的不同概念。在农业经营规模问题的讨论中，推崇规模化农业模式的合理性是，随着多年的城市化进程，留守农村的劳动力数量下降，中国需要进一步提高经营单位的种植规模以提高劳动生产率。但一些人从美国的经验出发，好像经营规模越大，劳动生产率越高，就意味着农业生产率越高，这是不对的。

中国作为一个人口大国，需要保持一定的粮食自给率。这就意味着要保证一定的粮食总产量，于是既需要保证粮食种植面积，也需要保证较高的单

---

① 作者系中国经济体制改革研究会特邀研究员。

位面积产量。扩大经营单位的规模，一般会促进机械替代劳动，能提高劳动生产率，但未必能提高土地生产率，只提高劳动生产率并不能保证粮食总产量。中国的单位面积产量比美国高，重要原因是因为中国单位土地上的化学品投入比美国高得多，单位面积上的劳动投入和农业设施投入（如水利设施）也是美国远不能相比的。这种劳动、资金密集型的农业耕作方式换取的是远高于美国的单位土地产量。对于中国，强调土地生产率是有实际意义的。

美国劳动生产率比中国高，中国土地生产率比美国高，是由两国的资源禀赋决定的。美国地多人少，劳动力比土地珍贵，提高劳动生产率比提高土地生产率的边际效益更高，因此会更为注重提高劳动生产率。而中国人多地少，土地资源比劳动力资源更为稀缺，因此中国几千年来形成了精耕细作的耕作方式，单位土地产出要比美国高。但有的学者因此就说中国的精耕细作方式要比美国的"广种薄收"模式更优越，也是不对的。劳动生产率、土地生产率都是从单一生产要素的角度测量农业生产率，用一个地区的劳动生产率和另一个地区的土地生产率比较谁的效率更高，是得不到结果的。于是需要一个可以相互比较的生产率指标。这个指标就是全要素生产率，这个概念也就是单位农业产出的全部成本，在国际经济学中叫作"比较成本"。①

附表：2007 年中国、美国、日本、以色列部分农业数据比较

国别	耕地面积（市亩）	农业从业人口（人）	人均土地（亩）	农业产值（美元）	人均产值（美元）	亩均产值（美元）
中国	18 亿	2.58 亿	7	3864.48 亿	0.15 万	214.7
美国	29.7 亿	206 万	1563	1846.99 亿	8.98 万	62.2
日本	7049 万	260 万	27	156.76 亿	0.6 万	222.4
以色列	590 万	10 万	59	17.83 亿	1.8 万	302.2

注：该表中的数据转引自《从美国、以色列农业看中国农业未来》2016 年 9 月，该文注明这些数据来源于联合国粮食与农业组织（FAO）2007 年统计数据。此处美元是以 1999—2000 年的美元为基准计算的虚拟美元。

---

① 经济学家俄林认为，商品价格的绝对差异决定于成本的绝对差异，而成本的绝对差异是由于：第一，生产要素的供给不同，即两国的要素禀赋不同；第二，不同产品在生产过程中所使用的要素的比例不同（要素密集程度不同）。

劳动和土地投入都只是农业产出成本的一部分，而我们说的产出成本是单位产出花费的全部成本。在开放经济条件下，所谓"国际竞争力"，就是由产品成本决定的。在交易时，产品成本决定了你可以承受的最低价格（忽略政府补贴的影响）。因此，用产品完全成本可以更全面地比较不同国家或不同经营单位的农业效率。用数学公式表示：

劳动生产率（单位劳动的产出）＝产出/劳动投入

土地生产率（单位土地的产出）＝产出/土地投入

全要素生产率＝产出/（劳动投入＋土地投入＋资本投入)①

从中美之间农产品贸易的实际情况看，显然美国农业的生产率高于中国，因为美国的农产品在中美贸易中具有明显的价格优势。而美国的单位农业产出的成本低，主要表现为劳动生产率高。中国的土地生产率高于美国，但单位农业产出的成本仍高于美国。两者相比，美国采用广种薄收的方式，比中国采用精耕细作方式的效率要高。所以，我们可以说精耕细作的小农方式是至今中国仍需要的方式，而不能说中国的精耕细作方式是比美国的广种薄收效率更高的方式。中国为什么需要保持精耕细作的耕作方式，为什么需要维护小农生产方式，并不能完全从土地生产率角度得到解释。

厘清这几个农业生产率的概念，有什么政策意义呢？

1. 过去30多年的城市化过程中，随着农村劳动力向城市转移，农业的劳动生产率有了很大提高，今后随着农业劳动力、农村人口继续向城市转移，需要进一步提高农业的劳动生产率，其中一个措施是需要通过土地流转提高农业经营单位的规模，以获取规模效益。

2. 但对于中国，单纯追求提高农业的劳动生产率是不对的。首先是因为中国是人口大国，需要保持一定的粮食自给率，因此就需要保持一定的粮食总产量，也就需要提高土地生产率。在中国现在每个农业经营单位平均规模很小的情况下，提高经营规模很容易相应地提高劳动生产率，而由于中国的土地生产率已经很高，提高经营规模并不一定相应地提高土地生产率，在劳动生产率提高的同时可能带来单位产量的下降。其次，从宏观角度说，中国农村劳动力转移还要持续几十年时间，农业经营规模提高需要和劳动力转

---

① 把生产要素简化为劳动、土地、资本，其他忽略。资本投入主要是资产折旧、资金利息等。

移相匹配。农业经营规模提高过快，节省下来的劳动力不能被非农产业吸收，就是对劳动力的浪费，甚至可能造成社会问题。因此，农业经营规模的提高最终不是仅仅决定于微观单位的效率，而是决定于充分就业、社会稳定等宏观目标。

3. "比较成本"是衡量国际竞争力的综合指标。如何看待中国和美国的农产品成本差异？一种看法认为中国粮食成本高于美国是能源价格、运费、汇率等短期因素造成的，有的学者提出了具体数字认为玉米成本降低到每斤若干就可以具有了国际竞争力。但我认为两国的成本差距主要是长期因素——农业生产率差距造成的，而造成两国农业生产率差距的一个重要因素是两国的自然禀赋差异，这种差距是不可能轻易弥补的。我们经常说中国以占世界多么小比例的土地养活了多么大比例的人口，这的确是了不起的，但这也同时说明了我们自然禀赋劣势致使农产品缺乏国际竞争力的事实。在制定粮食安全目标、进出口政策、农业补贴政策时必须实事求是。有的媒体把近几年因为大量进口造成的仓储加大说成是"粮食出现过剩"，显然十分不妥。近年来粮食的问题是补贴过高形成国内外价格差异过大，进口难以控制，造成库存过大，而不是因增产导致"粮食多了"。

有人认为日本、韩国、中国台湾地区20世纪80年代以后选择加大进口降低自给率是美国施压的结果，其实从全球化角度说，三地只是选择了更多发展它们自己的优势产业。由于我们的粮食安全目标与它们不同，中国希望保持比它们高得多的农产品自给率。但也必须实事求是地看待我们和农业强国之间的农业生产率差距，并在这样的前提下筹划我们的农业政策（经营规模政策、粮食自给率目标、进出口政策、财政补贴政策等）。中国几年前在取消了对大豆的保护之后，粮食自给率下降了不止五个百分点。此次玉米价格制度的改革对自给率影响如何，尚需观察。我们并不认为现在的自给率不能再降，但我们认为对这样的政策变化所造成的影响应该心中有数，进而什么时候这种农业生产率差距又会冲击到小麦、水稻也需有所研究，而不是简单以"粮食太多了"麻痹自己。

土地流转

农村的土地流转：农民生计与政策选择方向[①]

刘建进　孙炳耀[②]

摘要： 本研究报告在总结课题组有关的农村土地流转及其带来的相关影响的子课题研究成果的基础上，分析近年来中国农村土地流转的趋势以及对农民收入的影响的宏观关系，认为土地流转朝大规模的工商资本和家庭农场的模式发展将使得普通农户从农业经营获得收入的空间不断被挤压，农业收入较高的地区土地流转率一般也比较高，但过高土地经营规模的农业生产方式并不利于农业的可持续发展和农民收入的提高。参照国际农业经营制度经验和国内一些实践案例，土地流转的制度设计方向应该避免过度向城市工商资本下乡，而是要通过在乡村社区构建区域综合性农民合作组织，把土地流转带来的规模效益增加的绝大部分归留在乡村社区内部，促进乡村社区的可持续发展。

关键词： 土地流转　农民生计　家庭农场　农业政策　农村发展

我国的宪法规定农村土地归农民集体所有，家庭农业经营制度作为国家

---

① 本报告为"行动援助（中国）"支持的"土地流转与农业生产方式"研究课题的总报告。研究报告在各子课题研究分报告以及相关的案例调查报告基础上总结讨论产生，执笔人刘建进、孙炳耀。课题研究组成员包括杨团、孙炳耀、刘建进、姜斯栋、达林太、张浩、郑易生、刘海波等。本文刊登于北京农禾之家咨询服务中心内刊《综合农协》2017第3期（总第25期）。

② 刘建进，中国社会科学院农村发展研究所研究员；孙炳耀，中国社科院社会学所副研究员，北京农禾之家咨询服务中心理事。

基本制度。1999 年《宪法》明确"农村集体经济组织实行家庭承包经营为基础、统分结合的双层经营体制"。2002 年《农村土地承包法》提出"国家实行农村土地承包经营制度"。

中国农村的土地截至 2015 年年末，全国共有农用地 64545.68 万公顷，其中耕地 13499.87 万公顷（20.25 亿亩），家庭承包经营的耕地面积 13423.68 万公顷，占总耕地面积的 99.44%，这些土地发包给 2305.74 万户农户承包经营。[刘守英：《中国土地制度改革——上半程及下半程》，《国际经济评论》2017 年第 5 期（总第 131 期）。]

随着中国经济的发展，农村中大多数的农户的生产经营并不主要局限在农业生产经营活动中，农户中非农户、兼业户的比例越来越多，农村劳动力也大量外出流动就业，农民在本地的受雇务工和非农经营活动也在增加。农户会根据自家的农业生产资源、劳动力和家庭成员的状况适当安排生计，最大程度地满足家庭成员的生活需要。

农户承包土地的流转比较多地出现是在 20 世纪 90 年代，一些农户外出务工经商或从事非农就业，没有能力同时兼顾土地的农业种植，也有一些农户由于家庭人口较多，耕地不足，于是出现自发的土地流转。随着经济水平的发展，人民生活水平的提高，社会对各种农产品的需求也不断丰富，一些高附加值的经济作物以及新品种新技术的采用，都对农业生产技术提出新的要求，土地的流转机制和利用方式也出现了许多形式。

近 10 年来，农村土地流转的速度加快，各种不同流转方式推陈出新。一方面固然与工商资本加速进入乡村租地的因素有关；另一方面也与地方政府的大力推动不无关系。但是，农户经营农业的收入占家庭收入的比重越来越低，年轻的青壮年劳动力几乎都放弃种地，外出务工经商，寻求非农经济活动收入，也是促使土地流转加速的重要因素。据农业部公布的数据，2016 年中国农村的农地有 35% 的比例发生了流转，与之相伴的是农业经营收入在农民家庭收入的比重已经下降到不足 1/3。近 10 年中国农村土地流转的比例变化以及农业经营收入占农民家庭收入变动的情况如表 1 所示。

表 1　农民从农业家庭经营获得的收入占家庭收入的比重下降与土地流转面积比例

单位：%

年份	2007	2008	2009	2010	2011	2012	2013	2014	2015
农户土地流转面积比例	5.2	8.9	12.0	14.7	17.9	21.3	25.7	30.3	33.3
农民人均农业经营收入占家庭人均纯收入比例	42.15	40.87	38.58	37.69	36.12	33.25	33.16 *	32.11 *	31.35 *

注：数据来源为农业部公布数据和国家统计局发布的数据，＊为作者估计数据。

全国范围内超过 1/3 的承包农地参与流转，这一状况不仅极大地改变了既往的农业经营模式，也会对农民生产生活和农村社会结构产生深远影响。不同的土地流转方式也对农民的生计有不同的影响。这种影响是深刻的、广泛的、多元化的。

毕竟，土地与农民的关系最为密切。即使不少的农户的家庭收入已经不再主要依赖土地上的农业经营，但在整个家庭的生计安排上，只要是没有被纳入城市社会保障体系，土地就依然发挥着不可替代的作用。能够举家进城落户、整个家庭生命周期完全脱离农村的迁移家庭人口还仅仅是少数，未来相当一段时期也尚看不到巨大改变的前景。绝大多数收入主要来源于外出务工非农收入的农村家庭的非劳动力和弱劳动力人口仍然还是留在农村家庭。

我们清楚地观察到近年来农村土地流转比例的迅速增加，也看到农民家庭收入中来自农业经营收入的比例在不断降低。实际上，农户只靠自家的小规模的农业资源经营生产获取农业收入已经远不足以支撑家庭的正常消费水平，因此，进城务工或通过转租进其他农户土地进行农业生产就成为越来越普遍的现象。

另一方面，也有越来越多的城市工商资本和农村地区一些富裕的农户通过流转普通农户的农地，通过加大资本投入进行现代农业规模化集约经营，通过经营高附加值的效益农业或者通过规模化种植粮食等大宗农产品带来的利润集中提高农业经营效率，获得较高的收入。这样的规模化现代农业经营所占的土地比例还不是很大，有人估计大概占 10% 的土地面积，但单位土地面积上经营生产的农产品的价值却比一般普通农户传统方式成倍增加，生产效率大大提高。

因此，土地流转的方式对农业经营方式和农业发展以及农民的生计影响很大，什么样的流转方式、什么样的适度规模比较合适，以及国家制定什么样的农村土地基本制度和农地流转政策导向会对中国的农业生产现代化，对农村可持续发展和农民生计，对国家粮食安全和社会生活等诸多方面产生何种影响，都是十分重要，需要深入研究的课题。

农村土地流转与农业发展和农户生计

课题组根据对全国 2013 年调查、蒲韩 2016 年调查、金店 2016 年调查得到的三个土地流转率数据提出一个假设：土地流转率与农业收入高低有关，农业收入高的地区土地流转率高，农业收入低的地区土地流转率低。这个假设当然需要有更多的实证数据进行验证，不过从全国整体上看，发达地区的土地流转率比不发达地区的土地流转率要高，基本上是这样的。而发达地区的农民人均农业收入水平比不发达地区要高也是整体上成立的。不发达地区的农村劳动力大量转移往发达地区获取务工收入，反而会导致农业生产劳动力的不足甚至发生抛荒现象。另外的原因有，农村土地流转的基本动因在于追求更高的农业经营的土地规模效益，不发达地区缺乏足够的本地资本投入规模集约经营和引进先进农业生产技术和新品种，农业附加值比较低，农业的收入水平也就相应比较低。农村土地流转率在东部发达省份比较高。

中国社会科学院的房宁研究员带领他的研究团队 2017 年在华北平原的大面积的农村走访调查得到的结论是，中国的农村，尤其是如华北平原上以粮食生产为主的农业地区并未与全国一道进入商品经济时代，农村地区还是一种"半自然经济"形态，商品生产与交换程度很低，种粮农民日常生活的货币化程度很低，他们的生活更多地呈现出自然经济的特点。（房宁：《房宁走读大运河：华北大平原上的半自然经济》，《观察者网》2017－09－28。）

这些地区的普通农户的家庭农业经营规模不超过 10 亩，年轻劳动力外出进城务工，农业经营基本上由年纪超过 40 多岁的老年人从事，家庭年农业收入一般不超过 1 万元。这样的普通农户的农业家庭经营因为土地规模的不足和较低的农业生产效益，只能够维持基本的低收入水平。如果外出务工的劳动力年纪大后无法被城市劳动力市场雇用，仍然要回到农村家庭。即使土地能够流转给规模经营的家庭农场或农业公司，如果弱劳动力无法被雇用获得务工收入，仅从流转土地获得租金收入还比不上自家小规模经营获得的农业收入，生计安排依然成问题。也就是说，假如土地能够流转给非农村属性规模经营的现代农业主体，农业增加值可以得到提高，但如果效益的提高无法按适当比例返回到土地转出农户，大量的农村人口的生计就会受到负面影响。土地流转给大规模家庭农场和农业公司的农业发展模式在中国的城市化发展过程尚不能够真正吸纳农村转移劳动力进入城市社会保障体系之前，是无法保障大量普通农户的生计不受负面影响的。

我们根据近十几年的中国农业增加值和全国农户从农业经营获得的收入数据，估算全国农户从家庭经营获得的农业纯收入占全国农业增加值的比例，结果如表 2 所示。

表 2　　　　　中国的农业增加值和农户从中获得的收入比重变化趋势

年份	1999	2002	2005	2011	2016
第一产业增加值（亿元）	14770 *	14883	22718	47712	63671
农民人均农业经营净收入（元/人）	1191.7	1135	1470	2520	3270
大体估算农户生产的农业增加值比例	0.8068	0.7626	0.6471	0.5282	0.5136

数据来源：历年《农村经济绿皮书》，社会科学文献出版社；带 * 数据来源：《中国统计摘要》；估算方法是按全国农民人数都取 10 亿，这样实际上是会高估了农户获得的增加值比例。

表 2 的数据表明，即使高估，我国的农业生产的增加值大体上也只有一半是由普通小农生产贡献，而且这个比例是呈不断下降的趋势。表 1 的数据表明，小农经营的农产品生产获得的收入只占到农户家庭收入的 30% 左右，这个比例也是呈不断下降趋势。这样趋势下的农业经营模式必然不断挤占普通农户的农业生产经营空间，导致农村三农问题的困难局面。

目前，我国普通农户有 2.6 亿，其中家庭承包经营农户有 2.3 亿；家庭农场有 87.7 万个，其中在县级以上农业部门纳入名录管理的家庭农场达 44.5

万个。家庭农场数量在快速增长、规模不断扩大。从纳入县级以上农业部门名录管理的家庭农场来观察，2016年总量为44.5万个，比2015年的34.3万个增长了30%；平均经营土地面积增长，从2015年的151.5亩增加到2016年的215.1亩，扩大了63.6亩（张红宇、寇广增、李琳、李巧巧：《我国普通农户的未来方向——美国家庭农场考察情况与启示》，《农村经营管理》2017年第9期）。这类大规模的家庭农场和其他一些大规模的农业公司和农业经营主体应该是非普通农户经营主体的农业增加值的贡献主体。

表1和表2的数据表明，这些年我国的农业增加值在快速增长，农产品产量也在增加，虽然农民的人均农业经营纯收入也在增长，但是普通农户整体上从农业经营获得的空间却在不断快速缩小。1999年只有大约20%的农业增加值是非普通农户的农业生产主体提供的，2016就有大约一半的农业增加值由非普通农户贡献的，17年间非普通农户提供的农业增加值比例增长了大约30个百分点。一方面，这表明规模化的新型农业生产主体的农业生产效率比普通农户大大提高；另一方面，它也表明缺乏"统分结合、双层经营"的我国农业生产经营体制导致普通农户无法从快速增长的农业增加值里分享农业经营收入的提高，农业增加值的提升空间越来越多地让位给通过从土地流转占约10%农地面积的规模化家庭农场、农业公司和其他形式的非属于农村主体属性的新型农业经营主体。

2007年的农户承包土地流转的比例只有5%，因此可以推断这些年非普通农户的规模土地流转的家庭农场和农业公司为主的非普通农户的新型农业生产主体大约10%的流转土地几乎都是这十多年发生的，因此可以推断，如果我国的农业经营体制能够按照当初提出的"统分结合、双层经营"模式，让这部分增加值仍然有80%的比例属于普通农户和"统分结合、双层经营"经营体制下的农村村庄共同体性质的新型集体经济组织，这类型的新型社区性集体经济组织是社区普通农户的利益代表，能够把生产经营的效益重新返还给大多数农户社员，那么我国的农业在获得快速发展的同时也能够避免农户从农业经营获得的收入增长缓慢局面，城乡统筹协调发展难题就容易化解。

2016年6万4千亿元的农业增加值中，因国家对农业生产不收税，如果有80%能够分配归到一般农户，就按10亿农民大约计算，农民的人均农业纯收入就应该大概在 5100 元/人，会比 2016 年实际的农民人均农业纯收入提高 56%。

85% 左右的农业增加值能够大体上比较平均地分配归于农户和农村集体（农村经济发展的成果绝大部分归留在农村，目前农村集体这块基本上没有），不是不合理的。目前的农业增加值里有大约一半是归于一般农户的，那么另外的一半增加值里的 60% 归于土地要素和劳动要素的所有者是合理的。鉴于中国各地区发展情况不同，也不需要完全排除工商资本下乡经营规模化现代农业，留有 20% 的农业生产增加值给少数的农业公司和规模化家庭农场是合理的。城市工商资本下乡也可以多种形式与农村社区合作，合股经营，但不应该以购买方式控制生产要素，大部分占有经营农村资源获得的收益。

"统分结合、双层经营" 农业生产
适度规模经营模式是可能的

从日本、韩国及我国台湾农民的经验看，小农户也可能达到适足生活水平。这三个地方在第二次世界大战后的十年间完成了土地改革，形成大量小农户。后虽经历城镇化及土地流转，农村仍然以经营几十亩地的农户为主。在 20 世纪 70 年代，日本农户的平均收入曾比肩城市，处于同一水平；目前，其收入仍相当于城市居民的 70% 左右。韩国的情况也相似。

上述的农业发展模式和格局并非不可能，只是我们的农业发展政策导向上没有按照当初设想的"统分结合、双层经营"农业生产经营模式均衡推进，数量众多的普通农户没有组织起来，完全分散化地在市场下单打独斗，相对工商资本经济主体处于绝对弱势位置。农户的土地流转主要发生在社区农户之间，通过社区综合性集团组织的"统分结合、双层经营"，把土地流转带来的效益增加留在社区的普通农户是可以实现的。

农业资源禀赋与我们相似的日本、韩国和中国台湾地区农业经营体制，也是小农占农业生产的绝对主体，但是政府通过构建社区综合性农协组织，限制城市工商资本大规模下乡，把农业发展的效益归让于普通农户，组织小农通过农协对接市场，并且通过农协组织支持农村发展，在经济快速起飞和快速城市化进程中没有出现农村凋敝和城乡收入差距拉大，较好地解决了城乡均衡发展的难题。中国也有不少农村社区通过社区带头人把农户组织起来，探索实行"统分结合、双层经营"的农业经营道路，取得了很好的效果。课题组调查的山西永济蒲韩社区、河北玉田县鸦鸿桥刘现庄案例就充分表明了这一点，全国还有不少的农村社区实行"统分结合、双层经营"提高农民组织化获得巨大成功的现实例子。

农户流转土地扩大经营，达到适足生活水平，并不一定需要像西方国家家庭农场那样经营大规模的土地。

课题组在山西省永济市蒲韩社区所做的农户土地流转的农户抽样调查数据分析的结果支持了上述的判断。调查数据结果表明，农户租出土地的动因在于务农劳动力的减少和来自土地收入占比的下降；租入土地的动力则来自通过达到种植的"适度规模"而取得较高收入。但整体上，农户家庭的劳动力并没有减少到不能支持每户几亩、十几亩土地耕作的程度，大部分农户仍有种植自家承包地的能力。

蒲韩社区农户调查的结果表明，该地域的农户的平均承包土地户均5.26亩。蒲韩社区有1/3左右的农村劳动力已经转移到城市，但几乎没有土地撂荒的现象。土地流转基本上为农户之间通过农民联合社为中介组织后流转，经过土地流转后，2015年农户的平均种植规模为10.7亩。蒲韩社区的土地流转，有力促进了农户之间种植规模形成差距。没有租入土地的户，平均每户种植5.3亩。有租入土地的163户，平均每户种植16.1亩，平均每户通过租入土地，种植规模整整提高了2倍。

蒲韩社区农户调查的结果表明，种植面积规模越高的农户组，农业收入占家庭收入的比重越高。种植到一定规模，农户收入就可以达到较高收入等级，甚至可以达到最高收入等级。种植面积20亩以上的农户组别，非农收入占比大幅度下降，农户已经绝对以农业收入为主要收入来源。调查结果也表明，对于一般普通农户，农业收入只占家庭收入的二三成，但农民对土地看重的程度却远远高过土地对于他们的实际价值。这也说明土地对农民而言，并非只是纯经济收入的价值，土地对农户生计的影响远非只是算账面上的收入这样简单的视角。

　　蒲韩社区农户的土地流转案例表明，通过社区联合社的社区集体组织为中介的农户之间的土地流转，是可以实现适当的农村劳动力转移进城后在农户之间通过土地流转实现适度规模经营，而且这种适度的土地规模经营可以实现农户以农业生产经营为主获得较高的家庭经营收入水平。这种土地流转后农业经营的规模效益除了支付给土地出租户的租金外会几乎完全留在了社区一般农户中间，而不是集中在少数的大户，因为一般农户通过适度规模的精心经营比大户过度规模的经营效率更高。10 年前，蒲韩联合社种二三百亩地的"大户"有七八十家，现在只不过剩下几家（郑蔚：《蒲韩联合社调查报告》，《文汇报》2017 年 9 月 28 日和2017 年 9 月30 日天下版）。

　　中国台湾实施的"小地主大佃农"对土地承租方进行了明确限制，规定承租方为以扩大规模为经营目的的自然人或农民组织，主要包括专业农民、产销班、农会、合作社和农业企业等，并为了引导农业从业人员年轻化，专业农民享受该政策时年龄应在 18 岁以上 55 岁以下，且必须在所学专业、从事农作年数或参加培训时数上达到一定条件，从事有机作物的还有额外条件。承租农地的范围为合法使用的非都市土地耕地和都市计划农业区，不包括台糖公司土地、公有土地及三七五出租耕地。农地租赁年期以 3 年以上为原则，考虑到作物的轮作需求，不排除短期租约，但承租面积中要有至少 1/2 以上符合长期租赁的原则。经营条件则包括以下几个方面：大佃农应以从事农粮、畜牧或农牧综合经营为主，并尽量优先考虑进口替代或出口扩张的农产品；大佃农承租 2006 年和 2007 年连续两期体耕农地且领取承租奖励者，应以种植水稻、轮作奖励作物和有机作物等为限；大佃农承租耕地不得申请体耕补助或平地造林补助。为了解决对自耕能力的认定困难，中国台湾于 1976 年颁布《有关农地承受人自耕能力的认定标准及自耕能力证明书核发程序》作为自耕能力认定的依据，包含了 7 项内容：①申请自耕能力证明书者须为 16 岁以上的自然人；②目前非专任农耕以外之职业者；③目前非在校学生；④住所和所承受的农地，其交通距离在 10km 以内（又改为15km）；⑤直接从事劳力耕作者；⑥农事设备充足者；⑦现有农地未曾废耕者。

新型农业生产经营主体能够带动
普通农户的收入提高吗？

中国的普通农户的家庭农业经营收入占家庭总收入比重下降的最大影响因素固然主要归因于农户工资性收入的增长，但农户工资性收入快速增长的重要原因之一是农业经营收入比较效益太低。普通农户农业生产的土地规模太低导致农业经营收入无法提高的确是限制因素，但农民土地大量流转给大规模农业经营主体就可以让农户提高家庭收入吗？关键在于土地流转以后获得提高的农业生产效益能否让这些土地流转出的农户合理地分享。

农户工资性收入占总收入主要比重的背后的现实是，绝大多数的农户尚无法依靠这样的收入举家转移进入城镇的居民生活方式，大部分的农户仍然有老人和儿童这样的非劳动力或弱劳动力人口需要留在农村。这部分农村人口的生计安排与农业经营收入的关系仍然非常重要，以农业土地为支撑的小农方式的生计安排仍然是不可或缺的。而且，这样的生计安排短时间内无法被替代。

整体上，绝大部分的农户的承包土地仍然还是由普通农户进行生产经营（65%的承包土地并没有流转出去，而是自家耕种经营；流转出去的也大部分是发生在普通农户之间，应该不低于20%；这样算下来，不低于85%的农地仍然是普通农户在耕种经营），而且绝大部分是从事粮食等大宗农产品的生产。虽然这些大宗农产品生产的经济效益不高，农户却可以通过家庭生计安排策略由弱劳动力从事经营，或通过购买生产服务等方式替代。当然也有一部分劳动力比较富裕的农户通过租入流转的土地获得适当的规模经营，这种规模经营一般主要是在利用自己家庭劳动力的基础上进行的。这样，留守在农村的人口的农产品消费主要是农户自己生产的，他们也为了生计策略安排而不撂荒和生产低效益的粮食等大宗农产品，为国家的粮食等大宗农产品生产的安全做出巨大贡献。

我们认为，近年来农业增加值的提高并没有比较大的部分归入到普通农户的收入增加中。

从事农业生产经营几乎都离不开土地。有一半左右的农业增加值不由一般农户生产经营，它们应该由农业公司、规模化家庭农场等形式新型的农业生产经营主体进行。2015 年 33% 流转土地中的一部分，会被这些规模化集约化农业生产的组织实体租用经营。从目前可获得的调查数据，农村承包土地 1/3 的流转绝大部分是本社区农户之间相互流转，农户之间土地流转的农业增加值仍然会算在农民人均农业纯收入中。"工商资本流转的土地大约占到 10%。韩俊指出，这样的流转速度和比例在发展中国家，几乎是最高的。"（《中国土地流转率达 30%　工商资本流转的土地大约占到 10%》，腾讯财经 2015 年 5 月 19 日。）这些主体大部分的流转土地用途都为从事高附加值的经济作物的经营，用于从事大宗粮食作物生产的比例比较少。相当一部分的农户劳动力会被这些新型农业经济主体雇用，获得务工收入。

我们知道，这样的土地流转一般都是集约化现代农业经营，资本和中间投入品比较多，公司农业雇工的劳务支出占企业的经营增加值的比重并不会太多。我们从国家统计局的农村住户家计抽样调查的统计数据可知，2016 年农户的资产性收入只占 8%，绝大多数还是来自金融和固定资产的收益，农户能够从土地流转获得的租金收益比例会更加少得多。因此，另一半不由农户直接生产经营的农业增加值最后会通过劳务和租金再次分配到农户收入中的比例会很小，基本上不会有多大的影响。黄宗智等学者的研究表明，2010 年附近的中国农村，企业公司大农场和较大家庭农场雇用的农业劳动投入只占全国农民全部农业劳动投入的 3%（黄宗智、高原、彭玉生：《没有无产化的资本化：中国的农业发展》，《开放时代》2012 年第 3 期）。这样比例的农业雇工收入当然无法给农户整体上带来显著的工资性收入贡献。

在现代农业生产领域，竞争也非常激烈，各种新型农业经营主体在经营规模、农业科技、市场营销、物流运输等各个环节占据优势，挤压小农户的生存空间。课题组达林太等人的研究结果表明，在普通牧民的奶牛养殖生产的整个产业价值链中，奶农生产者在各利益相关者之间的分配比例远远小于农业公司和国家从整个产业链中间分配的利益：

表3　　　原奶生产产业链上的各利益相关者之间的分配（2015）　　　单位:%

不同利益主体	金融资本	国家税费	技术专利	奶农效益
占比	3.6	35.1	43.1	18.2

武广汉 2012 年的研究文章提出，从 1999 年到 2010 年，中间商所获取的农产品增加值，与农民所获相比，已从两者总和的 44% 上升到 57%，而农民所占部分则已从 56% 降低到 43%。如果剔除农民"家庭用工折价"来计算，农民所获的部分，1999 年只有 29%，2010 年更降到 20%。（武广汉：《"中间商＋农民"模式与农民的半无产化》，《开放时代》2012 年第 3 期）

这些研究的成果提示，市场经济环境下的现代农业规模化集约化生产方式对普通农户的收入空间的挤占程度不断加大，单靠农户的家庭经营生产方式越来越无法支撑农户收入的提升，农业生产增加值的分配越来越倾向于规模化的工商资本。只有把分散的农民重新组织起来，通过社区综合性集体组织把农村社会重新整合起来，强化村庄公共性，再造村社共同体，国家的资源和政策直接对接到村社共同体，才能解决农业发展和农民收入提高问题。通过有体系的新型农业经营体系，让普通农户获得组织化涅槃重生，通过市场谈判地位提高和规模化社会服务降低农业中间投入成本，农业增加值还可以提高。国家再配之以适当的城镇化发展战略降低农民数量，农民的收入增长和农村发展就可以步入良性循环。

这就需要重新考虑真正探索实施"统分结合、双层经营"的农业经营体制，农村土地流转政策和制度是最为重要的基础内容。

农村、农业和农民是具有整体性的系统，而农业生产系统除了经济属性以外，更是具有局部村庄的自然资源与社会结构安排的不可分割的生态环境、社会文化和村庄治理等涉及社会可持续发展的有机系统。单纯重视土地的财产权属性和由此衍生出来的农产品短期产出利润最大化，并不能够保证农业生产的可持续性。经济主体之间为追求生产交易带来的利润最大化行为，并不能够全面完整地反映农业资源和农业生产力可持续发展的内在本质和特征。根据中国国情，探索发育类似日本、韩国、中国台湾地区综合农协体系的组织应该是一种选择，中国没必要也没有条件照搬欧美的农业生产经营模式。

农村土地流转的几种类型

根据课题组在我国中部地区农村所做的关于土地流转的形式的调查，目前的农地流转大体上呈现出如下几种类型：

第一，自发的小规模流转（从几分地到一二十亩，分散）；第二，从前者中慢慢涌现出来的较成规模的流转（从数十亩至上百百亩，或分散或集中）；第三，流转大户（数百亩乃至上千亩的集中式大规模流转）；第四，工商资本下乡大规模流转土地。

类型一：农户间自发小规模流转

从流转主体看，都是农户之间自发流转，且流入流出主体间大多具有亲友关系；流转规模一般不超过几十亩，流转农地依然维持着当地的农业经营结构，主要用来种植粮食作物和经济作物，每亩农地每年流转价格主要集中在500—700元。

农户间自发的小规模流转具有以下特征：流转基本在村庄内部，大部分发生在亲友、邻居或者熟识的农户之间，流转双方有着较强的血缘、地缘关系；流转采取转包方式，流转程序简单，通常采用口头约定形式；流转价格通常较低，部分流转具有非货币化特征；流转期限通常较短，一年一定或者灵活决定，流入方负有照管土地之责，流出方亦可根据自身需要即时要回土地。

类型二：部分农户通过流转一定规模土地力农致富

这一类型流转的特点是：转入农户通常拥有较强的劳动力，或者具备一定技术和经营能力；基本采取家庭自营模式，主要依靠家庭劳动力配合农业机械完成农业生产，或者部分环节雇用一定劳动力完成，因此能够获得小康及以上水平的收入；转入农户有能力支付较高的地租，因而农地流转价格能够随行就市，较普通农户的流转价格为高，也因此，转出农户非常乐意将土地流转给这样的农户；通常具备一定流转规模，大体上从三四十亩到百亩不等；流转土地一部分用于种植粮食作物，一部分转向种植经济作物；流转采取转包或租赁方式；流转预期较为明确，虽然双方基本上一年一定，但是通常都能持续流转数年；不过，流转土地大多仍为分散流转，地块零散不连片，不太方便耕种。此类型的流转，是基于农户小规模自发流转基础上的进一步发展的形态，不具风险，对流转双方皆非常有利。

类型三：本土人员进行大规模集中式农地流转

农地大规模集中流转，改变了熟人社会自生自发式小规模流转的逻辑和规则，与前面两种类型有着极大的不同。其特征是：第一，虽然转入农地者都是本乡本土人员，但是流转双方基本脱出了乡村熟人社会的人情关系，而更接近于市场交易主体。第二，流转价格随行就市，甚至抬得较高，因为集中式流转的实现有赖于说服诸多农户同时让渡其农地经营权。第三，双方通常签署有正式流转合同。第四，流转通常采取租赁方式。第五，农地流转规模大，超出了家庭经营模式，推动土地经营方式发生转变，转而以雇工经营为主、家庭经营为辅。第六，雇工成本成为一项重要支出，对人员组织和监管的要求大大提高。第七，经营管理的重要性凸显。第八，由于农业生产的投入和产出规模巨大，使得经营活动更容易受到市场因素的影响，更需要对市场和相关信息的充分了解、适应和驾驭。第九，这一类型流转的出现有不少是受到当地政府和政策的激励，而这类地方政策的出台和实施，具有一定不确定性。

类型四：工商资本下乡大规模流转土地

工商资本下乡流转土地具有如下特点：第一，转入主体为外来企业，与乡村社会没有关联，投资农地的主要乃至唯一目的在于获得投资收益。与此有所区别，前面几类流转，转入主体或者为农户，或者与乡村社会存在千丝万缕的联系。第二，前面几类流转，或者完全依靠家庭经营，或者至少以家庭经营为辅，工商资本流转农地则完全依赖雇工经营。第三，流转规模大，动辄数百上千亩，对乡村既往耕作方式改变巨大。第四，流转价格高，流转涉及众多农户，要达致村庄和所有农户的同意，需要支付较高地租，而转入主体往往财力雄厚，有能力支付较高租金。也因此，工商资本下乡往往影响农户流转价格预期，推高租地价格，进而对前述几种农地流转类型产生影响。第五，流转时间长，前面几种类型流转往往限于一年一定，最多以五年为限，此一类型流转期限则至少在五年以上。流转时间长，则自然削弱作为流出方的村庄和农户对土地的掌控权利。第六，企业与村庄或农户通常签署正式流转合同，明确双方各自的权利与义务。

较具规模的集中流转（类型三和四），大多与政府的刻意推动有关。一些地方的土地托管方式，也与政府的大力推动有关。

本课题研究组的调查有如下基本结论：

第一，占有最大比重的农户间自生自发的小规模农地流转，内生于乡村社会，受熟人社会规范约束，不会造成土地剥夺和土地破坏，也不会导致非粮化、非农化风险和其他社会风险，基本能够保证流转双方的权益，有利于村庄和农户增加收入和减少贫困。

第二，部分农户依靠自身体力或种养技术，经由小规模农地流转，逐渐扩大转入土地规模，脱颖而出，力农致富，形成一种新的具有生命力的流转类型。这一类型的流转一方面仍受乡村熟人社会规范约束；另一方面注重技术、市场和经营，转入农户收入有保障，有能力支付较高流转价格，乃至提供一定雇工机会。流转无论对涉及农户还是对整个村庄发展都有利，对村庄和农户减少贫困有正面作用，所以应予大力提倡、鼓励和支持。

第三，农地大规模集中流转，无论流转主体是本土人员，还是外来工商资本，都存在较大社会风险和不确定性，应予充分关注和严加规范。目前学界和决策层对工商资本下乡的风险，已有充分的留意和关注，而对本土人员所推动的大规模集中流转的风险，似乎尚留意不多。这一类型的流转，通常受到地方政策刺激，与下乡的工商资本一样，脱离乡村社会的规范约束，雇工经营，对资金、技术、市场、管理的要求高，迄今为止成功案例少，对涉及农户和村庄来讲存在较大风险，稍有不慎即有陷农户于生存困境的危险。

第四，要防止地方政策的跑偏，防止改革举措被基层利益团体扭曲利用。不同的政策取向和举措会产生不同的指向作用，政策鼓励农地适度集中和发展新型农业经营主体，为基层民众提供了一个结构性的发展机会和条件，但究竟何为适度规模、要鼓励什么样的新型农业经营主体，应该在因地制宜和尊重差异的前提下，经过审慎思考和实践检验，形成符合事实的认知。

土地流转的方向是否应该是规模化家庭农场？

最近，有文章提出，我国农村农业生产主体的未来发展方向应该是家庭农场（张红宇、寇广增、李琳、李巧巧：《我国普通农户的未来方向——美国家庭农场考察情况与启示》，《农村经营管理》2017 年第 9 期）。文章认为欧美的农业发展趋势代表了世界农业发展的规律性方向，家庭农场支撑着农业生产经营的绝大部分。

据该文介绍，目前，我国普通农户有 2.6 亿，其中家庭承包经营农户有 2.3 亿；家庭农场有 87.7 万个，其中在县级以上农业部门纳入名录管理的家庭农场达 44.5 万个。家庭农场数量在快速增长，规模不断扩大。从纳入县级以上农业部门名录管理的家庭农场来观察，2016 年总量为 44.5 万个，比 2015 年的 34.3 万个增长了 30%；平均经营土地面积增长，从 2015 年的 151.5 亩增加到 2016 年的 215.1 亩，扩大了 63.6 亩。

该文认为家庭农场的发展趋势是规模趋向扩大，因此，文章作者认为中国未来农业经营主体的土地经营规模将主要会是规模 200 亩以上的家庭农场。虽然文章也认可这种规模的家庭农场要在中国成为主体尚需要比较长的时间，但既然是方向，那么现有以普通农户占绝大部分比例的土地的流转方向就应该是朝这样的家庭农场发展。

然而，现有的这些 200 亩以上的大中型规模的家庭农场是否主要都是从普通农户那里流转过来的承包耕地？虽然目前还比较缺乏这种模式较为全面的调查统计数据和结果分析，但从很多的农户手中流转到成片规模的土地集中经营的交易成本非常高，稳定性也差，完全通过自愿流转获得的可能性很低。一般都会涉及行政部门的干预推动，或者是从过去的国营农场流转过来情况比较多。

这样的家庭农场显然不是一般的农户，是资本密集型的现代企业经营方式的农场。实际就是大规模土地资本密集生产方式替代小农生产方式的农户。如果这样的土地规模的家庭农场成为中国农业经营的主体，那其经营面积应该超过全国农村农户承包土地面积的一半。以 13 亿亩承包耕地推算，就应该有 6.5 亿亩土地流转给这样的家庭农场去经营。300 多万个家庭农场将替代 1 亿多的农户，被替代的小农家庭涉及大概 4 亿农民人口，要么成为无地的农业雇用工人的家庭，要么进入城镇成为市民。

由于中国农村实行土地集体所有、农户承包经营的农业经营制度，未来家庭农场主体扩张所需要的农地几乎都需要从农户和农村集体流转过来。目前尚没有看到关于这种大规模土地集中到家庭农场的方式对涉及的农村社区的全面的社会经济影响评估的结果。只根据这种方式的生产效率和经营者的农业收入，不考虑发展过程中对其他利益相关者，特别是对流转土地涉及的普通农户和农村村庄社区的影响就轻率提出将其作为未来农业发展政策的基本走向的依据，是不够谨慎的。未来这种家庭农场方式的农业经营要成为主体，必然需要大规模地从普通农户手中流转土地，也必然会对普通农户的生计和中国农村村庄社区的结构形态产生重大的影响。

陈锡文最近在某个大学的经济论坛中认为：要实现土地的规模经营，以前的思路是鼓励土地经营权流转，把土地集中起来再去实行耕地的规模经营。他表示，真正要实现有效益的规模经营，仅靠土地流转是不行的。目前一些农民会采用土地托管的办法，请人代耕，或者花钱购买社会化的农业技术服务，这样，在土地经营权没有流转的情况下，同样实现了在小块土地连片上使用最先进、最现代的农业技术。"所以可以看到，农民通过创新经营方式，而不是简单靠土地流转，仍然可以实现土地的规模经营，享受农业现代化成果。"陈锡文说，要认真总结这些经验，使中国的农业经营体系更加健全。中国农业效率不高、竞争力不强，很重要的原因是农业经营的土地规模过小，制约了农业效率的提高。但如果只考虑农业的效率和农产品的竞争力，不考虑农民的出路在哪里，是解决不了中国农村问题的（陈锡文2017年9月23日在《第三届复旦首席经济学家论坛》的发言整理稿）。

本课题组在山西省永济市蒲韩社区、内蒙古赤峰市克什克腾旗、河北省玉田县鸦鸿桥镇刘现庄等地做的关于土地流转的案例调查也证实了这一点，农民通过创新农业经营方式，特别是通过集体经济组织和合作社组织的功能，探索双层经营的实现形式，因地制宜，完全可以实现农业经营的规模生产。同时，普通农户的生计和村庄社区的治理和乡村发展都可以进入良性循环。这种通过组织农民，农民自己参与管理和发展的方式，不单农业生产实现规模集约化，村庄社区的土地整体功能性也得到保持和合理利用。

再造社区综合性农民合作经济组织

本报告最后提出探索中国农村培育产生新的村庄社区综合性农民合作经济组织，农村社区土地可以在这类组织构架下以多种可能性的方式实现流转。这类组织实际上就是社区全体农民的共同利益的代表，以整个社区的农民的福祉最大化为目标，组织安排社区资源，积累社区资本，追求社区可持续发展。

这里所说的社区合作经济是与一般合作经济有关联也有所不同的经济形态。它是社区合作性质的集体经济也可称为社群经济。社群经济（Community Economy 或 Community – based Economy）是以社群作为主体管理自身经济和社会发展的经济发展模式。它是为了实现本地经济的重建和振兴，而由本地居民共同构建和指导的一个全面的、多方位的发展策略，主要致力于加强社群所拥有资源的管理和促进本地经济社会发展，是一个整合了当地社群社会、经济、文化和生态目标的综合性发展策略，它在社群的经济资本与社会资本之间建立起了桥梁，从而避免了将经济问题与社会问题割裂开来。社群经济模式与传统的资本主义经济不同，是在考虑货币利润的同时，还优先考虑公平、可持续和参与性，重视复杂的、相互依赖的和非市场的相互作用。社群经济发展模式近年在国际上引起很大重视，被认为是可以帮助落后地区尤其是偏远农村地区实现脱贫致富和可持续发展的重要途径。

社群经济与合作经济有很大的相容性，有学者认为合作经济是社群经济的核心。只是，合作社更强调经济参与和民主治理，而社群经济将综合性发展战略、多功能性、整合社会与经济目标、推动社会资本和人力资源建设都放在重要位置。所以说，社群经济是包含了合作经济在内，并较之合作经济更为广泛和深刻的经济形式。

称社群经济为社区经济或者社区合作经济，就是想区别于集体经济和一般合作经济。这种强调综合性发展、多功能、整合社会与经济目标的社区合作经济的最好典范，就是 20 世纪 50—80 年代的东亚农协模式，即日本、韩国和中国台湾地区的农协（农会）。它既是社区农民群体的载体，也是政府和农民之间的枢纽，是乡村治理乃至影响国家治理成败的机制，它的组织架构是法定社团而不是合作社，但这并不影响它在法定社团的架构内允许和鼓励合作社组织形式的存在与发展。在三地的本土经济起飞阶段，这种特定的法人社团都起到了"促进农业合作组织发展，以提升农业生产力水平及农民的经济与社会地位，进而促进国民经济发展"的作用。

这种类型的合作组织以集体社会资本辖制集体经济资本，统合乡镇地域内规模化的社会与经济综合发展。我们称其为社区合作经济方式，称蒲韩—金店的农民组织为"统分结合"的"社区合作制集体"。在一定条件下，它们有可能发展成为不输于东亚综合农协的中国式综合农协模式。

工商资本下乡与农村土地利用

——重庆千秋村十年试点①

张浩②

摘要：理想的城乡关系，应是互通有无，取长补短，各得其所，共存共荣。城乡要素的自由流通和平等交换是实现理想城乡关系的关键。在遵循土地利用规划和保障农民权益的前提下，工商资本下乡可以提供农村稀缺的发展资源、有效盘活农村土地资源。试点案例的实践表明，目前政策法规对农村集体建设用地的使用限制，使得下乡的工商资本面临风险，阻碍了城乡之间的资源对接。

关键词：城乡统筹发展　工商资本下乡　农村土地利用

一　问题的提出

长期存在的城乡二元结构和巨大的城乡差距，是制约城乡协调发展的主要障碍。中共十八届三中全会《关于全面深化改革若干重大问题的决定》指出：必须健全体制机制，形成以工促农、以城带乡、工农互惠、城乡一体的新型工农城乡关系，让广大农民平等参与现代化进程、共同分享现代化

---

① 本研究受国家社科基金青年项目"梁漱溟与费孝通乡土重建思想比较研究"（批准号：13CSH003）和中国社会科学院社会学研究所创新工程研究项目"农村公共事务治理研究"资助。本文刊登于北京农禾之家咨询服务中心内刊《综合农协》2017 年第 3 期（总第 25 期）。

② 作者系中国社科院社会学研究所农村与产业社会学研究室副主任、副研究员。

成果。

作为城乡二元结构的一部分，目前的农村土地制度也是一种二元分割体制。全国土地被分成城市国有土地和农村集体土地，农村集体土地又被分成农用地和建设用地，不同土地类型隶属不同的权利体系，由不同的机构管辖，遵循不同的运作规则。农用地只限于农业用途，农用地的转用（非农化）由政府垄断，农村集体建设用地的使用受到诸多限制。基于土地用途管制制度，各级土地行政管理部门自上而下一级级编制土地利用总体规划，直至到村庄的每一块土地，每一块土地的用途都予以规定，从理论上和从管理的角度讲，无可厚非。但是对于村庄和农户来讲，村上一幅土地究竟何用，各幅土地如何搭配，要看土地在谁人手中，很难定于一端，且随着世易时移，始终不免有变。现在的问题是，不同土地用途一旦确定，即被纳入不同的管理系统，各自为政，缺乏配合。正因如此，尽管土地利用总体规划已经历经三次编修，但是在城乡社会急剧转型、新型工业化和城镇化快速推进的大背景下，土地规划缺乏战略性、科学性的问题却始终难免为人诟病，整个规划也终究不免"纸上画画、墙上挂挂"的命运。

为了破除体制障碍，满足现实需要，新一轮农村土地制度改革试点大幕开启。一方面，试点推进农村土地征收、集体经营性建设用地入市、宅基地制度改革（所谓"三块地"改革），推动建立城乡统一的建设用地市场。2015年1月，中共中央办公厅、国务院办公厅联合印发《关于农村土地征收、集体经营性建设用地入市、宅基地制度改革试点工作的意见》，选取33个市区县进行封闭改革试点，试点任务至2017年年底完成。另一方面，推动农地经营权从承包经营权二次分离，加快推进农村集体土地确权颁证，为农地流转提供制度基础和保障。2014年11月，中共中央办公厅、国务院办公厅联合印发《关于引导农村土地经营权有序流转发展农业适度规模经营的意见》，提出实现所有权、承包权、经营权"三权分置"，引导经营权规范有序流转，计划用5年左右时间基本完成土地承包经营权确权登记颁证工作。

近年来，在从"乡土中国"到"城乡中国"的转变过程中，城乡关系出现新的特点、面临新的问题。在城镇，土地成为极度稀缺的资源，同时大量资本集聚，等待投资获益机会；在农村，则普遍缺乏发展资金、技术和先进经营模式，与此同时大量土地富余闲置。理想的城乡关系，应是互通有无，取长补短，各得其所，共存共荣。工商资本下乡，投资农村和农业，带去农民所需的资金和技术，也获得自身的收益和回报，便成为一个现实的选择。事实上，过去几年工商资本下乡的情况也的确越来越多。据农业部2015 年统计数据，过去3 年流入企业的承包地面积年均增速超过20%，截至2014 年年底，流入企业的承包地面积已达3882.5 万亩，约占全国农户承包地流转总面积的10%（陈晓华等，2015）。

然而，工商资本下乡，存在风险隐患。工商资本下到农村，是要投资回报的，而如何在不损害土地资源和农民利益的前提下，通过正当投资和合法经营实现自身合理收益，是个不小的挑战。部分工商资本往往铤而走险，步入歧途，大搞圈地和非农建设，挤占农民就业空间，加剧耕地"非粮化""非农化"倾向，不少学界研究和公众媒体一再对此提出警示（陈锡文、韩俊，2002；郭亮阳、云云，2011；贺雪峰，2014；张晓山，2015；蒋永穆、鲜荣生、张尊帅，2015）。决策层也对工商资本下乡采取谨慎态度，中央政策一再明确要求，为了防止工商资本长时间大面积租赁农地、挤占农民就业空间、加剧耕地"非粮化""非农化"倾向，在农村土地流转中不能搞大跃进、强迫命令和行政瞎指挥，要加强对工商资本流转农村土地的监管和风险防范，设立严格门槛，严禁租赁耕地改变用途。最新的一例，是农业部、中央农办、国土资源部、国家工商总局于2015 年专门联合下发《关于加强对工商资本租赁农地监管和风险防范的意见》，就引导工商资本发展适合企业化经营的现代种养业、加强工商资本租赁农地规范管理、健全风险防范机制和强化事中事后监管等问题进行了明确规定。

那么，究竟如何才能做到在尊重农民权益的前提下实现工商资本下乡从而实现城乡互利互补共同繁荣呢？目前工商资本下乡在土地使用方面面临哪些局限和困境呢？

二 研究案例

本研究案例位于重庆市九龙坡区西彭镇千秋村。

重庆市是全国统筹城乡综合配套改革试验区，在推进城乡一体化发展方面先行先试，做了不少工作，"地票"的推出受到全国的极大关注，"土地换社保"也曾遭受广泛的质疑。促进包括土地资源在内的城乡要素的双向流动与平等交换是统筹城乡发展试验的重要内容，2008 年，重庆市发改委选择设立了"重庆市十大城市资源下乡示范项目"，作为"以工促农、以城带乡、工农互惠"的尝试，鼓励和引导城市工商资本下乡，投入新农村建设。项目之一落户九龙坡区西彭镇千秋村。

千秋村包括 11 个社 703 户 2016 人，拥有土地 4500 亩。2007 年 11 月，重庆市国土资源和房屋管理局与九龙坡区政府签署协议，选取千秋村作为"实施土地整理工程、推进城乡统筹发展、共建社会主义新农村"试点，简称"千秋村试点"。2008 年，由民营的重庆庆业爱农生态农业有限公司（爱农公司）主导的千秋村试点的载体项目——千秋生态农业园区项目——成为前述十大示范项目之一。

三　村庄规划：确定土地用途

千秋村地处都市核心圈，具有良好的区位优势。村庄北接高新区九龙园 C 区和双福新区，南接西彭工业园区；临近市农科院、双福农产品物流基地；绕城高速、省道帽九路和大溪河穿越园区，交通便利。结合自己的良好条件，在重庆爱农公司的帮助下，村庄主动与国土部门对接，2009 年结合产业规划编制的《村级土地利用规划》通过了相关专家评审和市国土部门的行政审批，区政府下达了正式批文。在此前后，又分别与发改委和规划局等涉及规划管理的部门取得联系，完成了村庄产业规划并通过了区政府组织的评审和区发改委的审批，又结合产业规划和土地利用规划编制了《千秋村规划》，最终也通过了评审公示并由市规划局下达了正式批文。由此，全市第一个村庄规划、土地利用规划和产业发展规划"三规叠合"的村民参与式村庄规划体系全面完成。

在城乡分隔体制下，农村长期处于规范化的规划管理和建设管理体系的盲区，隶属不同部门的规划权也使得不同规划因缺乏相互的协调而无法实施。以土地利用规划为例，正如陈锡文（2013）所指出的，任何国家的土地制度都需要同时解决好产权保护（通过明晰土地产权保障产权人的合法权利）和用途管制（土地利用既关系到土地收益人又关系到社会公众，因而需要政府对土地实行用途管制），实现两种权益之间的平衡的关键前提，是要有一个科学、合理、公开、透明的土地利用规划，因为土地的价值取决于土地利用规划所确定的土地用途。千秋村"三规叠合"的村庄规划为探索破除城乡分治的规划管理体制的路径和村民参与式规划方法做出了有益尝试。与此同时，通过这一规划，城市建设管理的基本要素被引入村里，使得村庄的建设行为能够如城市建设项目那样获得建设管理各相关部门的介入、指导和监管。

四 专业合作社：实现农地流转

农村土地家庭承包制一度激发了农民的生产积极性，解放了农村生产力；但是在人多地少的硬性约束下，土地分配日益细碎化，经营农业收益低下，迫使大量农村劳动力放弃种地、外出务工。据千秋村党支部书记介绍，村里大部分的男劳动力都在外打工，三四十岁以上的村民都是半工半农，20来岁的人则基本不懂庄稼，念完高中或大学后基本不回家，平时村里基本只剩下妇女、儿童和老人，村里耕地一度撂荒严重。通过土地流转实现规模经营和规模效益，成为可行的路径。

从2007年开始，爱农公司与村委会签署协议，在村里推动土地流转。在充分尊重农民、遵循土地流转自愿的原则下，通过"分期推进、示范推动"，让农民逐渐加深对土地流转的认识，提高土地流转的积极性。2008年完成了9、10、11三个社的一期土地流转，2009年完成了3、4两个社的二期土地流转，2010年完成了剩余的1、2、5、6、7、8六个社的土地流转。这样用3年的时间，实现了全村11个社、3700亩农地的流转，参与土地流转的农户占到全村农户的97%。结合土地承包经营权年限，土地流转期限定为17年。97%的土地流转率证明，只要自身权益能够获得尊重和保障，农民欢迎城市工商资本的进入。大多农民认为这样的合作形式比征地好，因为可以长期与城市资源共同发展，获取长期收益。

实现土地流转的载体是农民专业合作社。公司最初的设想，也是最简单最通常的做法，是农民直接将土地入股到专业合作社，公司拿钱入股，通过对产业规划中某个项目的实施来运作，但是土地股权与现金股权在实施中的比例不好确定，农民也不愿意拿土地入股，而是希望拿到土地租金现钱。最后的做法是，尊重农民意愿，先由村民以每亩每年1000斤稻米的租金价格将土地租给公司，然后由公司和愿意加入的村民共同组建专业合作社，公司将租来的土地作价入股（价格与支付村民的土地租金相同，也是每亩每年1000斤稻米），农民则以现金（也即出租土地的租金）入股，农民占70%股份，公司占30%股份。这样，租给公司的土地，通过专业合作社的架构，重新回到农民手中。不同的是，这时候的土地，已经实现整合。而只有实现了土地整合，才有条件做进一步的投入，发展大农业。

实现整合之后的土地，其使用以实际需要为原则。比如作为千秋园区果蔬产业化项目的主要实施单位，由千玉马果蔬种植专业合作社承担的千秋葡萄主体公园已经完成近300亩大苗示范园和育苗基地的建设。合作社按照专业合作社法和公司法运行，实行民主化管理，由公司负责投资、产品销售和系统整合，由专业合作社负责农业生产组织管理，由农户负责基本生产单元的生产作业，明晰和细化了"公司+专业合作社+农户"的产业组织形态。由于需要较大投入，而原始入股资本金有限，爱农公司拿出一部分资金借给专业合作社使用，等到专业合作社产生收益，再逐步偿还公司债务，这既保证了农业产业项目的投入，又使得农民在资金较少情况下能够占有较大的股权比重。在具体的生产组织过程中，为避免重蹈人民公社缺乏激励的覆辙，采取了联产承包责任制的办法，在合作社内部分成若干个组，由股东尤其理事出面管理作业组，作业组则通过竞争上岗。比如葡萄园的田间管理，一人表示一年要两千块钱，另一个人表示只要一千五百块钱，那么就把这片地的田间管理给第二个人。合作社并请来重庆农科院的专家对葡萄苗设置了考核指标，年终对指标进行考核，对其承包情况进行考核，田间管理费平常只给60%，剩下的40%在年终考核合格后补发。

土地流转后，经营主体发生了变化，由原来的小农经营转变为合作社经营。农民身份也发生了变化，从经营主体变成了股民、社员和农业工人。经营主体的变化不仅带来了农民身份的变化，也在一定程度上改变了原来分散经营中由妇女和老人承担大量农活的状况，并为村里一部分上年纪的劳动力提供了务工机会。农民收入构成也发生了变化，由土地经营收入变成了租金收入，或者租金收入＋劳动收入，或者租金收入＋劳动收入＋分红收入。下表为项目所在地农民的人均收入情况。

项目所在地农民人均收入　　　　　　　　单位：元

收入来源	2008 年	2009 年	2010 年
租金收入	351.8	665.6	1954.4
务工收入	5960.3	7500	9753.5
分红收入	0（项目尚未投产）	0	0
以青苗费名义给予的一次性补偿	126.1	135.75	753.6
合计	6237.9	8361.14	12471.5

五　农民新型社区：推动建设用地开发

在实行农用地使用流转的同时，根据村庄整体规划，爱农公司开工兴建千秋农民新型社区。新型农民社区的建设，引入城市建设项目的做法，规划、国土、建委、环保、消防等各有关部门都有介入，全程跟踪监管。这是一次新的也是艰难的尝试，九龙坡区专门开了两次协调会，把相关各部门召集到一起，探索如何做好这件事。

截至 2011 年 10 月，新型社区一期建设项目已经实施，45000 平方米的简装修住宅的建筑主体已经完工，小区环境及配套工程正在实施，这些住宅将以成本价安置给一、二期流转的五个社的 300 多个农户及全村的危房户。农民新型社区将在一定程度上改善部分村民的居住条件，节省一部分的土地资源。

租种土地、推动农业产业项目和建设农民新型社区，都需要资金投入。为了支付农地租金、建设相关设施以及兴建新型社区，爱农公司相继投入

7000 万元。

资本讲求逐利，公司搞项目当然要考虑投资收益，赔本的买卖不能干，城市资本下乡自然也是如此。但是到目前为止，大量的投入尚看不到回报。在耕地这一块，当初公司租下村里土地，按每亩每年 1000 斤稻谷的价格支付村民租金，然后公司与村民一起组建专业合作社，公司以土地入股，每亩土地份额与支付给村民的租金相同，公司并不挣钱，而且还另外垫付部分资金给专业合作社使用。如果合作社没有收益，公司就无法获取回报。合作社要取得收益，就需要追加投资，进一步推动土地上的农业产业化项目，但是后续资金尚未有着落。投建农民新型社区，以成本价安置给村民，因而也是不挣钱的。按照爱农公司老总的说法："现在城乡统筹面临的最大问题，是城市资本的投入看不到回报。7000 万只见投进去，不见收回来。整个耕地这一块儿，公司只是在跟着玩儿。农民新型社区这块儿也不挣钱。"那么，收益究竟从哪里来呢？

关键在于如何盘活通过土地整治、拆院并院、农民集中居住所节余出来的 370 亩集体建设用地。富余出来的这部分建设用地，没有占用耕地，也没有影响农民居住，如若能将这部分土地盘活，就可以带来很多收益。

按照现行土地法规，集体建设用地上是不允许建商品房的。看得见的教训，是区里另有一些试点项目，就是因想通过建小产权房获利而触犯了法规，因而被废止。可行的土地使用方式，一种是通过征地程序，将其转为国有，然后公司获得国有土地使用权，进行开发利用。但这样一来，只是走了以往老路子，失去了统筹城乡试点的意义。另一种方式，是将这些土地复垦，换取地票（集体建设用地指标），拿到土地交易市场去交易。但是由于农村土地交易所只能在现行以二元结构为基础的土地管理制度框架内进行运转，每亩土地指标的最高价值也不过 30 万元，这样算下来，总收益有限，且只是一次性的；而且如果通过地票的形式把这部分建设用地指标卖出去，村里就失去了这片土地作为建设用地的开发使用权，缺乏了这个带动，村里 3700 亩耕地也就失去了产生更高价值的机会。无论对村里还是对公司，都不合算。

还有一种使用途径，这也就是爱农公司设计中的最理想方式，根据千秋村的产业规划，节约出的这部分土地将作为示范农业和休闲农业的建设用地，进行开发利用，建设乡村酒店、休闲会所。就村庄所属的更大区域来说，城市化水平已经很高，因此，对这部分土地的开发利用，一方面可以使得公司和村里直接从中获取巨大收益，另一方面可以提高和增加 3700 亩耕地的价值。以 400 亩的葡萄采摘园为例，如果没有休闲会所、乡村酒店作为配套，就没有人愿意来采摘，单靠农民拿到市场上去卖，也就两三块钱一斤；而如果城里人到这里休闲消费，一斤葡萄可以卖到 20 多块钱。这个增加的附加值，就靠在建设用地上的休闲旅游观光设施。投资开发获得的收益，可以按照一定比例在公司和村庄之间进行分配，从而保证村民土地权益不受侵害。

但是，在这个问题上，障碍出现了。

六 困境：农村集体建设用地使用权受限

2010 年，爱农公司引进了一个英国投资商，商议合资建设酒店，对方出钱，爱农公司出地。对方律师让爱农公司出示土地使用权属证明，公司拿不出来，只好推说正在办理，对方表示等办好了再来商谈。尽管根据村规划，这个地方可以建酒店，但是对方认为，在土地使用权证办理之前，这幅土地既不是他们的也不是爱农公司的，要是把酒店盖上去，一旦产生争议怎么办？

问题就在于，迄今为止，这部分为数 370 亩的千秋村集体建设用地与爱农公司没有任何法律上的关系，公司无法获得明确的土地使用权利。前面提到，爱农公司的设想，是将这部分建设用地留在村内开发使用。但是在现行土地制度下，农村集体建设用地的使用权流转受到很大限制，无法做到如国有土地那样直接入市。《土地管理法》第六十三条规定，农民集体所有的土地的使用权不得出让、转让或者出租用于非农业建设。公司要想获得这些建设用地的使用权，只有走"先征收，再出让"的老路。

作为城市资源下乡和统筹城乡综合改革的试点项目，在千秋村试点开始之初，爱农公司就期待农村集体建设用地使用权向外部资源主体流转的问题能够获得政策上的突破，九龙坡区国土分局也曾起草了农村集体建设用地管理改革的文件，但是一直没有得到上级主管部门的批复。

爱农公司老总感到遗憾，当初没有选择以组建一个乡镇企业的方式来作为这个城乡统筹试点的投资体。虽然《土地管理法》第四十三条规定："任何单位和个人进行建设，需要使用土地的，必须依法申请使用国有土地""依法申请使用的国有土地包括国家所有的土地和国家征收的原属于农民集体所有的土地"。但与此同时，这一条中设置了例外条款，规定"兴办乡镇企业和村民建设住宅经依法批准使用本集体经济组织农民集体所有的土地的，或者乡（镇）村公共设施和公益事业建设经依法批准使用农民集体所有的土地的除外"。

爱农公司和千秋村试点走到了一个临界点。公司投资股东不愿意再行投资，而项目本身尚不能产生收益。如果无法通过建设用地开发或者土地承包经营权抵押获取资金，试验就无法持续下去。

据媒体报道，2014 年 4 月 15 日，爱农公司收到一纸律师函，当地政府限其在 4 月 20 日之前偿还拖欠的 1240 万元土地租金及镇政府借款，否则就要对簿公堂。在投资方惨淡支撑数年之后，参与千秋试点的相关各方彻底摊牌（王小乔，2014）。

七 结论与讨论

与其他地方的试验和做法比较，本文研究案例具有如下几个特点。

城市民营资本进入农村，开发利用农村土地。乡村的发展与城乡统筹，需要大量资金，但是乡村本身缺乏这一要素。设置在乡村的金融机构由于种种约束条件，非但远远无法满足乡村融资需要，甚或成为抽取乡村有限资金的工具。而由于担心城市资本下乡造成对乡村资源的掠夺和破坏，以及构成对村民利益的侵害，激化社会矛盾，无论政府还是学界，往往对城市资本下乡抱持迟疑的态度。因此，在很多地方，都是由地方基层政府在所谓城乡统筹中唱独角戏。而问题的关键在于，基层政府本身的逐利动机，同样会造成对乡村资源的掠夺破坏和对农民权益的侵害。千秋村的试点表明，允许城市资本下乡并不必然构成对农村和农民的侵害。在具备科学、合理、公开、透明的规划和切实保障农民权益的前提条件下，城市资本、民营资本的进入，实现城市资源和乡村土地资源的对接，将成为城乡统筹发展和新农村建设的助力。当然，农村土地对城市资本开放，需要设置一定的准入条件并建立健全土地使用过程中的监督体系。

村民的主体性和较为充分的参与。与政府的实施的征地开发相比，由于进入的民营资本不具备公权力及可能由此衍生的特权，只是作为市场平等主体的一员在与村庄和村民互动，因而在其参与乡村发展和项目运作的过程中，农民的主体性通常能够受到尊重。爱农公司老总反复强调，千秋村试点正在进行的探索是一种"农民本位"的城乡统筹发展尝试。

农用地流转与建设用地开发的相互支撑与有机结合。通过重新规划布局，严格遵照土地用途管制，使得农用地流转与建设用地开发合理搭配，相互促进，这是案例项目中最值得注意的一点。农用地流转和居住小区建设，不仅有利于农民收益增加、农户居住条件改善，土地流转后实施的农业产业化项目更为集体建设用地的开发利用提供了基础和条件；集体建设用地的开发利用使得流转公司获得收益，也反过来带动农用地的规模经营并提高农业产业化的收益，因此也对农户有利。客观来讲，这样的安排对村庄和农户是最为有利的安排。现行的乡村土地管理和利用的体系，是一种二元分割的架构，农地的使用和流转隶属农业行政主管部门管理，农地转用和建设用地则由国土资源行政主管部门负责。机构的分设、沟通协调的不足往往对乡村土地的合理利用和乡村发展产生不良影响。在千秋村的试点中，外来民营资本提供了农地流转和农业规模经营的首批资金，（至少在公司的设计上）对集体建设用地的开发利用则成为民营资本盈利的来源，也为村庄和村民带来一定收益，并对农业产业化经营提供进一步的支撑和保障。千秋村试点目前面临的问题，是城市资本下乡普遍遭遇的困境，也是新农村建设缺乏资源因而无从充分进行的重要原因。如果能将农村富余建设用地盘活并善加利用，就可满足城市资本下乡开发利用土地的需求，也可为农村的建设发展提供启动资金。当然，本研究案例中农用地与建设用地的使用搭配之所以能够实现，与其所处的特殊地理方位有关，在更广大的区域内，对村庄土地的开发利用，应当根据不同村庄各自的资源禀赋条件，发挥比较优势，因地制宜地善加利用。

事实上，这一情况业已为国家决策层所注意并做出回应，中共十八届三中全会文件指出：要建立城乡统一的建设用地市场。由于农村土地制度改革涉及的利益主体非常复杂，牵一发而动全身，需要谨慎稳妥进行，"边试点、边总结、边完善、边推广"。2015 年 1 月，中共中央办公厅和国务院办公厅联合印发《关于农村土地征收、集体经营性建设用地入市、宅基地制度改革试点工作的意见》，备受关注的"三块地"改革由此进入试点阶段，33 个县区市紧锣密鼓进行封闭试点，改革试点任务至 2017 年年底完成。不过，这里要指出的是，如果试点仍是建立在既定的土地用途管制和土地利用总体规划的基础之上，建立在每一块土地用途已经确定的基础之上，那么对于本文讨论的案例来讲，仍有无法解决的矛盾之处。在本案例中，农地流转后又包给村民，而村庄用地除去一部分用作村民居住小区，其余用地交由村流转土地的公司搞开发，这里的其余用地，既包括了原有的农户宅基地和村庄公共用地，也包括了集体经营性建设用地，若是这三种集体建设用地依然囿于各自原有用途（在本案例中是重新进行规划，打破了原有用途划分），那么改革试点对于这一案例关键问题的解决仍留有问题。当然，改革进入深水区，问题和状况纷繁复杂，只能循序渐进，一点点解决，一层层推进，无法一劳永逸地毕其功于一役。

因此，问题的关键，不在于阻止城市资本下乡，而在于政府提高自身的监管能力和水平，在开放城市资本下乡的同时，设置准入条件并加强监管，防止其构成对农民权益的侵害和对农村资源的破坏和掠夺；依照科学、合理、公开、透明的原则，切实加强制订和执行土地利用总体规划和年度利用计划的相关工作，增强规划的科学性、透明性和权威性。

参考文献：

陈锡文、韩俊：《如何推进农民土地使用权合理流转》，《中国改革》（农村版）2002 年第 9 期。

陈晓华等：《四部门发文规范工商资本下乡，防范耕地"非农化"》，《人民日报》2015 年 4 月 26 日第 002 版。

蒋永穆、鲜荣生、张尊帅等：《工商资本投资农业的现状、问题及对策建议——一个基于四川省省际调研的样本分析》，《农村经济》2015年第4期。

郭亮阳、云云：《当前农地流转的特征、风险与政策选择》，《理论视野》2011年第4期。

贺雪峰：《工商资本下乡的隐患分析》，《中国乡村发现》2014年第3期。

侯江华：《资本下乡：农民的视角——基于全国214个村3203位农户的调查》，《华中农业大学学报》（社会科学版）2015年第1期。

刘成玉、熊红军：《我国工商资本下乡研究：文献梳理与问题讨论》，《西部论坛》2015年第6期。

舒尔茨：《改造传统农业》，商务印书馆2007年版。

仝志辉、温铁军：《资本和部门下乡与小农户经济的组织化道路》，《开放时代》2009年第4期。

张晓山：《辩证地看待工商资本进入农业问题》，《江苏农村经济》2015年第1期。

周敏、雷国平、李菁：《资本下乡、产权演化与农地流转冲突》，《中国土地科学》2015年第8期。

王小乔：《土改"千秋"败局：一个重庆村庄的7年试点》，《南方周末》2014年4月24日。

农地流转的生计与贫困影响[①]

——基于河南某县的案例研究

张浩[②]

摘要： 本文基于河南某县的实地调研材料，讨论农地流转对村庄和农户的生计与贫困影响。不同类型的农地流转对村庄和农户有着不同的贫困影响。普通农户间的小规模自发流转，以及从中脱颖而出的少部分农户的较具规模的农地流转，受乡村社会规范制约，大体保证了流转双方的权益，有利于村庄和农户增加收入与减少贫困；而农地大规模集中流转，无论流转主体是本土人员还是外来工商资本，鲜有成功案例，都存在较大社会风险和不确定性，对村庄和农户的生计与贫困影响负面。因此，对农户间自生自发的农地流转中的佼佼者和中坚力量要予以大力支持和倡导，对本土人员大规模集中流转农地的风险要予以充分留意，对工商资本下乡大规模流转农地要予以严格监管和规范。

关键词： 农地流转　自发流转　大规模集中流转　贫困影响

---

① 本研究受中国社会科学院社会学研究所王晓毅研究员主持的乐施会研究项目"贫困影响评价指标与实施方法研究及试点项目"（项目编号 CHN－94298－01－1315A－S）及作者本人主持的国家社科基金青年项目"梁漱溟与费孝通乡土重建思想比较研究"（批准号：13CSH003）资助。本文刊登于北京农禾之家咨询服务中心内刊《综合农协》2017 年第 3 期（总第 25 期）。

② 作者系中国社科院社会学研究所农村与产业社会学研究室副主任、副研究员。

一 研究问题

中国的扶贫攻坚正处于关键阶段，力争到 2020 年现行标准下农村贫困人口全部脱贫。为了实现这一目标，在实施精准扶贫方略的过程中，需要多策并施，多管齐下。其中一个重要方面，就是要尽量避免政策和项目的出台实施对扶贫产生负面作用。《中国农村扶贫开发纲要（2011—2020）》提出："对扶贫工作可能产生较大影响的重大政策和项目，要进行贫困影响评估。"

本文主要讨论农地流转对村庄和村民的生计与贫困影响。这里的农地流转指的是农村承包土地的承包经营权流转。

农地流转始于 20 世纪 80 年代实行家庭联产承包责任制之后。随着工业化、城市化的推进和农村经济发展尤其是乡镇企业兴起，非农就业机会增加，部分村民外出务工经商或者在当地从事非农职业，基于现实需要，承包地的流转在农户之间自发出现。因应这一形势，1984 年中央 1 号文件《一九八四年农村工作的通知》在规定土地承包期 15 年不变的同时，指出："鼓励土地逐步向种田能手集中。社员在承包期内，因无力耕种或转营他业而要求不包或少包土地的，可以将土地交给集体统一安排，也可以经集体同意，由社员自找对象协商转包，但不能擅自改变向集体承包合同的内容。"这一文件为农村土地承包经营权流转奠定了政策依据。此后，一系列关于农村土地流转的政策法规相继被颁布实施，例如 2001 年中共中央下发的《关于做好农户承包地使用权流转工作的通知》、2005 年农业部制定下发的《农村土地承包经营权流转管理办法》、2014 年中办国办下发的《关于引导农村土地经营权有序流转发展农业适度规模经营的意见》等。

农地流转近年来呈现加速发展的趋势。20 世纪 80 年代后期以来，农户自发进行的土地流转，基本保持在 1%—3%，沿海部分发达地区和城郊地区比例稍高。农业部 1993 年进行的抽样调查结果显示，1992 年全国共有473.3 万承包农户转让农地 1161 万亩，分别占承包农户总数的 2.3% 和承包耕地总面积的 0.9%。1998 年参与流转的耕地占总耕地的比例为 3%—4%（陈锡文、韩俊，2002）。进入 21 世纪以来，农地流转速度显著加快，根据农业部数据，截至 2016 年 6 月底，全国家庭承包耕地流转面积达到 4.6 亿亩，超过家庭承包经营耕地总面积的 1/3，在一些东部沿海地区流转比例已经超过 1/2。近年来全国农地流转面积及占比参见下图。

近十年全国承包耕地流转基本状况

单位：亿亩；%

年份	流转面积	占比
2007	0.6372	5.2
2008	1.09	8.9
2009	1.51	12.0
2010	1.87	14.7
2011	2.28	17.8
2012	2.78	21.7
2013	3.41	25.7
2014	4.03	30.4
2015	4.47	33.3
2016		约 35

数据来源：农业部公布数字。

全国范围内超过 1/3 的承包农地参与流转，这一状况不仅极大地改变了既往的农业经营模式，而且无疑会对农民生产生活和农村社会结构产生深远影响。本文的问题是：农地流转对农民家庭的生计和农村社会的贫困状况产生了怎样的影响？产生影响的机制是什么？

二 既有研究

近年来农地流转快速发展的状况和趋势引起了学界的极大关注。继关于农村土地制度改革的讨论之后，最初是经济学者，继而是包括社会学者在内的其他社会科学研究者，竞相参与到关于农地流转的讨论中来。大体上，既有的讨论和研究可以归入四个方面。

第一个方面，是关于农地流转的进程、状况和特征（陈和午、聂斌，2006；史清华、徐翠萍，2007；黎霆、赵阳、辛贤，2009；叶剑平、田晨光，2013；张淑萍，2013；郜亮亮，2014；张兰、冯淑怡、曲福田，2014；国家农业部农村经济体制与经营管理司，2015）。农地流转在不同时期和不同地域有着不同的状况和特征，研究者基于各自掌握的实证材料对此进行了讨论。例如，黎霆、赵阳、辛贤（2009）基于山东、江苏、重庆三省市3个县（市）6个乡镇12个行政村617份农户抽样调查数据的分析结果表明，农地流转的形式日趋多样，并且租赁、股份合作等高级形式已有不小的比例；农地转出对象仍以本村农户为主，但转给工商企业的比重也较高，同时还出现了转给土地合作社的情况；土地流转前后经营结构有着较明显的变化，呈现出"去粮化"的趋势。又如，农业部农村经济体制与经营管理司根据对全国30个省、自治区、直辖市（不含西藏）农村经营管理情况统计年报数据汇总，指出2014年农村家庭承包耕地流转情况有如下特征：耕地流转比重突破30%；以出租方式流转的面积持续较快增长，比2013年增长23.8%，占流转总面积的比重提高了1.5个百分点；流转入农民专业合作社的比重持续提升，占比21.9%（其中以入股形式流转入合作社的比重占18.1%）；土地流转合同签订率稳步提高，耕地流转双方签订流转合同4235.3万份，涉及流转耕地面积为2.69亿亩，流转合同涉及耕地占流转总面积的66.7%；流转耕地用于种植粮食作物的比重接近六成；规模经营农户数量持续缓慢增加。

第二个方面，是关于农地流转的影响因素（赵阳，2007；黎霆、赵阳、辛贤，2009；孔祥智、徐珍源，2010；马瑞、柳海燕、徐志刚，2011；许恒周、郭玉燕、石淑芹，2012；谢琳、罗必良，2013；郜亮亮、黄季焜、冀县卿，2014；包宗顺、伊藤顺一、倪镜，2015；王杰、句芳，2015；马贤磊、仇童伟、钱忠好，2015）。这些影响因素基本上可以归入如下几类：第一，劳动力市场与非农就业状况。随着农户劳动力非农就业机会的增加，他们外出就业将获得更多的收入，用来耕作土地的劳动力的机会成本将越来越大，这种由经济发展带来的对劳动力流动的需求将刺激农地流转市场的发展。第二，农地产权特点。研究者强调清晰的产权是土地流转交易的前提，农户对土地产权的认知和土地承包经营权的稳定性就成为决定土地流转的重要因素。第三，交易成本。农地流转本质上是农地使用权的交易，在交易过程中交易双方面临信息搜寻、合约谈判以及执行等方面的交易成本。第四，农户特征。几乎所有关于农地流转决定因素的研究都会涉及农户特征变量——户主性别、年龄、受教育水平、能力，家庭人口、劳动力数量、财产等。

第三个方面，是关于农地流转的经济效应与影响（罗伊·普罗斯特曼、李平、蒂姆·汉斯达德，1996；罗必良，2000；刘凤芹，2006；Gao et al.，2010；郜亮亮与黄季焜等，2011；郜亮亮与黄季焜，2011；曹瑞芬、张安录，2015）。农地流转是促进农地规模经营的必经之路，也是提高农地生产效率的重要途径，研究者大多对此表示肯定；但也有部分研究对此提出质疑，认为家庭小规模经营才是最适合目前中国状况的经营模式。例如 Gao et al.（2010）、郜亮亮与黄季焜等（2011）的研究揭示了农地流转对农户长期投资的消极影响，经过比较流转农地与非流转农地上的投资差异，研究发现，当农户面对转入农地和自家地时更愿意在自家地上施用有机肥，农户在转入地上的有机肥施用概率和用量要比在自家地上的少，转入农地的使用权稳定性差导致了农户在转入农地上有较少的长期投资；随着农地租赁土地的稳定性提高，这种投资差异在缩小。郜亮亮与黄季焜（2011）的进一步研究表明，即使都是流转农地，由于在使用权稳定性上有差异，农户在投资上也有差异，从亲属转入的农地的已使用年限和合同年限都要比从非亲属转入的农地的相应年限长，几乎都要长一倍，相应地，农户在从非亲属转入的农地上的有机肥施用概率和施用量显著低于从亲属转入的农地。

第四个方面，是关于农地流转的社会政治影响和后果（陈锡文、韩俊，2002；吴晓燕、李赐平，2009；陈柏峰，2009；林旭，2009；贺雪峰，2011；王德福、桂华，2011；王德福，2012；杨华，2011、2012、2013；刘锐，2013；田先红、陈玲，2013；谢小芹、简小鹰，2014；何思好，2014；常伟、李梦，2015）。如果说，关于前三个方面的讨论主要是经济学者在参与，那么在这第四个方面，其他社会科学研究者充分参与进来。一些研究指出了资本下乡和大规模农地流转可能产生的社会政治风险（陈锡文、韩俊，2002；郭晓鸣、徐薇，2011；郭亮阳、云云，2011；贺雪峰，2014；王晓毅，2015；张晓山，2015；蒋永穆、鲜荣生、张尊帅，2015）。早在大规模农地流转开始增多的21世纪初，陈锡文、韩俊（2002）即有针对性地提出：农地流转应当主要在农户间进行，不提倡工商企业长时间、大面积租赁经营农户的承包地，"在农业剩余劳动力尚未能大规模转移之前，必须避免农村出现大资本排挤小农户，避免出现土地的大规模兼并，避免大批农户丧失经营主体地位、不得不沦为雇农的现象"。另一些研究围绕土地流转与农村社会阶层尤其是中农阶层的关系进行了有益探索和讨论（陈柏峰，2009；贺雪峰，2011；王德福、桂华，2011；王德福，2012；杨华，2011、2013；刘锐，2013；谢小芹、简小鹰，2014）。在一项颇具开拓性的研究中，陈柏峰指出土地流转对农民的阶层分化有着重要影响，土地流转形式影响到农民的土地占有状况，而土地占有状况很大程度上决定了农民的阶层状况，当下的乡村大体上存在外出经商阶层、半工半农阶层、小农兼业阶层、举家务工阶层、村庄贫弱阶层5个阶层。不同阶层之间存在转化的可能，除了少数完全不依赖土地、凭借在外努力获得成功的农户外，占有土地多的农户可以轻松成为半工半农阶层或小农兼业阶层，进入村庄的"中间阶层"，而占有土地少的农户只能成为举家务工阶层，如果境遇恶化，则可能落入村庄贫穷阶层（陈柏峰，2009）。贺雪峰（2011）依据农户与土地的关系对农村阶层作如下划分：脱离土地的农民阶层、半工半农阶层、在乡兼业农民阶层、普通农业经营者阶层、农村贫弱阶层。不同阶层的农民对土地收入依赖程度、对土地流转的态度、对待乡村秩序的态度也不尽相同。王德福等人（王德福、桂华，2011；王德福，2012；杨华，2012；刘锐，2013；谢小芹、简小鹰，2014）的研究更进一步指出了大规模土地流转对中农阶层和乡村社会的显著负面影响，认为农地大规模集中流转在资本逐利的驱使下，持续瓦解和替代村庄中间阶层，进一步加速农村精英流失，使社区公共事务和村庄治理丧失积极分子，农村社会秩序维系及其接应国家政策的能力面临困境，农村社会稳定受到影响。

总体上，既有研究讨论到了农地流转对农民收入和生计的影响，也注意到农地流转对农村不同阶层和群体有着不同影响。这些研究为我们进一步认识和理解农地流转对农村贫困的影响提供了基础。

三　研究对象与方法

本研究主要采用案例研究方法。研究资料来自笔者于 2016 年 3—5 月用

40 天时间对河南省 X 县的实地调查以及 2017 年 3 月为期一周的补充调查。在田野调研期间，笔者先后访谈了县农业局、土地局等相关部门的工作人员，一个镇的书记和副书记，一个乡的书记、副书记、常务副乡长和多名包村干部，该乡所辖三个村的村支书或村主任，以及其中一个村参与流入或流出土地的 30 多名村民，以分别了解县、乡、村的农地流转基本情况，并较深入地考察一些具代表性的农地流转类型和案例。

X 县位于河南中部，拥有 83.5 万人口（其中包括 73.3 万农业人口）和 91 万亩耕地（人均耕地 1.24 亩）。该县农地流转的历史与全国的基本情况大体一致，在分包到户之后只有零星的农地流转，进入 21 世纪以来农地流转的数量和规模才有所增加。县里于 2013 年年初专门组织考察组赴长三角地区就土地流转、家庭农场发展情况进行考察学习，随即于年中制定出台产业扶持政策，加大政策引导力度，积极推行土地流转，提出自 2013 年起至 2015 年止，对经工商注册为农业公司、农民专业合作社或家庭农场的，连片承租土地 200 亩以上（不连片则每块土地须在 50 亩以上）、租期 5 年及以上、承租土地用途符合现代农业发展规划的，每亩奖励 100 元；连片承租土地 1000 亩以上（不连片则每块土地须在 50 亩以上）、租期 5 年及以上、承租土地用途符合现代农业发展规划的，每亩奖励 150 元。2014 年，县里拿出支农资金 650 多万元用于补助扶持农业新型经营主体培育和产业发展；2015 年该项资金达到 850 多万。

根据县农业局提供的数据[①]，截至 2014 年 8 月，全县农村土地流转面积 32 万亩，占耕地面积的 35.2%，农地流转方式与比重参见下表。流转土地主要用于种植小麦、大豆等粮食作物，部分种植烟叶、大棚瓜果、花卉苗木等经济作物，另有少部分用于养殖。拥有农业企业 150 多家，农民专业合作社 698 家，经工商注册的家庭农场 89 家。据县农业局农经股股长介绍，当地家庭农场做得不错，是市里的示范点；而农民专业合作社则大多是空壳，真正合作的不多。

---

① 据县农业局农经股股长的介绍，全县与各乡镇的土地流转数据，只做过这一次统计，其中流转规模 50 亩以上土地有具体数字，其余小规模流转情况依靠大致估计。此后土地流转数据年年变动，基本依靠推估，没有再做统计。对于合作社、家庭农场和农业公司数量，也都是大体掌握。

X 县农地各种流转方式所占比重

流转方式	流转面积（万亩）	占全部流转面积比重（%）
转包（集体内流转）	12.2	38.1
出租（集体外流转）	11	34.4
转让	1	3.1
互换	2.2	6.9
其他（入股托管股份合作等）	5.6	17.5

在出现流转的农地中，绝大多数是农户之间的小规模自发流转。以 J 乡一个中等村 P 村为例，根据对村干部及每个村民小组内了解情况的农户的访谈，该村共有 43 户农户进行了 54 起流转，合计流转面积 454 亩，分别占全村 280 户农户和 1577 亩耕地的 15% 与 29%。从流转主体看，都是农户之间自发流转，且流入流出主体间大多具有亲友关系；从流转规模看，转入 20 亩地以上的有五户，转入 30 亩以上的有两户，转入 50 亩以上的只有一户，村里转入土地最多的一户，也不过转入了 75 亩；流转农地依然维持着当地的农业经营结构，主要用来种植粮食作物和经济作物，只有少数土地被用来搞养殖或者秸秆加工；从流转价格看，每亩农地每年流转价格主要集中在 500—700 元。

近几年，受当地政策激励影响，规模以上农地流转显著增多。根据 J 乡提供的一份清单，2014—2015 年全乡百亩以上规模流转土地共有 36 起，流转规模大多在 100—200 亩，最大一起为 1200 亩，流入主体均为本土人员，大多为当地村干部或经济大户，流转用途主要为粮食种植，少部分为烟叶或蔬菜瓜果种植，合同期限通常为 5 年，流转方式均为租赁。

另据 J 乡主管农业的常务副乡长介绍，近几年来工商资本下乡来尝试流转土地的事例骤然增多。最新的两例，一例是去年秋收时节临近某市一家公司，派人来来往往磋商了好几回，终因流转价格问题未能达成一致而破局（该案例具体情况参见下一节讨论）；另一例是郑州一家房地产集团公司，因为产业发展面临瓶颈，今年年初通过政府人脉关系找到乡里来，要流转万亩土地，最后事情不了了之。这些外来工商资本，不仅财大气粗，而且拥有过硬的人脉关系，往往通过市县政府的领导介绍而来，不易甄别，不好推辞。常务副乡长自觉虽人微言轻，却也负有守土之责，有责任替村民把关，有必要弄清对方真实意图。"现在外来公司来洽谈流转土地的很多，年年都有。……不过大多不托底，不能哪个公司来了就给它流转。得看看它究竟是啥意图，到底中不中。"（2016 年 3 月 13 日，J 乡常务副乡长访谈。）也因此，该乡迄今为止尚未有落地的外来资本来乡大规模流转土地的实例。

四　贫困影响

过去几十年的农地流转主要经历了如下演化轨迹：实行家庭联产承包责任制之后，自发的小规模农地流转开始出现，少部分农户因故转出部分或全部土地，村庄从家家户户经营小块土地的格局，逐步过渡到纯农户、兼业户和非农户并存的状况，且兼业户群体规模越来越大。其中部分纯农户和兼业户依靠自身慢慢积累，逐步扩大转入土地规模，变成现在所谓的家庭农场，成为自发农地流转的代表者、支持者和受益者。部分农户联合起来组成专业合作社，以合作社名义转入户和经营土地。近年来随着农业产业化和规模经营主张的兴起，一时之间大规模经营有益的论调泛起，加上公布各地土地流转数据客观上加剧了地方政府之间的比较心理，不少地方视高流转率和大规模经营为政绩，竭力推动，这样吸引了一部分工商资本下乡经营土地，也促使部分农户抱着搏一把的想法涉入土地规模流转，从而改变了原来的自发流转格局。

因此，目前的农地流转大体上呈现出如下几种类型：第一，自发的小规模流转（从几分地到二三十亩，分散）；第二，从前者中慢慢涌现出来的较成规模的流转（其中包括所谓家庭农场，从几十亩至上百亩，或分散或集中）；第三，合作社流转；第四，流转大户（集中式大规模流转，集中），或者通过外出打工或创业的成功，获得资本积累，回到村庄涉入土地的流转经营，或者是在本乡本土成长起来、在某些方面拥有一定资源（村干部或拥有一定人脉），试图利用政策扶持或依赖贷款，通过土地规模流转获利；第五，工商资本下乡大规模流转土地（集中）。

不同类型的农地流转，有着不同的贫困和社会影响。农地流转随着流转主体、流转方式、流转规模、流转用途、流转期限、流转发生时期等的不同，而产生不同影响。下面主要根据转入主体的不同，依照上述分类，各自选取案例，分别讨论其贫困影响①。

类型一：普通农户间的小规模自发流转

农户间自发的小规模流转（参见方框一）具有以下特征：流转大部分发生在亲友、邻居或者熟识的农户之间，流转双方有着较强的血缘、地缘关系；流转基本在村庄内部，少数的跨村流转也基本限于亲友之间；流转通常采取转包方式；流转的程序往往十分简单，通常采用口头约定形式；流转价格通常较低，有些流转具有非货币化特征，即租金以小麦、稻谷等实物形式交易；流转期限通常较短，一年一定或者灵活决定，流入方负有照管土地之责，流出方亦可根据自身需要即时要回土地。

这种流转，因为通常发生在熟人之间，大多具有亲友关系，基于彼此情面，流转价格较低，因而对流入农户较为有利，而对流出农户多少是个损失，对其收入会有一定影响。同样碍于情面，有些流出农户在农忙时节还会为流入户帮忙，尤其是代际亲友之间的流转，例如年迈体衰的老人将土地交给子侄耕种，或者守家照料老小的留守妇女将土地让给熟识亲友，因社会角色或生活境况的不对等，除了流转价格低、流出方需要承担一定义务劳动之外，有时流转本身都会超出流出方意愿，带有某种程度上的强迫性，从而可能对老年人或妇女产生不利影响。因此，也确有部分流出农户，希望能有政府、外来公司或外部陌生人来村租地或组织租地，这样自身既可增加流转收入，又可免受农活之累。

不过，虽然流转价格较低使得流出农户的收入受到一定影响，但由于流转发生在熟人乃至亲戚之间，彼此知根知底而深具信任基础，相互之间在土地租金之外多多少少还有一些相互的责任和义务，因而可以大大降低农地流转成本，使得流转具有高度的弹性和灵活性，流入农户对流入土地具有保护之责，不会滥用或毁坏土地，在流出农户需要的时候随时可以归还土地，这

---

① 鉴于调查点农民专业合作社流转土地的案例绝大多数徒有虚名，这里不讨论农民专业合作社流转土地的情况。

种自发的流转在某种意义上对流出农户具有一种保护机制。因外出务工而转出土地的农户从事的行业主要集中在建筑业、加工制造业等技术含量较低的工种，工资收入较低，且易受宏观经济形势波动的影响，因而这些外出农户更希望保持一种较具弹性的农地流转时间与方式，以便根据自身条件和需要随时收回土地。在很多时候，和土地流转的价格和方式相比，这部分农户更多地关心土地流转给谁的问题，以尽可能地减少土地交易的不确定性和风险性。

农户间自发的小规模农地流转的关键，在于其建立在农户自愿自发的基础上。虽然表面上看不规范不健全，但是这种流转具有灵活性和弹性，且多少带有互惠互助性质，因而流转双方均可接受。相形之下，这一类型的流转通常对转入农户更为有利；不过，熟人社会中的地方性规范基本保障了流转双方的需求和权益。因此，流转总体上对于农户和村庄增加收入、减少贫困具有正面作用。

方框一：农户自发小规模流转案例

案例1

P村村民张某今年60岁，其妻在生下小儿子后患病去世，遗下一女两男三个年幼的孩子。在老母亲的帮助下，张某含辛茹苦地拉扯三个孩子，还要照管患有精神异常的弟弟。其时在乡村快速传播的基督教给了张某很大激励，他很快就成了一个虔诚的信徒，每个周日都坚持去邻村参加信徒聚会，丧妻之初常常以泪洗面的他现在笃信，目前的困顿生活只是上帝给他的试练。

由于家里实在顾不过来，加上缺乏耕种的农具和机械，在勉力支撑几年之后，张某于20世纪90年代初把家里全部7个人的耕地（包括老母亲和弟弟两人的耕地）12亩转给同在一村的妻妹家耕种。最初几年地租为每亩地每年2袋（200斤）小麦，随后提高到4袋（400斤）小麦，之后多年妻妹一家始终按每年每亩地4袋小麦支付。虽然嫌对方给得少，但是碍于亲戚关系，张某一直没有吭声。而且，每年的农忙季节，张某都会去给妻妹一家帮忙，直到他离开村庄去县城做街道清洁工。大女儿和大儿子都在北京打工，所以在县城干了几年之后，他又转到北京做社区清洁工。2014年张某回到村里给小儿子盖房，倍感经济压力的他2015年终于借故把耕地要回来，以每亩地每年600元租金转包给同家族一个堂弟耕种。

案例2

42岁的P村村民张某一家五口，有三个孩子，大女儿赶上了村里最后一次调地，因此家里得以种着3个人的地合计5亩多一点。平时妻子在家照顾孩子，张某则农忙时在家，农闲时外出去干建筑工。张某有两个弟弟，通过考学走出了村庄，毕业后安顿在大城市。考虑到父母年纪大了，身体也不好，而哥哥有三个孩子，负担重，两个弟弟经与父母商量，在2014年把父母耕种的四个人的7亩耕地转给了哥哥耕种，由哥哥每年象征性地拿2000元钱给父母（实际上两个弟弟每年都补贴给哥哥几千块钱）。农忙时节，父亲下地帮着干农活，母亲则在家烧水做饭，一如之前父母自己耕种的时候；平日里，由于大儿子大多外出务工，大儿媳在本地一个加油站打短工，父母免不得要帮忙照顾孙子孙女。由于每月每人60元的"退休金"和2000块钱"地租"根本不够用，父母主要依靠另两个儿子往家里拿钱。

类型二：部分农户通过流转一定规模土地力农致富

这一类型是从前一类型中冒出来的佼佼者和引领者，通过转入土地力农致富（参见方框二）。这一类型流转的特点是：转入农户通常拥有较强的劳动力，或者具备一定技术和经营能力，基本采取家庭自营模式，主要依靠家庭劳动力配合农业机械完成农业生产，或者部分环节雇用一定劳动力完成，因此能够获得小康及以上水平的收入；转入农户有能力支付较高的地租，因而农地流转价格能够随行就市，较普通农户分散流转的价格为高，也因此，转出农户非常乐意将土地流转给这样的农户；通常具备一定流转规模，大体上从三四十亩到百亩不等；流转土地除了少数仍用于种植粮食作物，相当一部分转向种植经济作物；流转采取转包或租赁方式；流转预期较为明确，虽然双方基本上一年一订，但是通常都能持续流转数年；不过，流转土地大多仍为分散流转，地块零散不连片，基础设施缺乏，不太方便耕种。此一类型的流转，是基于农户小规模自发流转基础上的进一步发展的形态，不具风险，对流转双方皆非常有利。

案例3中的村民张某是普通农户依靠自身体力通过流转农地力农致富的

一个典型。作为普通农户，不使用贷款，不雇用人工，完全依靠自身一人力量，独立种地经营，种植传统的粮食或经济作物，农闲时外出打工或加入乡村建筑队干活，通过自身的自强不息和点滴积累，逐渐扩大租地规模，成功实现力农致富。

案例4中的李某则是普通农户借助自身种植技术通过转入土地实现力农致富的成功案例。在前一案例中，张某凭借的是自身体力和勤俭节约，只身耕种转入土地，以此闯出名堂，吸引有意转出土地的农户主动找上门来。而在李某案例中，在辛勤劳作之外，依靠的是自身过硬的种植技术，基于烟叶种植需要上等好地以及对自身种植技术的信心，主动提高租地价格，这样一来容易转入高质量地块，二来对转出土地的农户也更有利。此外，通过流转土地扩大烟叶种植，需要大量的人工劳动，李某不仅有意为家人找寻外出打工的替代选择，而且提供一定的务工机会，让闲置在村的其他村民获得一定劳务收入。所以，李某案例一定程度上还具有改变农业生产经营结构和农村社会结构的意义。

总体上，这一类型的流转，流转预期稳定，流转价格适中，流转主体双方均可获益，也为村庄闲置劳动力提供了雇工机会和劳务收入，因此无论于流转双方，还是于其他村民，于整个村庄，增加收入、减少贫困的效应明显，而且对其他小规模自发流转具有良好的示范效应，对具有外部力量涉入的大规模流转则具有一定的抗拒和抵御作用，所以具有强大的生命力，应予支持和提倡。

方框二：普通农户流转土地力农致富案例

案例3

1970年出生的P村村民张某是村里最早包地户。他初二下学后曾先后南下广东进厂打工和北上辽宁干建筑队，因妻子生产而回到村里，搞生猪养殖。2005年，通过在乡政府工作的妻兄，张某包了另一村的8亩地种植葡萄，以每亩每年200元的价格签了合同并交了15年的钱，每年能挣五六万块钱。2011年葡萄地被划给因南水北调中线工程移民过来的移民村盖房子，张某拿到剩余的地钱和1亩地1万元补偿，此后继续在村里包地。由于在村里包地最早有了名声，村里有人不想种地了，就找上门来问他包不包，这样包的地块不断增加，加上自家的地，合计十来块地，近百亩。地块一般四五亩一块，最少也得1亩多，地块太小了种着不划算。

全部土地都由张某一人耕种，工具主要依靠一台小型拖拉机。犁地自己犁，用小型拖拉机挂了犁铧，一天犁出来十来亩，因为旋耕耙把地弄得太深太虚，对庄稼不好，所以通常不使用；耩地（播种）自己耩；打药自己打，使用卖农药的免费提供使用的电喷雾器，一天工夫可以喷打30亩地；收割使用人家的联合收割机，自己备一个斗子挂拖拉机后面，麦子、豆子直接从收割机倒进斗子，然后直接拉到村面粉厂里或者囤在院子里，价格合适了就拉出去粜。只是在最农忙季节，亲戚过来搭把手。不仅种地由他一人全包，他还在家里喂养了几头猪，农闲季节还随着建筑队干日工。妻子要照顾小孙子和打理家里其他事务，大儿子大儿媳在上海一家手机厂里打工，小儿子在郑州一家酒店里做厨师。

除了所租隔壁村一块大队的地签了两年合同，租地一般是一年一租，口头约定不签协议，租金每亩每年500元到700元不等，通常是在"六一"收完麦子或"十一"开始种麦子时现钱支付下一年租金。地包过来还是种粮食。一亩地的包地费加各种投入合计1300元，收一季麦一季秋合计1600—1900元，每亩地每年净收入300—500元。全部包地收入每年3万—5万块钱。

张某考虑，有机会的话会继续扩大包地规模，最好能够弄到200亩地，因为这样的话，就可以再添置些机械农具，并考虑雇人，这样比较划算，自己也能更轻松一些。

2008年，张某花了15万块钱盖起两层小楼，给大儿子结婚。他规划着后面一两年再给小儿子盖栋小楼。他说："做人不就是好好干，让下辈负担小点，是不是？我反正是不怕下劲儿，睁眼看看咱庄里，比我下力大的不多。村里包地最早最多的是我，村里最先开始养猪的是我，我是啥都想翻腾，不过没少翻腾可也没弄到啥路数上，马马虎虎一般般，混个大钱没有，小钱不断就中了。"

案例4

1961年生人的C村村民李某是方圆十里八村小有名气的种烟大户。李某从生产队时候就开始种烟，在分田到户后也坚持年年种，种得久了，"凡是跟种烟炕烟有关的理儿，都想得差不多了。"种烟是体力活，更是技术活，凡是关键程序都是李某自己家人完成，而要求最高的部分比如烧炕，则由李某一人包了，"我自己炕，别人炕我不放心。我炕这么多烟，从没找过人，黑天白夜都是我自己。就这我还有打牌的时间"。

近年来虽然烟叶种植面积受限制，但因为烟叶税收高，当地政府鼓励农户种烟，所以李某从 2011 年开始包地，将种植面积从以往的三五亩扩大到十亩，自 2015 年 10 月再次扩大种植面积，从五六家村民那儿包了 28 亩地，加上自家的 8 亩地，合计 36 亩，其中 22 亩用来种植烟叶。之所以种这么多，除了受上面下达的种植指标控制的原因（2016 年最初给 18 亩的指标，后来又降到 14 亩），主要是受烟炕数量、烟叶放置场地和家里劳动力限制。李某表示有机会还要再包地，扩大烟叶种植面积至 30 亩到 50 亩，不过不能再多了，再多就弄不了了。

从开始包地，李某出的租金就是每亩地每年 1000 块钱，一直到现在。因为种烟需要好地，对土壤要求高，所以包的都是村里最好的地，而种烟效益也不错，所以租金给得高。包地期限按一年一包，一来因为不知国家收购政策如何（是否压缩种植面积指标），二来同一块地只能连续种两年烟叶，之后需要倒茬，所以土地不敢长包。

烟叶种植工序繁多，劳动量大，从育苗、栽秧、掰杈、掐顶、浇水，到打烟、运送、上烟、装炕、烧炕，再到出炕、下烟、分拣、捆装、出售，除了自家劳动力，繁忙的时候需要雇用不少的人工劳动。单单计算打烟、上烟和装烟的费用，每一炕烟需要支付 1400—1600 元的雇工费用，而一季下来大致有七八炕之多。李某鼓励儿子儿媳出外打工，因为在家种烟可以雇人，而雇工价格比外面的工价低很多，"因为雇的都是无法外出打工的，工价肯定跟外面不一样，但是咱让他比在家闲着强，两下凑合，都愿意都能接受就行，咱们这边又没有什么厂矿企业，他没技术没钱又没有其他机会，闲着也是闲着"。他对雇人自有一套做法，"上一杆烟，别人出六毛钱，我出 1 块钱，这样他干活儿就可负责了，不瞎胡干。……今年栽烟的时候，本来需要六七个人，结果一下去了十几个，你既然来了，那我多花几百块钱也不叫你走，1人给100元，这样下回再找人就好找了"。在农闲季节，李某自己也掂着工具随村里建筑队干活，1个冬季能干五六十个工，1个工100多块钱。不过，李某深知在外打工的不易，他考虑种烟虽然活计重些，但倒也提供了一个可能的替代外出的生计，毕竟可以一家人守在一起，守在村里。

据李某估计，包括雇工费用，每亩地的成本在3000元钱左右，扒掉这个成本，一亩地大致纯赚3000元钱。不计儿子儿媳打工收入，李某通过种植烟叶和其他作物，加上自己打零工的收入，一年下来有小10万块钱。

类型三：本土人员进行大规模集中式农地流转

农地大规模集中流转，改变了熟人社会自生自发式小规模流转的逻辑和规则，与前面两种类型有着极大的不同。其特征是：第一，虽然转入农地者都是本乡本土人员，但是流转双方基本脱出了乡村熟人社会的人情关系，而更接近于市场交易主体。第二，流转价格随行就市，甚至抬得较高，因为集中式流转的实现有赖于说服诸多农户同时让渡其农地经营权。第三，双方通常签署有正式流转合同。第四，流转通常采取租赁方式。第五，农地流转规模大，超出了家庭经营模式，推动土地经营方式发生转变，转而以雇工经营为主、家庭经营为辅。第六，雇工成本成为一项重要支出，对人员组织和监管的要求大大提高。第七，经营管理的重要性凸显。第八，由于农业生产的投入和产出规模巨大，使得经营活动更容易受到市场因素的影响，更需要对市场和相关信息的充分了解、适应和驾驭。第九，这一类型流转的出现有不少是受到当地政府和政策的激励，而这类地方政策的出台和实施，具有一定不确定性。

农地集中规模流转克服了零星分散流转的一些缺陷和不足，实现了地块的连片集中，方便进行农地整治和基础设施建设，规模经营的客观条件好。但是除了这有限的便利，农地集中流转对资金体量、雇工与人员监管、管理能力、市场掌控等各项内容的要求都大大超过分散式流转。也因此，调查发现，这一类型的农地流转虽然在近年来出现了不少，但由于转入主体很难同时具备上述几项条件，所以实践中鲜有成功的案例，绝大部分要么因资金短缺，要么因管理不善，要么因不熟悉市场，而终归于失败。其结果不仅转入方赚不到钱乃至血本无归，而且因流转无法持续而对转出方不利，因无法及时支付劳务而殃及雇工。

在案例 5 中，作为一个曾经的大村村支书，王某跨村流转土地，规模达七八百亩地，经营基本依靠雇用人工，雇工价格昂贵，且因缺乏监管和协调而出工不出力，效率不彰，资金缺乏，无法及时支付相关支出，期望中的政策补贴没有领到，却终因无法持续下去而以失败告终。由于自顾尚且不暇，无力支付雇用费用，土地流出方农户和为其打工或代为帮管的农户亦受其累。

案例 6 是一个年轻农户借助贷款跨村包地、违规使用土地的例子。自身缺乏积累，试图以小博大，借助信用社贷款和私人高利贷租入大面积农地，面临财务危机，寄望于更多贷款，抱持赌徒心理，为图翻盘铤而走险，进行违规操作，私自更改农地用途，修建大型餐饮设施，干起承担婚庆宴请的营生，终被查处而陷于困局。

总体上，主要由本乡人员进行的农地大规模集中式流转，虽然一时可以提供一定务工机会，增加务工收入，但是由于其对资金投入、经营管理、雇工使用、市场了解与适应的要求高，难度大，风险多，面临高度不确定性，极易陷于困境，对流转双方和大量雇工农户产生不利影响，因而对村庄和农户减贫影响负面。

方框三：本土人士流转规模农地案例

案例 5

D 村是 J 乡一个大村，曾任村支书的王某与人合伙租赁了移民村的近 800 亩耕地，经营了三年。第一年（2013 年）一亩地租金 800 元。后来有郑州和平顶山的公司要来包地，据说一亩地给 1000 多元，要把包括移民村在内三四个村的地都包下，经过这一哄抬，移民村村民就要求提高价格，第二年（2014 年）按一亩地 900 元支付租金。头一年都没赚钱，王某萌生退意。但是听说从 2014 年开始包地两百亩以上有补贴，就续包下去了。结果并没有领到补贴，因为上面布置禁烧，县乡就把执行禁烧与领取补贴挂钩了，只有不折不扣执行禁烧才能领取补贴，而当地村民因为麦茬会影响到耩种秋庄稼，往往习惯一把火把麦茬点了，王某也随着点了。

租入土地主要种植种麦，收成还不错。普通小麦1.12元一斤，种麦1.22元一斤，收完直接拉到市种子公司。2013/2014年秋季种秋秫，结果种子不行，秸秆倒伏。成熟后雇人打穗，雇工出工不出力甚至私拉偷带，又浪费了不少，所以基本没收多少。

王某基本自己经营，农忙了雇人。自己有个大拖拉机，犁耙耕种都是自己来。但是很多农活还是得雇人，光秋季拔草就要支付一万多块钱工钱。每一季都由妻弟、P村的张某和其他几个亲戚去帮忙照顾。据张某讲，光打药一季就得打三遍，由于庄稼深，药不好打，还得雇几个人拉管子打药，每人每天支付60元。虽然王某许诺打药一亩地该给多少钱就给多少钱，但是张某迄今非但没有领到工钱，连他垫付的3000块钱农药钱都没能要回来。同样遭遇工钱拖欠的还有其他几家亲戚，合起来都有几万块钱。

租地三年下来，王某合计赔了十来万块钱。在妻弟张某的劝说下，王某于2015年秋收后放弃了续租。适值某市一个公司来与乡里干部洽谈租赁该地块，最终未能谈成，该地块遂被附近几个村庄中的四五个人分包，每亩年租金依然为900块钱。

案例6

35岁的Y村村民明某从2012年下半年开始包地。利用手头积攒的十多万块钱，明某从村里流转了70亩土地，搞了个蔬菜基地。土地租期5年，每年每亩地1000元。由于不熟悉市场，蔬菜卖不出去，两年间赔了几十万元。

"赔了之后收不住手了，只能往前冲，包更多的地种更好的经济作物，运气好了一下子可以全部收回来，赌哩。"听说县里出了政策，包地200亩以上者有补贴，于是从2014年下半年开始，明某从亲戚朋友处借了些钱，扩大租地规模，在本村以专业合作社名义租入的土地达到320亩地（依然租期5年，每年每亩地1000元），在一个表姐所在的村庄以家庭农场名义租地230亩（租期30年，每亩每年1100元，一年一支付），当时通过村干部跟40多个农户一户户做工作，终于租了下来。

租来的土地，主要是小麦地里套种辣椒，另有几十亩地准备种萝卜。

种粮食作物，粮食有保护价，也不愁销路，但是不挣钱，一亩地风调雨顺的话也就挣到两三百块钱；要是种别的，技术在其次，市场始终是个绕不过去的问题。"想着这两年多流转点地，搁地里下点功夫，比方说今年的辣椒我种了三四百亩，辣椒行情只要一好我就能稍微好点，咱这儿的辣椒有人收，但是得看当时的情况，高与低现在谁也不能控制，就看成熟时候的价钱，它不跟小麦、玉米那样有保护价。"

明某需要支付的除了土地租金和种地投入，还有雇工费用。种地需要人手，明某雇了6名"长工"，本村4人，外村2人，都是亲戚或同家族的"自己人"，根据农时干活，无须天天下地，工资有一年一万五的，也有一年两万的，半年发一次，通常在麦收后和春节前，6个人年工资合计近8万块钱。此外，农忙时节还要雇一些临时工。

为了尽快挣到钱，也考虑反正自己有蔬菜供应，明某干脆在所租土地临了公路的地方辟出8亩地建起一个饭庄，主要承接婚宴办理。饭店院子投资320万元，除了从亲戚朋友处借的40万元，其余全部靠贷款，以年息八厘从乡信用社贷出200万元，以月息一分五从私人手里贷了80万元。饭店营业差不多有一整年了，除了"五一""十一"和春节生意好，平时去吃饭的也就是固定要赊账的几个人，一年下来赊账37万多元，而不赊账就没有生意。

利用农用地建设饭庄是一步险棋，因为擅自更改用途是违反土地法规的。不幸的是，明某的饭庄被查到了。2016年年初，国家和省一级层面进行土地执法大检查，他的饭庄和其他几户商家被航拍抓到，被勒令限期整改。他去县乡找熟人活动，被告知一时躲不过去，他就自己找机器把饭庄门口和院子里的水泥地给掀了，营造出正在拆除的样子。"我弄的是家庭农场，私下里把土地变性弄饭店了，主要是想着赶紧挣点钱。这完全怨我自己。现实就是这样，必须跟着国家政策走，跟它作对一点好下场都没有。"

明某目前背负着400万元贷款，每年需要支付利息40多万元，沉重的付息压力弄得他有点喘不过气来，资金短缺成了他最头痛的事。"贷款这东西，走进去就回不了头了……现在最大问题就是资金。比方说你地弄好了，该买化肥了你赊不来，这不是十亩八亩地三两千块钱就买来了，几百亩地化肥得需要一二十万元，你要一赊几十万元他这店总共才值多少钱呀，你弄不来就种不成。"

获取更多贷款以流转更多土地，成了明某认为的唯一翻盘机会。要摆脱困境，就要租入更多的地，获得更多产出，而要扩大租地规模，就需要更多贷款。明某说，信用社的第一笔贷款没花钱送礼，很容易就贷出来了，因为当时政府鼓励包地，而他确实包了不少地。他刚刚走完了从信用社再次贷款的手续，但是这次不知道能否贷出来，因为现在贷款太难了，不是送送礼就能弄出来。倘能贷出来的话，他打算先把私人高利贷给还了，然后去包更多的地。问起未来打算，他依然表示，土地流转是趋势，国家政策肯定要往这方面倾斜，要流转更多的地，拿着租地合同就可以去使贷款，然后多在土地上下功夫、做文章。他说："现在做的只是前期工作，如果后面几年流转到三四千亩地，最好到一万亩，那以后肯定得中（能行）。"

明某在家里排行老大，父亲很早就去世了，现在家里有爷爷、母亲以及三个弟弟。心里实在难受的时候，他就半夜三四点去老父亲的坟前，哭上一场，坐上一夜。他告诉上门的债主说：我现在实在没钱，有钱一定会给；不要逼我太紧，把我逼急逼死了，要哭的可不只是我的家人；对于你们来说，我活着比死了强，活着总还会有个还钱的希望。他告诫自己说：你现在没有退路，也绝不能倒。你面前就一条路，必须扛，无条件扛。你不是给自己活的，你现在完全不属于自己了，你得挣钱还债！

类型四：工商资本下乡大规模流转土地

近年来，工商资本下乡流转农地的情况越来越多。据农业部 2015 年统计数据，过去三年流入企业的承包地面积年均增速超过 20%，截至 2014 年年底流入企业的承包地面积已达 3882.5 万亩，约占全国农户承包地流转总面积的 10%（陈晓华等，2015）。

如前所述，工商资本下乡，存在风险隐患。资本到农村来，是要投资回报的，如何在不损害土地资源和农民利益的前提下，通过正当投资和合法经营实现自身合理收益，是个不小的挑战。部分工商资本铤而走险，步入歧途，大搞圈地和非农建设，最终变成对农民的又一次掠夺。在田野点，县农业局农经股股长和 J 乡常务副乡长均提到，虽然近年来工商资本下乡流转农地的现象越来越多，但是真正做成功的基本没有，大多做一两年就做不下去了，有的甚至只是为了套取国家补贴。

因此，不仅仅学界，涉农决策者对工商资本下乡也往往抱持谨慎态度，中央政策一再明确要求，为了防止工商资本长时间大面积租赁农地、挤占农民就业空间、加剧耕地"非粮化""非农化"倾向，在农村土地流转中不能搞大跃进、强迫命令和行政瞎指挥，要加强对工商资本流转农村土地的监管和风险防范，设立严格门槛，严禁租赁耕地改变用途。最新的一例，是农业部、中央农办、国土资源部、国家工商总局于 2015 年联合下发《关于加强对工商资本租赁农地监管和风险防范的意见》。

尽管存在较大风险，从实践中看，还是有部分农户基于现实考虑，比如不大依赖土地，或限于自身条件无力无法耕种，愿意将土地流转给外来工商资本，因为工商资本提供的流转价格较高，流转期限相对较长，再一个，在尊重农民权益的前提下，确实能够带去乡村所需要的资金、技术、市场信息和管理经验。

工商资本下乡流转土地具有如下特点：第一，转入主体为外来企业，与乡村社会没有关联，投资农地的主要乃至唯一目的在于获得投资收益。与此有所区别，前面几类流转，转入主体或者为农户，或者与乡村社会存在千丝万缕的联系。第二，前面几类流转，或者完全依靠家庭经营，或者至少以家庭经营为辅，工商资本流转农地则完全依赖雇工经营。第三，流转规模大，动辄数百上千亩，对乡村既往耕作方式改变巨大。第四，流转价格高，一方面流转涉及众多农户，要达致村庄和所有农户的同意，需要支付较高地租；另一方面，转入主体往往财力雄厚，投入资金体量大，有能力支付较高租金。也因此，工商资本下乡往往影响农户流转价格预期，推高租地价格，进而对前述几种农地流转类型产生影响。第五，流转时间长，前面几种类型流转往往限于一年一订，最多以五年为限，此一类型流转期限则至少在五年以上。流转时间长，则自然削弱作为流出方的村庄和农户对土地的掌控权利。第六，企业与村庄或农户通常签署正式流转合同，明确双方各自的权利与义务。

的确，工商资本下乡，是把双刃剑，既可能带去村庄和农户缺乏的技术、资金、市场信息和管理经验，增加农户就业机会，促进传统农业的改造，却也可能导致农业经营的失败，挤压农民就业空间，损害农民土地权益，增加农民生计风险，乃至危及国家粮食安全。问题的关键，在于工商资本流转农地，是否尊重乡村基层民众意愿，是否经由双方自由平等协商，以及流转后是否真正经营农业，是否尊重和保障农民农地权益。这就需要政府审时度势提高自身的监督管理能力，充分利用其有利的一面，抑制其不利的一面。方框四中选取的案例显示，基层政府官员和村庄领导人会采取一定行动，对工商资本下乡做出甄别、选择和限制，进行防御。

方框四：工商资本下乡流转土地案例

案例 7

2014 年，在县城北部的一个乡镇，经过当地干部的动员和运作，平整集中了 2000 亩耕地，租赁给一个外来公司，租赁合同签了 12 年。种了一年后，赔了不少钱，公司的人一夕之间就失踪了。乡村两级干部仓促上阵灭火，对转出农户反复做安抚工作，又紧急动员当地几个有经济实力的人续包了一年土地，才避免了事态进一步恶化。

案例 8

2015 年秋天，某市一家公司通过关系联系一位县里领导，提出想做土地流转，搞一种特殊的小麦种植，加工绿色食品供应连锁超市。J 乡是农业大乡，但是还没有千亩以上的流转案例，县领导就给乡党委书记打了招呼，乡党委书记随即组织召开协调会，由主管农业和移民工作的常务副乡长和两个包片副科级干部负责办理此事。选了挨着省道的一片地方，动员了移民村、P 村、L 村和 C 村四个村庄，拿出 1100 亩地，其中移民村（因南水北调中线工程移民搬迁过来）的土地 800 亩是整块地（在负责移民村事务的常务副乡长建议下没有分包到户）。公司派人前来接洽，并送来 5 万块钱订金。双方前后商谈了近一个月时间，三个村庄的村支书，为了各自村民利益，也为了自己好做工作，竭力拉抬流转价格。乡党委书记与几个村支书最后拍板敲定，每亩耕地每年租金 950 斤小麦，折合 1100 多块钱，负责此事的常务副乡长认为价格抬得太高，但是也不好强加反对。结果公司不认同这个价格，就撤走了。

这次未遂的土地流转，当时还留下一个尾巴，一度令负责此事的常务乡长倍感压力。人家公司嫌地价高，不弄了。但是当时土地都给腾出来了，种麦季节都错过去了，农时都耽误了，这个压力一下子就扣到我头上了。一个村的支书还过来问：要是村民闹起来可咋弄呀？我说：我负责这事，我是主管农业的，土地撂荒，大不了把我免了算了，还能怎样?! 我就扛着把这事处理了，拿了订金钱给老百姓推下去了，推下去时候也得考虑到当初推荐公司过来流转的县领导说的话，是不是？他说你不能把订金都给扣完吧。我当时就压了几压，花了 3 万多块钱把这 1000 多亩地补种了，由各村支书配合着回去做做工作，C 村是把钱给人家，P 村和 L 村是把地犁好了，由各户自己去种，移民村是临时找了两个人把地种了。……因为这件事我整个"十一"都没有休息。(J 乡常务副乡长访谈，2016 年 03 月 13 日)

需要指出的是，在上述几种农地流转类型中，调研区域近年来较具规模的集中流转（类型三和四），大多与政府的刻意推动有关。前面提到，调研地所在县于 2013 年出台文件，对流转规模超过 200 亩以上的流转主体进行补助，要求到 2015 年全县土地流转面积达到 45 万亩，占家庭承包面积比重达到 55% 以上。政府的功利性行为直接导致两个方面的负面后果：一个是弄虚作假套取补贴，例如县农业局某位领导的弟弟就虚报称流转土地 1000 多亩，后被查处；另一个是部分大户片面追求流转规模，结果凡是流转规模比较大的（几百亩乃至更多的），大多陷于困境。而实际上根据当地干部和民众的估计，适当的规模经营面积在五六十亩，最多不过百亩。县农业局相关人员也承认，2013 年出台的政策的确有跑偏，真正该扶持鼓励的没有扶持鼓励，因而该项政策事实上只在 2014 年执行了一年。

五　结论与讨论

本文基于河南中部某县的实地调研材料，讨论农地流转对村庄和农户的贫困影响。持续 30 多年的农地流转对农民生产生活与农村社会结构产生了重要影响，而不同类型的农地流转对乡村不同阶层和群体的农户亦有着不同的贫困影响。从这一基本判断出发，本文有如下基本观点：

第一，占有最大比重的农户间自生自发的小规模农地流转，内生于乡村社会，受熟人社会规范约束，不会造成土地剥夺和土地破坏，也不会导致非粮化、非农化风险和其他社会风险，有利于土地利用，基本能够保证流转双方的权益，有利于村庄和农户增加收入和减少贫困。

第二，部分农户经由自生自发的小规模农地流转，依靠自身体力或种养技术，逐渐扩大转入土地规模，脱颖而出，力农致富，形成一种新的具有生命力的流转类型。这一类型的流转一方面仍受乡村熟人社会规范约束，另一方面注重市场和经营，转入农户收入有保障，有能力支付较高流转价格，乃至提供一定雇工机会和劳务。流转无论对涉及农户还是对整个村庄发展都有利，对村庄和农户减少贫困有正面作用，所以应予大力提倡、鼓励和支持。

第三，农地大规模集中流转，无论流转主体是本土人员，还是外来工商资本，都存在较大社会风险和不确定性，应予以关注和加以规范。目前学界和决策层对工商资本下乡的风险，已有充分的留意和关注，而对本土人员所推动的大规模集中流转的风险，似乎尚留意不多。这一类型的流转，通常受到地方政策刺激，与下乡的工商资本一样，脱离乡村社会的规范约束，雇工经营，对资金、技术、市场、管理的要求高，迄今为止成功案例少，对涉及农户和村庄来讲存在较大风险，稍有不慎即有陷农户于生存困境的危险。

第四，应防止地方政策的跑偏，防止改革举措在基层实践中被扭曲利用。政策鼓励农地适度集中和发展新型农业经营主体，对基层民众提供了一个结构性的发展机会和条件，但究竟什么算是适度规模，究竟要鼓励什么样的新型农业经营主体，不同的政策取向和举措会产生不同的指向作用，要防止政策在基层的跑偏和被基层利益团体利用。应该在因地制宜和尊重差异的前提下，对什么是适度规模、要鼓励什么样的新型农业经营主体这样的问题，经过审慎思考和实践检验，形成符合事实的认知。

总之，对农户间自生自发的农地流转中的佼佼者和中坚力量要予以大力支持和倡导，对本土人员大规模集中流转农地的风险要予以充分留意，对工商资本下乡大规模流转农地要予以严格监管和规范，对于何为适度规模经营、培育何种新型经营主体应予审慎考虑，对于改革举措在基层实践中被利益团体挟持和扭曲的现象应予严加防范。

最后需要指出，不同的农地流转类型之间，并没有明显的界限和明确的标识，本文中所做的类型划分，更多是具有理想型的意义。此外，本文的判断和结论仅仅基于对一个县的实地调研，因而只能代表特定区域内的情况。中国乡村社会区域差异巨大，情况千差万别，需要基于对不同区域的扎实调研和比较研究，才有可能获致更确实的知识，得出更具说服力的判断和结论。

参考文献

包宗顺、伊藤顺一、倪镜：《土地股份合作制能否降低农地流转交易成本？——来自江苏 300 个村的样本调查》，《中国农村观察》2015 年第 1 期。

曹瑞芬、张安录：《中部地区农地流转经济效益分析——基于湖北省 27 个村 313 户农户的调查》，《中国土地科学》2015 年第 9 期。

常伟、李梦：《农地大规模流转中的风险及其防范化解》，《湖南社会科学》2015 年第 2 期。

陈柏峰：《土地流转对农民阶层分化的影响——基于湖北省京山县调研的分析》，《中国农村观察》2009 年第 4 期。

陈和午、聂斌：《农户土地租赁行为分析——基于福建省和黑龙江省的农户调查》，《中国农村经济》2006 年第 2 期。

陈锡文、韩俊：《如何推进农民土地使用权合理流转》，《中国改革农村版》2002 年第 9 期。

陈晓华等：《四部门发文规范工商资本下乡，防范耕地"非农化"》，《人民日报》2015 年 4 月 26 日。

费丹旦：《发达地区农村土地外部流转状况调查——兼论农户流转方式选择逆预期性》，《农村经济》2013 年第 1 期。

郜亮亮：《中国农地流转发展及特点：1996—2008》，《农村经济》2014 年第 4 期。

郜亮亮、黄季焜：《不同类型流转农地与农户投资的关系分析》，《中国农村经济》2011 年第 4 期。

郜亮亮、黄季焜、冀县卿：《村级流转管制对农地流转的影响及其变迁》，《中国农村经济》2014 年第 12 期。

郜亮亮、黄季焜、Scott Rozelle、徐志刚：《中国农地流转市场的发展及其对农户投资的影响》，《经济学（季刊）》2011 年第 4 期。

郜亮亮、冀县卿、黄季焜：《中国农户农地使用权预期对农地长期投资的影响分析》，《中国农村经济》2013 年第 11 期。

Gao L. , Huang J. and Rozelle S. , "Cultivate Land Rental Market and Investment in China, Center for Chinese Agricultural Policy," *Chinese Academy of Sciences Working Paper*, 2010.

谷彬：《多元官方数据看农村土地流转》，《经济导刊》2015 年第 5 期。

郭亮阳、云云：《当前农地流转的特征、风险与政策选择》，《理论视野》2011 年第 4 期。

郭晓鸣、徐薇：《农地规模化流转：潜在风险及对策选择》，《农村经济》2011 年第 9 期。

何思好：《农地流转对乡村社会治理的影响以及改革建议》，《农村经济》2014 年第 5 期。

贺雪峰：《取消农业税后农村的阶层及其分析》，《社会科学》2011 年第 3 期。

贺雪峰：《工商资本下乡的隐患分析》，《中国乡村发现》2014 年第 3 期。

蒋永穆、鲜荣生、张尊帅等：《工商资本投资农业的现状、问题及对策建议——一个基于四川省省际调研的样本分析》，《农村经济》2015 年第 4 期。

孔祥智、徐珍源：《转出土地农户选择流转对象的影响因素分析——基于综合视角的实证分析》，《中国农村经济》2010 年第 12 期。

黎霆、赵阳、辛贤：《当前农地流转的基本特征及影响因素分析》，《中国农村经济》2009 年第 10 期。

林旭：《论农地流转的社会风险及其防范机制》，《西南民族大学学报》（人文社科版）2009 年第 8 期。

刘凤芹：《农业土地规模经营的条件与效果研究：以东北农村为例》，《管理世界》2006 年第 9 期。

刘锐：《土地流转、阶层分化与乡村治理转型——基于湖北省京山 J 村的调查》，《南京农业大学学报》（社会科学版）2013 年第 2 期。

罗必良：《农地规模经营的效率决定》，《中国农村观察》2000 年第 5 期。

罗伊·普罗斯特曼、李平、蒂姆·汉斯达德：《中国农业的规模经营：政策适当吗?》，《中国农村观察》1996 年第 6 期。

马瑞、柳海燕、徐志刚：《农地流转滞缓：经济激励不足还是外部市场条件约束？——对 4 省 600 户农户 2005—2008 年期间农地转入行为的分析》，《中国农村经济》2011 年第 11 期。

马贤磊、仇童伟、钱忠好：《农地产权安全性与农地流转市场的农户参与——基于江苏、湖北、广西、黑龙江四省区调查数据的实证分析》，《中国农村经济》2015 年第 2 期。

农业部农村合作经济研究课题组：《中国农村土地承包经营制度及合作组织运行考察》，《农业经济问题》1991 年第 8 期。

农业部农村合作经济研究课题组：《中国农村土地承包经营制度及合作组织运行考察》，《农业经济问题》1993 年第 11 期。

农业部农村经济体制与经营管理司：《2014 年农村家庭承包耕地流转情况——2014 年农村经营管理情况统计分析报告之一》，参见农业部网站：http：//www. moa. gov. cn/sjzz/jgs/jggz/index_ 1. htm。

钱忠好：《农地承包经营权市场流转的困境与乡村干部行为——对乡村干部行为的分析》，《中国农村观察》2003 年第 2 期。

史清华、徐翠萍：《农户家庭农地流转行为的变迁和形成根源——1986—2005 年长三角 15 村调查》，《华南农业大学学报》（社会科学版）2007 年第 3 期。

田先红、陈玲：《“阶层地权”：农村地权配置的一个分析框架》，《管理世界》2013 年第 9 期。

王德福：《农地流转模式对农村社会稳定的影响——一个阶层分析的视角》，《学习与实践》2012 年第 6 期。

王德福、桂华：《大规模农地流转的经济与社会后果分析——基于皖南林村的考察》，《华南农业大学学报》（社会科学版）2011 年第 2 期。

王杰、句芳：《内蒙古农村牧区农牧户土地流转影响因素研究——基于 11 个地区 1332 个农牧户的调查》，《干旱区资源与环境》2015 年第 6 期。

王晓毅：《警惕土地流转成为农村的招商引资》，《社会观察》2015 年第 11 期。

吴晓燕、李赐平：《农地流转与基层社会治理机制：成都例证》，《改革》2009 年第 12 期。

谢琳、罗必良：《土地所有权认知与流转纠纷——基于村干部的问卷调查》，《中国农村观察》2013 年第 1 期。

谢小芹、简小鹰：《阶层重塑：土地流转对社会阶层的影响》，《华南农业大学学报》（社会科学版）2014 年第 1 期。

许恒周、郭玉燕、石淑芹：《农民分化对农户农地流转意愿的影响分析》，《中国土地科学》2012 年第 8 期。

杨华：《农村土地流转与社会阶层的重构》，《重庆社会科学》2011 年第 5 期。

杨华：《"中农"阶层：当前农村社会的中间阶层——"中国隐性农业革命"的社会学命题》，《开放时代》2012 年第 3 期。

杨华：《阶层分化背景下不同类型的土地流转及其影响》，《中共杭州市委党校学报》2013 年第 3 期。

叶剑平、丰雷、蒋妍等：《2008 年中国农村土地使用权调查研究——17 省份调查结果及政策建议》，《管理世界》2010 年第 1 期。

叶剑平、田晨光：《中国农村土地权利状况：合约结构、制度变迁与政策优化——基于中国 17 省 1956 位农民的调查数据分析》，《华中师范大学学报》（人文社科版）2013 年第 1 期。

张红宇：《中国农地调整与使用权流转：几点评论》，《管理世界》2002 年第 5 期。

张红宇：《从"两权分离"到"三权分离"：我国农业生产关系变化的新趋势》，《人民日报》2014 年 1 月 14 日。

张兰、冯淑怡、曲福田：《农地流转区域差异及其成因分析——以江苏省为例》，《中国土地科学》2014 年第 5 期。

张淑萍：《河南省农地流转的现状、困境与对策》，《天津农业科学》2013 年第 12 期。

张晓山：《辩证地看待工商资本进入农业问题》，《江苏农村经济》2015 年第 1 期。

赵阳：《共有与私用——中国农地产权制度的经济学分析》，生活·读书·新知三联书店 2007 年版。

钟涨宝、汪萍：《农地流转过程中的农户行为分析——湖北、浙江等地的农户问卷调查》，《中国农村观察》2003 年第 6 期。

土地可持续利用与农民生计案例：
永胜村农民合作社[①]

刘建进[②]

农村土地的可持续利用模式受到多种因素的影响，与农民的生计和农村发展甚至国家发展密切相关。这个案例介绍内蒙古自治区赤峰市克什克腾旗经棚镇的一个行政村的合作社的发展情况，对合作社这些年以土地集中统一经营，用现代农业生产经营方式提升土地生产力，合理利用社区的耕地和草场的做法进行分析，也对合作社发展目前遇到困难和未来的发展展望进行讨论。

背景概况

永胜村位于内蒙古自治区赤峰市克什克腾旗经棚镇西，距离镇 17 公里，303 国道路过村委会所在地，交通便利。全村有 19 个村民小组，901 户，2214 人，绝大部分是汉族。据村委会提供的数据，2016 年村人均收入13500 元。村的地貌为丘陵，处于农牧交错带区域。全村总面积 27 万亩，耕地面积 2.08 万亩，草牧场 19.7 万亩，林地 5.22 万亩。设施农业为全村

① 本案例调查资料由杨团、郑易生、达林太、刘建进于 2015 年 12 月和刘建进于 2017 年 9 月两次在永胜村收集，有些资料通过电话采访获取。案例调查报告由刘建进执笔。感谢曹国利和其他合作社管理团队成员及社员提供的帮助。本文刊登于北京农禾之家咨询服务中心内刊《综合农协》2017 年第 3 期（总第 25 期）。

② 作者系中国社会科学院农村发展研究所研究员。

主导产业。村里共有贫困户86户，贫困人口120人。

永胜农牧业专业合作社最早于2005年发起建立，是内蒙古自治区赤峰市在《农民专业合作社法》颁布之后成立的第一家按照规定注册登记规范运作的专业合作社。合作社最初发起时的会员有138户，现已经发展到421户。合作社成立后的开始阶段主要从事肉羊养殖和相应的农牧业活动，现在已经由最初的以农牧专业生产合作社逐渐演变成为村里以4个村民小组为主体，同时也辐射附近一部分区域的社区性、综合性的合作组织。合作社除了开展农牧业生产经营的经济性活动外，也在合作社带动的村民组社区内开展乡村治理、带动贫困户脱贫致富、医疗救助、信用合作、帮助孤寡老人等社会公益性活动事业。

合作社成立之后曾经辐射带动了附近5个行政村61个村民小组1200户农牧户，3000多人。随着肉羊饲养的市场风险加大以及农户外出打工成为主要经济来源，留在本地的农户日益减少，多数的农村社区只剩下一些老弱无法外出的人口。农业生产劳动力日益短缺和羊肉市场波动风险以及养殖业需要的流动资金借贷的困难，使得合作社在2015年以后暂时停止了养殖业的经营活动。但是，原来形成的圈舍、库房、机械设备等都还完好保留。合作社仍然每年种植饲草卖到市场。如果有适当的政策环境支持以及充足的流动资金，永胜村的土地和生态环境资源是可以在合作社集约化经营基础上，进一步规划发展现代畜牧业与种植业良性生态互动的生产模式的。

合作社经营模式

合作社采用"合作社＋基地＋农牧户"的一体化合作生产经营模式，生产管理和销售实行统一经营，农户以土地入股合作社，合作社在支付农户流转的土地租金和在合作社务工的工资以后，根据经营的盈利状况，对社员再进行"二次分红"。合作社的生产基地到目前为只有两块：一块是以四地、五地和七地三个村民小组的土地集中经营设施农业与一般农地的粮食和饲草作物，还经营过肉羊养殖的活动，这个生产基地是2012年开始的；另一块是2016年开始在靠近国道303公路的具有交通优势的义成元村民组，流转村民组农户承包土地后统一集中经营，从事观光采摘、旅游餐饮服务、大棚设施生态农业的活动。为了进一步增强生产和市场的营销能力，也为了尽快加大农业生产的科技含量，引进新品种新生产方式，合作社与旗供销合作社，让旗供销合作社成为合作社的领办者。

永胜村农牧业专业将四地、五地、七地、义成元4个村民小组的142户，462人的7200亩耕地和1.9万亩的草牧场（荒山）流转实行集中统一集约化经营。在1500亩的水浇地的基础上建设了380个蔬菜瓜果大棚和50个日光温室，已经发展了520亩的规模设施农业。入社农户通过股份资产、土地流转、盈利分红、务工收入和合作社集体帮扶等手段实现收入增加。4个村民组的38户贫困户通过参加合作社实现脱贫。

合作社的主要固定资产通过申请政府农业项目实施和社员自筹等途径形成，需要的时候也从外部借贷资金。2016年年末合作社资产负债表中的所有者权益中的股金有982万元。合作社管理层团队有7人，经营管理团队包括总经理、副经理、办公室主任、2名专业财会人员和2个生产基地的领班。

2012年合作社成为内蒙古自治区农牧民专业合作社示范社，2014年12月该合作社被认定为国家级农民专业合作社示范社，2016年合作社新经营的福利兴生态休闲农庄成为赤峰市休闲农牧业与乡村牧区旅游示范点。

信用合作互助活动

合作社成立后开展过多种方式的信用互助活动来解决农牧民的贷款困难。兴办过"农民信用互助协会""农民资金互助社"，通过多种形式向农牧户提供信用互助，解决小农户贷款难的问题。

合作社最早开展的信用合作活动是依托永胜"巾帼信用互助协会"建立起贷款风险金的担保协会，给发展肉羊产业的农户解决从信用社借贷生产性流动资金困难的问题。较为贫困的户想贷款，信用社不愿意借，就用"联保"方式解决。更穷的贫困户可能联保都有困难，因此合作社在2010年成立了"资金互助社"，在合作社成员内部开展资金互助信用合作。资金互助社当时有 200 多户成员，累计发放过贷款 1300 多万元。借贷款的最高额度为 4 万元，贷款利率一般参照信用社利率同步变动。养殖业需要比较多的流动资金，那些年的资金互助活动给农户在生产生活信贷方面提供的帮助非常大。然而，资金互助活动在 2016 年出现逾期现象。原因是有人从资金互助社以 1.2 分的利息贷款，然后用 2.5 分的利息贷给房地产行业，导致出现贷款还款的逾期现象。当时资金互助社的信贷资金主要来源是从"宜农贷"的网贷项目，"宜农贷"项目机构发现了有 40 多万元的逾期贷款后，通过法院起诉方式追讨逾期款。"宜农贷"2016 年 6 月开始逐渐撤资，到 2016 年 12 月撤完。资金互助社的信用互助业务活动因此暂停。

该村这些年还出现过不少农户因为加入非法传销集资而较大面积影响农户家庭生计的事件，到现在这种影响的余波还存在。

合作社还组织带动了 310 户农牧民集体加入国家农业政策保险项目，参保农作物面积 13000 多亩。合作社垫付保险金的 50%。

固定资产股份化和收益分配方案的探索

合作社在 2014 年曾经探索过将合作社固定资产股份量化到社员的做法，将设施农业的建设投入的 498 万元形成的固定资产按照股份形式分配在社员名下，让社员对合作社的集体属性有感性认识和培养社员对合作社的拥有感意识。这部分固定资产账面价值与农民集中流转投入经营的土地价值无关，但大体上按照农户流转土地的土地租金价值比例结构分配到入社社员名下，但股份不能由社员随意变现和流转。合作社对形成的 337.6635 万元固定资产做了量化给社员的方案，每一股按对应 1 万元计算，扣除合作社做些调整的 106335 元后，共计 327 股，在合作社社员间进行资产量化股份分配。股份量化分配依据是合作社的资本股金投入（7 个投资股东的股金折 100 股）后，其余股份按入社社员的土地折合价值（以合作社每年支付给每社员户流转给合作社的土地租金总额的比例为依据计算股份）进行量化分配。这些资产量化分配主要在 3 个土地流转的村民组之间进行，63 户社员平均每户的股份是 3.6 股。

入社农户从合作社获得的一部分收入是流转土地的年度租金。合作社每年按照水浇地每亩 360 元，旱平地每亩 60 元。旱坡地每亩 20 元的租金价格支付给流转出土地的合作社社员。2014 年 3 个村民小组 63 户入社农户的土地流转金平均为 3600 元/户。2016 年合作社又在义成元村民小组新发展设施农业和旅游观光休闲采摘的新项目，该村流转土地的水浇地按照 400 元/亩的租金，因为交通区位优势和土地的质量比较好。

2016 年合作社支付给社员的土地租金总额大概有 40 多万元。2016 年入社农户从土地上获得的各种"地租"收入平均为 6000 元/户。合作社按照制度设计，如果获得盈利，60% 的盈利将用于"二次分红"。农户可以在合作社获取务工收入，每日工资 80 元/天。合作社日常固定用工 60 人左右，季节性用工 120 多人。

虽然 2014 年合作社进行了固定资产的股份量化分配给社员的尝试，但到目前为止还没有进行过正式分红。因为合作社到目前为止依然还是在努力实现经营上的盈亏平衡，合作社仍然对外有负债未还。不过，合作社在逢年过节的有些时候也会分给社员户一些自己生产的农产品和生活消费品，增强社员对合作社的拥有感和凝聚力。

合作社的总资产目前大约有 1700 万元，其中大约 900 万元来自政府项目投资形成，800 万元来自合作社股东成员自筹，其中包括了 320 万元的外部债务。从合作社 2015 年和 2016 年的财务报表上看，合作社总资产 2015 年年初 1362 万元，2016 年年初 1282 万元，2016 年年末 1393 万元；其中所有者权益分别为 1066 万元、1013 万元和 1122 万元。2015 年度的经营盈余为 98.3 万元，2016 年度的经营盈余为 103.5 万元。但由于合作社债务未偿还，而且为了发展每年还需要进行投资，因此合作社还暂无能力对社员进行"二次分红"。不过，入社社员从合作社获得的土地流转收入和务工得到的工资收入总和算起来还是比他们各自家庭经营要好。合作社这几年承担了粮食作物和其他种植业的市场风险，通过分散化多样性经营活动和规模经营的效益的提高来弥补建行生产和市场方面困难带来的不利影响。如果是农户自家经营土地的农业生产，因种植亏损而出现抛荒是不可避免的。

土地流转集约化规模经营与对
农民生计和社区发展的影响

以土地流转给合作社统一集约化经营是合作社主要内容，合作社管理层和行政村两委干部认为这种模式适合该地区在农村劳动力外流、土地家庭承包经营出现困难的现实情况。既形成了土地集约化经营、土地生产能力提高；又避免了农户在农业生产环境不利下单打独斗无法应对的困难，避免了土地抛荒，对农户的生计安排和收入提高有好处；也让面临凋敝的村组有了人气，虽然尚不能够发生根本性的扭转。

合作社在四地、五地和七地三个村民小组的种植业生产是土地流转后的规模化统一集约化生产经营和销售。水浇地上建蔬菜水果大棚和日光温室，其他旱地和旱坡地种粮食作物或饲草，形成多品种、多样化的互补。

合作社土地集约经营带来的好处是形成了优质的农业生产能力，农业生产的基础设施和机械化生产水平极大提高，形成了现代农业生产的资产和经营方式，而且是多品种、多种产业覆盖和产业链延长以及生产时间延长的多元化、多样化生产模式。这种方式有利于生态环境恢复的可持续综合性发展。合作社的经营活动范围涉及现代农业、传统农业、规模养殖、休闲旅游、信用合作服务等多方面领域。

如果不进行土地流转集中经营，这些村民组随着常年外出农户的增加，会逐步凋敝。通过合作社申请获得政府的农业项目开发支持，形成规模集约化的现代农业生产方式，也避免了因劳动力流失导致的农业生产凋敝，中老年和妇女劳动力可以通过机械化生产和合作互助的方式从事大棚农业和其他现代化农业生产并且获得比单户更高的收入。目前仍然无法改变这种劳动力的流失环境，牧业生产也因市场风险以及生产投入资金的制约而暂时停止。

合作社对于入社农户的生计的最大影响是土地流转后形成了集约化的设施农业生产能力，能够让留守在家的弱劳动力组织起来进行农业生产，并且通过农业生产获得地租和劳务收入。农户的生计安排模式也能够有更好的选择安排空间，家庭的生产资源和人力资本的利用空间增大了。常年不在村组的农户也可以通过土地租金获得稳定的农业收入，这部分的收入对一些土地较多的农户是比较可观的。目前已经在 2 个区域形成规模化的设施农业生产基地，这些经过投资后的农地的生产能力和道路灌溉机械化作业的基础设施水平不是一般农户能够自己投资实现的。每年的土地租金收入是有稳定预期的。

本来因为进城务工经商和孩子上学等原因，很多农户常年不在本村庄，一个村民小组平常只有几户有人常年在家。由于劳动力安排和农业生产投入环境以及市场风险的原因，大部分的耕地基本上或者被抛荒或者流转给其他愿意种的大户。这种农户间的自愿土地流转租金很低，甚至根本不收租金，谁要就给谁种。即使这样，也还是很多土地抛荒。2011 年冬天开始，三个村民小组的农户经过开会讨论协商，决定把土地流转给合作社，土地流转协议期定到 2025 年。这些村民小组的农户就可以在有稳定的土地租金收入流下更好地安排家庭的生计活动方式。

面临的发展困难

合作社是建立在永胜村行政村基础上的。不同的农牧业生产，信用合作以及社会服务是根据实际情况在不同的地域范围内开展合作活动的。早期的肉羊养殖和种植活动就是以行政村为基础，但入社社员可以覆盖到其他行政村甚至其他苏木（乡镇）。2012 年以来，土地流转设施农业集约化生产转变成为合作社主要的经营发展模式，村民组的农户集体流转承包的土地给合作社，统一规划，统一生产和销售管理，统一分配盈余。

2014 年合作社曾经尝试过对四地、五地和七地的生产基地的合作社固定资产量化给入社农户的方案，也发现了一些问题和困难。后来这方面的工作没有继续深入进行，合作社还没有从根本上进入盈利阶段，只是维持在日常经营盈亏平衡附近。

一 合作社经营性集体资产确权的困惑

合作社在四地、五地、七地开展设施农业经营，2016年又在义成元村民组开展休闲农业、观光采摘和旅游服务等经营。义成元的土地流转模式与上面三个村民组一样，但该村靠近公路，土地基础设施和经营环境比较好，因此水浇地的年土地流转资金价格稍高些，为400元/亩，其他地块的租金价格相同。将义成元村民组的29户发展成为合作社成员户，580亩平地流转给合作社，统一集约化经营。开展了观光采摘园，生态无公害种植，旅游休闲农业，餐饮服务等经营活动。新建的生产农业设施形成的资产以及未来经营核算都是合作社同一管理团队经营，但经济活动的账目与四地、五地、七地生产区的活动分开。如何进行资产股份分配和收益分配，还未形成方案。但生产设备，固定资产形成，经营管理，都是同一合作社管理团队下，如何分清，还有待讨论。

2014年合作社尝试了固定资产股份量化给社员后，就有4户农户琢磨着能否把资产股份变现出来买台拖拉机去合伙经营。实际上，合作社形成的固定资产里有很大一部分是国家政府通过项目支持形成的，并不完全都是合作社村民成员投入的，农户的土地入股的价值折算并不是简单的事情，而且与农业设施的固定资产价值不是一回事。合作社领头人认为合作社属于村集体经济组织，但要按照目前的试点要求，把形成的资产如何公平合理地量化给社员，会是件困难的事情。合作社未来也还要在其他村民小组进一步发展。

合作社在义成元小组投资建设新的现代农业设施，固定资产也是合作社早先在四地、五地和七地生产作业班的积累的基础上与国家投资以及义成元小组的农户投资共同形成的。如何股份量化才能得到社员认可，特别是不同村民组之间的共同认可接受，也是难题，需要探索。只是合作社认为要把合作社经营的动态形成的资产以一种在某个时间点上清晰地能够被社员认可的公平的方案量化是很困难的。比如，合作社现在的固定资产中有一部分是在旅游旺季做旅游服务业的经营性资产，但是随着留守村庄的社员老年人口的不断增加，失能需要照看的老年人的增加，现在经营性的资产就要一部分转化为公益性服务功能的资产。合作社的这类性质的功能调是会经常动态调整的，这种动态调整社员的股权量化即使是技术上可行，也会在实践上很难被社员认可接受。相对的股权比例容易在同一社区地域范围被接受，而多个小组不同时间进入合作社的股权分配，特别是股份量化绝对值的确定，必然会非常困难。到目前为止，合作社没有出台新的固定资产股权量化方案，也还未进行过真正意义上的盈利分红。

很明显，永胜村的农民合作社或综合农协，在生产活动是尽可能产生利润和做大效益，但并不只是一味地追求生产利润最大化，并不是一种以股份公司形式和经济机制运行的经济组织。合作社领头人希望能够把合作社办成永胜村的集体经济组织，希望村子的土地资源得到合理的开发和不破坏生态环境可持续地利用，希望把这些农村社区组织和传统文化保留下来，希望留守在家和无法外出的农民能够在当地有事情可做，失去劳动能力的老人和有病的人能够过有尊严的体面的生活。合作社对只要能够干事情有劳动意愿的弱劳动力，也都会尽量安排合适的就业岗位。合作社承担了生产和产品的市场风险，入社农户不承担这些风险。合作社支付给社员的土地流转的租金高于当地一般的土地流转租金价格，合作社也尽可能地雇用能够劳动的留守弱劳动力。

二 现实的农业生产环境不利于合作社发展

这些年，大多数的农产品供过于求，合作社的生产方式尽管能够在一定程度上通过规模和范围的效益化解一些生产和市场风险，但整体上农业生产的市场风险和生产风险仍然巨大。2005 年合作社成立后主要搞肉羊生产，2012 年开始搞土地集约化设施农业生产经营，农产品一直面对着市场风险的不断冲击。2016 年和 2017 年的种植业生产市场风险增加，"种啥啥滞销"，于是开拓饭店经营、旅游观光、休闲采摘等项目。合作社多年来一直处于盈亏平衡点附近艰难经营。

笔者在永胜村调研时，正碰上了新品种哈密瓜收获了 3 万多斤。合作社雇用物流公司把瓜装车拉到北京新发地农贸批发市场销售，进场费需要1000 元，市场的拍卖价格是 8 毛一斤。因为这种瓜是新品种，虽然品质不错，还是没有购买商敢批发进货。结果这车瓜只能又拉回赤峰，找熟人销售一部分，来回运费需要 9000 元。种瓜成本大概相当于每斤 6 角，还要加上装卸费用和土地租金费用。这样，这批哈密瓜生产大概要亏损 1 万 5 千元。合作社也尝试过通过电商销售，不过结果是电商每天只能够卖出十多个瓜，还不如附近小商贩过来购买得多。合作社必须通过产品多样化的安排来化解市场风险。

合作社必须适应新的农业生产要求，转型走向休闲旅游、观光采摘等新的领域，必须为了未来生存而做新的投资。而政府项目投资都要求有自筹资金的配套，因此合作社为了生存发展就无法把微薄的盈利用来分红给社员。合作社同时也需要偿还历史欠债。还要承担社区社会公益服务的责任，为贫困和老年社员提供救助和服务。因此，虽然能够做到经营不亏损，但也尚无能力"二次分红"给社员。

合作社除了缺乏青壮年劳动力以外，总干事领导的经营管理团队也缺乏有知识文化的管理人员，这也给推广先进农业科技和生产经营管理能力造成一定的困难。

农户与合作社的关系

2017 年 8 月底发生了这样一件事情。某位社员在与合作社草场管理人员打了招呼获得同意以后，在合作社的割草机无法收割的边缘草场上打了一些饲草。其他一些农户社员有意见，举报到合作社高层管理者。合作社认为该草场管理员没有权利未经合作社及其他社员同意就擅自决定把那些草无偿出让，因此要求农户按照一定价格购买。而打草者误认为要按照市场价格购买，那些草因为无法机器收割，不打也是扔掉，这样自己出了劳力还要按市场价购买就吃亏了，于是和其他社员吵架并且动手了。事情很快经过合作社的参与和村委会的协调解决了，但这件事情反映出合作社社员已经开始有了集体意识。合作社是他们这个集体共同所有的，合作社的财产和经营效益与大家的利益是相关的，而不是过去那种事情与自家无关的松散小农意识。这件事情也反映出合作社的管理制度有些方面还需要进一步加强完善。

在合作社开展土地集中统一经营的村民组，农民经常集中一起干活，增强了社区凝聚力。合作社在扶贫济难以及涉及相当多的事情上能够帮助农户。除了帮助因病、因丧失能力的贫困户解决生活困难外，农户社员因患疾病住院需要资金看病也会通过合作社借款。2016 年有一大户承包了合作社的 100 个大棚种香瓜，因经营不善拖欠社员的劳务工资，也是合作社出面去协调帮助解决。由于合作社实际上在与社员的日常劳动和生活等诸多方面产生了事务性的联系，有些农户社员对合作社的依赖性加大，期望合作社能够在他们未来逐渐丧失劳动能力、身边缺少亲属照看时候能够解决一些生活上遇到的不可预见性的困难。合作社社员在看病住院需要现金而无法借到时寻找合作社的帮助。农户与合作社的关系不仅仅只是简单的经济合作互助关系。

按照目前的状况推算，过 5—10 年，这些留守村社的老年人将逐渐丧失劳动能力，相当一部分会患有慢性疾病和出现较大可能的不可预见的突发性病情。合作社要是没有发展到一定的经济实力规模和吸引新的劳动力进入，未来的发展就会受到制约。农村人口的大量外流，剩下老弱病残，是该地区农村的普遍现实状况。比如，五地村民组原有 20 多户，现只剩有 11 户；四地原来居住比较集中，有 40 多户，现在也只剩下 12—13 户，冬天只剩下 9 户。七地原有 27 户，现在只剩下 4 户居住。有些村民组即使还有较多的人居住，但能够干活的劳动力不多。

永胜村有 38 户建档立卡贫困户，各级干部帮扶承包了 30 户，剩下最为困难的 8 户交给了合作社帮扶脱贫。可以说，合作社在扶贫济困方面发挥了良好的社会公益效应。

合作社管理层队伍也意识到未来发展可能会遇到的困难，因此希望尽可能地在劳动力完全老化之前形成合作社的经济规模和发展的能力，能够吸引一些新的年轻劳动力进入合作社。这就有必要让合作社与社员之间能够沟通理解，也需要社员更多地对合作社发展具有信心和拥有感，而不只是关心从合作社获得土地租金和劳务收入。

未来的发展展望

永胜村的合作社希望能够办成综合农协这种模式，将整个村的农业生产和农牧民的生活服务都较好地带动起来。通过规模化的现代化农业生产技术的应用，合理利用土地和其他生产资源，恢复当地的生态环境，实现农牧交错地带的丘陵区域农村的可持续发展，实现秀美乡村、富裕乡村。

据介绍，永胜村是 1903 年内地移民过来形成的村落。过去这里有比较茂密的原始森林，还有一些草场。村子内现在也还有一些山沟保留有少量的原始桦树森林。这里曾经办过国有林场。人口的压力使得自然生态环境衰退，但也尚未到难以恢复的临界点。只要统一规划，合理利用土地，生态环境可以较快得到比较好的恢复。这就需要有类似现在的永胜村农牧专业合作社这类有志于可持续利用当地自然资源提升社区居民全面福祉的综合性的社区合作组织，组织农户，统一规划，科学经营，提高现有的土地的生产率。通过提高土地的利用效率来减少对生态环境的压力，实现产业发展、生态环境和社会文化诸多方面的可持续发展。

行政村一共有 19 个村民小组，901 户农户，限于合作社的实力，多数的村民组和农户还未能够加入合作社组织。全村总面积 27 万亩，耕地面积 2.08 万亩，草牧场 19.7 万亩，山林 5.22 万亩，还有很大的农业土地可利用的资源可供进行现代农业生产的合理开发利用。随着人口资源压力的减弱，发展集约化农业生产和恢复生态环境已经成为可能，但也需要有合适的经济主体按照合理产业规划进行运作。而永胜村农牧业合作社的实力还相对很弱小，面临的生产和市场环境的风险还很多。

一种可能的发展路径是通过供销社领办综合性的合作社组织，利用组织体系和政策支持的优势把小农带进农业现代化生产体系中。永胜村的农民合作社多年来已经从事过了农牧业生产互助合作、资金互助信用合作、贷款风险金担保协会，有多方面的实践经验。但如果没有较好的政策支持，单靠合作社的微薄力量恐怕无法走得很远。目前，旗供销社已经与合作社开始探讨合作的路子，在如何进一步紧密加强与旗供销社的联系，进一步增强生产和经营效益，开拓产品销路、化解农产品生产和市场风险方面也需要探索。

目前入社农户与合作社的经济关系基本上还仅限于在土地租金返还和劳务工资方面。合作社的资产股份量化给农户也还只是处在尝试阶段，只体现在原始股东入社股金和按农户土地租金比例计价的土地入社股份上，实质性的"二次分红"还未产生。虽然合作社还未能够实现偿还债务以后的真正盈利分红，但可以考虑在做出债务偿还和投资发展规划后，拿出一部分的盈余进行分红，让入社社员对合作社的拥有感和凝聚力进一步提升。也可以考虑适当加进劳动贡献的分红，以吸引年轻的有文化的劳动力回到村里合作社就业。

山西省蒲韩地区土地流转问题调查报告[①]

姜斯栋[②]

摘要：本文通过 2016 年对蒲韩地区的一次农户抽样调查，和 2013 年对全国农户的一次抽样调查数据作对比分析，揭示了蒲韩地区土地流转发展与全国的一致趋势，并且发现了蒲韩地区土地流转表现出的一些特殊性。

土地流转的动因：租出土地的动因在于务农劳动力的减少和来自土地收入占比的下降；租入土地的动力则出于通过达到种植的"适度规模"而取得较高收入。

劳动力并没有减少到不能支持每户几亩、十几亩土地耕作的程度，大部分农户仍有种植自家承包地的能力。政府强力推动规模化造成了土地租金的畸高。从蒲韩的案例看，主要遵从市场调节，规模化的进程会渐进发展，但会发展得更健康、可持续。

关键词：土地流转　蒲韩乡村社区土地政策

前言：关于此次问卷调查和报告撰写的说明

中国走向农业现代化，应该选择大规模的农业经营模式，还是应该选择适度规模的经营模式？进而政府支持土地流转应该怎样把握政策的力度？这

---

①　本文刊登于北京农禾之家咨询服务中心内刊《综合农协》2017 年第 3 期（总第 25 期）。
②　作者系中国经济体制改革研究会特邀研究员。

些是三农问题研究和决策中一个重要的争论侧面。如果要准确回答这些问题，需要对相关的实际情况做准确的判断，比如现在农村的劳动力状况究竟如何？"谁来种地"是不是已经成为严重的问题？什么样的种植规模能够使农民获得满意的收入，从而愿意坚持以务农为主？等等。政策应该建立在对实际情况的精准把握之上，而不是建立在对实际情况虚幻的想象之上。我们试图在揭示实际情况方面做尽可能的努力。

2016 年 5 月，笔者在山西省永济市蒲韩地区，就土地流转问题进行了一次农户问卷调查。蒲韩种植与养殖专业合作社联合社对这次调查给予了大力支持。

蒲韩联合社是一个当地农民自发组织的，为中小规模种植农户提供综合服务的农民合作组织。① 蒲韩联合社有社员 3800 户，分布于永济市蒲州、韩阳两镇的 24 个行政村。此次问卷调查从这 24 个村中选出 12 个行政村，每个村抽样 30 户，共抽样 360 户。

12 个村的确定方法：蒲韩联合社组织了 24 名平日负责和社员联系的青年业务员（他们称为"辅导员"），每两人负责一个行政村的问卷调查。选村时主要是照顾了这些业务员尽量仍然在他们平日联系的村进行调查。这种选村的方法具有一定随机性。

12 个村确定之后，每村选取 30 户样本户。我们原本希望在一个村内按农户的居住地平均间隔抽取 30 户。但实际上这一点没有得到执行。调查员因平日主要与联合社的社员户打交道，因此她们实际抽取的样本以联合社社员为主（在联合社的全部 24 个行政村中，联合社社员占总户数的比例为62%）。抽样的这种偏差对某些指标会造成系统性偏差，比如这样选出的样本户中坚持务农的比例高于全体农户的平均水平，样本户租入土地数量与原有承包责任田数量的比例高于平均水平，农户农业收入占全部家庭收入的比重也高于平均水平，等等。此次蒲韩调查数据，可以很好地代表该地区联合社社员的情况。而且，虽然样本有这样的偏差，但不至于影响本文将要给出

---

① 参见姜斯栋、崔鹤鸣、王小鲁《综合性农民合作组织是实现农村现代化的重要组织形式——蒲韩联合社调查报告》，刊于《比较》2015 年第 2 期（2015 年 4 月），并编入《综合农协·中国"三农"改革突破口》2015 卷。

的几个基本判断和结论。

2013 年，笔者曾经参加中国农村状况研究课题组组织的一次全国性农户问卷调查，对三农情况做全面调查，土地流转问题也是那次调查的重点之一。后文中提到"全国农村问卷调查""全国农村抽样调查"均指这一次调查。①

那次调查中关于土地流转问题的数据大体可以代表 2012 年全国土地流转的情况。用这两次调查数据作对比分析，可以更清楚地看到蒲韩地区与全国在土地流转方面的一致趋势，以及蒲韩地区土地流转的特殊点，由此对理解本文开始提出的争论问题能够有所启示。

一　蒲韩地区农户平均种植规模高于
全国平均水平及其直接原因

2013 年全国抽样调查中的土地数据：有效户数 4091 户，分过承包地的 3677 户，占 90.0%；没分过的 414 户。平均每户分承包地 6.21 亩，人均 1.68 亩（平均每户 3.69 人，共分到土地 22815 亩）。蒲韩地区调查样本 355 户中，分到过承包责任田的 351 户，户均 5.26 亩，人均 1.26 亩，略低于全国平均水平。

全国农户抽样调查样本中，填写 2012 年种植情况的有效户 4088 户，其中有种植户 3310 户（778 户种植 0 亩），占有效户的 81.0%，共种植 26776 亩，按实际种植户平均每户种 8.1 亩。平均种植规模很小。蒲韩此次抽样调查，2015 年有种植户 333 户，占总户数的 93.8%。总共种植 3553 亩，平均每户种植 10.7 亩（由于抽样偏差，这个平均数肯定高于全体农户的平均水平）。

---

① 中国经济体制改革研究会农村状况研究课题组于 2013 年 1 月在全国 30 个省、直辖市和自治区 500 个行政村随机抽取 4000 户农户进行农村基本情况问卷调查。所调查的问题涵盖了三农的各个重要方面。成果见中国农村状况研究课题组《2012 年中国农村状况调查报告》，报告的"经济部分"2013 年 12 月刊于《改革内参》（高层报告 24/2013），2014 年 1 月发表于《农经》总 274 期。

更重要的是，在蒲韩联合社社员中，表现出了种植向部分农户集中的趋势，这种集中程度明显高于全国水平。

根据全国农户抽样调查，2012 年耕地面积只有 5 亩及以下的户占到种植户的一半以上（56.6%）。种植 30 亩及以上的户仅占 3.7%，其中种植 100 亩及以上的户仅占 0.3%，较大规模户比例很低。根据此次蒲韩地区抽样调查，2015 年蒲韩地区联合社社员种植 5 亩及以下的户，占 35.1%；种植 20 亩及以上的户占 11.3%，明显高于全国种植 30 亩及以上的比例。①

表1　　　　　蒲韩抽样调查与全国抽样调查农户按种植规模分组

蒲韩 2015 年数据	5 亩以下	5—9.9 亩	10—19.9 亩	20—49.9 亩	50 亩及以上	合计
户数	95	144	59	28	10	336
占比（%）	28.3	42.9	17.5	8.3	3.0	100
全国 2012 年数据	5 亩以下	5—14.9 亩	15—29.9 亩	30—99.9 亩	100 亩及以上	合计
户数	2108	1250	229	124	13	3725
占比（%）	56.6	33.6	6.1	3.3	0.3	100

蒲韩地区并没有经历过政府支持的工商资本下乡投资，以及因此发生的强制性土地流转，为什么此地种植的集中度能高于全国平均水平呢？

2013 年全国抽样调查中的土地流转数据：买地户数 73 户，占有效样本的 1.8%；共买地 924 亩，平均每户买地 13.1 亩。租入借入土地户数 428 户，每户平均 13.08 亩，共计 5598 亩。买入租入借入合计 501 户，占比 13.6%（501 户/3677 户）。共计流转入 6522 亩，占比 28.6%（6522 亩/22815 亩）。这个比值（28.6%）可以视为土地流转率。

蒲韩 351 户样本，原有承包责任田 1847 亩。至今有 163 户流转入（租

---

① 因为蒲韩以种植新型经济作物为主，蒲韩的亩均收入要高于全国平均水平，因此我们用蒲韩抽样调查的 20 亩以上组和全国抽样调查的 30 亩以上组作比较（全国抽样调查 2012 年亩均种植纯收入为 874 元，蒲韩地区 2015 年亩均种植纯收入为 1458 元）。另外，我们对蒲韩地区农户间的土地流转发生的时间也做了调查。根据租入土地的 155 户统计，土地流转发生得相对频繁的时期是 2006 年到 2014 年，9 年间共发生 100 例，平均每年发生 11.1 例。而 2014 年以来，土地流转频率逐渐下降。因此，蒲韩 2012 年时土地相对集中的程度和现在相差不多。

入借入）土地，占 351 户的 46.4%（由于抽样偏差，不能用这个比值和 2013 年全国调查的 13.6% 相比。如果用这个比值乘以 62%：46.4% × 62% =28.8%，仍比全国平均水平高很多）。我们再分析这 163 户租入土地的来源。

表2　　　　　　　　　　蒲韩地区农户租入土地来源

	户数（户）	亩数（亩）	占比（%）	平均每户亩数（亩）
亲友	26	306	15.4	8.5
当地其他农户	64	629	31.6	9.8
村集体	78	985	49.4	12.6
其他	4	72	3.6	18.0
合计	163（172）	1992	100	12.2

163 户共流转入土地 1992 亩，这个数字比这些户原有的全部承包地还要略多（相当于承包责任田的 108.4%）。

其中，78 户从集体所有的黄河滩地租入 985 亩，占土地流转总和（1992 亩）的将近一半（49.4%）。由于这些黄河滩地并不按人头平均分配，而是由村集体每隔几年发包一次，使得一部分愿意多种地的农户可以通过租入黄河滩地有效提高种植规模。由于多数农民收入的主要来源并不是种植，并非每个农户都要争取承租黄河滩地。[①] 租入土地的 163 户中，有 84 户是从本村其他农户流转入 935 亩；通过农户间租入土地的户数占有承包地户数的 23.9%（84 户/351 户）。

84 户从其他农户流转入的土地面积相当于原有承包地的 50.9%。再乘以 62% 以矫正抽样偏差，矫正后的流转率为 31.6%。这个比例仍高于全国平均水平（28.6%）。此外媒体曾经发布的全国土地流转率数据："2012 年 21.7%，2013 年 25.7%，2014 年 30.4%。"（《2010—2014 年我国土地流转面积占经营耕地面积比例》，前瞻经济学人 2015 年 12 月 28 日。）"目前中

---

① 蒲韩地区地处黄河旧道旁，政府把黄河改道形成的黄河滩地分给黄河旁的各村。这些土地没有列入基本农田，也没有作为承包责任田分给农户，而是由集体分块有偿发包给想多种土地的农户。

国土地流转率已经达到30%，其中主要是农民之间的流转；工商资本流转的土地大约占到10%。韩俊指出，这样的流转速度和比例在发展中国家，几乎是最高的。"（《中国土地流转率达30%　工商资本流转的土地大约占到10%》，2015年5月19日，来源：腾讯财经。）

此外，2016年笔者在河北省内丘县金店镇8个村做了另一次问卷调查。2015年有66户租出借出了自家的责任田，占有责任田的380户的17.4%；一共租出借出260亩，占承包责任田的12.2%。同时期共有26户租入借入了土地，占种植户303户的8.6%；一共租入借入了309亩，占种植面积的14.3%。这次调查得到的土地流转比例低于官方公布的全国平均数。

从全国2013年调查、蒲韩2016年调查、金店2016年调查得到的三个土地流转率数值我们可以形成一个假设，土地流转率与农业收入高低有关，农业收入高的地区土地流转率高，农业收入低的地区土地流转率低。当然，在没有更多数据和实例证实之前，这只是一个粗略的假设。

蒲韩地区的土地流转，有力促进了农户之间种植规模形成差距。没有租入土地的户，2015年平均每户种植5.3亩。有租入土地的163户，2015年平均每户种植16.1亩，通过租入土地，平均每户种植规模整整提高了2倍。

二　土地流转的动力机制

（一）全国调查、蒲韩调查对土地流转原因的回答十分一致

在2013年全国调查和2016年蒲韩调查中，都问道"为什么租入土地？""为什么租出土地？"两次调查虽然调查对象的区域范围不同，但被调查者对这两个问题的回答非常一致。

蒲韩抽样调查：有租入土地的163户回答"为什么租入土地？"所填各项因素的次数合计249次。从出现的频次看，大约八成是出于和劳动力有关的原因，其中包括"不愿出去打工"（79户）、"家里有富余劳动力"（51户）、"出去找不到满意工作"（27户）、"不想太多休闲"（37户），另外49户（近二成）是因为满意务农的收入。总体来看，这些农户租入土地，一

个原因是家里有富余劳动力；另一个原因是农业收入。

全国抽样调查数据：租入土地的418户，回答各项原因合计671次。一类原因是劳动力富余，共589次（家里有富余劳动力201人次，外面找不到好工作139人次，不想太多休闲199人次），占八成；另一类认为"种地收入不错"，有132人次，占二成。

两次调查中租出土地户对租出土地原因的回答，也是高度一致的。

蒲韩调查数据：租出土地的33户回答租出土地的原因，各种因素总计42项次："家里劳力不足"18户，加上"家中没有劳动力"6户，共有24户是因为缺乏务农劳动力，是第一大因素，占57.1%。具体查看这些户的劳力就业情况，其中18户是家里青壮年外出打工或经商，把土地租出，留守老人不再种地；另外6户大部分责任田租出，只给老人留下一两亩地自己种。回答因"打工或经商收入高"6户，因"不靠种地生活"6户，共12户是因为与收入有关的因素租出土地，占28.6%；此外，回答"不想受累宁可闲着"5户，占11.9%；没有人因为"村干部动员"而租出土地，再次证明蒲韩地区土地流转没有政府的强制因素。

全国调查数据：卖出租出借出土地合计1564亩。其中卖出39户，71亩；租出借出土地户数345户，共租出借出1493亩，户均4.3亩。435户回答了"为什么租出土地？"各种回答共计589次。其中因"家里劳动力不足"186次，占31.6%；和收入有关的因素332次，占56.4%（"种地收入低"163次，"我家不靠种地生活"104次，"地太少不够种"65次）；此外，"不想受累宁可闲着"69次，占11.7%；"不想撂荒"2次。

尽管蒲韩地区和全国的土地流转率有差距，但对于"为什么租出、租入土地"的回答高度一致。在土地流转中，有人要租出土地，有人要租入土地，从农户对租入租出土地原因的回答，可以看到农户是在务农和非农就业（打工、经商）之间选择他们认为容易取得较高收入的行业。对于青壮劳动力而言，他们可能会根据非农就业的机会多少来决策，而非农就业的机会多少最终决定于城市化发展可以吸收多少农村转移劳动力。而对于另一些农村劳动力，即老龄劳力和有家务拖累的妇女劳力，他们不能自由选择外出就业，因此会被动选择留守务农。另外从租入土地农户的回答我们也能看到，有一部分农户对务农的收入已经满意。

(二) 从收入角度进一步看土地流转的动力——"适度规模"

表 3 是全国调查数据与蒲韩调查数据农民家庭收入构成的比较。

表 3　　　全国农民与蒲韩农民 (联合社社员) 人均年收入构成

收入额 (元)	蒲韩 2015 年	全国 2012 年
农业纯收入	3811	2079
其中种植纯收入	3300	1774
非农业收入	9637	8672
全年收入合计	13445	10751
占全年收入比例 (%)	蒲韩 2015 年	全国 2012 年
种植纯收入/全年收入	24.5	16.5
农业纯收入/全年收入	28.3	19.3
非农业收入/全年收入	71.7	80.6

从表 3 可以看到，蒲韩地区此次抽样农户 (以联合社社员为主) 2015 年人均收入水平要比全国抽样调查 2012 年农民收入水平高出 25%。由于蒲韩数据比全国数据晚了 3 年，两者差额并不过分。由于蒲韩样板户以联合社社员为主，两者收入构成的差异更为明显。蒲韩人均年收入中农业收入占了 28.3%，比全国抽样的农业收入占比高出了 9 个百分点。

蒲韩地区在北方农村中是农业条件相对好的。蒲韩地区属于黄河冲积平原，地势平坦，适于机耕、灌溉，土质肥沃。蒲韩地区地处我国北方的南部，这里种植的北方水果产品能早于大部分北方地区上市。这些得天独厚的自然条件使得此地的种植结构率先变化，至今已经形成以新兴经济作物为主的种植结构，使得土地产出率较高。① 此地农民从 20 世纪末就开始自发地

---

① 注 5：全国抽样调查数据 2012 年种植面积中，粮食作物仍然占了近八成 (78.8%)，经济作物占了二成略多 (21.2%)。和 5 年前相比，三类作物种植比例变化缓慢，粮食作物占总种植面积的比重减少了 2.4 个百分点 (平均每年提高半个百分点)，经济作物比重相应提高。蒲韩地区农产品结构变化远远领先于全国平均水平。2015 年粮食作物占总种植面积的 31.5%，经济作物占到 68.5%。和三年前相比增长也比较快。2010 年粮食作物占总种植面积的 48.1%，经济作物占到 51.9%，三年间平均每年提高 5 个百分点。全国抽样调查 2012 年亩均种植纯收入为 874 元，蒲韩地区 2015 年亩均种植纯收入为 1458 元。

组成农民合作组织蒲韩种植专业合作社联合社，为从事农业的农户提供农资采购、技术推广、小额贷款、农产品销售等经营服务，降低了生产成本，提高了农业生产率，有力地促进了农产品结构转型。

农户在务农与非农就业的不同选择中，一部分农户集中精力从事非农行业，租出土地；另一部分农户则选择务农为主，积极租入土地，使得此地的土地流转得以活跃。

表4　全国抽样调查2012年农民家庭收入差距（按收入水平每20%的户分为一组）

	最低20%	次低20%	中间20%	次高20%	最高20%
绝对值（单位：元）					
1. 农业纯收入	831	1470	1697	2256	6532
其中种植业纯收入	844	1411	1545	2000	4405
2. 非农收入合计	1094	4237	7676	12038	26937
人均年收入	1925	5707	9373	14294	33469
占人均年收入的比重（%）					
农业纯收入/全年收入	43.2	25.8	18.1	15.8	19.5
非农业收入/全年收入	56.8	74.2	81.9	84.2	80.5

表4是全国抽样调查按农民家庭收入水平差距分组的情况。农业纯收入占全年收入的比重，最低收入组最高，之后次低收入组、中间收入组、次高收入组这个比例一直下降，直到次高收入组达到最低点（15.8%），而从次高收入组到最高收入组，农业收入占全年收入的比例不降反升。这个反弹说明，农业收入高是家庭进入高收入组行列的原因之一。

表5　蒲韩地区2015年农民家庭收入差距（按收入水平每20%的户分为一组）

	最低20%	次低20%	中间20%	次高20%	最高20%
户数	71	67	74	66	71
户均人数（个）	3.8	4.63	5.04	4.83	5.07
人均年收入（元）	4943	8047	11007	15653	24285
1. 农业纯收入（元）	2414	2547	2553	3865	7172
其中：种植业收入（元）	2247	2045	2087	3479	6239

	最低20%	次低20%	中间20%	次高20%	最高20%
2. 非农收入合计（元）	2529	5503	8454	11788	17113
其中：工资收入（元）	2026	4645	7239	9458	12104
种植业纯收入/全年收入（%）	45.5	25.4	19.0	22.2	25.7
农业纯收入/全年收入（%）	48.8	31.6	23.2	24.7	29.5
非农业收入/全年收入（%）	51.2	68.4	76.8	75.3	70.5

蒲韩抽样调查数据也表现出类似的现象。略有不同的是，农业纯收入占全年收入的比重，最低收入组最高，之后次低收入组、中间收入组这个比例逐步下降，达到最低点占23.2%，而从中间收入组向次高收入组、最高收入组，农业收入占全年收入的比例不再下降，反而回升。这说明，和全国相比，蒲韩有更多农户通过务农为主进入高收入或较高收入行列。

我们再把样本户按种植规模分组，这样可以更清楚地看到种植规模和农业收入的关系。

表6　　　　　　　蒲韩地区农户按种植规模分组的人均纯收入及构成

	5亩以下	5—10亩	10—20亩	20—50亩	50亩及以上
基本情况：					
户数（户）	95	144	59	28	10
户均人数（个）	4.47	4.74	5.09	4.39	4.40
户均种植（亩）	3.3	7.0	13.6	25.9	71.3
人均年收入（元）：	11014.9	12262.6	12986.5	14830.8	30536.3
1. 农业纯收入（元）	2572.9	2467.8	3899.3	8948.9	24090.9
种植业纯收入（元）	1534.4	2250.2	3656.2	7728.6	23863.6
2. 非农收入合计（元）	8442.0	9794.8	9087.2	5881.9	6445.4
工资收入（元）	7043.4	7424.3	7019.4	4474.5	4500.0
种植业纯收入/全年收入（%）	13.9	18.4	28.2	52.1	78.1
农业纯收入/全年收入（%）	23.4	20.1	30.0	60.3	78.9
非农业纯收入/全年收入（%）	76.6	79.9	70.0	39.7	21.1

从表 6 看到，蒲韩地区"种植 20 亩及以上 50 亩以下组"的人均年收入（14830.8 元）大体相当于表 5 中"次高收入组"的收入水平（15653 元）；而"种植 50 亩及以上组"的平均收入（30536.3 元）甚至高于表 5 中"最高收入组"的收入水平（24285 元）。这更清楚地说明，种植到一定规模，农户收入就可以达到较高收入等级，甚至可以达到最高收入等级。

表 6 中农业纯收入占全年收入的比重，是从较低规模组向较高规模组递增排列的，种植规模越高的组，农业收入占比也越高。从小规模到中等规模的三个组别，农业收入只占全部收入的三成以下，而种植 20 亩以上的两个组别，非农收入占比大幅度提高，占到全年收入的六到八成。就是说，在蒲韩这种以经济作物为主的地区，种植 20 亩以上的两个组，农户已经绝对以农业收入为主要收入来源。

从规模与收入关系这个表，首先可以说明提高种植规模的必要性。不能因为中国的精耕细作方式可以获得较高的土地生产率就认为种植规模越小越好。由于中国目前种植规模过小，广大种植户不能靠农业收入达到较高收入水平，他们只能寻找非农就业机会提高家庭收入。而在达到一定种植规模后，农民的收入水平就能通过从事农业取得较高收入，进入高收入组。

但同样需要强调的是，种植规模并非越大越好。有人看到美国多是几千亩的超大规模经营主体，劳动生产率很高，于是主张中国也要通过土地流转发展大规模的新型经营主体。但是中国的农业资源条件和美国截然不同，美国地多人少，一个农业劳动力负担的土地有 2000 亩以上，而中国人多地少，一个农业劳动力负担的土地只有不足 10 亩。中国在粮食安全目标的制约下，需要通过较高的土地生产率以保持必要的粮食总产量。中国农业经营单位可能达到什么样的规模，不仅受到微观单位效率最大化的指引，而且要受到宏观充分就业目标和粮食安全目标的制约，微观单位能够达到什么样的规模，最终要受到城市化进展可以吸收多少农村劳动力的限制。中国正是在这样的宏观限制因素下产生了"适度规模"的概念。[①]

---

① 参见王小鲁、姜斯栋《合作：中国农业发展道路的讨论》，原文载于《中国乡村研究》第 14 辑，福建教育出版社 2017 年版。英文稿发表在：*Rural China：An International Journal of History and Social Science*, V. 14, No. 2 (Oct. 2017)。

那么，应该如何定义"适度规模"呢？我的看法，"适度规模"应该满足两个条件：一是能够使得劳均收入水平达到普工的工资收入水平，这样才能保证务农的动力；二是这个规模要能依靠自家劳动力就可以基本承担土地的耕作，而不是以雇工为主，这样才能保证种植的劳动效率。我们在本文中实际采用的标准是"通过务农使得收入水平进入较高收入组，甚至进入最高收入组"，这是一个和"劳动力从事农业的收入不低于务工收入"近似的标准。

从表6可以进一步看到，对于以种植经济作物为主的蒲韩地区，户均种植20亩以上人均收入已经可以达到较高收入组的水平。如果再适当提高规模，就可以达到最高收入组的水平。也就是说，所谓适度规模并不需要很大，完全没有必要如一些地方主张的那样动辄上千亩的家庭农场，甚至动辄上万亩的公司化样板。在蒲韩这种经济作物地区，适度规模大体就在20亩左右。

我们几年前在全国农户抽样调查中也得到了类似的结果。我们定义种植30亩及以上的户为"种植较大规模户"，这个标准不算高，但在我们的4091户样本中也只有137户，仅占3.3%。这些户人均年收入18792元，这个数值介于次高收入组人均年收入（14294元）与最高收入组人均年收入（33469元）之间。这些户平均年收入中农业纯收入11018元，占该组年收入的比重高达58.6%。尽管这些户的平均种植规模尚不算很大，但他们已经主要依靠种植收入而使得他们的年收入比全体样本平均水平高出74.8%。这也表明，即使是在种粮地区，"适度规模"的标准也并非高不可攀，几十亩足矣，一般无须超过100亩。进一步提高土地规模，一般可以进一步提高劳动生产率，也很可能提高经营单位（公司或家庭农场）的投入产出率，但很可能使得土地生产率下降，这不符合宏观目标的要求。

从两次抽样调查的数据中我们还可以看到一个情况，租入土地的户平均租入土地面积要远超出平均租出土地面积。据全国调查数据，租出土地的户平均每户租出土地4.3亩，租入土地的农户平均每户租入土地13亩；据蒲韩调查数据，租出土地的户平均每户租出5.4亩，租入土地的户平均每户租入土地10.8亩。每户租出土地只有四五亩，是因为受到承包地面积的限制，而且一些农户还会留下一两亩地给老人种植。而租入土地，则明显是要达到那个"适度规模"点，是为了可以通过务农进入高收入行列。这就是现实中土地流转的动力。

三　对土地流转形势与相关政策的评价

（一）两种土地流转形式形成悬殊的租金差距

蒲韩地区的土地租金至今保持在一个相当低的水平。此次调查对象中租出土地的 33 户，每亩年租金普遍在 200—300 元。如果是亲友之间租地，或者租出的年份在 2010 年以前，租金还会更低，大体每亩 100—200 元。近年较高的租金达到每亩 350 元，个别的可以高到每亩 400 元。还有特殊的情况，比如种山药的地每亩租金可以达到 700 元，是因为山药很消耗地力，种了山药的地第二年长不好庄稼。也就是说蒲韩地区从总体看，当下租金大体还保持在 300 元或略高的水平。如果按种植两季粮食年纯收入每亩 1000 元左右计算，每亩 300 元租金相当于土地承包户只从种植纯收入中收取了三成左右（实际上当地种植以干鲜水果为主，抽样调查得到的亩均纯收入将近 1500 元），而将纯收入的大头留给了种植户。被调查农户在回答"你认为租金应该占种植纯收入的几成"这个问题时，蒲韩地区农民回答的平均值是 3.01 成，而且租入土地的户和租出土地的户的回答没有明显差异。

笔者曾经考察过土地租金高到每亩 1000 元，甚至更高的一些案例，得到的印象是，一旦有工商资本进入租地，并且地方政府将规模化、土地流转作为业绩目标来大力推动，地租就会有一个跳跃式的上涨。造成这些地区地租偏高的原因是租入者对土地的需求强度远远高过农民的土地供给强度。在现阶段，多数农户是有能力自己种植的，并非都急着把地租出去。租地者在政府鼓励下对土地志在必得，和农户之间存在很大的心理落差，由此形成租地的卖方市场。必须指出的是，这种高地租并不是正常情况下市场机制作用的结果，而是由于政府的干预，甚至经常是过度干预造成的。政府强力推动土地流转，一般是伴随着鼓励规模化、产业化的财政补贴，这种补贴经常可以达到被补贴者至少在当年完全不必计较租地成本的程度。这样的畸形高补贴在大大提高了租入土地方需求强度的同时，也就同时提高了农民一方的市场地位，政府反复动员农民租出土地也促进了农民的联合行动，从而在供求双方的"配合"下畸形地抬高了地租。在这个过程中不能怪罪农民，农民的所作所为只是在参加市场谈判时的理性反应。[1]

就是说，在目前土地流转发展过程中形成了两种情况：一种情况是政府以政策诱导和强制半强制动员的办法推动农民将土地租给大型家庭农场和公司，这种土地流转方式不仅形成了畸高的地租水平，为一些规模化种植者日后发生亏损埋下了伏笔，而且，如果以这样的方式快速推广土地流转，则会使农民向城市转移超过城市吸收农民工就业的能力，造成社会问题。而蒲韩地区的土地流转则展现了另一种形势，这种土地流转是伴随劳动力向城市转移渐进发生的，在市场机制下，土地流转自然地、渐进地得到发展，选择务农与选择非农就业的农户保持着平衡。可以想象，随着城市化的发展，土地向一部分农户相对集中的趋势会进一步发展，会有更多劳动力转入非农就业，坚持种植的留守农民的种植规模会进一步提高。我们认为这是比政府强力推动大面积土地流转要好得多的方式。遗憾的是，在那些有政府强力鼓励规模化、产业化的地区，工商资本和大户因享受政府补助而抬高了地租，同时发生的一个恶劣后果是基本阻断了原来可以健康发展的农户间土地流转。被公司和大户抬高的地租使得潜在的租出土地者不再接受农户间的低地租水平，而是待价而沽；而潜在的小规模土地租入者并不能得到政府补助，也绝不会同意出那么高的租金。

（二）农业劳动力短缺并不严重

20 世纪 80 年代以来，中国的城市化经历了 30 多年的高速发展，数亿农村劳动力向城市转移，有专家认为中国已经到达刘易斯拐点，统计数据也表明农村劳动力绝对数量多年下降。于是出现一种说法，说"谁来种地"已经成为不容忽视的问题。真的有这么严重吗？

2013 年全国抽样调查数据显示：2012 年，样本户中 3310 户共种植

---

[1] 姜斯栋：《高地租的形成机制及相关问题》，刊于《综合农协·中国"三农"改革突破口》2016 年卷，中国社会科学出版社 2016 年 9 月版。

26776 亩，共有务农为主的劳动力 5128 人[1]，平均每户 1.55 人；每个务农为主的劳动力平均仅负担 5.2 亩土地。务农劳动力的确以 46 岁及以上的为主，占全部务农者的 60.6%，但 17—45 岁的青壮年仍占务农者的近四成。17—45 岁男性仍以务农为主的占该年龄段就业者的 28.1%。根据问卷调查得到的数据，我们感觉从全国平均来看，"谁来种地"的问题并不严重。

蒲韩地区调查数据：常住人口中共有 770 个劳动力，平均每户 2 个劳动力。在这 770 个劳动力中，有 465 个全年务农劳动天数超过非农就业天数。平均每个种植户 1.4 人。而另外 246 个务农劳动天数少于非农就业天数的劳动力，平均每人全年参加务农劳动也有 131 天。也就是说，蒲韩地区的常住人口中的劳动力，大部分是参加农业劳动的。（由于蒲韩主要种植经济作物，种植的劳动投入远高于全国平均水平。）

此外，我们抽样调查中的土地撂荒数据可以佐证这一结论。我们经常从媒体看到土地严重撂荒的报道，但我们抽样调查所得到的数据并非如此。

全国抽样调查中的土地撂荒数据：2012 年样本户 4088 户中，有 104 户发生土地撂荒，撂荒户占样本户的 2.5%；总共撂荒 473 亩，撂荒土地面积占实际耕种土地面积的 1.7%（473/27249）。这些户平均每户撂荒 4.55 亩。在回答"为什么撂荒"时，在 101 户的 182 次有效回答中，32 户回答是因劳动力不足，126 户次回答是土地原因（地力差 57 户次，不适合机耕 26 户次，不能灌溉 43 户次），18 次回答因为种地收入太低，还有 8 户因为想租租不出去。看来最主要原因是这些土地质量不高，占弃耕户的七成；因为劳动力不足而弃耕的只有 32 户，占不到弃耕户的两成。撂荒发生的户数占比（2.5%）和撂荒的土地面积占比（1.7%）都相当低，并没有构成严重问题。而所撂荒的土地，大部分是劣质耕地。总体来说，撂荒并没有成为趋势性问题。

在蒲韩调查中，撂荒问题更非常少见。351 户样本户总共只有 3 户有撂荒，其中 2 户各撂荒 1 亩，另一户撂荒 1.5 亩，他们填的撂荒原因都是"地力差"。

就全国讲，撂荒并没有成为问题，我们认为其中的原因：一是中国农民

---

[1] 我们在问卷中定义当年务农天数大于等于非农就业天数的劳动力为"务农为主者"。

对土地的传统意识"土地不能撂荒"仍起作用（见后文）；二是虽然经过30多年的劳动力转移，但至今农村常住人口还有6亿多，按我们的全国抽样调查，每户农户平均负担的耕地只有8亩左右，每个务农劳动力负担的土地只有5亩多；三是经过30多年持续的农业投资，机械化肥农药除草剂使用大幅度提高，亩均劳动投入大大降低，在农民眼里，"种这点地很容易"（见后文），一家平均几亩、十几亩土地，如果是种粮食，一家有一个半劳力或者一个兼业劳动力就可以很轻松地承担。

总之，那种农业劳动力短缺已经很严重、土地撂荒已经很严重的说法，其实并不实在，多是为强制性土地流转制造口实。这也意味着，如果政府强力推动土地流转，势必有一部分本来并不需要也并没有想离开土地的农民退出农业，而规模化的意义就在于提高劳动生产率，因此新的规模化经营者显然不会需要这么多农业劳动力。于是，如果城市化发展不能吸收这些人就业，就会形成劳动力的浪费，甚至酿成社会问题。

（三）农民的土地观念

此次蒲韩调查和2013年全国调查，两次调查时隔三年，但两次调查反映出来的农民对土地问题的主观态度惊人地一致。就是说，全国平均情况和蒲韩这样具有一定特殊性的地区，对土地的基本态度并无多大差异，同时，时隔三年时间，这种态度也没有多大变化。

2016年蒲韩调查数据，对以下问题按评分高低排列:①

表7　　　　　　　　　　2016年蒲韩地区农户对土地的主观认识

	评价值
1. 承包地不能撂荒不种	95.9
2. 承包地是我们的财产，不能轻易失去	90.0
3. 如果在外面找不到工作，我就回家种地	87.2

---

① 我们对每个问题要求选答"同意""无所谓""不同意"，再将每一个样本户对每个问题的回答折合成分值，再将这些分值汇总，得出回答者对每个问题的总评价值。评价值高于50越多，说明总体对这句话越同意；评价值低于50越多，说明总体对这句话越不同意。

续表

	评价值
4. 失去承包地就失去了生活保障	74.5
5. 种地是我们家的主要收入来源	73.9
6. 对我们家来说，种这点承包地很容易	64.7
7. 如果不种地，找不到合适的工作	63.1
8. 即使不种地，我们家也不愁吃不愁穿	45.0
9. 承包地是集体财产，村里想收回就可以收回	27.3

表8 2013年全国农村抽样调查相对应的数据

	评价值
1. 承包地不能撂荒不种	78.7
2. 承包地是我们家的财产，不能轻易失去。	78.3
3. 如果在外面找不到工作，我就回家种地	72.4
4. 失去承包地就失去了生活保障	67.2
5. 对我们家来说，种这点承包地很容易	65.9
6. 种地是我们家的主要收入来源	61.0
7. 如果不种地，在家附近很难找到合适的工作	60.8
8. 即使不种地，我们家也不愁吃不愁穿	38.4
9. 承包地是集体财产，村里想收回就可以收回	22.2

两组数据的一致性主要表现在哪里？

（1）承包地不能撂荒不种。尽管农业收入在多数农民家庭收入中只占到百分之二三十，但"土地是农民的命根子"这一传统观念，至今对农民行为有深刻影响。农民对"土地能不能撂荒"的主观回答和在实际中表现（土地撂荒极少）也是一致的。

（2）承包地究竟是集体财产还是个人财产？这个问题在我们设计问题时就是故意带有矛盾的。本来承包地的所有权明确是集体的而不是个人的，因此其最终的财产权也是集体的（比如个人无权买卖）。但承包制赋予了农民部分财产权利（比如经营权的处置权），农民一方面知道土地是集体所有的，但多数农民宁愿相信土地是自己的财产，或者说他们从心底试图捍卫这种权利。

（3）对于多数农民来说，尽管农业已经不是主要收入来源，但土地仍旧是最终保障和归宿，找不到工作就回家。正是由于这个原因，对"土地是不是主要收入来源"的评价和实际情况差距很大。实际上多数农民家庭的农业收入只占很小比重（全国调查农业收入平均占年收入的二成，蒲韩调查平均占三成）了，但在回答此问题时，有更多农民仍然认为土地是家庭收入的重要来源，其实也是说明他们把土地视为最终保障。当然，对于一小部分已经达到适度规模的农户来说，种地的确已经是他们的主要收入来源。

（4）不种地就找不到合适工作，是一部分农民存在的问题，因为年龄、身体状况等原因，不适于进城打工，或者因为家务需要，不能进城打工。这部分人，进城就会提高家庭的生活成本，而留守家乡至少是半劳力，完全可以经营自家的承包地。

这两次调查农民对以上问题的回答给我们总的印象是，尽管农业收入对多数农民来说只占家庭收入的二三成，但农民对土地看重的程度可能远远高过土地对于他们的实际价值。一个原因在于，在农民眼睛里，土地仍然是其生活的最终保障；另一个原因可能在于农民对土地未来增值抱有较高的预期。

在蒲韩调查中，部分农户回答了问卷中的另一个问题："在什么情况下同意永久转让责任田？"合计188次有效回答。回答"任何情况不能"同意转让的122户，占64.9%；回答"现在就能同意"的1户。另外65次回答是在一定条件下可以同意转让，其中占比最大的是"转让价格满意"就可以同意（31户），占16.5%；其他还有"非农收入满足需要"6户，"社保提高到可以养老"10户，"全家搬进城市"1户，"全家转为城市户口"1户。另外有15户是"在干不动时"可以同意转让。对这个问题的回答，和上面"对土地的主观认识"是一致的。

我们从上述两次调查中看到的农民对土地的看重意味着什么？对今后的土地流转有什么影响？有人认为在日本农村有一种土地惜售的现象，尽管日本的农村劳动力老龄化非常严重，但日本农村的老人们不愿退出土地，这样就影响了种植规模的提高，进而影响农业生产率的提高。我们可以把这种假说称为"土地经营的小规模陷阱"。在中国会不会出现这样的现象呢？我的假设是，从现阶段看，中国农民对土地是惜售的，但并不拒绝出租土地。从以上调查中农民对问题的回答可以推测，由于社保水平依旧很低，土地仍然具有农民家庭最终保障的功能，加上农民对未来土地增值的预期，农民对土地有惜售心理。但从蒲韩土地流转的发展形势看，随着农村劳动力向城市转移，土地会逐渐向选择坚守种植的农户集中，使这些农户较快达到适度规模。而在现今的城市化发展水平、农业生产力水平，以及现有土地制度政策之下，农民在想退出农业时，可能他们会首选租出土地而不是卖断土地。我们的感觉是中国不会发生类似日本那样的"小规模陷阱"，尽管我们对其中的机制还没有深入的研究。

最后，我们概括一下通过两次调查得出的一些判断，以及我们由此出发对政府有关政策的意见。

1. 经过持续 30 多年的城市化过程，农村常住人口和农业劳动力大幅度减少，但至今中国大部分农村并没有出现务农劳动力明显短缺，土地撂荒也没有成为严重问题，并不需要政府为了解决"谁来种地"的问题而强力推动土地流转。

2. 经过调查我们提出两个假设：第一，平均说，各地区的土地流转率和土地产出水平正相关，越是农业收入高的地区土地流转率越高；第二，在一般情况下，地区间的地租差异和土地产出正相关，但在现今阶段决定土地租金水平的最主要因素并不是土地产出，而是政府干预土地流转的程度。政府对土地流转的过度干预，把地租提高到畸形的程度，使得租入土地的新型经营主体埋下了亏损的伏笔，更严重的负面影响在于阻断了农户间土地流转的正常、渐进的发展路径。

3. 蒲韩地区土地流转以农户间的流转为主，既能充分地利用土地，充分利用劳动力，又不会造成农民失业等社会问题。现实中"适度规模"的标准并非高不可攀，主要依靠市场调节，通过农户间的土地流转就可以实现，并不需要政府过度的强力推动。

4. 从农户对土地的主观态度看，在农民还不能从社会得到足够的保障时，仍视承包土地为最终保障；而且，农民对土地增值预期较高。因此如果赋予农民完全的土地权利，较大可能是农民对土地惜售，但并不意味着他们不愿意通过出租而促进经营规模的提高。

概括地说，政府通过高额财政补助以及半强制的动员对土地流转过度干预，不仅没有必要，而且在微观上造成经营成本的提高和政府投入的浪费，在宏观上可能造成留守农民过多闲暇或无业滞留城市等社会问题。而随着农村劳动力和农村人口逐渐向城市转移，主要通过市场调节发展土地流转，是更为健康的土地规模化之路。政府在此过程中应该做的是进一步落实土地承包赋予农民的权利，为农户间土地流转做好服务和保障。

农民合作组织发展

中国农民合作组织体系的构建：
基本理念与主要原则①

许欣欣②

近年来，随着国家市场经济体制改革的不断深化，提高农民组织化程度以应对分散小农对接大市场困境的呼声越来越高。2015 年《中共中央、国务院关于深化供销合作社综合改革的决定》（以下简称"中央 11 号文件"）的发布，更是加快了各地借机构建中国农民合作组织体系的实践，如浙江省委、省政府牵头在全省范围内构建的"农民合作经济组织联合会"体系的实践，以及河北省供销合作社邀请学者参与在内丘县与涉县四个乡镇推行的"新农村综合发展合作协会"实践。（许欣欣，2015）

然而，在构建我国农民组织化体系时究竟应该秉持什么样的基本理念并遵循什么样的主要原则，学术界似乎尚无统一认识，也缺乏理论上的深入探讨。鉴于此，本文拟在这方面作些尝试。下面将分别从结构、功能、性质、法律地位及运作模式上逐一进行探讨。

一　在结构上，应秉持法团主义理念
——建立制度化的利益沟通机制

法团主义（corporatism），又称"合作主义""统合主义""社团主义"，

---

① 原载于《广东社会科学》2016 年第 6 期。同时刊登于北京农禾之家咨询服务中心内刊《综合农协》2017 年第 1 期（总第 23 期）。
② 作者系中国社会科学院研究生院社会学系教授。

是一种发端于欧洲大陆有着悠久历史文化背景的政治理论思潮。宏观而言，法团主义讨论的是一种政治文化和体制类型，特指社会不同部分之间所形成的制度化关系，其重心在集团行为和体制的关系，而不是个人行为或非制度性关系。（Schmitter，1979：9）

关于法团主义的定义，目前最为学者普遍接受的是西方著名学者斯密特20世纪70年代所做的经典定义，即：法团主义，作为一个利益代表系统，是一个特指的观念、模式或制度安排类型，其作用是将公民社会中的组织化利益结合到国家的决策结构中（Schmitter，1979：9）。具体而言，"这个利益代表系统由一些组织化的功能单位所构成，它们被组合进一个有明确责任（义务）的、数量限定的、非竞争性的、有层级秩序的、功能分化的结构安排之中。这些功能单位得到国家的认可（如果不是由国家建立的话），它们被授予本领域内的绝对代表地位，作为交换，它们在需求表达、领袖选择以及组织支持等方面受到国家的相对控制"（Schmitter，1979：13）。

从上述界定中可以看出，法团主义关注的核心问题是：社会不同利益如何得到有序的集中、传输、协调和组织，并用各方同意的方式进入国家体制，以便使决策过程有序地吸收各方面的社会需求，将社会冲突降低到不损害秩序的限度。为此，法团主义主张建立一种"法团主义结构"。其基于的假定是：在多元主义政制下，自由竞争导致了利益团体权力的不均衡，一部分团体有反映利益的优先渠道，而其他团体却没有。这种参与机会的不平等反映了不同利益团体动员和行动能力的差异，因而对某些团体是不公平的，它可能将一部分弱势群体的利益排除在社会整合之外，这个缺陷需要通过制度化的体制安排来加以解决。（Henley & Tsakalotos，1993：14）

法团主义认为，当代社会由于利益分化而出现的种种问题和冲突，不是个体自由不足，而是组织化的不足造成的。鉴于"阶级"在现代社会的逐渐消解，通过阶级将利益集中起来影响决策的做法已经不再现实，法团主义主张通过行业或职业化的功能团体将社会上分化的利益"组织"到体制可控的轨道上，从而改变压力集团自由竞争的"多元"格局。（Cawson，1985：19）法团主义的应对方案是：第一，以行业（或职业）为基础组建利益团体，将利益代表资格垄断化，将原先同行业内的多个利益团体整合进入新的层级秩序；第二，行业团体内部实行自我管理；再次，行业团体和国家之间建立起制度化的沟通渠道：行业团体向国家提供咨询，提出利益诉求；国家也对行业团体进行管制。这样，法团主义就解决了多元主义利益表达的弊端：通过利益表达的制度化，使每一种利益都有了平等有效的表达机制；国家的独立和权威也保障了基本的公共利益。

近年来，法团主义在中国的影响力不断增加，其中一个重要的原因就是因为中国的政制模式与权力结构被认为与法团主义存在相似之处，或曰有内在的亲近性。学者康晓光甚至预言，中国未来的发展很可能要采取"分步走"策略，即首先在经济领域完成市场化，紧接着在社会领域完成自治化，最后在政治领域完成民主化。在这一过程中，国家与社会的关系也将经历从"国家法团主义"向"社会法团主义"① 的转变。（王威海，2007）

从根本上讲，法团主义处理的是一个经过权利结构分化、充满冲突、需要协调整合的社会结构，今天的中国社会恰恰就形成了这种利益高度分化的格局。从现实来看，中国正处于史无前例的社会转型时期，30 多年的改革开放使中国社会发生了重大的变化，这种变化表现在社会结构上，就是多种不同利益主体的出现。在过去的改革中，我国建立了市场经济的基本制度框架，并在市场经济体制的推动下，实现了经济的快速增长。然而与此同时，理应与市场经济相配套的种种利益均衡机制却没有相应地建立起来，从而导致社会利益格局的严重失衡以及由于利益格局失衡引发的各种社会矛盾大量出现。目前，作为我国最大弱势群体的农民的利益表达问题尤为突出，因为他们既无制度化的利益表达渠道，也无制度化的为自己争取利益的方式。"三农"问题成为中国社会的一个顽症，与农民在利益追求能力上的弱势是联系在一起的。中共十七大报告肯定了人民群众的利益表达权。然而这样的表达权，必须通过一系列的机制才能建立起来。对农民而言，形成这个机制的一个重要前提条件，即是构建一个能够代表并上达全体弱势农民利益的组织体系。

在这方面，法团主义为我们提供了很好的思路。如前所述，法团主义认

---

① 根据政府与社会力量对比的差异，法团主义可分为两种不同类型："国家法团主义"和"社会法团主义"。二者的根本不同在于：主导权力在国家和社会组织间的分布不同，以及利益团体的组建方式不同。前者代表一种自上而下的组织关系，在其中，国家的作用是主要的；后者则代表一种自下而上的组织关系，其中社会力量为主导。

为，当代社会由于利益分化而出现的种种问题和冲突，不是个体自由不足而是组织化的不足造成的。为此，应以行业或职业化的功能团体为基础，将分化的社会利益有序地"组织"起来，进入体制可控的轨道，通过利益表达的制度化，使每一种利益都拥有平等的表达机制，从而改变强势集团自由竞争的多元格局，形成各种力量大体均衡的社会结构与和谐一致的社会秩序。

显然，法团主义理论对于探讨中国构建和谐社会、构建农民合作组织体系、破解"三农"困境极具启发意义：首先，法团主义注重社会的整合、秩序和稳定，强调利益团体的作用与执行公共任务的责任，这与当前中国维护社会稳定、构建和谐社会的政治主张高度契合；其次，法团主义强调结构安排的作用，主张在国家层次上以组织化的行业性（或职业性）功能团体为单元对社会力量进行整合，构建有序的利益表达、利益聚合、利益传输及利益配置机制，避免因过度竞争造成"强者全得"的有失公允的利益格局，这对处于转型期的中国打造均衡的利益结构、重建社会秩序具有重大借鉴意义；再次，法团主义强调在中观层次上以现代利益代表制处理日益增长的利益分化现象时，行业（或职业）团体的体制设计应遵循有国家参与、代表权垄断、数量限制、分层处理、共容互赖的基本原则，这为我们创建一个纵贯全国的农民合作组织体系提供了明确的指导原则。

放眼世界，虽然在宏观层次上能够长期保持法团主义利益协调机制的国家还比较有限，但在中观层次上，即具体行业领域组织化方式上的法团主义机制，则所在广泛。尤其在具有弱质性的农业领域，几乎所有发达国家的农业部门都存在着法团主义的组织方式与机制，即便是法团主义程度最低的美国也是如此。（袁柏顺、刘敏军，2001）中国的东亚近邻——日本与韩国的农协体系，更是堪称成功体现这种法团主义机制的典范。（许欣欣，2013）

二　在功能上，应秉持行业协会理念
——履行行业代表、行业协调、行业服务职能

从上面的论述中不难看出，在法团主义的制度设计里，利益团体是行业式的。"行业（功能团体）统合力量"被认为是新法团主义的理论框架，它

把行业（功能部门）视为连接决策、掌握利益、促进整合的基本单位。（Cawson，1985）

在政治文明和市场经济条件下的利益分配，不能再完全仰仗政府的行政手段，而要在一个政治文明的制度框架内，通过各利益主体的博弈来实现。因此在现代社会中，必然存在着主要是为促进利益表达而形成的社会组织，行业协会正是这种社会组织的典型形式。行业协会的产生和发展是社会化生产和市场经济发展的要求，也是社会对个体经济活动约束的需要。在现代市场经济体系中，由行业协会行使行业管理职能，已成为一种符合国际惯例、普遍有效的制度安排。正如日本经济学家青木昌彦所言："随着交易范围的扩大，当交易具有非人格化特征时，包括协会在内的第三方治理机制的出现就成为必然。"（汤蕴懿，2009：9）

行业协会的英文一般是 Trade Association。虽然行业协会已在人类文明史上存续了一千多年，但其定义至今仍属于一个内容丰富而缺乏规范表述的概念。例如，美国《经济学百科全书》的定义是："行业协会是一些为达到共同目标而自愿组织起来的同行或商人的团体"；在英国，关于行业协会的较为普适的定义是："由独立的经营单位组成，用以保护和促进全体成员既定利益的非营利组织。"（王名，2013：136）尽管莫衷一是，却不难归纳出行业协会的若干共性：行业协会是一个利益共同体，强调自愿基础上的自治、自律和自我维权。

行业协会作为一种重要的社会组织和特殊的市场机制，主要协调会员企业之间以及产业链条中的各种关系，在政府和企业中间发挥桥梁纽带作用，为建立市场秩序、提升行业整体利益提供服务。从性质上讲，行业协会具有市场性、行业性、会员性、非营利性、非政府性和互益性。（贾西津、沈恒超、胡文安等，2004：11）

由于行业协会在有效配置市场资源方面具有天然的优势，因而被视为应对"市场失灵"与"政府失灵"的"第三条道路"。概括而言，现代行业协会的职能主要分为三大类：行业代表、行业协调、行业服务。（孙春苗，2010：3—4）

行业协会的代表职能，是指当行业协会作为行业利益的整体代表者出现时，主要面向三个对象：一是政府，包括各级政府和不同的政府部门；二是市场，包括国内市场和国际市场；三是社会，包括其他社会团体利益和社会公共利益。此时，行业协会一般具有明显的经济利益价值导向，为了维护会员的共同经济利益，往往会采取统一的行动与政府部门、其他利益集团或者社会群体进行沟通、谈判、博弈甚至对抗。所采取的方法包括：代表会员进行反倾销、反垄断、反补贴调查或向政府提出调查申请；代表会员参加与本行业相关的政府决策论证，提出政策、立法建议等。

行业协会的协调职能，是指当行业协会作为行业内部秩序的协调者出现的时候，主要面对的是协会内部的会员企业。所要处理的问题包括：部分企业破坏正常的市场竞争秩序（如恶性价格竞争）、大企业和小企业之间的利益冲突、行业整体的社会信誉度下降（如假冒伪劣、污染环境）等问题。这时的行业协会，一般会以维护行业的正常秩序和长远利益为目标，根据协会章程采取相应的行动，包括采取统一的行业自律行动、制定行业技术标准、制定统一的行业发展规划、规范会员的市场行为、协调会员之间的利益冲突、维护公平竞争秩序等。

行业协会的服务职能一般通过以下活动实现：为成员提供企业管理及法律咨询服务；举办论坛，开展经验交流；进行有关资质评定，促进、提高成员业务水平和社会声誉；发放原产地证书，提高成员产品市场竞争力；提供培训服务；举办各种展会，推介相关产品和技术成果，帮助成员开辟新的市场；提供行业范围内的公共物品，等等。

根据各国的法律特征、文化背景和国情，通常将国外行业协会的运行体制分为三类：大陆模式、英美模式和混合模式。（汤蕴懿，2009：70）大陆模式往往具有较强的行政色彩，并采取一地（市）一会制度；英美模式最大的特点是自治，且数量众多，一地（市）多会；混合模式也称"东方模式"，以亚洲国家和地区为主。这种模式兼有大陆模式和英美模式的特点，既强调行业协会的独立自主地位，又受到政府的引导和监督，行业协会与政府之间有稳定的沟通渠道和合作关系。

综上所述，不难看出，现代行业协会不仅具有经济功能和政治功能，而且还有积极的社会功能，如同社会润滑剂一样，使得企业与政府和社会的沟通、对话变得容易，许多矛盾得以在协商中解决，一种更可靠、更长久的社会信任机制得以产生，社会结构由此变得更加合理，社会运行更加平稳、有序。

相比于工商领域的行业协会，农业领域的行业协会出现得比较晚，到19世纪下半叶，方才陆续出现各种类型的农业行业协会。第二次世界大战后，农业行业协会得到较快的发展，特别是20世纪90年代后，随着经济全球化进程的加快，发达国家普遍加大了对农业行业协会的支持力度，更加重视和发挥其在农产品国际贸易谈判和解决贸易争端中的参谋和助手作用。（梁田庚等，2009：11）

农业行业协会的英文名称多为 Agricultural Cooperative Federation 或 Federation of Farmers。例如，韩国农协的全称为韩国农业协同组合，其英文译名为 National Agricultural Cooperative Federation。从发达国家情况看，农业行业协会普遍存在着一些与工商领域行业协会不同的特点：首先，不同于工商领域以企业为基本单元的行业协会，农业领域的行业协会大都以农业合作社为基本单元而构成；第二，现代社会以来，各国农业行业协会大都得到政府的扶持，因为农业不是一个纯粹可以放的市场领域，而是一个关系国计民生，关系国家战略的领域；第三，由于农业行业协会的构成单元是以人为本的非营利性的农民合作组织，不是以资本为核心的营利性工商企业，仅靠收会费无法维持运转，因此，农业行业协会普遍兼有业务经营职能。

在我国，随着经济体制从计划经济向市场经济的转轨，随着经济全球化的进程和加入 WTO 后的需求发展，农业行业协会开始萌生。时至今日，全国已有国家级农产品行业协会40家、省级400多家、市级2000多家、县级1万多家。这些协会在提高农业社会化服务水平、开拓市场、增强农产品竞争力等方面发挥了一些积极作用。但是，与国外发达国家相比，我国农业行业协会的功能与作用可谓相形见绌，正如一些学者概括的那样：首先，是缺乏行业代表性。因为我国农业行业协会多为官办型，主要由政府部门转制而成，颇似"二政府"。虽有一些市场自发型协会，但也通常是由一个或几个大公司或专业大户牵头组建，其成员以经营规模为门槛，广大小农户根本无缘加盟。其次，是缺乏独立性。官办型协会的领导多是兼职或退居二线的政府官员，所以协会名义上是社会团体，实际上有编制、有经费，对政府依赖性很强，离开政府支持便寸步难行；而市场自发型协会则往往由发起者组建、控制和提供经费，通常就是为其服务，离开这些发起者，协会便难以生存。第三，是缺乏权威性。许多协会面临生存困境，只是致力于搞评比、拉赞助，提供的服务多与成员需求相悖。第四，是缺乏吸引力与凝聚力。协会多以提供技术和信息为限，普遍缺乏品牌建设、共同开拓市场、行业代表、行业协调与行业自律等功能。第五，是运作不规范。协会的组织结构及其运作制度很不完善，与保护农民利益、切实为农民服务等应具备的要求差距甚远。（梁田庚等，2009：70—71）

不可否认，中国农业行业协会上述特征的形成，与政府的导向直接相关。虽然改革开放以来，特别是中国加入 WTO 以来，政府一直鼓励发展农业行业协会，但更多强调的却是协会对政府的辅助和对国有企业利益的保护作用，而忽略了协会的生命之源是为行业内所有成员提供服务，忽略了行业协会所必须具备的行业利益代表职能，忽略了随着市场经济体制的推行，农民已经成为商品经济的生产者与经营者，发展农业行业协会不能将广大农民置之度外的重要现实。因此，才形成了国外发达国家农民 90% 以上甚至100% 参加农业行业协会，而我国不到 20% 的鲜明对比；形成了我国农业行业协会基本背离其宗旨，功能不到位、服务不到位、既无代表性又无权威性的尴尬现状。不言而喻，要使农业行业协会真正发挥其应有的功能和作用，首先必须保证构成其生命之源的全行业农业人加盟其中。在这方面，日本与韩国农协的经验很值得重视。（许欣欣，2014）

三 在性质上，必须坚持合作制原则
——确保农民的主体地位与民主控制权

如上所述，不同于工商领域以企业为基本单元的行业协会，农业领域的行业协会大都以农业合作社为基本单元而构成。因此，中国农民合作组织体系的构建，无疑应以合作社为基础，并以合作制为基本原则。

所谓合作社，按照 1995 年国际合作社联盟成立一百周年代表大会《关于合作社界定的声明》定义："合作社是自愿联合起来的人们通过联合所有与民主控制的企业来满足他们共同的经济、社会与文化的需求与抱负的自治联合体。"

我国著名合作社研究专家唐宗焜曾对这一定义进行过详细剖析："这个合作社的定义告诉我们：合作社是什么样的组织？——是一个'自治联合体'。谁的自治联合体？——是'自愿联合起来的人们'的自治联合体。他们联合起来干什么？——他们自愿联合起来的目的是'满足他们共同的经济、社会与文化的需求与抱负'。怎样才能实现他们联合的目的？——实现他们联合目的的途径是'通过联合所有与民主控制的企业'。"（唐宗焜，2012：21）

合作社以怎样的制度保证满足社员的需求呢？靠的是合作社制度赖以形成的合作社价值与合作社原则。国际合作社联盟《关于合作社界定的声明》将合作社原则概括为七项。第一项原则："自愿与开放的社员资格"；第二项原则："民主的社员控制"；第三原则："社员经济参与"；第四项原则："自治与独立"；第五项原则："教育、培训与告知"；第六项原则："合作社之间的合作"；第七项原则："关注社区"。合作社的七项原则是一个有机联系的整体，不能彼此孤立地去对待。特别是前三项原则，即自愿与开放的社员资格、民主的社员控制和社员经济参与原则，是全部合作社原则的核心。

合作社的定义与原则不是谁发明的，更不是书斋里能够炮制出来的，它是世界上出现合作社200多年来，特别是世界上第一个成功的合作社诞生以来170余年世界各国合作社实践的历史经验的结晶。1994年5月到12月圣诞节前夕，英国为罗契戴尔公平先锋社诞辰150周年举行了历时半年之久的隆重庆祝。翻开世界经济史，还没有任何一家其他类型的企业，它的华诞能够成为举国同庆、世界共贺的盛大庆典。根本原因就在于它创造了一种新的制度，这就是既能增进众多成员的经济、社会、文化权益，又能在市场经济的竞争环境中生存和发展的"合作社制度"。这种制度能够使广大人民特别是生活在社会底层的人们获得实实在在的而不是空想的经济、社会权利，从而改善他们的经济、社会地位。（唐宗焜，2012：35—37）

然而令人遗憾的是，迄今为止，"合作社"这个名词对于大多数中国人说来，还是既熟悉，又陌生。熟悉的是，大家都知道20世纪50年代中国在全国范围实现了对农业、手工业以至个体商业的"合作化"，普遍建立了"合作社"。陌生的是，大家不了解通过这样的"合作化"建立起来的"合作社"，以及随后演变成的人民公社其实是在本质上与合作制南辕北辙的集体经济组织；不了解世界上已经积170余年成功经验的合作社究竟是怎样的组织；不了解什么是合作社，什么不是合作社；不了解合作社和集体经济组织有怎样的区别，为什么两者不可混淆；也不了解合作社的生存和发展需要怎样的生态环境，特别是政府对合作社应该做什么，不应该做什么。以致至今还有人在倡导恢复农村的村集体经济。因此，必须在此澄清集体制与合作制的混淆。

在我国，集体制和合作制的混淆根深蒂固，几乎自集体经济产生之日起，集体制和合作制就混为一谈。其实，合作制和集体制是两种有着原则性区别的制度。（唐宗焜，2012：216—217）

首先，从所有制结构看，合作社承认和确保社员个人的所有者权益，并由社员通过民主程序联合控制合作社的资本。它的原则是合作，不是合并。合作社由社员出资，入社者入股出资是取得社员资格的基本条件。合作社的"社员联合所有"在财产关系上根本区别于集体制的所谓"集体所有"或"共同所有"。集体所有制经济组织取消和否定个人的所有者权益。在财产权利上，它的原则是合并，而不是合作。

其次，从法人治理结构看，合作社是社员控制的自治组织。"社员控制"是合作社的法人治理概念，比"民主管理"概念要广泛、深刻得多。集体制显然没有这样的法人治理机制。

再次，从组织目标看，合作社的唯一宗旨是为社员服务。它们必须为社员去营利，而不是以社员为营利对象。所以，合作社是将人置于首位的企业形态，是以人为本的企业形态。集体经济组织则相反，它使个人依附于集体，而集体依附于行政权力。

最后，从收益分配制度看，合作社的盈余是属于社员的权益，受社员支配，由社员大会决定其分配，对社员实行惠顾返还原则。然而，集体所有制由于否定个人的所有者权益，其盈余和税后利润当然也就不向个人返还，由此形成的"公共积累"归主体不明确的"集体"所有，成为所有者虚置的权益，因而很容易被外部机构或掌权者凭借行政权力肆意侵占。

从发展上看，合作社是市场经济特有的产物。市场经济中的基本经济活动是市场交易，人们在市场交易中能否实现自己的利益，首先取决于他们在市场上有没有谈判的权利。正如曾任国际合作社联盟主席的沃特金斯所说：

"合作社联合的初始目的是获得权力。无论哪种合作社，都是产生和拥有经济权力的机制，这种经济权力是它们的社员作为个人几乎是不可能得到的。在市场经济中，这种权力的最简单的形式就是谈判权力，而联合就可以作为买者或卖者来行使这种权力。"（唐宗焜，2012：13）

我国始于20世纪80年代的农村改革，本质上是农民权利复归的过程。然而，本应后续的农村制度改革却在90年代停滞不前，致使这个刚刚开始的农民权利复归过程未能继续推进。时至今日，我国的经济体制市场化改革已将农民卷入了市场经济的旋涡，但是广大农民在进入市场时却仍处于无组织的分散状态，再加上长期以来对农村和农民根深蒂固的种种政策歧视，这就犹如让赤手空拳的个体农民去同全副武装的有组织的对手博弈，交易双方处在完全不对等的谈判地位。国际经验证明，合作社正是改变这种状况的有效组织形式。我国近邻日本与韩国在政府主导下构建农民合作组织体系并获得成功的实践更是充分证明了这一点。① 因此，以合作制为原则构建中国农民合作组织体系必须尽快提上日程。

四 在法律上，应享有特别法人地位
——兼具合作社、行业协会与职业协会属性

如前所述，法团主义结构不仅是对利益团体的要求，同时也是对国家治理方式的要求。在当代社会，与国家的关系是利益团体权力的一个重要来源，利益团体不一定全靠选举或表达利益来换取成员的支持，它们也可以从国家授权的地位获得支持。立法是国家授权的最高体现。现代文明的一项重要共识是，既要防止权力侵犯穷人利益，也要防止托克维尔所说"多数的

---

① 从根本性质上看，日、韩农协都坚持了合作制原则。虽然在创立时期，两国农协都是在政府主导下以"国家法团主义"方式从上至下建构起来的，带有一定的强制性。但是当农协发展到一定阶段后，合作制原则便开始成为主导。国际合作社联盟《关于合作社界定的声明》确立的合作社七原则在两国农协的实践中均逐渐成为指导原则。特别是其在吸收非农户加盟时，为确保农民利益不受损而采取了区分"正成员"与"准成员"的办法，通过对加入农协的非农户准成员权利予以限制（主要是投票权限制），有效地保证了农民"正成员"在农协中的民主控制权和主体地位。

暴政"。因此，以合作社为基础建造的农民合作组织体系的权力必须在国家法律框架内施行，要使得这种权力既具备足够的权威，又不致被滥用。

2006 年，《中华人民共和国农民专业合作社法》颁布并于 2007 年 7 月 1 日正式实施。这是国家向农民合作组织的最高授权。然而时至今日，9 年多时间过去，我国农村加入农民专业合作社（且不论合作社的真伪）的农户也只占全国总农户的 30% 左右，以合作社为基础构建的能够代表全体农民利益的纵贯全国的农民合作组织体系更是无处觅踪。究其原因，一方面在于国家颁布的农民专业合作社法中没有关于构建合作社联合组织体系的相关规定——授权有限；另一方面，则在于我国《民法通则》中只规定了机关法人、事业单位法人、企业法人和社团法人这四种法人类型。按照规定，农民专业合作社属于在政府工商部门注册的企业法人，以农民合作社为基础组建的联盟性行业协会属于社会团体则应该在政府民政部门注册。这样的法律规定显然极大地制约了农民合作社的发展、壮大及其对广大农户的凝聚力和吸引力，从而制约了农民合作组织体系发育成长的空间，阻碍了农民组织化程度提高的进程。

其实，早在 1924 年，美国农业经济学家布莱克便在其研究中列举了 16 个基层合作社无法圆满解决的问题，如：质量控制；生产的标准化；调整生产以适应消费；控制消费以适应生产；监测；分级；金融；消除污染型废料，等等。因此他指出，要关注农业一体化问题，因为在农业营销领域提高效率的最大机会蕴藏在纵向一体化的路径中。（张晓山与苑鹏，2010：47）

近几十年来发达国家的实践已经证明，布莱克提出的纵向一体化方式基本上反映了农业经济发展的客观规律。20 世纪 50 年代后半期，在高度社会分工基础上，农业与其产前、产后部门通过经济上、组织上的结合，形成了一种被称为现代大农业或纵向一体化的农业经营形式。面对经济全球化咄咄逼人的态势，各国农业合作社都在进行合并和扩张，以应对挑战。地处我国近邻的日本和韩国正是看到了这一点，于是针对其小农国家的特征采取了"国家法团主义"的方式，由政府主导从上至下推进其农业合作组织体系的建构。通过颁布《农业协同组合法》（即农业合作社法），授予基层农业合作社、地方农业合作社联合会（包括地方中央会——日本）、全国农业合作社中央会（包括全国联合会——日本）"特别法人"地位，实行政府农业部门认可制（无须注册），可享有国家一系列的优惠政策，同时配合国家相关农业政策的贯彻执行。正是由于整个农业合作组织体系都得到了国家授予的"特别法人"地位，有效地加快了两国城乡差距和全社会贫富差距的缩小，并在相当程度上促成了两国经济在20世纪70年代和80年代的腾飞，日本和韩国农协成为世界上公认的小农国家中最为成功的农业组织形式。

值得庆幸的是，在中国"三农"困境近乎无解的时候，日、韩两国农协的成功经验终于引起了最高当局的关注。2015年3月23日，中央11号文件公开发布，明确指出了在新形势下将供销合作社打造成"中国特色为农服务的综合性组织"的紧迫性和重要性。强调供销合作社在综合改革中必须把服务"三农"作为"立身之本、生存之基"，切实做到"为农、务农、姓农"。同时，要利用其"扎根农村、贴近农民，组织体系比较完整，经营网络比较健全，服务功能比较完备"的条件，"成为与农民联结更紧密、为农服务功能更完备、市场化运行更高效的合作经济组织体系"，"成为党和政府密切联系农民群众的桥梁纽带"。为此，要"抓紧制定供销合作社条例"，并"适时启动供销合作社法立法工作""确立供销合作社的特定法律地位"。

中央11号文件无疑吹响了构建中国农民合作组织体系的进军号。然而，其关于"适时启动供销合作社法立法工作"与"确立供销合作社的特定法律地位"的提法则未免令人质疑。原因在于：

首先，关于供销合作社立法问题。其实，从功能上讲，供销合作社属于专司流通之职的营销型专业合作社——姑且不论其是否货真价实的合作社。但是，随着中央11号文件明确指出供销合作社可以组建合作银行并将承担构建农村合作金融体系的职责时，其专业性质便不复存在，俨然已变成综合性的合作组织。既如此，仍沿用"供销"之名显然名不副实。因此，即便立法，也不能再以《供销合作社法》冠名。况且，中国已经有了一部农民专业合作社法。综观世界各国，大都只有一部农业合作社法（即"专门法"），或一部适用于工业合作社、城市合作社、农业合作社、住房合作社等所有合作社的合作社法（即"基本法"）。同时制定这样两部合作社法的国家也有，如日本。但迄今为止，似乎尚无一个国家为两类"专业"合作社订立专门法，中国大无必要开此先河。考虑到供销合作社的特殊性，为其制定一部《供销合作社条例》足矣。

其次，关于确立供销合作社特定法律地位问题。中央 11 号文件中关于"确立供销合作社的特定法律地位"的提出，显然是囿于我国《民法通则》只规定了机关法人、事业单位法人、企业法人和社团法人这四种法人类型所致。但是，这一提法却导致了许多不必要的困惑与质疑。因为，在日本和韩国，农业合作社以及在其基础上构建的整个农协组织体系，都是享有特定法律地位的"特别法人"（实行政府农业部门认可制）。如果在中国，给予"要办成以农民为基础的合作经济组织"的供销合作社特定法律地位，却不给真正由农民自己创办的合作社组织以特定法律地位，显然于情于理都说不过去。

从现实情况看，虽然目前我国农民专业合作社依法应在工商部门登记注册，但实际上已有许多地方的农民合作组织基于农民的实际需要以及其业务范围的扩大而选择在民政部门以社团法人形式登记注册。2015 年，浙江省委、省政府牵头在全省范围内构建的"农民合作经济组织联合会"体系，以及河北省供销合作社在四个乡镇基层社改革试点中推行的"新农村综合发展合作协会"，也都是在当地政府民政部门注册的社团法人。之所以如此，纯属无奈。因为前者以农民合作组织为基本构成单元，而后者本身就是基本单元。只是由于功能超出了现行农民专业合作社法规定的单一领域而不得已为之。正因此，浙江省委、省政府声称将致力于推动相关立法。（许欣欣，2015）

其实，真正需要给予特定法律地位的应该是以合作社为基础构建的农民合作组织体系。这不仅因为合作社是弱者的组织，不仅因为农民是中国最大的弱势群体，也不仅仅因为农业是天然的弱质性产业，而且因为在性质上，中国的农民合作组织体系必须兼具行业协会与职业协会的属性。之所以如此，首先是因为中国至今没有代表农民利益的职业团体——农会。其次则在于以合作社为基础构建的农民合作组织体系完全可以行使农民利益代表的职能。因为在 30 多年的市场经济体制改革中，中国农民已经从计划经济时代的纯粹生产者转变成为集生产者、所有者、经营者于一身的现代农民。构建农业行业协会的基本单元不同于一般行业协会——不是以资本为核心的工商企业，而是以人为本的合作社，构成合作社的基本单元是以家庭为经营单位的小农户。在工商领域，除了代表行业利益的行业协会外，还需要分别代表资方利益的职业团体——"企业家协会"和代表劳动者利益的职业团体——"工会"。在农业领域，既然农民已经集生产者、所有者、经营者于一体，则无须再做如此细分。

因此，应尽快启动中国农业合作社立法。鉴于中央 11 号文件中将"姓农"作为供销合作社综合改革的目标，那么，将来拟"适时启动"的"供销合作社立法"自当与农同姓。农者，农民、农业、农村是也。世界上，小农国家中农民合作组织发展良好且赢得国际公认的国家中，基本上都是设立《农业合作社法》，例如，日本和韩国，其农协法都是《农业合作社法》，① 它们的成功经验无疑值得我们借鉴。虽然全国人民代表大会有关机构正在修订的农民专业合作社法中拟增加有关联合社的章节，但由专业合作社组成的联合社充其量不过是规模更大的合作社而已，实质未变。

因此，应尽快启动中国《农业合作社法》的立法工作，在这部法中，可以仿照日本和韩国，将有利于满足广大农民经济、社会、文化需求与抱负的合作社及在其基础上构建的地区及全国性农业行业协会集于一体，授予特别法人地位。即将综合型农业合作社（以地域为界）、专业型农业合作社，以及兼具行业整合功能和利益代表功能的各种农业合作社联合会、中央会等统统囊括其中，分别设置章节。待时机成熟时，废止现行农民专业合作社法。

五　在运作模式上，应坚持以综合性
为主、以专业性为辅的原则

国外成功经验表明，农业合作组织体系的发展必须以农民需要为前提。在发达国家，农民经由各类合作社组织起来，共同成为地区或全国联合会成员。虽然从类型上看，欧美等大、中农国家的农业合作社和农业行业协会多

---

① 在日本和韩国，"农协"实际上是"农业协同组合"的简称，而农业协同组合其实就是农业合作社。其英译名为 Agricultural Cooperative。

以专业性为主、综合性为辅，而日、韩等小农国家则以综合性为主、专业性为辅。但不论哪种运作模式，其农民参与率都在90%以上，有些达到了100%，许多农民甚至参加了两个以上合作社或联合会。之所以有这样高的参与率，显然与这些国家的农业合作组织体系很好地满足了农民经济、社会、文化的需求与抱负直接相关。

反观我国，从2006年颁布的农民专业合作社法看，真正具有合法地位的农民合作社是"专业"性的合作社；从2002年修订的《农业法》和政府有关政策看，国家倡导的农业行业协会是"专业"性的农产品行业协会。然而时至今日，我国即便是专业合作社（姑且不论真伪）发展最快的省份其农民参与率也不过30%左右，加盟农产品行业协会的农民更是不及20%。相比当年农村家庭联产承包制推出不到两年即在全国98%以上地区实施的速度，这样的发展令人汗颜。这说明，局限于"专业"领域的农民合作社无法满足广大农民的多样化需求，因而无法吸引广大农民积极加入。显然，以"专业"合作社为基本单元构建农民合作组织体系的思路需要调整。

确切地说，专业性与综合性农业合作组织的最根本区别，在于农村合作金融服务体系的"单立"与"嵌入"。因为现代市场经济中，金融已成为经济增长的重要约束条件，对于资金极度稀缺的农村尤其如此。然而在发展中国家一直存在着一个具有普适性的难题——无论在何种意识形态和政治体制条件下，只要面对高度分散的小农经济，市场化的商业金融都难以提供普遍服务。正规金融机构疏远农村特别是小农的主要原因，不是因为农民没有信用，而是因为无法掌握农民的信用与信息，为避风险而不得不为之。

在欧美等以专业性农业合作组织为主的"大农"或"中农"国家，农场主信用较易掌握，因此其农村合作金融体系普遍独立于各类农业合作组织体系之外，自成一统，属于"单立"模式。而在日、韩等小农经济为主的国家，则在政府支持下采取了将金融业务"嵌入"农民合作组织体系之中的做法，利用村落集居之熟人社会的有效半径，将社区合作与金融合作相结合，成功地破解了小农信用不易掌握的难题，从而为履行农协的各项职能并满足广大农民经济、社会与文化的需求与抱负创造了足够的资金保障，不仅率领广大小农走出了小生产低水平、低效益循环的怪圈，而且有效地缩小了贫富差距和城乡差距，完成了传统社会向现代社会的转型。

其实，日、韩在农村合作金融体系构建上也曾走过一段弯路。1900 年的日本《产业组合法》曾明令禁止信用组合（即信用合作社）兼营其他，因而导致资金不能有效地运用到农业经营上去，这一致命弱点直到 1947 年《农业协同组合法》颁布后才得以纠正。（于秋芳，2012）韩国 1957 年颁布农协法时，也不允许农协开展金融业务，而将农村金融事业交由农业银行负责。结果，由于农业银行的商业化倾向严重，致使农协在与其他商业机构的竞争中受到极大限制。鉴于此，韩国政府于 1961 年颁布了新的农协法，将农业银行并入农协成为内嵌于农协的信贷部门。此后，韩国农协的发展才蒸蒸日上。（许欣欣，2010：338）

日本与韩国的成功经验证明，在小农经营为主与村落集居的农村社会形态下，以综合性农民合作社为基本单元，并在此基础上构建起综合性的农民合作组织体系，将专业性合作组织纳入其中，这样的以综合性农民合作组织为主、以专业性农民合作组织为辅的合作组织体系可以更有效地满足农民经济、社会、文化的需求与抱负，更有效地履行其各项职能（包括环境保护、食品安全、乡村治理等），更有效地组织小农对接大市场，更有效地代表与维护农民利益，更有效地执行政府的相关政策。

中国是小农国家并以村落集居为农村主要社会形态，但过去在农村合作金融体系的构建上，却选择了类似于"大农"国家的不利于小农信息掌握的农村合作金融服务体系"单立"方式。结果几十年下来，我国农村信用合作社系统成为学者笔下"负债经营"的"商业银行机构"（尹志超，2007：123）和农民眼中"门难进、脸难看"的"政府"部门。以至于在农村信用合作社像"抽水机"一样源源不断地将农村资金抽往城市和工商资本时，广大农民及其合作组织却因资金短缺而始终停留在小生产与大市场无法对接的窘境之中，农民的经济、社会、文化需求与抱负无法得到满足，"三农"问题愈演愈烈。

不可否认，这种现象的产生首先与国家没有从法律上规定合作金融机构在农村的存、贷比例有关，世界上很多国家和地区都规定农业合作金融机构对农村地区贷款的比例不得低于 90%（孔祥智等，2012：173）；另一方面，则与我国没有适当的农民合作组织体系可供其"嵌入"直接相关。显然，我们选择欧美等大、中农国家的专业化组织模式时，忽略了决定其模式形成的大规模农场经营模式与居住区域高度分散的社会形态，忽略了其在构建专业化农业合作组织体系的同时还伴有类似于职业协会的专司全体农民利益代表职能的协会组织存在，例如，全美农场主合作社联盟、瑞典农场主联盟、加拿大农场主联盟等。在加拿大，甚至各类农业行业协会或合作社若不加入农场主联盟，便得不到政府的税收优惠。（梁田庚等，2009：83）换言之，即便抛开国情不计，我们也应该在选择专业化发展路径的同时建立一个代表全体农民利益的农会体系——而这样做也许难度更大。

目前，我国的城镇化率为56%，按照国家"十三五"规划，未来五年我国户籍人口城镇化率需提高5.1个百分点，即达到城镇化率61.1%。按照13亿总人口计算，5年后仍将有5亿多农村户籍人口。这说明，我国小农经营模式与村落集居的社会形态将继续存在。因此，日、韩以综合性为主、以专业性为辅构建农民合作组织体系的经验更值得借鉴。

2015年，中共中央、国务院关于推进供销合作社综合改革的11号文件明确将组建合作银行并承担构建农村合作金融体系的职责赋予供销合作社，这无疑是我国农民合作组织向综合性体系构建方面迈出的第一步。然而需要注意的是，这个拟构建的农村合作金融体系必须"姓农"，而不能"姓供销"，否则后患无穷。历史教训必须记取，在我国供销合作社发展史上，1958年、1965年和1977年其被正式宣布全系统"改为"或"成为"全民所有制商业的三次经历中，每一次都有全国供销合作总社主动申请在先的记录。（唐宗焜，2012：195—196）

六 结 语

对全国性农民合作组织体系的选择，实际上是一个关系国家社会结构与国家未来发展路径的选择。在这个选择中，农民的长远生计及其多元化的需求与抱负、农业的持续发展，以及农村的社会稳定，始终应当成为考虑问题的出发点和落脚点，因为中国人均农业自然资源稀少的国情难以改变，在相当长时期内农村仍将生活着大量人口的现象难以改变，以村落集居为主要特征的农村社会形态也难以改变。基于此，同为小农国家和地区的日、韩两国在政府农业支持保护政策之下，秉持法团主义理念和行业协会理念，依据特别立法构建纵向一体化综合性农民合作组织体系作为承载国家"三农"战略的组织化平台，并且都成功地经历了从农业社会转型工业社会，再从工业社会转型信息社会的两次大转型，这样的经验不能不引起我们的深层思考。

主要参考文献

贾西津、沈恒超、胡文安等：《转型时期的行业协会》，社会科学文献出版社 2004 年版。

孔祥智等：《中国农民专业合作社运行机制与社会效应研究——百社千户调查》，中国农业出版社 2012 年版。

孙春苗：《中国行业协会——中国行业协会失灵研究》，中国社会出版社 2010 年版。

汤蕴懿：《行业协会组织与制度》，上海交通大学出版社 2009 年版。

唐宗焜：《合作社真谛》，知识产权出版社 2012 年版。

王名：《社会组织论纲》，社会科学文献出版社 2013 年版。

王威海：《西方合作主义理论述评》，《上海经济研究》2007 年第 3 期。

许欣欣：《中国农民组织化与韩国经验》，社会科学文献出版社 2010 年版。

许欣欣：《秉持法团主义理念构建中国农协体系——以日韩经验为借鉴》，《江苏社会科学》2013 年第 6 期。

许欣欣：《秉持行业协会理念构建中国农民合作组织体系》，《云梦学刊》2014 年第 6 期。

许欣欣：《2015 年：中国农民组织化进程报告》，李培林等主编《2016 年中国社会形势与预测》，社会科学文献出版社 2015 年版。

尹志超：《信用合作组织：理论与实践》，西南财经大学出版社 2007 年版。

于秋芳：《现代日本农协的发展变迁研究》，安徽师范大学出版社 2012 年版。

袁柏顺：《论西方合作主义的理论特征》，《湖南师范大学社会科学学报》2007 年第 2 期。

张静：《法团主义》，中国社会科学出版社 1998 年版。

张晓山、苑鹏：《合作经济理论与中国农民合作社的实践》，首都经济贸易大学出版社 2010 年版。

Brande A. Van den, 1987, "Neo – Corporatism and Functional – Integral Power in

Belgium", in Uja Scholten （ed.）, *Political Stability and Neo – corporatist Integration and Social Clearages*, Sage Publications Ltd. .

Cawson Alan, 1985, "Varieties of Corporatism: the Importance of the Meco – level of Interest Intermediation", in A. Cawson （ed.）, *Organized Interests and the State: Studies in Meco – Corporatism*, Sage Publications Inc. .

Henley Andrew & Euclid Tsakalotos, 1993, *Corporatism and Economic Performance: A Comparative Analysis of Market Economics*, Edward Elgar Publishing Limited.

Offe Claus, 1981, "The Attribution of Public Status to Interest Groups", in Suzanne Burger （ed.）, *Organizing Interest in Western Europe*, Cambridge University Press.

Schmitter Pilippe C. , 1979, "Still the Century of Corporatism?" In P. C. Schmitter and G. Lehmbruch （ed.）, *Trends Toward Corporatist Intermediation*, Beverly Hills: Sage.

Wilson Graham K. :《利益团体》, 台湾五南图书出版公司 1993 年版。

农村合作组织精准扶贫功能
发挥的问题与对策

桂　玉①

摘要： 农村合作组织由于自身的性质和特点，只要健康发展，就能够有效发挥精准扶贫功能。但我国农村合作组织精准扶贫功能的发挥仍存在问题，其原因主要体现在农民或农户个体、农村合作组织、政府三个方面。克服这三个方面的问题，就是要求转变农民落后观念，提升农民素质；健全农村合作组织机构，完善合作组织内部管理机制；加强政府的引导以及相应的制度与政策供给等。只有这三个方面协同起来，农村合作组织才能健康快速发展，其精准扶贫功能才能够充分得以释放。

关键词： 农村合作组织精准扶贫功能

一　精准扶贫与农村合作组织精准扶贫功能

精准扶贫是习近平总书记的重要思想，他提出"扶贫开发贵在精准，重在精准，成败之举在于精准"。他鲜明地指出了精准扶贫的重要性和紧迫性。2015 年 1 月在云南考察时他强调，"现在距实现全面建成小康社会只有五六年时间了，时不我待，扶贫开发要增强紧迫感，真抓实干，不能光喊口号，决不能让困难地区和困难群众掉队"；2015 年 6 月在贵州召开部分的省

---

① 河南工程学院教授、博士，研究方向为农村社会发展与社会治理。

区市党委主要负责同志座谈会上，他又强调"扶贫开发工作依然面临十分艰巨而繁重的任务，已进入啃硬骨头、攻坚拔寨的冲刺期。形势逼人，形势不等人"。针对扶贫的对象，他指出"'十三五'时期是我们确定的全面建成小康社会的时间节点，全面建成小康社会最艰巨、最繁重的任务在农村，特别是在贫困地区"。针对如何扶贫，他强调"要加大对农村地区、民族地区、贫困地区职业教育支持力度，努力让每个人都有人生出彩的机会"。"我们坚持开发式扶贫方针，把发展作为解决贫困的根本途径，既扶贫又扶志，调动扶贫对象的积极性，提高其发展能力，发挥其主体作用。"在扶贫的责任落实以及指导原则上，他强调"各级党委和政府必须增强紧迫感和主动性，在扶贫攻坚上进一步理清思路、强化责任，采取力度更大、针对性更强、作用更直接、效果更可持续的措施，特别要在精准扶贫、精准脱贫上下更大功夫"。

农村合作组织由于自身的性质和特点，能够利用其"多元减贫效应"[1]，充分发挥精准扶贫功能。首先表现在通过利益联结发挥扶贫功能上。社员共同出资，民主管理、"一人一票"，合作社剩余按社员出资额或交易额返还，按股分配不得超过法定比例。可以更好地发挥对贫困人口的组织和带动作用，实现与贫困户的利益联结。其次，通过生产互助，发挥扶贫作用。单个农户通过合作组织实现资金、购销、技术、信息等生产生活多方面互助合作，从而能够精准解决扶持谁、怎么扶的问题。再次，通过增效增收，实现精准扶贫。增效增收的措施主要包括：会员间信息共享，批量采购，降低成本，减少中间环节；延展产业内部链条，实现农业三产化；适度规模经济，防止恶性竞争，降低市场风险，稳定收入增长，切实提高扶贫成果可持续性。最后，农村合作组织还能够增进农民合作意识、参与意识、参与能力、管理能力，改变农民封闭状态，增进其市场意识，充分发挥农民在乡村建设中的主体功能。当然，农村合作组织的精准扶贫功能还不止这些，这只是笔者概略总结而已。鉴于农村合作组织自身所具有的精准扶贫功能，在当前大力推进精准扶贫以及扶贫开发工作任务非常艰巨的背景下，充分发挥农村合作组织的精准扶贫功能无疑具有十分重要的意义。

二 农村合作组织精准扶贫功能发挥存在的问题

统计结果显示，我国农村合作组织已经突破 50 万家，实有入社农户约 4100 万户，占全国农户总数的 16.4%。[2]但农村合作组织精准扶贫功能的发挥却存在问题，其原因主要体现在三个方面：一是农民或农户个体存在的问题；二是农村合作组织自身运行机制存在问题；三是政府责任没有履行到位。这三个方面的问题，共同导致了农村合作组织精准扶贫功能不能更好充分发挥。

（一）农民或农户个体方面存在的问题

当前，我国农民或农户个体方面存在的问题突出表现在两个方面。一是农民观念落后。思路决定出路，总体而言中国农民的观念仍然是比较落后的，观念落后导致农民以及农村合作组织的发展受到巨大限制。农民观念落后的原因，一方面是因为人民公社体制对农民自身的影响仍未消除，一些农民一听到农村合作组织就认为是人民公社体制，从而在心理上排斥合作组织，当然这里面的深层原因还是由于农民对合作组织不了解所致；另一方面则是因为传统自然经济形式和传统共同体的影响依然在起作用。农民已经适应了一家一户的经营方式，转变这种经营方式并非易事。在当前的土地流转实践中，有些农户宁可自己种地获得低收入，也不愿把土地承包给别人而自己不用从事农业劳动而获得高收入，再加上抱有对合作组织不确定性经营收益预期，他们就更不愿意加入合作组织。同时，由于受血缘、地缘、"差序格局"等传统共同体因素的影响，有些农户对合作组织持不信任态度，宁可把土地无偿让亲属和邻居耕种，部分农户甚至抛荒，也不加入合作组织。即使是加入合作组织，农户个体的这种观念也同样会制约农村合作组织的健康快速发展。

二是农民的整体素质不高。由于社会整体发展水平以及农村整体发展状况的限制，我国农民的整体素质较之于城市居民而言，明显偏低；和发达国家的农民素质相比，也是有较大差距的。市场经济是依靠竞争机制运行的，竞争主要是人才的竞争。人才的竞争发生在国与国之间，城市与城市之间，当然也发生在农村各个领域。在农村，农村合作组织与其他经营主体，比如农业企业之间是存在竞争的，而农产品的国际流通和交换则体现出了国与国之间农业方面的竞争。农村合作组织要想在竞争中站稳脚跟，农民或农户个体的素质起着至关重要的作用。

但当前，我国农民的总体素质明显偏低，加上城市化的作用，多数素质较高的农民也都被吸纳到城市里了，虽然他们的身份是农民，但大部分时间却是在城市从事生产劳动，只是在农忙季节返乡，有些甚至农忙时也不返乡。这些人对农业都是不甚关心的。农村的劳动主体变成了老年人，而这些老年人本来就没有掌握现代科技，再加上接受新生事物的能力较差，提高自身素质的难度是很大的。与此同时，农村的科技推广和培训方面，我们做得还很不到位。这就使农民整体素质处在较低的水平上徘徊不前，无法满足进行各方面合作、多种经营以及延展产业链条的需要，即使是农村合作组织的管理者，整体素质也仍然十分有限的。

（二）农村合作组织内部管理存在的问题

农村合作组织内部管理制度不健全，全国通用的内部章程还没有形成，合作组织登记部门混乱，搞不清楚自身的性质，部分合作组织甚至根本没有登记，合作组织的成员大会、理事会、监事会制度没有很好地建立并运行。一些合作组织中连财务机构也没有，即使有负责财务的人员，这些人员实际上也形同虚设，难以真正发挥财务管理和监督的作用。组织机构的不健全和无法合理运转，导致了农村合作组织无法发挥其精准扶贫的功能。

这主要导致的两个方面的问题，一是决策机制和监督机制缺失，最能体现合作组织性质的民主管理无法实现。由于内部组织机构不健全和无法有效运行，合作组织的决策权往往被领导人所控制，合作组织的普通成员难以有效进行监督，对于农村能人或专业大户领办的合作组织，则更是如此。农村能人经营能力强，专业大户一般是合作组织的主要投资者，合作组织的发展离不开他们的经营能力和资金投入，再加上组织机构的不健全，合作组织的决策权就自然会落在他们手中。合作组织普通成员经营能力缺乏和投资少，再加上组织机构不健全，他们获得的收益也就更少，因此，他们不仅客观上不能行使监督权，主观上也缺乏参与决策和监督的积极性，随大溜和搭便车对于他们而言也就再自然不过了。

二是利益分配机制和激励机制缺失。获得更多利益是农户加入合作组织的目的，对于贫困户来说更是如此。在中国的不少农村合作组织中，合作组织成员不懂得剩余返还和分红，等等，他们加入合作组织的目的多是节约采购费用，最重要的是更容易地卖出自己的产品，对剩余返还和分红他们不懂或者是漠不关心。由于组织机构的不健全以及财务监督不到位，实际上无论在采购环节或者销售环节，合作组织普通成员也都很难参与其中，合作组织获利多少并不透明，知情者只是合作组织的少数管理者。同时，在我国由于合作组织管理者和组织普通成员拥有同样的剩余索取权，他们工资很低甚至没有工资，对他们来说激励机制也是缺乏的，他们领办或加入合作组织的目的同样是降低自己产品的交易成本或获取更多资源，进而获得更多利益。一方面他们具备这样的动机和目的，另一方面则是组织机构不健全以及决策与监督机制的缺失，这就很可能导致合作组织管理者为追求自身利益最大化在经营中损害普通成员利益，合作组织的功能因而就不是扶贫而是帮富了。这种状况同样也导致了公益金和公积金难以提取出来，即使有些合作组织能够提取出来一些，但也由于短视行为，很难使合作组织健康持续发展。这样，合作组织的精准扶贫功能实际上也就很难释放出来，此外加上合作组织普遍的资金不足，多数农村合作组织仅仅是以信息交流和技术指导为主，很难涉及农产品的加工销售，合作组织赢利甚微，精神扶贫也就更无从谈起了。

（三）政府方面存在的问题

农村合作组织精准扶贫功能发挥之所以不充分，政府责任没有履行到位是一个重要原因。政府责任没有履行到位主要体现在政府引导不够和相关制度与政策供给不足上。

导致政府对农村合作组织发展引导不够的主要原因，体现在能力和态度两个方面。从能力上来讲，我们的很多政府工作人员自身对农村合作组织并不十分了解，对农村合作组织的性质、发展历程、国内外发展现状以及未来发展趋势，没有理性的把握，甚至有些负责农业的政府工作人员对此也把握不到位，不乏有些人连稍微深度的了解都没有。这种状况导致了政府人员很难适应相关引导工作的需要。同时，还有不少政府人员甚至是领导干部对农村合作组织的发展及其精准扶贫功能不够重视。由于缺乏对农村合作组织的理性把握，对于农村合作组织的种种功能，政府工作人员很难深刻理解，在工作中导致他们对农村合作组织的发展心不在焉，该由政府从事的相关研究和指导工作也就很难跟上。这从主观上进一步阻碍了政府对农村合作组织发挥精准扶贫功能的有效引导。此外，政府引导不够还表现在对农村技术市场、土地市场、劳动力市场、产权市场、农产品市场以及服务市场的引导乏力，如何加强政府引导，从而使农村要素市场和农产品市场真正发育和成熟起来，是促进农村合作组织发展并充分发挥其精准扶贫功能的必要环节。

从制度与政策供给方面来讲，目前我们国家颁布实施了《农民专业合作社法》，中央有关部门也制定了包括《农民专业合作社登记管理条例》《农民专业合作社示范章程》《农民专业合作社财务会计制度试行》等在内的相关配套法规。但是，具体到各地的农民合作组织而言，相关具有可操作性的法律法规供给依然不足，部分地区甚至压根就没有可操作性的规范文件。相关法律法规的缺位，一方面导致了农村合作组织在发展中很难得到相应的制度保障，另一方面也导致了地方政府对行政手段的过度依赖，不该干预的越位干预，而该履行的责任却履行不足。在财政政策和金融政策方面，对合作组织的支持力度不够。农村合作组织多是由弱势农民主体组成，规模小、资金实力不强、产业链条延伸不够、产品品牌化率低、抗风险能力差等是其现阶段主要特征，这就需要政府扶持，尤其是从财政政策上给予大力扶持。虽然各级财政逐年加大扶持力度，但是以产业项目为重点、示范社为对象的财政扶持政策，显然很难推动农村合作组织整体发展，合作组织的精准扶贫功能也就大打折扣。就金融对合作组织发展的作用而言则更是问题，针对农村合作组织的金融政策亟待创新。缺少抵押条件和贷款担保的合作组织如何有效融资，是促进农村合作组织发展并有效发挥其精准扶贫功能所迫切需要解决的问题。

三　充分发挥农村合作组织精准扶贫功能的对策

充分发挥农村合作组织精准扶贫功能，就是要使农户、农村合作组织、政府三者的角色很好地协同起来，其中心任务和目的就是要促进农村合作组织不断发展，使其精准扶贫功能很好地发挥出来。

（一）转变农民落后观念，提升农民素质

转变农民落后观念，必须着力增进农民对农村合作组织的认识，通过系统深入地向农民讲解农村合作组织的相关知识，彻底打消其种种顾虑和负面心理影响，让农民切实认识到合作组织是适应市场竞争的必然选择，是靠联合力量促进农业产业化和延展产业链的最佳方式，是农民摆脱贫困和增加收益的有效途径。这里最为关键的是要抓住农村的关键少数，也就是较高素质农民群体。只要这些群体充分认识到了建立和加入合作组织的必然性和重要性，就会自然而然地形成对其他农民个体的带动作用，进而使农民整体乐于接受合作组织。这样，传统自然经济形式和传统共同体的影响，也就会随之减弱，而加入合作组织后的农民或农户个体也会更容易建立起信任关系，进而共同促进合作组织发展，释放合作组织的精准扶贫功能。

提升农民整体素质，一方面要靠积极促进进城务工人员返乡，让这些受到城市先进理念感染和熏陶的年轻力量返回农村，从事农业生产。城市化进程当然要大力推进，这是社会发展的规律。但是，当城市无法吸纳这些劳动力而农村又缺乏素质较高的劳动力时，就需要适当地促进农民返乡，这不仅有利于缓解城市就业压力，而且能够解决农村高素质劳动力不足的问题，从而加快农村、农业以及合作组织的发展。这些成员返乡后，不仅可以利用他们较为先进的理念带动农民整体，而且他们也拥有一些资金，可以增加对农业的投入。

另一方面，提升农民素质最为关键的是要加快促进科技下乡。毕竟一部分有条件的进城务工人员是要转化为市民的，仅仅靠促进他们返乡是不够的，最为要紧的则是加大对农村的科技投入，加强对农民的技术培训，切实让农村劳动力真正掌握较为先进的农业技术和管理知识。在这方面，有些地方的做法是值得借鉴的。一些地方通过股份制的形式，成立了农业科技推广学校或农业技术培训中心，从良种引进、农田实验、技术推广到采购、管理、销售等各个环节，聘请专家、学者、种田能手等对农民进行培训，培养了许多农村技术人才和经营管理人才，为农村合作组织的健康快速发展供给

了适宜的主体条件。

（二）健全农村合作组织机构，完善合作组织内部管理机制

农村合作组织要想真正健康发展，充分发挥其精准扶贫功能，必须要有系统、完整的内部组织机构。必须健全社会代表大会、监事会、理事会，并使这些机构真正有效运转起来。事关合作组织发展的重大事项，必须由社员大会决定，从而使社员大会真正成为社员依法行使决策和监督权力的有效载体。要健全人事、财务、生产、流通、营销等管理章程和制度，包括管理者在内的合作组织成员都应该严格遵守这些章程制度。只有这样，也才能真正使合作组织保有"民办、民管、民受益"的农民自助组织性质。特别是对于农村能人或专业大户领办的合作组织而言，这一点更为重要，必须使各个组织机构有效运转起来，从而形成有效的决策和监督机制。除了要充分发挥社员大会重大事项的决定平台功能外，监事会和社员大会的监督功能也要充分发挥出来。在监督机制上，当然，政府要克服以前纯粹用行政手段监督的方式，要在法律法规允许的范围内对合作组织进行有效监督。但就监督性质而言，政府毕竟是外部的，合作组织的内部监督则更为重要。为此，必须充分发挥监事会和社员大会，特别是监事会的监督功能，对合作组织的经营行为和财务管理进行严格监督。

在加快合作组织机构逐步健全的基础上，加快形成有效的利益分配机制和激励机制。利益分配机制和激励机制，事关合作组织全体成员切身利益，进而会影响到他们参与合作组织以及为合作组织发展贡献力量的积极性。利益分配机制和激励机制安排好了，合作组织就很可能发展好，合作组织所有成员特别是普通成员也就能够得到实实在在的利益，合作组织的精准扶贫功能也就发挥出来了。

建立良好的利益分配机制和激励机制。首先，必须兑现对所有组织成员按交易额返还盈利和按股分红，这是合作组织得以健康运行的内在基本要求。在此基础上要科学合理地提取公益金和公积金，这是合作组织持续健康发展的根本保障，没有这些公益金和公积金，合作组织会面临较大经营风险，风险一旦来临，再好的利益分配机制和激励机制也无意义了。其次，要实现全方位合作，只有实现全方位深度合作，合作组织的优势才能更好发挥

出来。仅仅简单的土地或技术合作，很难使合作组织获得更多收益，合作组织成员的积极性就无疑会受到影响，因此，要尽可能创造条件，实现技术、资金、土地、管理、信息、劳动力等要素以及采购、生产、加工、销售等环节的全方位合作。当然一下子形成全方位的合作是很困难的，这就需要在原有合作的基础上逐步把合作引向深入。只有这样全体成员的收益才会大幅增加，组织成员的积极性也会大幅提升。最后，还要创新一定的机制，既能鼓励投资大户，又能保持合作组织的民主原则不受破坏。合作组织要想健康快速发展，离不开投资大户，要调动他们的积极性，同时也要保障普通成员的利益不受侵害，这就需要建立一定的机制来实现。有学者提出了一定的建议，是很值得参考借鉴的。"改革现有的股权制度，在资格股的基础上，设立投资股，投资股可以参加分红，但没有参与决策的权利，以吸引更多的资金投入到合作组织""在坚持'一人一票'的基础上，适当增加持股大户的投票权。"[3]这样，既保证了合作组织普通成员的合法权益，又调动了专业大户或投资者的积极性，利于合作组织的健康快速发展及其精准扶贫功能的发挥。

（三）政府应充分履行好自身职能

政府履行好自身职能的首要条件是政府工作人员应对农村合作组织有理性的把握，应充分了解农村合作组织的发展历程、性质以及国内外特别是国内发展状况，深刻认识农村合作组织对于中国农村、农民、农业发展的重要性以及对精准扶贫的重要性。这对基层组织管理人员和基层领导干部而言，则更为重要，不能认识到农村合作组织对于三农的重要性及其精准扶贫功能，基层干部和管理人员对农村合作组织是很难真正重视起来的。思想和认识决定行动，只有解决认识上的问题，才能够采取行之有效的行动，才能够对农户和农村合作组织加以正确引导。现在有些基层干部很欢迎也极力吸引资本下乡，但在此过程中并没有把资本下乡与农村合作组织的发展很好地结合起来。其结果很可能导致资本对农村和农民的剥夺，这是应该引起重视的。与此同时，中国的市场经济体制并不完善，市场体系也不健全，这在农村则更加明显。要使农村合作组织健康快速发展，还必须充分发挥政府在市场体制构建以及市场监管方面的作用，不断促进包括技术市场、土地市场、劳动力市场、产权市场、农产品市场以及服务市场等农村要素市场的发展，加强市场监管，从而为农村合作组织的发展及其精准扶贫功能的充分发挥，创造良好的外部机遇和环境条件。

政府应加强制度和政策供给及其执行力度。一方面，在顶层要继续研究和加强相关法律、制度和政策供给；另一方面地方政府也应根据相关的法律法规和顶层设计，结合当地实际，及时出台符合当地实际的地方性政策法规，切实增强可操作性，从而使国家层面的政策和制度能够真正落地，进一步增强农村合作组织健康发展法治保障。只有不断完善法治保障，农村合作组织及相关社员的权益，才能够更好地规避资本的侵害，也才能够有效克服其所受的不当行政干预，农村合作组织及其社员的合法诉求也才可能获得畅通的表达渠道。在政策供给方面，还应着力加强对农村合作组织的扶持力度。资金问题是农村合作组织发展的主要"瓶颈"，这个问题解决不了，农村合作组织的健康快速发展将是一句空话。解决这个问题最为有效的方式，就是通过相应的财政政策和金融政策，加大对农村合作组织的扶持力度，并有效解决农村合作的融资难问题。虽然财政投入力度逐步加大，但当前对农村合作组织的财政投入还是远远不够的，必须加快建立财政扶持资金增长机制。在进行示范性试点扶持的同时，还要注重对农村合作组织整体进行扶持。特别是对中西部地区而言，由于其地方总体资金不足，中央政府应加大倾斜力度，大力扶持其农村合作组织。税收方面，要严格区分一般企业和农村合作组织，真正让农村合作组织尽可能享受更多的税收优惠。在融资方面，应加强对农村合作组织的金融信贷支持，建立相应的机制，在政府担保的基础上，促进农业银行和农村信用社等，放宽贷款条件，加大对农村合作组织贷款力度。积极协调农村合作组织与其他农村经营主体的关系，向为农村合作组织提供资金的其他经营主体，提供政策激励和税收优惠等激励。鼓励和支持农村合作金融组织的建立和发展，建立农民之间相互融资的畅通渠道。

参考文献

[1] 李红玲：《农民专业合作组织的多元扶贫逻辑与公共治理》，《贵州社会科学》

2014 年第 7 期。

　　［2］常红、李叶：《中国 2.5 亿农村贫困人口成功脱贫，压力挑战仍然艰巨》，《人民日报》2011 年 9 月 30 日。

　　［3］黄祖辉：《中国农民合作经济组织发展：理论、实践与政策》，浙江大学出版社2009 年版，第 105 页。

农民专业合作社联合组织的
发展现状及思考[①]

兰世辉[②]

摘要：本文综合了农民专业合作社联合社、联合会、协会的发展现状，并结合农民合作经济组织联合会（农合联）的发展作相应分析，指出农民专业合作社联合组织发展中的问题主要有兴办主体多元、法律地位模糊、运行机制不健全、优惠政策力度不够等。本文最后提出了有针对性的政策法规建议以促进其健康积极发展。

关键词：农民专业合作社　联合组织　发展　思考

我国农民专业合作社已在农业生产、供销、信用与保险、社会和文化教育事业等服务领域进行了横向功能拓展。同时，农民专业合作社也存在另一发展势头，即通过构建农民专业合作社的联合组织，达到纵向功能拓展。构建农民专业合作社的联合组织，可以进一步扩大农产品及其服务的规模效应，降低农民专业合作社的经营成本，提高效益；有助于推广农业技术；有助于提升生产主体的市场谈判能力；还有助于联合抵抗市场风险等。此外，农民专业合作社跨系统、跨行业、跨地域发展业务，建立农民专业合作社联合组织，有助于更好地与政府、企业和社会各界进行沟通交往。日本农协和我国台湾地区农会等农民组织一般都是三级制的，即有"中央"、省或县

---

① 本文系国家社会科学青年基金项目（11CSH016）的阶段性成果。
② 作者系江西财经大学社会学系讲师，主要研究方向为农村社会学、乡村人类学和社区社会工作。

级、乡镇级三级垂直体系，以便于对零散分布的基层农民组织进行自上而下的系统指导。而我国农民专业合作社发展的制度设计中，并未有这样的层级设置。在 2006 年颁布的《农民专业合作社法》中仅有第十一条规定为此留出了空间："农民专业合作社自愿联合组成新的互助性经济组织，可以向工商行政管理部门提出设立登记申请，依法取得农民专业合作社法人营业执照"，但并无细则，因此，当前我国农民专业合作社联合组织的发展亟须立法或修法，以便进一步加以规范。

一 农民专业合作社联合组织的发展现状

经过十余年来农民专业合作社及其联合组织的发展，当前我国各地组建的农民专业合作社联合组织主要有联合会、协会、联合社三种形式，三种联合组织在组织属性、行为目标、运作机制等方面存在一些差异。农民专业合作社联合会、协会均属于民间社团组织，在民政部门登记注册，不是市场主体，不可独立对外开展经济业务，主要是开展合作社之间的内部合作事务，比如农资统一购销、农技培训、信用资金互助等。农民专业合作社联合社是市场主体，可独立对外开展经济业务，要求必须在工商部门登记注册。相较于农民专业合作社联合会、协会，农民专业合作社联合社更具有公司性质，内部成员之间有更强的利益一致性，服务与经营能力也更强。全国多数的农民合作社联合社是具有政府背景的供销社系统领办的，而农民专业合作社联合会、协会则多为民间自发形成。

此外，还有一类成员更为广泛的农民合作组织联合体，称为"农民合作经济组织联合会"（简称"农合联"），农民专业合作社联合会、协会、联合社均可作为成员加入其中。浙江省委、省政府有专门的文件对农合联的性质、成员组成、服务功能、治理结构、资产经营、经费来源等都做了较为全面的规定。早在 2015 年 9 月，浙江省委、省政府即联合下发《关于深化供销合作社和农业生产经营管理体制改革，构建"三位一体"农民合作经济组织体系的若干意见》（浙委发〔2015〕17 号），提出构建生产、供销、信用"三位一体"农民合作经济组织体系，建设新农村。该文件的最大亮点是在全国率先对农民合作经济组织联合会做了较为全面的规范和说明，非常明确地支持发展生产、供销、信用"三位一体"服务功能的农合联，并要求各级农合联要根据文件精神，制定《农民合作经济组织联合会章程》，经农合联成员（代表）大会审议通过，尽快开展工作。

该文件对于农合联有非常详细和具体的规定，择其要者摘录如下：

（1）农合联的性质定位。农合联是在党委、政府领导下，以为农服务为宗旨的社会团体，实行农有、农治、农享。农合联为非营利性社会团体，由民政部门注册登记，接受农村工作综合部门管理。农合联是党和政府密切联系农民群众的桥梁纽带，是农民群众向党和政府反映农情民意和服务需求的有效渠道，是党和政府为农民合作经济组织和农民提供公共服务的重要依托，是农民合作经济组织和农民自我服务、自我发展、自我教育、自我管理的综合平台。

（2）农合联的成员组成。农合联原则上按行政层级设置，以县、乡镇两级为重点，逐步形成省、市、县、乡镇四级组织体系。

乡镇级农合联成员组成：辖区内农民合作经济组织（包括农民合作社及联合社、行业协会等，下同）和规模较大的家庭农场、合作农场等新型农业经营主体；辖区内具有为农民合作经济组织和农民生产生活服务功能的涉农企事业单位（包括农业科研推广、农业生产性服务、农产品加工流通、农资购销、金融供给等组织和企业，下同）；其他相关组织和个人。跨乡镇经营服务的农民合作经济组织、新型农业经营主体、涉农企事业单位可在主要经营服务地所在乡镇加入农合联，规模较大的可直接加入县级农合联。

省、市、县级农合联成员组成：辖区内下级农合联；辖区内跨次级行政区域经营服务、规模较大的农民合作经济组织和新型农业经营主体；辖区内跨次级行政区域经营服务的涉农企事业单位；其他相关组织和个人。

（3）农合联的服务功能。各级农合联的基本服务功能为生产服务（技术推广、生产性服务、农产品加工等）、供销服务（农资供销、农产品营销、消费品流通等）、信用服务（资金互助、保险互助、融资担保等)。同时,农合联受政府及涉农部门委托或购买,承担部分公共服务、政策执行、农情调查等具体实施工作;做好与本级政府沟通和向本级政府、上级农合联反映农情民意、提出政策建议等工作。各级农合联的经营性服务功能实行实体化运作,由作为会员的农民合作社及联合社、行业协会、企业等实体承担和实施。

乡镇级农合联是农合联组织体系中直接面向服务对象的基层环节,主要承担具体服务事项的组织实施。县级农合联是农合联组织体系的关键环节和综合平台,主要承担聚合服务力量、配置服务资源、生成服务功能、运作服务事项等职责。省、市两级农合联主要承担组织建设、制度建设、发展规划、运行管理等职责,并提供下级农合联难以提供的共性服务。

浙江省各地市的农合联是在民政部门登记注册的,而不像其他农民专业合作社及其联合社需要在工商部门登记注册,但浙江省各地市的农合联可以开展生产、供销和信用"三位一体"的合作经营事业,农民专业合作社及联合社、行业协会等均可加入农合联,所以农合联是一个突破我国现有常规体系的一个新型农民合作组织,是一个大胆创新的结果。据浙江省供销社最新数据,浙江全省已形成了一个由 11 个市农合联、83 个县级农合联、942个乡镇农合联和 6.61 万个会员参加的庞大的农合联组织体系,该省较规范的农民合作经济组织和涉农服务组织(企业)基本加入了各级农合联。2017 年 8 月 22 日浙江省农合联的成立,标志着浙江省自下而上全面构建了省、市、乡、县四级农合联体系,也是国内率先建立和健全农合联体系的省份。

农合联的发展,是农民合作组织发展的一种必然产物,是符合当前农民组织发展需要的时代的产物。在此之前,全国多数省份也对农民合作社联合组织的设立做了一些规定,但浙江省委、省政府所发布的这一文件是其中最为系统和详尽的。这一文件的发布,加快了政府在推进农民组织纵向联合方面的进展,使得原本已经具有横向联合的农民合作组织,可以在纵向维度进行联合。浙江省构建农合联组织体系,打通生产、供销全产业链,再辅之以金融血脉流通、信息化物流渠道,加诸新近成立的省级农合联,将发挥更强的领导、规划和协调功能，预示着该省农民合作组织的发展将迎来一个做大做强、提质增效的光明前景。

浙江省农民合作组织的"三位一体"综合改革有以下三个特点：农民专业合作社是基础、信用与保险合作是亮点、市场化是改革的方向（孔祥智，2017）。浙江省农民合作组织的横向、纵向联合，其目标是要打造一个新型的农民组织体系，重新将农民有效组织起来，建设社会主义新农村。事实上，浙江部分地方农合联已经与台湾地区的一些乡镇农会直接对接，双方签订了战略合作协议，优势互补，合作共赢。浙江省发挥农合联的组织优势，以组织平台为农产品拓展市场，这一发展趋势将在未来发展中更为明显。

农民专业合作社联合组织中，除了政府直接推动的农合联之外，供销社系统推动成立的农民专业合作社联合社也是重要组成部分。事实上，浙江省的农合联主要也是有供销社系统领办的。另有一些省市地区，通过供销社联合社这一组织之人员，成立农民专业合作社联合社，两块牌子下其实是同一套人马，解决了以供销合作社为主导发展农村合作经济的人员和经济资源上的制度性障碍问题，在此基础上又发展出具有中国特色的农村合作社综合组织体系潜力，这一探索对供销合作社体系建设的意义尤其重大，值得关注。

根据全国供销合作总社官方网站发布，截至2016年年底，全国供销社系统领办了农民合作社联合社6306个（约占全国农民专业合作社联合社总数的87.6%），农村（民）经济组织联合会2756个。基层供销社基础薄弱是供销合作社系统的一个突出问题，也是供销社综合改革的重点和难点。河北省供销社系统夯实为农服务基础，着重构建乡镇级农民专业合作社及联合社，强化与农民之间的利益联结机制。河北省各地市供销社以密切与农民利益联结为核心，采取政策引导、联合社帮扶、社有企业带动等方式，因地制宜推进基层供销社改造，吸纳农民入股入社，建立利益共享机制。截至2016年，河北省依托供销合作社在11个地级市、147个县、1268个乡镇组建了农民合作社联合社，共有乡镇级农民专业合作社、联合社800多家，分布在130多个县级供销社，其中农民社员占到70%，初步实现了"农民出资、农民参与、农民受益"。这也是河北省供销社在"姓农"属性方面改革迈出的重要一步，是一个方向正确、意义重大的探索，尤其对于全国供销社系统的基层社改造具有重要的示范和借鉴意义。

另有少部分（近1000家）农民专业合作社自发组织成立的农民专业合作社联合社、联合会和协会，在促进农民专业合作社建立和发展方面提供信息、交流和联合组织开展经济业务等活动。比如安徽省亳州市谯城区农民合作社联合会，由65家农民专业合作社于2010年联合发起，在区民政局登记注册成立为社团组织，是安徽省第一家农民合作社的联合组织。多年来，该社为下属社员提供种植养殖、生产供销、资金互助、教育培训、文化娱乐等服务。

综上所述，尽管我国农民专业合作社联合组织兴办主体多元，形式多样，在实际发展中发挥着"联合互助、共享共荣"之功能。我们在未来修订发展农民专业合作社联合组织的法律时，须将如此复杂和多元的情况做充分了解，根据其多种类型实际发展之功能和价值，进行相应的规范和管理。

二 农民专业合作社联合组织的发展困境

（一）法律地位不明确

尽管在《农民专业合作社法》中第十一条预留有成立农民专业合作社联合组织的空间，但新成立的联合组织有无高于单个合作社的更高权威，是否有义务和资质指导下属合作社开展具体业务等，具体产权和债权如何分配等，该法并无更具体规定。对于农民专业合作社联合组织的章程、运作、管理、经营范围有无区域限制等也没有更多规定。在现实发展中，形成的农民专业合作社联合组织兴办主体多元，农民专业合作社联合社与联合会容易混淆，农民专业合作社联合社与供销合作社联合社也很容易混淆，有些地方将农民专业合作社联合社、联合会也简称为农合联，这就极易跟农民经济合作组织联合会相混淆，相互之间的差异一般民众难以辨别。最好是在政策层面对不同主体兴办的农民专业合作社做一个较为明显的差异化甄别，或考虑进行统一性整合，这样既有利于农民群众识别记住，也有利于防范未来由于农民专业合作社联合组织被自觉或不自觉混淆而导致的违规经营等问题。

（二）运行机制不健全

从国家法律法规角度而言，农民专业合作社的发展迄今仅有十年时间，有相当一部分合作社的规范经营问题尚未解决，作为更新鲜事物的农民专业合作社联合组织，其规范发展问题也一样有待强化。有些联合组织没有建立规范的管理制度，或者虽已建立但流于形式；有些联合组织未设立相应的决策监督机构，出现管理不民主、决策"一言堂"之问题；缺乏会议规范制度；有些联合组织并没有在成员社之间建立紧密的利益联结机制，没有按交易量或贡献大小返还盈余，有的甚至没有独立的成员账户和交易记录等，也有些联合社被龙头企业所主导，小农几无发言权，农民主体性未能实现。针对上述问题，需要进一步明确农民专业合作社联合组织的成员资格、治理结构、盈余分配等相关问题。当前所开展的《农民专业合作社法》修法工作应该是一个很好的机会来探讨和解决上述问题。

（三）优惠政策不力

由于《农民专业合作社法》的明确规定，农民专业合作社的农产品或者农业生产经营服务，基本都能享受到免税待遇。然而，对于农民专业合作社联合组织的农产品或者农业生产经营服务，由于没有明确法规作出规定，多数地区都是不能享受免税待遇的。多数农合联的税收优惠政策，仍由农合联下属成员自己提出并申报，才能得以享受。税收优惠政策没有把农民专业合作社联合组织纳入支持范围，也缺少相应的财政、金融、用地等方面的政策支持措施（浙江省农合联例外，得到政府大量财政和金融等政策支持），而且已有的农民专业合作社优惠政策在各地的实施也有很大差异，导致不少农民对组织和参与农民专业合作社联合组织积极性不高。农民专业合作社联合组织作为新兴事物，对于农民合作组织的进一步发展意义重大，需要政府部门加大政策扶持力度，至少应将之于农民专业合作社一视同仁，以消除农民对政策的疑虑和不公平感，以及由此带来的农民参与组织的积极性问题。

三 农民专业合作社联合组织发展的对策与建议

（一）加强立法或修法工作

农民专业合作社联合组织的发展，得益于十年前《农民专业合作社法》的颁布实施，但农民专业合作社及其联合组织的发展现状，也反映出当时所立《农民专业合作社法》的局限之处，可见立法工作尤其需要一定的前瞻性，不能仅满足于针对眼前问题的局部性解决，而要立足于长远，引导农民专业合作社及其联合组织健康、全面发展。西方国家发展农民合作社，没有限定只能就某一专业某一领域进行合作，而是可以广泛开展多目标功能的综合性合作。农民合作组织如果只限于一个专业和领域内的合作，其发展之路会越走越窄，受益人群会越来越少，而且会越来越脱离农民组织起来的本义。因此，取消农民专业合作社的定义中有关"同类"农产品或者"同类"农业生产经营服务中"同类"的限制是必要的，甚至连农民专业合作社中的"专业"二字也可干脆去掉，鼓励农民合作组织拓展多种服务类型，鼓励其跨区域、跨行业联合起来，向综合性多层次合作组织发展。

（二）强化规范发展

相较于农民专业合作社，农民专业合作社联合组织的发展涉及人员更多，领域更广，开展的服务类型更为多样，包括农业合作生产、合作供销、信用合作、电子商务、农村公共服务等。在信用合作领域，许多农民被跑路的农民专业合作社负责人坑骗，损失惨重。事实上，有些农民组织在尚未明白财务规范和实务操作的基础上就急匆匆开展了信用合作，加上相关部门监管不力，酿成诸多悲剧。所以在发展一些特定业务的过程之中，须有相应的教育与培训进行配套，并对该业务的准入门槛加以限定，引导和强化农民专业合作社及其联合组织规范发展。首先，要建立健全完善的内部管理规章制度，完善财务会计、盈余分配、产品质量控制等各项内部管理制度，尤其是开展信用合作的组织要实行账款分离，强调的事前防范、事中监管，也要做到事后追责。其次，要强化合作社负责人以及联合组织负责人的法律法规、财务管理等方面的教育培训，要加强对农民合作组织相关知识的宣传和普及。最后，要加强组织内部的民主管理，充分尊重成员社的主体地位，健全成员大会、理事会、监事会等组织机构的权利与职责，充分发挥其功能，强化民主管理、财务公开。

（三）制定并落实支农政策

农民专业合作社联合组织的主体是农民专业合作社，本质属性上应该与农民合作社相同，因此，理应与农民专业合作社一样，享受同等的财政和税收优惠政策。另外，农民专业合作社联合组织因为具有更大规模和更强异质性，其经营更为复杂，资金需求量更大，风险概率更高，对社会层面的影响也更大。因此，从稳定农产品供应和保障社会稳定等角度，我们也需要在涉农补贴、项目安排、财政奖补等方面给予资金倾斜，减免其农产品加工所得税、增值税，综合施策，积极引导，促进农民专业合作社及其联合组织进行点面结合，全面发展。

此外，在财政、金融、保险和土地政策等方面，政府也要为农民合作组织的成立提供大力支持，同时鼓励农民专业社及其联合组织大胆探索，创新为农服务体系。在这方面浙江省投入力度是比较大的，浙江省11个市、83个县两级农合联均建立了农民合作基金，已确定的总规模达17.85亿元，其中大部分是政府财政资金和供销社投入资金，为农合联的长效发展起到重要保障作用。在发展农业生产、供销和信用互助事业之外，浙江省农合联的另一亮点是发展了农民保险合作事业，建立了互助资金保险制度、风险补偿资金和损失补偿机制，有效防范金融风险。2015年浙江省委、省政府下发的《关于深化供销合作社和农业生产经营管理体制改革，构建"三位一体"农民合作经济组织体系的若干意见》（浙委发〔2015〕17号）规定："有条件的农合联成员合作社可组建农民保险互助会，为成员提供农业、财产、人寿等保险互助服务，并协助做好政策性农业和农房保险的具体工作。全省渔业互保协会作为会员加入农合联。允许有条件的农合联资产经营公司和会员发起设立小额贷款公司、农信担保公司等金融服务组织。"十年前，浙江省瑞安市创办了全国供销社系统首家县级农信担保公司——瑞安农信担保公司，十年间，累计提供涉农贷款担保 2737 户次，为农民担保金额达 7. 28 亿元。截至 2017 年 5 月，瑞安市涉农贷款余额 722. 84 亿元，农信担保达 2737 户次。（夏盈瑜，2017）浙江省慈溪市已经组建一家村级保险互助会和一家镇级保险互助联会。到现在为止，总共收取保费 101 万元，赔付 84 起，赔偿金额达到 6 万元。慈溪市农业局提供的一组数据显示：他们组建的农户小额信用担保公司，已为农户累计无偿提供担保 8. 62 亿元；农业政策性保险险种已经扩大到 17 种，累计参保 12. 3 万户；在全省率先推行南美白对虾疫病政策性互助保险，累计投保面积达 8. 7 万亩。（孙云东、周敏杰、包敦远，2015）

浙江省强化了农民合作组织体系的构建，农合联成为党和政府在新形势下落实"三农"政策的重要实践平台，并明确了各级政府对此的相关职责，整体上大大加强了支农力度，完善了农业金融信贷的保险业务，这是一个长期以来农村发展的空白领域，具有先行先试的创新发展特色，其发展经验对于我国农民专业合作社及其联合组织的发展具有很强的借鉴和参考意义。

四　结　语

农民专业合作社走向纵向的联合，无论是政府直接推动形成的农合联，还是具有政府背景的供销社主导的农民专业合作社联合社，或是农民专业合作社自发形成的农民专业合作社联合会（或协会），其目的都是更好地促进农民专业合作社事业的发展，都是值得鼓励和发展的，各有所长，应彼此包容，共同成长。政府主导成立的农合联，力度最强，有人才和资源配套措施加以推进，探索创新特色鲜明，前景可期。以供销社为主导的农民专业合作社联合社，相对于一般的农民专业合作社而言，具有如下优势：具有政府背景（尽管基层社不一定是事业或公务员编制，但在多数人们的观念中，仍认为供销社系统是从属于政府的"公部门"），有人才优势、技术优势、产业链优势和资金优势，所以供销社系统领办的农民专业合作社联合社是具有较强市场经营能力的，其市场化的发展导向最为明确，即充分利用政府支持和上述优势参与市场竞争。事实上，浙江省农合联的发展也依托供销社这一载体，只不过与别的省份相比，浙江省农合联发展中"政府推动"的效应更为明显。然而，供销社系统由于长期以来对农村和农民的疏离，该如何更多更好地为农民提供社区综合性服务？这是供销社系统的短板，在"接地气"方面有待加强。

当前我国《农民专业合作社法》面临修订，其中很重要的一方面内容就是修订农民专业合作社联合社的有关事项，比如其成员资格、注册登记、组织机构、治理结构、盈余分配及其他相关问题均将很快会有结论。希望能通过法律法规修订，进一步为农民专业合作社联合组织的发展明确方向和架构。如果浙江省农合联在不断强化市场经营能力基础上，为小农集聚的农村地区开展广泛的社区综合化服务，不失为颇值得期待的前景。这必将要求农民专业合作社联合组织成为承上启下的农民组织桥梁，将政府、供销社系统与农民组织资源进行有效整合，大力提升农村社区综合化服务水平。

参考文献

[1] 孔祥智：《怎样认识浙江省"三位一体"综合改革》，《中国农民合作社》2017年第5期。

[2] 夏盈瑜：《答好总书记的"命题作文"——瑞安市"三位一体"农民合作体系建设纪实》，瑞安网2017年06月21日。

[3] 孙云东、周敏杰、包敦远：《农合联，一场聚变反应?》，《农家之友》2015年第8期。

中国农村民间组织的多元发展模式探析[①]

毕天云[②]

摘　要： 改革开放以来，我国农村民间组织蓬勃发展，产生和形成了多元化的发展模式。从促进农村民间组织成长的主导力量角度，可以分为政府主导型、企业主导型、农民主导型、学者主导型和NGO主导型等五种发展模式。五种发展模式各具特色，各有优势和局限；承认各种模式的差异性与合理性，促进它们之间互相借鉴，才能保障农村民间组织健康发展。

关键词： 农村民间组织　发展模式　多元化　主导力量

引　言

自20世纪70年代末实行开放政策以来，在农村经济市场化、政治民主化和农民再组织化的相互影响和相互作用过程中，农村民间组织蓬勃发展。在一些传统民间组织复兴发展并日趋活跃的同时，还出现和产生了许多新兴的民间组织。据俞可平的估计，截至21世纪初期，全国已经登记和未经登记的乡村两级民间组织至少在300万个以上，占全国民间组织总数的2/3以上。[1]数量庞大的农村民间组织既是新农村建设的重要力量，也是农村公民社会的主体，已在农村的经济社会发展中发挥了重要作用。

---

①　原文刊于《创新》2016年第3期。

②　作者系云南师范大学哲学与政法学院教授，研究方向为社会福利与社会组织。

农村民间组织的产生和发展是多种社会力量集体行动的结果。从参与主体的角度透视农村民间组织的发展，我们看到两个基本的社会事实：一方面，促进农村民间组织发展的参与主体具有多元化的特点。实践表明，当代农村民间组织的快速发展是多种参与主体共同推动的结果，其中最重要的参与主体有政府、企业、农民、学者和NGO。另一方面，各种参与主体的地位和作用具有非均衡性的特点。在农村民间组织的创办与成长过程中，多元参与主体的地位和作用存在着差异，有主导力量和非主导力量之分。从主导力量角度分析农村民间组织发展模式是揭示农村民间组织发展规律与机制的重要视角，有利于以更加自觉和自为的理论认识指导和规范农村民间组织的良性成长。本文基于主导力量视角，把当代农村民间组织发展模式分为五种类型：政府主导型模式、企业主导型模式、农民主导型模式、学者主导型模式和NGO主导型模式。

一　政府主导型模式

政府主导型模式是指以政府为主导力量推动、支持和规范农村民间组织发展的模式。该模式具有鲜明的中国特色，是改革开放以来农村民间组织成长中最普遍、最重要和最基本的发展模式。之所以如此，主要原因有三：一是路径依赖的惯性。政府主导是中国治理文化的传统和特质，在新中国成立后的计划经济时代进一步演变为"政府全能主义"。改革开放以后，随着"政企分开"和"政社分开"的推进，政府与社会的关系格局逐步由"大政府、小社会"向"小政府、大社会"转变，但"路径依赖"的固有惯性依然强大。二是政府对农村民间组织的态度。在民间组织发展的问题上，政府持有一种矛盾的心态，何增科曾对此作过精辟分析："目前官方对民间组织的态度总体上是矛盾的，一方面希望其发挥参谋助手、桥梁纽带作用，希望其对政府职能起到拾遗补阙的补充作用，希望其协助党和政府缓解社会矛盾解决社会问题；另一方面又担心民间组织发展成为体制外的异己力量挑战党和政府的权威，因此对民间组织的信任程度是比较低的。"[2]在农村民间组织的发展过程中，政府同样存在着矛盾心态或"二重心理"：对农村民间组织既有承认、支持、鼓励和表彰，也有限制、约束、责难甚至反对。在这种背景下，发挥政府的主导作用，确保农村民间组织的运行在可控制的范围内，自然成为政府首选的治理策略。三是农民自身的组织化能力。在人民公社体制下，农民是高度组织化的群体。人民公社体制解体和家庭联产承包责任制实行后，农村出现了"原子化"现象，农民的组织化程度下降。特别是农村剩余劳动力向城市流动，使一大批有能力的"农民精英"离开村庄，加剧了农民再组织化的难度。在此条件下，政府作为推动农村民间组织发展的主导力量，既是政府的选择，也是农民的选择。

政府主导型的发展模式有三个显著特点：一是合法性基础牢固。以政府为主导力量推动建立和发展的农村民间组织，政府直接为其提供政治合法性、行政合法性和法律合法性等多重保证，其合法性不仅具有权威性和正式性，而且具有稳定性；其合法性基础不容置疑，也无可置疑。因此，在政府主导型模式中发展起来的农村民间组织，不但具有得天独厚的"先天优势"，而且还能享受由此带来的各种"特殊待遇"。① 二是行政色彩浓厚。在这种发展模式中成长起来的农村民间组织，与政府的关系十分密切，甚至具有"准政府组织"或"半政府组织"的性质，最典型的代表性是"村民委员会"。根据现代社会组织的分类框架，村民委员会既不属于第一部门的政府组织，也不属于第二部门的市场组织，而属于第三部门的民间组织。② 但从村民委员会的实际运作过程看，却具有比较浓厚的行政色彩，更像一个"半政府半民间组织"。三是政府支持力度大。以政府为主导力量建立和发展起来的农村民间组织，能够从政府部门获得更多的资源和支持，如政策支持、财力支持和人力支持。浙江省"瑞安市农村合作协会"成绩显著，与市政府、市农办、农业局、科技局、民政局以及人民银行、银监办等部门的大力支持密切相关。

政府主导型模式最主要的局限是对农村民间组织干预过多过深，可能削

---

① 例如，2006 年 3 月成立的浙江省"瑞安市农村合作协会"就是由政府直接推动建立的，实行农民专业合作、供销合作、信用合作"三位一体"，打破了现行农村合作组织的常规运行模式。

② 但是，在政府主管部门（民政部门）的管理中，把民间组织分为社会团体、民办非企业单位和基金会三类，村民委员会却不属于民间组织的范围。

弱农村民间组织的自治性和自主性，有时还可能出现"包办代替""行政命令"和"急于求成"等现象。但是，由于农民自治能力的成长和政府职能的转变需要一个过程，在可以预计的将来，政府主导型模式将仍然在农村民间组织发展中扮演最重要的角色。对于这种发展模式，最关键的问题在于有效协调农民需要与政府需要的关系，恰当地、艺术地处理农民自治度与政府控制度之间的权重，实现二者的动态均衡与和谐。

二　企业主导型模式

企业主导型模式是指以龙头企业（公司）为主导力量领办、创办和扶持农村民间组织发展的模式。企业主导型模式产生和形成的根本原因是解决农业产业化过程中出现的"小农户"与"大市场"之间的矛盾，直接原因主要有两个：一是龙头企业寻求稳定可靠的初级产品供应组织。在农村产业化过程中，企业与农户合作的初级组织形式是"公司＋农户"，这是一种充满不确定性的合作模式。在这种模式中，公司经常"遭遇"两个难题：难题之一是企业与分散农户的交易成本过高。一个公司要与成百上千甚至上万个农户打交道，需要大量的人力和财力支撑；尤其是企业与农户发生矛盾纠纷的时候，双方直接面对面，缺少"缓冲地带"。难题之二是公司难以有效制约农户的机会主义行为。当市场价格超过公司的协议收购价格时，有部分农户把农产品卖给其他客户而不是公司；当市场价格低于公司的协议收购价格时，农户又要求公司按照保护价收购产品。龙头企业为了有效破解两个难题，迫切需要在农户与公司之间建立一个具有"中介"性质的农民组织，以降低交易成本提高经济收益。由此可见，企业领办或创办农民合作经济组织，背后具有很强的经济动因，或者说是一种"经济人"的行为。二是分散农户需要组织化的利益保障机制。农业产业化的目标之一就是要提高农产品的商品率，增加农民收入。面对瞬息万变的大市场，独立分散的农户要么技术能力不足，要么市场信息不通，农产品的质量和销售难以保障；进入"公司＋农户"模式中的农户，也会遇到公司压价收购、降价收购甚至拒绝收购的困境。所以，分散农户也希望建立自己的利益保护组织，以增强抵御市场风险的能力，提高与公司（企业）讨价还价的能力。

企业主导型模式中建立和发展起来的农村民间组织主要是经济类的农民合作组织，包括由龙头企业领办或创办的农民专业合作社和农民专业技术协会。第一种组织形式是"公司＋合作社＋农户"。这种组织形式中的农民专业合作社与农民自己独立创办的专业合作社不同，它由公司领办或创办，其运行受制于公司（企业）。例如，湖北省建始县的"益寿果品专业合作社联合社"，下辖3个猕猴桃专业合作社、1个葡萄专业合作社、1个板栗专业合作社，该合作社联社是由湖北省恩施州"益寿天然果品有限公司"于2003年领办建立的。第二种组织形式是"公司＋协会＋农户"。这种组织形式中的农民专业技术协会也没有完全的独立性，要接受公司企业的管理甚至控制。例如，云南省禄丰县的《仁兴镇农产品种植加工营销专业技术协会章程》第一条规定：协会的"主管单位是仁兴镇鑫旺经贸有限责任公司，批准及业务主管单位是禄丰县科学技术协会，登记管理机关是禄丰县民政局"。又如湖北省建始县的农业产业化龙头企业"农泰产业有限责任公司"，是建始县魔芋产业化开发业主，在农业产业化过程中创建了"建始县绿色食品魔芋、蔬菜协会"。

企业主导型模式是一种市场化模式，它通过市场机制提高农民的组织化程度，维系这种模式的核心纽带是经济利益关系。企业主导型模式可能产生的突出问题有三个：一是龙头企业的实力问题。在这种发展模式中，龙头企业的经营状况和经济实力直接关系到农民合作组织的存亡，一旦龙头企业经营不善甚至破产倒闭，农民合作组织很有可能随之解体。所以，保护和支持龙头企业的发展，就是保护和支持农民合作组织。二是农民合作组织的地位问题。无论在"公司＋合作社＋农户"，还是在"公司＋协会＋农户"的组织形式中，农民合作组织（专业合作社和专业技术协会）都没有完全的独立性，扮演的是一种"桥梁"或"纽带"角色。如果公司负责人与农民合作组织的负责人"合而为一"，农民合作组织就很有可能成为公司的一个下属机构，甚至成为公司牟利的一种组织手段，难以有效地保障农户的经济利益不被公司侵占或损害。在一些地区，这种情况不再是"假设"，已经成为客观现实。三是经济利益的分配问题。在"公司＋合作社＋农户"和"公司＋协会＋农户"的组织形式中，直接参与利益分配的有农户、合作社

（协会）和公司三方。三方之间的利益分配过程是一个利益博弈过程，公司在利益博弈中显然处于优势地位，获得的利益更多（现实中基本如此）。由此导致的利益分配不公将直接削弱农户参加合作社或协会的积极性，危及农民合作组织的凝聚力和稳定。因此，在企业主导型的发展模式中，建立和完善一套"三赢"的利益分配机制至关重要。

三　农民主导型模式

农民主导型模式是指以农民为主导力量自主创立、自我管理和自主成长的农村民间组织发展模式。该模式充分反映了农民的组织化需求和组织创新能力，大多数农村民间组织都是在这种发展模式中产生和成长起来的，最具代表性的是农民文化活动类组织，此外还有"农民维权组织"[①] 和"农村民间金融组织"。[②]

农民主导型模式有三个典型特征：一是内生性。在这种发展模式中，农村民间组织的产生不是外来者设计的产物，而是农民自己选择的结果。农民从自己的生产和生活实际出发，根据自己的现实需要独立创建满足自己需求的民间组织，或者模仿或借鉴他人经验成立民间组织。该类民间组织不仅具有深厚的群众基础，而且拥有坚实的社会合法性，农民的认可度、参与度和支持度较高，农民与组织之间的关系是"我们关系"。在这些民间组织中，农民根据自己的实际需要选择活动项目，按照自己方便的时间开展活动，运用自己熟悉的规则自我管理。[③] "内生性"既是农民主导型模式的特点，也是农

---

① 参见于建嵘《当代中国农民维权组织的发育与成长——基于衡阳农民协会的实证研究》，《中国农村观察》2005年第2期；孙春苗《农民维权组织和农村发展》，《调研世界》2006年第5期；张德瑞《论新农村建设与我国农民维权组织农会的构建》，《长春市委党校学报》2006年第5期。

② 参见万江红、狄金华等《我国农村民间金融组织研究述评》，《经济师》2005年第3期；王卓《农村民间金融组织的社会特征分析》，《四川大学学报》2006年第6期；王晓文《农村民间金融组织形式探究》，《中国乡镇企业会计》2007年第4期。

③ 如山西省的"永济市蒲州镇农民协会"就是一个典型的"内生性组织"，是当地农民自发兴办、农民自己决定的民间组织。

民主导型模式的优点。二是草根性。在这种发展模式中产生和成立的农村民间组织，主要是乡村两级的草根组织，数量众多，规模较小，一般以自然村、行政村或乡镇的地域范围为活动空间，具有一定的封闭性。有的组织稳定性差，存续时间短；有的组织活动不正常，计划性不强；有的随意性大，自生自灭。三是非正规性。有的民间组织名称不规范，要么名不副实，要么有名无实，要么有实无名；有的民间组织自我管理制度不健全、不完善，甚至连最基本的章程都没有；有的民间组织没有登记注册，"自己给自己立法"，成为游离于政府监管之外的"法外组织"。以农村专业经济协会为例，虽然民政部在 2003 年 10 月就下发《关于加强农村专业经济协会培育发展和登记管理工作的指导意见》，简化登记程序和放宽登记条件，但到 2004 年 9 月民政部举行"全国发展农村专业经济协会会议"时为止，全国已建立的 10 万余个农村专业经济协会中，只有 1 万余个在各级民政部门登记注册。[3]

农民是农村建设和农村发展的主体，也是农村民间组织的主体。从归根结底的意义上讲，农民主导型的发展模式才是最有生命力的模式，因为其他发展模式建立的民间组织，只有最终获得农民的信任和支持才能真正生存和持续发展。农民主导型模式的挑战来自内外两个方面：内部挑战集中体现为农民的自组织能力和自治水平，亦即农村民间组织自身的发展能力；外部挑战来自农村民间组织的制度环境，如法律、政策和管理体制等。对于农民主导型的民间组织，应该给予更多的鼓励、培育、引导、指导、支持与帮助，使之规范化和制度化。

四　学者主导型模式

学者主导型模式是指由学者（专家）为主导力量推动建立并促进农村民间组织成长的发展模式。在新中国成立以前，以知识分子和专家学者为主导力量推动农村民间组织发展的实践，集中体现在 20 世纪 20—30 年代的乡村建设运动中。在乡村建设运动中，各实验区、乡建团体把提倡合作、组织农民作为乡村建设的主要内容之一，兴办乡村小学，建立成人学校，设立乡村医院、卫生所、保健所，特别是组织农民成立各种合作社，促进了农村民间组织的发展。[4]20 世纪 80 年代以来，随着农村经济体制的改革和深化，一方面是农民积极性的空前提高和农村生产力的巨大发展；另一方面是农村原子化程度不断加重和"三农问题"日益严峻，特别是分散的小农户与大市场之间极端不对称，迫切需要提高农民的组织化程度以共同应对和抵御市场风险。在此历史背景下，一些研究和关心农村发展问题的专家学者深入农村，开始"新乡村建设试验"，通过建立农村民间组织，提高农民的组织化程度，进而推动社会主义新农村建设。比较典型的有中国人民大学温铁军团队在河北定县成立"晏阳初乡村建设学院"，华中科技大学贺雪峰团队在湖北荆门和洪湖开展的"老年人协会"，中国社科院社会政策研究中心杨团团队在陕西洛川县旧县镇建立的"农民医疗合作社"以及在湖北恩施州创建的"建始县三里乡河水坪农村综合发展协会"（简称"河水坪综合农协"）。

学者主导型的发展模式中，专家学者在农村民间组织发展过程中的主导作用体现在四个方面：一是构建组织框架。在专家学者主导的新乡村建设试验中，建立新的农村民间组织不是专家学者的最终目的，而是实现试验目的的一种组织手段。因此，组织的框架结构与功能设计主要针对试验目的，重点考虑能否满足试验需要。二是推动组织建立。为了把规划设计好的"组织蓝图"变成现实的"组织实体"，专家学者直接参与组织筹建，宣传动员农民，协调各方关系，协助办理各种手续，争取良好的外部环境，甚至提供必要的人力、物力和财力支持。三是参与组织运作。为了确保农村民间组织的有效运行和目标达成，专家学者经常采取"强干预"策略，直接参与组织的实际运作，讨论和解决组织成长中的问题与困难，甚至事无巨细。四是争取组织外援。为确保新建组织的发展壮大，专家学者们在充分利用自己的社会资本的同时，还积极寻找和争取新的援助渠道，为民间组织争取尽可能多的政策支持、经济支持、智力支持甚至舆论支持。

学者主导型模式有三个显著特点：一是嵌入性。在这种发展模式中，农村民间组织的创立和发展主要不是来自农民本身的明确意识，而是来自专家学者对农民潜在需要的发现与认识。专家学者通过自己的实地调研和理论研究，认为为了最大限度地维护和实现农民在某个或某些方面的利益，需要把农民组织起来，建立相应的农民组织。对于当地农民而言，通过这种形式建立的民间组织具有"外来物"的感觉，既有"新鲜感"，也有"陌生感"，

"嵌入性"特点为"内生化困境"埋下了伏笔。二是探索性。学者主导型的农村民间组织，从筹建到发展无不渗透着专家学者的理论认识和理想设计，具有鲜明的试验性和探索性，甚至还有一定程度的创新性和超前性。这一特性符合社会创新的本质要求，同时也可能"遭遇"发展过程中的"合法化困境"。三是民本性。学者主导型模式是知识分子与农民相结合的发展模式，具有典型的"以民为本"特性。在这种发展模式中，绝大多数专家学者满怀"为民谋利、服务农民"的使命感和责任感，深入农村、深入农户，听取农民的意见，反映农民的呼声，站在农民的立场，维护农民的利益，为农民着想，为农民谋利。在很大程度上可以说，民本性是学者主导型模式的"生存之基""立命之本"和"发展之源"。

学者主导型的发展模式主要面临两大困境：一是"内生化"困境。该困境的实质是学者与农民的关系问题，具体说是专家学者的供给与当地农民的需求之间是否相互吻合的问题。理念再先进、设计再完美的"嵌入性组织"，如果得不到农民的理解、认可和支持，就很难生存与发展，甚至会出现"人在组织存，人走组织散"的局面。二是"合法化"困境。该困境的实质是学者与政府的关系问题，关键是政府是否认可与支持的问题。在这个问题上，学者的"理想理性"与政府的"现实理性"、学者的"创新欲求"与政府的"求稳欲求"经常会出现"不合拍"的现象。尽管如此，学者主导型模式仍是值得提倡和支持的发展模式。专家学者通过与实践相结合，与农民相结合，不仅可以为农村民间组织提供智力支持，帮助农村民间组织走向规范化和制度化，而且还能"荡涤"知识分子中存在的"高谈阔论""坐而论道""纸上谈兵""脱离民情"等风气，非常有益于促进学风建设和学术道德建设。

五 NGO 主导型模式

NGO 主导型模式是指以 NGO 为主导力量培育、创办和支持农村民间组织发展的模式。20 世纪 80 年代以来，各种形式的 NGO 在全世界范围内涌现，"全球社团革命"运动推动了公民社会的发育与成长。20 世纪 80 年代以后，随着海外 NGO 进入中国和中国本土 NGO 的发展，NGO 逐渐成为推动和促进农村民间组织发展的主导力量之一，产生和形成了一类新型民间组织即"NGO 的 NGO"。

在农村民间组织发展中扮演主导力量角色的 NGO 包括两类：第一类是海外在华 NGO。海外在华 NGO 在 20 世纪 80 年代初就开始进入大陆开展各种援助活动，中国加入 WTO 后更显活跃。海外在华 NGO 按其活动类型大致可分为支持型（该类型的典型组织为基金会）、倡导型、项目运作型和基于教会性质的慈善团体等四种类型。[5]海外在华 NGO 不仅在贫困农村地区开展形式多样的援助项目，并且在项目实施过程中培育新的农村民间组织。如国际世界宣明会（以下简称"宣明会"）在云南省永胜县培育和成立的"永胜县农村社区发展协会"。[6]宣明会于 1996 年 2 月的一个偶然机会（参与云南丽江地震的灾后重建）进入永胜县，1997 年 9 月开始在永胜县以"儿童为本，小区扶贫"为理念，实施综合性区域发展项目（Area Development Program，ADP）。因为宣明会在一个地区的扶贫时间一般是 10—15 年，为确保宣明会退出永胜后能有一个 NGO 接管其资产以继续为当地农村贫困社区提供慈善服务，于 2003 年 8 月成立"永胜县农村社区发展协会"。宣明会在协会的发起、资金扶持、项目支持、人力资源以及组织能力建设等方面给予了一系列具体扶持，以期最终实现协会的自我发展。

第二类是中国本土的 NGO。中国本土的 NGO 在农村扶贫开发中发挥了非常重要的作用，通过扶贫开发项目的实施促进农民间组织的发展。王名把中国本土 NGO 在农村扶贫开发方面开展的活动分为生存扶贫、技术扶贫、教育扶贫、幸福工程、人口扶贫、合作扶贫、文化扶贫、实物扶贫、环保扶贫九种形式。[7]如 1993 年成立的"中国国际民间组织合作促进会"把"支持基层民间机构的能力建设"作为机构宗旨之一。截至 2011 年 12 月底，中国民促会共有国内会员 110 家，项目遍及全国 31 个省、自治区、直辖市中近 112 个区县。① 又如，1980 年成立的"中国计划生育协会"，是一个以倡导人民群众计划生育/生殖健康为目标的全国性、非营利性群众团体，目前已建立各级协会近百万个，发展会员 9400 余万名，成为中国计划生育/生殖健康领域最大的群众团体，② 其中相当数

① 中国国际民间组织合作促进会网：http：//www. cango. org/about. aspx. id =3。
② 中国计划生育协会网：http：//www. chinafpa. org. cn/xhjj/。

量的基层协会就属于农村民间组织的范畴。

NGO 主导型模式有两个主要特征：一是以援助项目为基础促进农村草根组织发展。王名教授认为，草根组织（grass roots）是指"根植于社区基层并主要服务于社区居民、具有较强民间性的组织，主要活跃于城市社区和农村基层乡村"[8]。王名指出，中国草根组织的发展与境外在华资助机构的援助活动分不开。例如，从 1998 年到 2008 年的 20 年间，"福特基金会先后投入两亿多美元，用于资助包括扶贫开发、医疗卫生、环境保护、教育培训、弱势权益保护、基层民主、公共治理等诸多领域的公益项目，一大批草根组织通过福特基金会的项目资助得以发育和成长起来"[8]。又如，香港乐施会（以下简称"乐施会"）在云南省禄劝县从事"农村社区发展"项目过程中推动农村少数民族社区发展组织的建立与发展。[9]从 1992 年开始，乐施会在禄劝县的一个苗族社区（马基山自然村）开展通电、引水和社区发展基金等项目活动，在项目实施过程中先后帮助成立了"社区发展委员会""社区管理委员会""科技小组""护林小组""青年小组"等草根组织。二是重视农村妇女民间组织的培育与支持。农村妇女发展是农村发展的重要组织部分，在农村妇女发展中，NGO 发挥了多方面的积极作用，其中一个重要作用就是促进了农村妇女民间组织的建立和发展。例如，在"河南社区教育研究中心"的推动下，先后成立了"彩霞文艺演出队""新郑市和庄镇返乡打工妹之家""红丝带协会""登封农村妇女手工艺品开发合作社"等妇女组织。[10]NGO 与农村民间组织同属第三部门，具有内在的亲密关系，NGO 主导型的发展模式在将来还会有更大的活动空间。

总结与讨论

综合以上分析，我们可以得到以下四点认识。

第一，农村民间组织的五种发展模式反映了农民再组织化进程中多样化的生成路径。当代农村民间组织的发展过程实质上就是农村和农民的再组织化过程，那么，谁来组织农民？五种发展模式表明，政府、企业、农民、学者和 NGO 是组织农民的五种主导力量，正是这五种力量推进了当代农民的组织化程度和农村民间组织的产生和发展。从这个角度看，农村民间组织的蓬勃发展不仅仅是哪一种主导力量的功绩，也不仅仅是哪一种主导力量的责任，而是多元"合力"共同推动的结果。

第二，农村民间组织的发展模式与农村民间组织的类型之间不是单向的对应关系，而是错综复杂的交叉关系。根据农村民间组织的性质和功能，农村民间组织大致可以分为政治类组织、经济类组织、文化类组织和社会类组织四种类型。四种类型与五种发展模式之间是一种多向的交叉关系，同一类型的民间组织可以采用多种发展模式，同一发展模式也可以适合多种类型的民间组织。因此，认为一种发展模式能够解释所有的组织类型，或者认为一种组织类型只有一种发展模式，都不符合客观事实。

第三，农村民间组织的五种发展模式不能进行简单化的优劣和好坏判断。上述分析表明，每一种发展模式各有自己的优点和缺点，十全十美或一无是处的发展模式并不存在。事实上，每一种发展模式中产生的农村民间组织，既有成功的案例，也有不太成功甚至失败的实例。因此，我们不能简单地认为，哪种发展模式最好，哪种发展模式最差。清楚这一点非常重要，可以尽量预防和避免"一刀切"或"一元化"带来的"折腾"。

第四，农村民间组织的五种发展模式将继续延伸，相互之间的影响和借鉴将越来越密切。可以预计，农村民间组织的五种发展模式将沿着两个方向前进：一个方向是各种发展模式将遵循各自的"运行逻辑"，在不断地自我总结与反思中继续前进；另外一个方向是各种发展模式之间的互动与沟通将越来越多，在相互影响与互相借鉴中取长补短和不断完善。因此，我们不能人为地限制多元发展模式，而要承认和尊重多元发展模式，保护与协调多元发展模式，保障中国农民民间组织的健康发展。

参考文献

[1] 俞可平等：《中国公民社会的兴起与治理的变迁》，北京：社会科学文献出版社2002年版，第30页。

[2] 何增科：《中国公民社会制度环境要素分析》，载俞可平等《中国公民社会的

制度环境》，北京：北京大学出版社 2006 年版，第 125 页。

［3］何增科：《公民社会与民主治理》，北京：中央编译出版社 2007 年版，第 137 页。

［4］郑大华：《民国乡村建设运动》，北京：社会科学文献出版社 2000 年版，第 482—522 页。

［5］李文文：《在华海外民间组织》，载王名、刘培峰等《民间组织通论》，北京：时事出版社 2004 年版，第 306—308 页。

［6］韩俊魁：《境外在华扶贫类 NGO 的典型案例：世界宣明会永胜项目十年》，《学会》2006 年第 11 期。

［7］王名：《NGO 及其在扶贫开发中的作用》，《清华大学学报（哲学社会科学版）》2001 年第 1 期。

［8］王名：《中国民间组织 30 年——走向公民社会》，北京：社会科学文献出版社 2008 年版，第 28 页。

［9］王晓毅：《组织建设和能力建设：香港乐施会禄劝项目研究》，2006 未刊稿。

［10］徐宇珊：《NGO 与农村妇女发展》，载全志辉等《农村民间组织与中国农村发展：来自个案的经验》，北京：社会科学文献出版社 2005 年版，第 112 页。

对蒲韩乡村社区的行动研究：
弱干预和强干预①

杨 团②

摘要： 本文以山西永济蒲韩乡村社区为行动研究案例，阐释了中国社科院社会政策研究中心的学者团队，如何主要以参与式的弱干预而非直接试点的强干预方式，支持和推动农民合作组织自主发展，走向综合性、社区型合作集体的方向，从中探索了学者团队与农民自治组织之间为实现共同目标相互连接与合作的社会方式。

关键词： 蒲韩乡村社区 综合农协 社区治理 行动研究 社会学干预 强干预 弱干预

一 案例背景

山西永济蒲韩乡村社区位于晋、陕、豫三省交界，东靠中条山，西临黄河滩，它覆盖蒲州、韩阳两镇24个行政村、43个自然村，6700户、2万多人口，区域面积260平方公里，耕地面积8万亩。2004年，在永济市委、市政府支持下在市民政局正式登记注册为"永济市蒲州镇农民协会"。2007年因政策变化，农民协会变更注册为蒲州镇果品协会，却无法涵盖已经开展

---

① 原载《民主协商·社区治理——学者参与社区实验的案例》，罗家德主编，社科文献出版社2017年版。本文略有修改。
② 作者系中国社科院社会学研究所研究员，中国社科院社会政策研究中心顾问，北京农禾之家咨询服务中心理事长。

多年的工作内容。2008 年，原协会又发起和兴办了有机联合社和几十家合作社，成员范围扩展，形成为一个统一核算、分别营运的农民合作组织网络，并以地名将这个合作网络称为蒲韩乡村社区（简称协会）。

经多年探索，蒲韩乡村社区在曾经的村小教师、带头人郑冰的带领下，走出了一条完全依靠农民自组织的可持续发展之路。这是一条以人为本、社区合作、自主经营的道路。它从强化集体社会资本、突出人性与合作的方向上探索统合结合的道路，将国家、集体、个人利益整合起来，且以自己的经济收益支持自组织的乡村公益，形成可持续的自给自足机制。2016 年协会的销售收入超过 7000 万元，净盈利达到 300 万元。自 2012 年起，3865 户骨干农户连续 5 年、每年在农业上的增收幅度都达 10%。

协会总干事团队成员主要是当地村民还有县地市青年共 113 人，其中大中专学生占比达 70% 多，平均年龄不足 30 岁，是一支本土化、年轻化、专业化队伍。他们全体拿工资，经费完全来自协会为农服务的收入。自 2012 年始，这里成为非营利社会组织——北京农禾之家咨询服务中心贯彻 "禾力计划" 的农民培训基地，已为全国培养几百名禾力乡村社区工作者和几十名禾力乡土培训师。（杨团、石远成，2014）

蒲韩协会的经验表明，农民群众中蕴含着极大的组织创造力。综合农协这种新型的社会经济组织本质上就是中国式的乡村社会企业。它拥有一种奇异的创造力和自我修复力，使得这个组织的可支配资源，无论资产、收入、人才，还有会员以及协会内外的各类经济、社会组织，都能在不断更新和自我修复中逐渐长大，同时，协会自身的能力也得到训练与提升。在这种农民集体实践的创造过程中，新的意识、新的观念、新的价值、新的道德、新的伦理、新的制度就迸发出来了。

殊为难得的是蒲韩团队以长期持之以恒的艰苦努力，不仅让农民有获得感还有拥有感，重建了乡村内部人与人之间的信任。如果能够给予这种中国本土长出来的农民再组织化的新芽更大的发展型试验的空间，对于彻底解决乡村问题，在全国构建承载乡村经济成长和社区治理的新型的组织化平台将具有重大意义。

二 干预过程

我是 2005 年年初通过农家女谢丽华知道郑冰的，之后我就主动和她联系，并邀请她参加当年 7 月在南开大学举办的首届社会政策国际论坛。我当时代表中国社科院社会政策研究中心，与南开大学、清华大学、北京大学和北京师范大学的相关机构一起推动社会政策的学术和实践的发展。我利用会议主办者的特权，特邀了两个农民合作组织的领导人参会，其中一个就是郑冰。

之后我带领研究团队到寨子村调研多次。从 2005 年起，一直坚持下来，每年都会去几次。2010 年北京农禾之家咨询中心注册，2011 年我们团队就到蒲韩做了第一期禾力乡村社区工作者培训，并在寨子村建立了北京农禾之家的培训基地。

作为学者，我组织研究团队参与蒲韩这个协会的建设过程，从一开始目的就十分明确，就是希望通过对蒲韩的长期跟踪，探索中国乡村发展的可行路径。在此之前，我曾于 2002 年年底开始，带领研究团队，在陕西洛川旧县镇做农村社区卫生服务项目。我们帮助农民建立了旧县镇的农民医疗合作社，在县政府支持下，与乡镇卫生院合作建立了乡镇社区卫生服务中心，并在该镇的六个片建立社区卫生服务站。通过镇卫生院—社区卫生服务中心—社区卫生服务站—农民医疗合作社，形成了一个事业单位与农民合作社相结合的格局。这是一个强干预的例子。一开始的效果非常好，但是后来坚持不下去，失败了。参与蒲韩乡村社区建设，是略晚于洛川的，鉴于蒲韩的基层乡建环境和条件远好于洛川，而县市和乡镇的政府条件远差于洛川，所以我们主要采取的是参与式的弱干预，而不是直接试点的强干预，这种做法一半出于我们的主观动机，想更好地推动农民自治的组织发展，一半是出于客观条件的限制，没有政府直接支持，我们难以做到规划性质的试点。

弱干预的做法主要是三种：一是在参与其乡建过程中沟通和讨论；二是主动构建项目，并将项目支持转化为事业支持；三是连接外部重要资源。

首先是乡建过程中的沟通讨论。

这方面的例子很多。最突出的是要让这个协会的架构长期维系，只有维系才能不断改善。2007年国家执行农民专业合作社法，要求原蒲州镇农民协会改为专业合作社。而我因洛川试验遇到困难，于是自2005年就开始自觉地向日本、韩国、中国台湾农协（农会）学习。当时我已经十分明确专业合作社不是中国的主要出路，东亚综合农协才是真正可行之路。所以就与郑冰反复谈，一定不要将协会搞没了，一定不要将现有的体系搞垮了。协会可以改个名称，但要保留，经济部分可以做合作社，但是要按综合农协的方式统一起来做。后来蒲韩农民协会就改名为蒲韩果品协会，而且将会员按照村组织了28个合作社，后来又成立了联合社，形成用联合社统筹经济业务，用协会统筹社会业务的综合农协的基本格局。

我们将蒲韩协会看作自己的紧密合作伙伴。两个团队——北京的研究团队和蒲韩的工作团队经常联系，我们经常去，他们经常来。每次我们到蒲韩，都要求她们先说说有什么新发展，带我们去看。我们努力鼓励她们每一项新的创造。蒲韩的各类组织如红娘手工艺中心、农民技术学校、不倒翁学堂、蒙学堂等，我们都去过多次，看到有所改变的新的细节，指出来鼓励，看到有些还可以再规范的，例如会员档案、组织架构图等，也当即指出。遇到协会的周例会、月总结，我们向所有到会的农民表达我们支持他们的意愿。每每讲到，你们正在做着中国乡村伟大的创造事业，这就是中国式的综合农协。久而久之，蒲韩的骨干我们认识了一大半，而蒲韩总干事团队的成员和一部分村民，也都认得我们了。

但在讨论中，我也有过困惑，这时候我常常是个倾听者，而且就一个问题多次反复地思考和询问。所以，与其说是弱干预，帮助蒲韩，还不如说是我在向他们学习的过程中自己得到了新知，这成了我的一种学习方法。例如，2005年我刚认识郑冰的时候，她最兴奋的就是"千亩生态园"的项目，这是她提出来的，将寨子村800多亩农民的承包地由协会流转过来，由协会统一雇工、统一规划种果树。这事一开始我就在统一雇工上有犹豫。郑冰告诉我，这是因为很多农民技术不行，地种得不好，要找会种地的能手，集中起来让他们来种地，成果给大家分配。而且，她用参与式方式，说服了农民，还将与农民的协议定为三年后结了果实卖出去后再分红。这其实很不容易，要说服农民等三年。我当时只是从理论上知道人民公社的集中生产是失败的，因为很难监督，小农户自己生产才能精心，而且日本、韩国、中国台湾农协都不是集中生产，而是集中服务。但是我没有任何经验，郑冰又言之凿凿，我就没有将这些想法直接讲出来，而是由此十分关注这个项目的进展，问过很多直接参加这个项目的蒲韩工作人员。他们告诉我，项目开始还行，问题出在协会雇工的种地能手，在地里磨洋工被承包户（他们成了监督者）看见，加之分红要三年，承包户等不了，于是自己在果树行距中套种辣椒等，打算收了好卖钱。但是地已经交给协会经营了，协会不能允许这样做，这就发生了矛盾。矛盾由几个人挑起来，说协会没照顾农民利益。这导致协会不得不讨论怎么办。最后，郑冰下决心停止项目执行，将经营的土地全部返回给农民，不要任何补偿，协会购买的果树苗全部送给了农民。项目停止协会的损失大了，经营一年多的各种成本包括人工成本全部得自己消化。但是为了获得农民的信任，协会毅然决然地就这样做了，之后还帮助果农学习果树栽培技术。

3 年后，果树结果了，农民收入劲增，大家都感谢协会有远见了。是的，这个结果印证了我的理性认识。而我同时感受到，农民与我的认识过程的程序是相反的。农民的认识是从感性到理性，没有感性认识难以上升到理性，而上升到理性也需要一个过程。协会的一批骨干包括郑冰在内是在此之后又经过若干年才对此有清晰的认识，进而懂得了协会一定要服务第一。又过了几年，郑冰告诉我，她们与香港迈思公司合作种棉花，对方全部收购，种多少收多少，所以正与农民签协议，由协会提供种子、肥料、技术指导等"五统一"的多项服务，每项服务按成本收费。当时还没有土地托管这个词，郑冰说我们是土地流转，我告知我以为不是，可能称为土地合作更为合适。

今天已经看得很清楚了。早期千亩生态园做的是土地流转，后来棉田做的是土地托管。最近，蒲韩又提出生态大树的计划。这是协会直接付钱给农民，将流转的土地种上树，准备几年之后将经营权有偿向永济运城消费合作社的城市社员推销。这是蒲韩的又一次大胆尝试。在蒲韩的这些尝试中，我一直是作为观察者而非干预者，而且在我没有把握时只观察不发言。

蒲韩与千亩生态园相关的还有一个庞大构想，时间也是在 2005—2006

年。郑冰提出，我们寨子村靠黄河滩，黄河滩有很多荒地，土质不怎么好。而我们村的居住地土质好。我们要在黄河滩上建新寨子村，将脚下的土地转为耕地。这样一置换，村子就可以重新规划，土地的收入也就更多，大家的日子就过好了。郑冰还给我看了农民自己做的新村规划图，有不少公共设施，有活动中心，老人、儿童的都有。这是一个庞大的计划。看着很不错，但是钱从哪里来？郑冰说各户自己出，要先有带头的，公共设施当然要靠协会赚了钱来做。这个项目今天看来就是农民想自己启动的新村计划。我知道后一是振奋，二是心中咄咄。这样的宏大设想，要依靠农民自己的认同和经济财力做迁村运动，能行吗？我将疑虑告知郑冰，她说，不一定全村都迁走，凭自愿。她还告诉我在黄河滩已经有人盖了小房子住在那里了。老年人还乐意在那里养老，守着果树、庄稼，我也去看了。我告诉郑冰，日本、韩国、中国台湾的农协农会都有自己的办公楼、超市、企业，很多属于集体的设施和资产，蒲韩将来有了钱，要不要给自己也置办这些？郑冰笑而不答。大约在2010年以后，蒲韩用每年2000元的低廉价格租下了韩阳镇下寺村的一所空置的小学做培训用。这让我眼前一亮，如此利用当然最好，就开始鼓励蒲韩可以照这样做。之后蒲韩就这样用很少的钱租了农民的空置房屋做办公用房和活动空间，于是，各村各处到处都有蒲韩的分店和网点了，这让十里八乡的农民都知道有蒲韩在帮助他们了，等于做了不花钱的宣传。直到2011年，蒲韩在村口利用旧建筑改建了一所两层房屋，成为机构的中心之一，花了不多的钱，形成了楼下食堂、楼上会堂的格局，算是有了自己的家业。

于是我悟出了一个道理，蒲韩和日本、韩国、中国台湾虽然同做农协，但是时代不同、条件不同，做法应该不同。在农业农村大转型、城镇化成主流、农业人口快速"脱农入城"的中国背景下做农协，乡村大量的空置房屋完全应该充分利用，这才物尽其用，而且对农协、农民和村庄可收到"三赢"的效果。农协是农民自组织的，必须按照自己的经济实力来考虑设施建设。经历了几年的磨砺，怀揣"迁村"宏大理想的郑冰能够真正从实际出发了。后来，能租不买，能买不盖成了协会设施建设的原则。一些农民原本想不收钱借给协会，协会不但给了租金还按住户要求给留房，住户很满意。往来的农民和城里的客人待在农家小院里很惬意，也都满意。各村的村委会有了这些公共设施，人流增加，活力增加，自然也满意。还有的村委会主动要求蒲韩协会到村里去帮助做垃圾处理、老人和儿童服务。

2013 年蒲韩农协在永济和运城花钱买下房屋做消费店，虽然开始看着成本不小，不过几年下来，以蒲韩的入户方式在城市发展了 8000 多市民做消费店会员，建立了城乡联动的网络体系，投入产出的效益是不错的。

蒲韩以分散化的租用网点来维系业务，不仅低成本，而且用郑冰的话说，还避免了"扎堆凑热闹"。此外，我以为分散办公对乡村的农协还有特殊的增加集体社会资本（见下文）的作用。这些拿工资的农民，我们称为"乡工"的社区工作者们，或走路或骑单车，天天在不同的乡村院落办公地来回穿梭，这种分散化办公方式正好与城市机关和企业大楼集中办公方式相向而行，充分体现了乡里空间与城市空间的不同特点，这让十分刻板的朝九晚五的企业和机关化的办公变得很通人性。况且，蒲韩协会的乡工们都是自行安排工作时间的。每天早晨开晨会，部门有周会，协会每月有月例会，这三个会都要参加，其他的时间都可以按照各自的工作由自己安排，还可以兼顾家里和地里的活儿。到了农忙，大家都回家干活儿。蒲韩协会管理的这种灵活性，也是日本、韩国、中国台湾农协没有的。

蒲韩协会的组织管理其实是在很长时间内逐渐完善的。早期主要是郑冰管理几个运城农大毕业的大专生，她们分兵把口，做农资店经营，还有一个做秘书。其他参与工作的农民都是志愿者，没有工资。2007—2008 年以后，开始有了一批青年人进来，经营扩大。2011 年以后，农协的经营开始打平，管理上的需求提升。在管理层级、部门分列、人员岗位、骨干任用等方面，蒲韩坚持不懈地探索，并且经常调整，自 2017 年年初才相对稳定下来。这种探索的经验很值得总结。

比如，蒲韩很早就建立了辅导员制度。这是我们研究组认为中国农协超越日韩台的最具创造力的制度。辅导员每人包户 200 户，天天入户到家了解农户的需求，对农户家庭的动态需求了解得一清二楚，这就将农资和消费品的团购团销，农产品的销售还有土地托管、小额贷款的需求调研等 9 项业务全由这一个口子进出了。（杨团、石远成，2013、2014）而随着蒲韩协会的发展，辅导员从最早的一代乡工已经置换为第三代人了。这些年轻的大学生们与老辅导员相比，有长有短。蒲韩为此做出人力搭配的调整，给每个村安排 2—3 名辅导员，做交叉服务，在信息传递中可相互补充。辅导员制度后来又发展为三类：入家户的叫作综合业务辅导员，专门管理生产信息的是城乡互动辅导员，还有管理永济运城 8000 多户市民需求的是城市辅导员。辅导员成了直接密切联系农户生产者和城市消费者的第一岗位。

对蒲韩的长期观察，让我惊叹中国农民自组织的能力、智慧和创造力，几乎每次去都会看到新的创造冒出头，这督促我们的研究也要与时俱进。

其次是主动构建项目。

在这方面，我们的思路一直很明确：项目是一时的，事业是长远的，做项目是为了给事业以支持，要将项目过程形成支持事业的一种机制。2009 年，我们利用外部资源，将一个社区老年服务的调研项目引入蒲韩，这为他们后来做老年服务奠定了最初的资料基础。2012—2015 年，我们自行设计了为培养本土人才的乡村社区工作者的培训项目，起名为"禾力计划"。这个项目的开发是因为看到了目前农村一方面缺人才，另一方面有很多乡村本土人才的潜力没能发掘出来。如果能为他们提供专业培训，可在较短时间内形成较有规模的农村的人力资源队伍，对于乡村建设和农民素质的提升都有很大的益处。

这个项目在香港施永青基金、招商局慈善基金会的资助下，至 2015 年 9 月在寨子村的农禾培训基地完成了六期培训。在项目支持下，基本完成了课程开发，尤其是形成了由蒲韩的本土农民授课的师资队伍，培育了有实际工作经验的一批"乡土培训师"，形成了乡村社区工作者培养体系。

通过这个项目在寨子村基地的实践，形成了"禾力乡工"的培训品牌，从而为从项目支持过渡到事业支持打下基础。5 年来蒲韩总干事团队的 43 名骨干都参加了乡工培训。农禾之家还从这些乡工中培养出 13 名乡土培训师。她（他）们从只知道做但不会讲，只能会下说但一上课堂就发慌，到侃侃而谈，能够从经验中做提炼，还会自己做 PPT。这种变化实在太大了。这也大大提升了她（他）们的能力和自信。同时，这些乡土培训师已经被请到各地讲课，成为中国乡村培训中一支绝无仅有的农民讲师团队伍。为全国各地的农民做了多次培训。农禾之家的这个项目也得到很多公益组织的认可，并获得北京市政府购买社会管理项目支持。至 2017 年 4 月，累计完成 12 期培训，培养了乡工学员 380 多名。这些学员绝大部分来自农村基层，其中主要来自农民合作社。农禾之家现在已经有 230 多家会员组织，跨 24

个省。形成了典范基地、种子学员、品牌项目和金牌课程的完整体系。（孙炳耀，2016）

禾力乡工是一个完整的人才培育计划。不过，对于蒲韩协会我认为这还属于弱干预，因为我们是共同合作方，是得到蒲韩的支持和允许，而且课程也都是共同开发的。但对于接受培训的全国农民合作组织，我以为是从规划、组织、培训到陪伴的强干预。

第三是链接外部资源。

我们发现影响蒲韩发展的一个重要难题，就是资金互助的资金来源问题。蒲韩农民不是没有资金，也不是不愿意拿出来成立资金互助部，在做农资购销中已经有过农民将自己的闲置资金主动放在购销部，同意给短期贷款缺乏资金的农户做周转用。但是当地有些村庄自行做小额贷款出了卷款跑路的事情，政府不同意农民拿钱出来做资金互助，若做了就是"非法集资"。为了规避"非法集资"，我们研究组主动与香港施永青基金联系，请他们帮助支持，借贷给蒲韩，蒲韩还了借贷利息之后还能有剩余，可用于支持总干事团队的一部分工资。这个借贷由于资金外来，政府很欢迎，所以没有制度障碍。这个链接的成功，是出于施永青基金对农村项目的一贯支持和对蒲韩考察后建立的相互信任，而我们研究组充当了介绍和协调的角色。由于我们和两边都有非常良好的信任关系，所以这件事不但做成了，而且可持续。蒲韩从中得到的，不仅仅是从香港施永青基金借来的大额资金，从而能够很好地服务于农民、满足社区农民对资金借贷的需要，而且还在这几年的过程中，得到了施永青基金在管理方面的训练。蒲韩的财会团队一是得益于禾力计划的培训支持，二是施永青基金关于贷款和资金规范化管理的培育，自2012年以来，蒲韩借贷的几千万资金中没有一笔坏账，账目也没有大问题。这不能不说在乡村农民合作组织自办的信用部中是上乘的效益。

但是在我们的相互合作中，曾有过由于我的失误，没能将好事办好的例子。

这个事情发生在2013年春夏之交。我将蒲韩的成绩写了一个简报，题目是"一个不输于日韩台的蒲韩乡村社区"（杨团，2013）。这份简报登在发改委的《改革内参》上，被山西省省委书记看到了。他马上批示让省社科院去考察。这当然是好事。蒲韩立即将省社科院要来考察的消息告诉了我。但是我当时不敏感，只是说好事情，好好接待，我自己没有跟去。结果考察团从运城市到永济市（县）再到蒲州镇，访问了各级政府，得到信息是，这个组织有"非法集资"现象，而且到现在还挂着农民协会的牌子，连组织的合法性都成问题。等我知道评价不好赶去寨子村，他们已经离开。我就电话要求直接到省社科院和他们再做讨论，遭到拒绝。他们派了一个人到寨子村，与我和国家行政学院的张孝德教授一起座谈。来人告知省社科院调查的情况，我和郑冰等对其一一作了解释。但对方说他们给山西省委的报告已经写好了，蒲韩这个组织需要整顿，显然完全没有可能再有改变了。

蒲韩连夜开了会，把所有所谓不规范称呼的牌匾，包括农民协会、蒲韩社区，一夜之间全部下架。第二天早晨，全部换上登记注册的合作社、联合社的牌子。而山西省社科院的报告报到省委等批示同意，一直没有一个字的批示。这件事拖了半年多，才因为没有上级的批示让事态缓和下来。事后郑冰告诉我，这是她感到压力最大、最难的半年。当时山西省委的态度至为关键，各级都等着省委批示，批示一下来就会采取动作，所以我也想办法立即将实际情况上报并且奏效了。这件事对蒲韩而言已经属于危机处理，对于我们，也完全超出了弱干预的范围，或者说是从弱干预演变成强干预了。不过，事后总结，我以为问题出在我这里。面对乡村各个不同主体间的复杂矛盾和貌似混沌实则冲突的状况，我看得过于简单，直线思维，从好处想得多，没能客观地估计可能发生的各种状况。虽然事后补救了，但是失去了一个原本可能让政府了解和肯定蒲韩的重要机会。当然，我也发现，我对于社科界研究人员水准的认识也过于乐观了。这件事给了我很深刻的教训。我们这些学者，要想真正对农民组织有帮助，不帮倒忙，真不是单凭良好愿望就能实现的。所以我们也需要不断调试自己，不断寻找真正能够帮到农民组织的最佳手段。

三　关于强干预和弱干预的探讨

我将我带领的社会政策研究中心的乡村试验团队归入行动社会学派，而且是从"行动"概念转换到"实践"概念，引入"社会改造"面向的接地气的行动社会学派。

对于图海纳《社会的生产》（*Production de la Societe*，1973）中形成的行动社会学的研究方法，即社会学干预的四项原则我一直很有兴趣。认为很能适合我们这个乡村社区试验团队的情况。即（1）与社会运动本身建立面对面的直接接触；（2）超越意识形态话语；（3）将运动置放在一个情景中，通过与运动双方对话，突显所争夺的社会和文化目标（social and cultural-stakes）；（4）研究者的两种功能：激励者和秘书，他们将对行动者的观察和理解转化为社会行动理论范畴，以增强行动者的能力。（Touraine，1981：143—145）。

而图海纳把"社会行动"理解为"社会自身的某种历史质"（historicity）的体现，让我不禁将其与布罗代尔的历史时段说相比较，以求理解其中的深意。图海纳所言的"历史质"即社会根据其文化模式，经由冲突和社会运动来构建其自身实践的能力（Touraine，1988：3）。布罗代尔的时段史说，把历史的时间分为地理时间、社会时间和个体时间，分别对应长时段、中时段和短时段。历史的社会时间为中时段历史，它是"局势"分析的场所，是"群体与团体的历史"。这个居中的"三"受到来自两端的"一""和"二"，即长时段和短时段历史的影响，即社会的"局势"的演变史既受到历史发展中几乎察觉不到变化却又一直存在的"结构"的影响（长时段），也受到事件史即个体时间（短时段）的影响。

我们所做的社会学干预，就属于中时段的历史范畴。干预的目的，是实现"从社会到社会行动"的过渡，而这个社会行动，具体到蒲韩案例，就是支持、帮助在地的"姓农""务农"的农民合作组织提升自己"为农"的能力。也就是我们支持蒲韩乡村社区的在地行动者们所进行的农民合作组织的社会生产。

沈原在探讨图海纳的"社会的生产"时，对其社会学干预的方法做出了新的调整和发展。他提出了弱干预和强干预的新概念。"弱干预"是"对社会自组织机制发育明显的群体，可以大致按照图海纳学派的方法和程序进行工作"，当然也要"有所调整、突破和创新"。"强干预"是对那些"社会自组织机制发育缓慢的群体"，需要"探求新的方式，加大力度，甚至设法将某些理念直接灌输进去，促成其自主性的发育"。"强干预"的目标"不只限于社会学知识的生产，而且还尝试对社会本身进行改造，尝试改善行动者的工作和生活环境本身"。"强干预"需设计带有相当针对性的项目，"将之嵌入行动者自身的生活世界之内（而不是剥离行动者与其生活世界的关系），通过持续的干预活动促成其变化"，"在中国转型条件下，最为重要的就是，我们力图将社会改造的面向与社会认知的面向有机结合起来。这本来也不是两个分裂的过程。社会认知寓于社会改造之中"。（沈原，2006）

我赞同沈原的观点，甚至可以用我们研究团队的实践来证明中国的转型时期的社会学干预的确存在强、弱两种不同形式。十几年来，我们一共做过4个县镇的社会实验。三个都是强干预，其中的两个最终结果是失败的。还有最近做的河北内丘金店镇新农村综合发展合作协会。2015年9月刚开始，不过一年多，借助国家关于深化供销社综合改革的文件精神，借力使力，目前看效果不错，不仅县党委政府决定将其推广到全县，邢台市委也发文要求全地区推广。但是时间太短，不能就断定会成功。目前还有很多棘手问题。这个案例留给今后的适当时机再做讨论。

实际上，我以为我们团队的四个试点中，最成功的是蒲韩社区，而在这里实施的，总体而言并不是强干预而是弱干预。

蒲韩这个社区组织的自治性很强，郑冰这个农村领袖的个人能力也极强，这是我们之所以采用弱干预的重要原因。所谓弱干预，就是作为研究者，不直接参与行动者的决策，而是对其行动抱着积极态度去观察和理解，同时对看到的问题给予必要的建议，但是绝不强调要求其接受。更多起到激励作用并且帮助做些制度化的归纳和整理。这也就是图特纳所提出的"激励者和秘书"的角色。

不过，从蒲韩的实践中，我们发现，即便自治性很强、领导人能力很强的组织，由于地处中国这样的强政府、弱社会的环境，所以经常会遇到政府强干预的情况，甚至一些不错的农民组织就是在政府强干预之下变性，去自治性、添行政性；去合作性、添独断性。在这些组织遇到重要考验的时候，如果我们能够予以支持，有时候是能起到决定性作用的。这时候，我们就要将自己的激励者和秘书角色转化为鼎力支撑的强干预角色。所以，弱干预和强干预之间是会转化的，转化的条件就是农民组织是否遇到他们难以克服的来自政府或资本强干预难题。

前面讲的是应对政府的强干预，下面再讲一个应对资本的强干预的例子。

蒲韩协会曾经在 2009 年与一个公司签约做小额贷款。对方出贷款的全部资本几千万元，聘蒲韩协会的十几个妇女骨干做公司的信贷员，发工资。这十几个人三年在当地放款约一个亿，只有一两笔逾期未还款。这比尤努斯的农民银行效率还要高出不少。而那个机构贷款利率高达 21%，所付出的人工成本很低，也没有给蒲韩协会任何利益，利润都被公司赚走了。

我曾问郑冰为什么要这样做？当时来蒲韩考察的全国各地的农民组织也提出同样的问题。郑冰说，我只是想尝试给农民贷款不用抵押行不行，还有，农民能不能有还款信用。大约一年后，她就通过王变娥找到我说，我们已经试出来了，农民的信用很好，不用抵押也能还款，但是现在这种合作方式，协会除了个人得工资，集体没有得到任何利益。也告诉我说，虽然公司口头说要给协会利益，但是合同里没写，实际上也没给。还有，合同并不是与协会签订，而是和每个人签订的。面对这种明显的以金融资本剥夺社会资本红利的问题，蒲韩协会真是有苦说不出，只能三年到期终止合同。在这件事情上，我们看得很清楚，也下了决心，以强干预应对强干预，我们不仅帮助蒲韩找真正能合作的机构贷款，而且组织了专业力量写出了有分量的研究报告（王小鲁、姜斯栋、崔鹤鸣，2015）正式出版。

有人说，土地得租金、资本得利润、劳动拿工资，天经地义，对蒲韩协会的处理没有什么不对。而蒲韩协会说，协会和农民相知多年，彼此熟悉，才能有这样的效益，协会应该分到一部分利润。这个朴素的说法中含有真理，即带来红利的不仅有金融资本，还有社会资本，更准确地说是集体社会资本——一个组织所拥有的社会资本。

集体社会资本这个概念来自欧美。早期研究者在考察微观层次的社会资本时，一般都是将社会资本视为一种蕴藏于个人网络之中的财富。但自从科尔曼指出社会资本乃是一种社会的结构性资源后，越来越多的研究者开始注意到社会资本的集体层面，即不仅将社会资本视为一种个人拥有的资源，而且将其视为一个组织、一个社区甚至是整个社会所拥有的资源和财富。（罗家德、赵延东，2005：117）

"集体社会资本可以从三个结构面来衡量：信任、连接以及网络结构。"蒲韩协会这个集体在工作人员之间、工作人员与农户之间、农户与农户之间都建立了相互信任的关系，而且这还是一种"积极情感"的人际间联系。它可以"导致两种属性：对同事的信任和对制度的信任"（罗家德、赵延东，2005：118）。而信任是一种有助于"使人们在全体或组织中为共同目标而团结合作"的因素（FuKuyama，1996：10）。正是这种信任导致了个人和集体的"连接"。即"个人明确集体目标"，并且拥有"为达到集体目标而共同努力的意愿和能力"（Leana and Van Buren，1999：542）。蒲韩的 3865 会骨干会员分散在 43 个村，分别由 18 个辅导员每天入户联系，可以说形成了去中心化且大密度的网络——经常交换信息和资源的网络结构。

蒲韩协会正是充分运用了这种组织化的集体性社会资本，才为集体带来了各种经济的和社会的利益。所以，某机构只承认自己的金融资本得红利，不承认集体社会资本也具有盈利能力，不愿意给蒲韩协会分红，是导致双方合同无法继续的根本原因。当蒲韩协会的人员撤出后，这个机构的贷款回收情况一落千丈，原来赚得的利润几乎全都填了后来的亏空，这让该机构不得不最终退出蒲韩。事实证明，农民真正认可的，是蒲韩协会信贷员的服务，拥戴的是协会这个集体，换了其他的集体，农民就不予配合了。可见，集体社会资本确有价值。这个案例中，其价值就可以用置换机构后的损失量来度量。

在这个事件上，我们从学者和 NGO 这两个角度尽其所能地帮扶蒲韩，应该属于强干预。

前述 2011 年我们在蒲韩建立农禾之家培训基地，设计并实施了"禾力·乡工计划"，在蒲韩培育全国农民合作的骨干人才，对于全国农民合作组织而言，也应该属于强干预。

不过，这两种强干预还有所不同。第一种是面对社会不公，外来资本占有农民集体社会资本应获得的利益，我们是为求得社会公正，代表社会中坚力量而干预。第二种，则是"探求新的方式，加大力度，甚至设法将某些理念直接灌输进去，促成其自主性的发育"的强干预。

这两种强干预都"不只限于社会学知识的生产，而且还尝试对社会本身进行改造，尝试改善行动者的工作和生活环境本身"，都"将社会改造的面

向与社会认知的面向有机结合起来"了。（沈原，2006）

四 余 论

我们研究组与蒲韩协会的关系，我以为更加准确的概念描述还不是社会学干预，而是社会陪伴。

我们和蒲韩协会是平等的伙伴关系，而不是我们较之他们知识更多、能力更强、水平更高。相反，在更多的时间、场合、事件中，常常是蒲韩协会的郑冰们较之我们知识更多、能力更强、水平更高。在长达十多年的社会陪伴过程中，我们的最重要的收获就是，我们并不比农民高明，即便做强干预，也是更多利用我们有而农民没有的资源，是以我们的能力和资源协助农民抗衡来自政府或者资本的强干预。我们的这个强干预的性质属于对朋友的支持，干预的对象并不是蒲韩，而是我们与蒲韩站在一起，加强其力量共同对外的强干预。

其次，无论强干预还是弱干预，其根本点在于思想认知决定行动导向。而行动的结果，即实践又要回馈给思想。思想—行动—实践—思想，这是学者不同于行动者的地方。所以，经常思考，反复推敲自己认定的思想概念、内涵和方法，是我们必做和经常做的功课。尤其在转型时期，客观环境条件异常复杂的情况下，我们更需要缜密和反复的思考，并作出最为适当的选择。

还有一点不成熟的认识，这就是如何测度蒲韩协会和一批中国优秀农民组织的集体社会资本。

西方在测量集体社会资本与个人社会资本的指标差异是很大的。因为他是私人财货和公共财货的不同表现。（罗家德、赵延东，2005：120）目前，西方学者度量集体社会资本是从个人出发，个人对其他成员的态度以及群体中的共有规范成为研究重点。而中国的集体或者说"公"的概念与西方、与日本都有不同，所以，如何测度中国的集体社会资本是需要研究的。

日本著名的中国史专家沟口雄三，曾在《作为方法的中国》一书中这样写道："中国的'公'是'关系的共同'，而在关系中包含了'私'。中国的'私'都把自己投入到'公'，把'私'独自的领域熔融到了公共性里。也就是说，关系的'公'以连接'私'与'私'的方式把'私'包含于内，而从'私'的角度来看，私可以在关系网（公）的内部主张私人参与的部分，但这私人参与的部分始终和其他私人参与的部分联结在一起，因此无法建立一个和公（关系）相割裂的私人独自的领域（自私）。换言之，私由于加入了公反而无法与公分离，获得独立。"（沟口雄三，2011：60—61）这一段话深刻阐释了中国的公不同于西方的伦理原因。中国的公与私难以分开，是社会关系当中公私融合、公中有私、私中有公造成的。中国的集体就是这种公私融合的社会关系，它内在的亲与疏和联系仅从个人对个人的视角去测度是不够的。

从蒲韩案例可以得知，蒲韩协会无论是发放小额贷款还是作为老服务，都饱含协会的成员社群对这个集体的整体性拥戴。蒲韩协会集体的这个"公"是包含了每个成员"私"的公，个体成员由于加入了集体无法与"公"分离，他们不再是独立的小土豆，也不是装进麻袋但仅仅是相互接触并无结合关系的一袋土豆，而是所有土豆融为一体的土豆饼，所以完全构成新的形态了。

对蒲韩案例的进一步研究，有可能为测度中国的集体社会资本找到新的方法，从中产生新的理论思路。

参考文献

沟口雄三：《作为方法的中国》，北京：生活·读书·新知三联书店 2011 年版。

罗家德、赵延东：《社会资本的层次及其测量方法》，载李培林、覃方明主编《社会学经验与理论》，北京：社会科学文献出版社 2005 年版，第 100—142 页。

王小鲁、姜斯栋、崔鹤鸣：《综合性农民合作组织是实现中国农村现代化的重要组织形式——山西省永济市蒲韩农协调研报告》，载杨团、孙炳耀等《综合农协·中国"三农"改革突破口 2015 卷》，北京：中国社科出版社 2015 年版，第 285—306 页。

沈原：《"强干预"与"弱干预"：社会学干预方法的两条途径》，《社会学研究》2006 年第 5 期。

孙炳耀：《大力推进农村社会工作人才建设》，载杨团、孙炳耀等《综合农协·中国"三农"改革突破口 2016 卷》，北京：中国社科出版社 2016 年版，第 277—286 页。

杨团、石远成：《走近山西永济蒲韩乡村社区——一个自治的综合性农民合作组织联合体》，载杨团、孙炳耀：《综合农协·中国"三农"改革突破口 2013 卷》，北京：社科文献出版社 2013 年版，第 308—338 页。

杨团：《不输于日韩台农协的蒲韩乡村社区》，《改革内参》2013 年 5 月 10 日。

杨团、石远成：《山西永济蒲韩乡村社区：农村社区公共服务的新型提供者》，《中国非营利评论》2014 年第 1 期，第 169—183 页。

供销社综合改革

河南民权县基层供销社综合改革方案设计调研论证报告[①]

孙炳耀[②]

农民专业合作社法颁行十年来，合作社发展迅速，但未出现根本突破，近年甚至出现徘徊。借力供销社综合改革的东风，实现农民合作组织的新突破，我们又面临新的历史机遇。可以憧憬改革前景：在乡镇基层普遍建设广覆盖、全方位服务的综合性农民合作组织；基层办不了的事，由上级合作组织来办。县级及以上各级供销合作联合社及其企业，为基层提供流通服务，联结城乡；对基层金融进行规范，提供技术支持，必要时开展城乡融资；对基层组织进行指导、协调，规范管理，进行人员培训。同时，各级联合社以既代表政府又代表合作组织的双重身份，衔接二者。实现憧憬，首先必须在基层建设好综合性农民合作组织。

一 背 景

2015年3月，《中共中央、国务院关于深化供销合作社综合改革的决定》（以下简称《决定》）颁发，明确了供销社改革的目标。其中最重要的两个内容：一是供销社要密切联系农民，做到"为农、务农、姓农"；二是

---

①　本文为中国社会科学院社会政策研究中心、北京农禾之家咨询服务中心综合农协试点研究组协助河南民权供销社试点所做的初步设计方案，执笔人为孙炳耀。

②　作者系中国社科院社会学研究所副研究员，北京农禾之家咨询服务中心理事。

供销社成为基层综合服务平台，提供"四位一体"的流通服务、生产服务、生活服务和金融服务。

供销社改革的难点在于基层。县级及以上各级联合社的改革重点在于解决政、社关系和社、企关系，以及如何为基层提供服务。乡镇基层的改革，才能密切联系农民，才能围绕农民多方面的需求直接提供综合服务，才能体现"姓农"。

在基层供销社综合改革方面，河北省供销社进行了探索，于2015年启动内丘县金店镇试点，建立"新农村综合发展农协"（以下简称"新农协"），与基层供销社合并运行。试点利用协会组织弹性大、兼容性强的优点，至2016年8月，已吸引镇内51%的农户加入；并初步提供了农技推广、团购及多种形式的社区服务，受到农民欢迎。内丘县为此成立供销社综合改革领导小组，县委书记张辉挂帅。鉴于金店镇试点的成功，县领导已决定将试点推广到其他乡镇，争取2017年6月覆盖全县。

河北试点经验已引起各级领导及学术界重视，先后莅临调研指导的领导有：全国供销总社副主任李春生、邹天敬；省社主任邓沛然，副主任郭志江；邢台市委书记张古江，常务副市长周永会。中国社会科学院及北京农禾之家咨询服务中心（以下简称"农禾之家"）的专家对试点提供咨询，进行总结，于2016年9月在中国社会科学院举办报告会，并由杨团（中国社会科学院社会政策研究中心顾问、研究员，农禾之家理事长）面见中央农办原主任陈锡文进行汇报，得到老领导的肯定和支持。

近年农民专业合作社出现联合起来提供综合服务的趋势。民权县现有农民专业合作社486家，也有联合的需求。在这方面，山西永济蒲州镇、韩阳镇"蒲韩社区"农民合作联合社是一个典型，其经验值得推广。十年来，蒲韩社区为3000多农户提供农技推广、供销、信用合作、社区服务"四位一体"的综合服务。其50多人的工作团队，都是本地的农民。近两年，联合社的服务扩大至6000多农户，并向永济县城和运城市区延伸开展消费合作。农禾之家对其经验进行了系统的总结，建立培训基地，开展乡村人才培训。

民权县供销社基础差，正在积极探索如何推进改革。县社拟以农资服务为突破，已建立农资公司，并开始布局全县服务网络，拟整合基层农民专业合作社、农资企业代理等力量。为此，县社聘任农民企业家、农民合作社带头人彭峰为业务副主任，以利推进改革。彭峰办有民权县城关镇聚鑫农村资金互助社（系银监会批准全国 49 家试点单位之一）、联胜种植农民专业合作社联合社（主要开展订单农业、土地托管、粮食统销等）、民权中合经济互助合作社（主要发展合作社资金互助）、民权县千乡万村农业开发有限公司（主要发展农资服务）、民权县舍得电子商务有限公司（主要发展消费品下乡服务）等多家实体，这些资源有利于供销社改革。

2016 年 11 月，作为农禾之家的会员单位和理事单位，彭峰提出民权县在供销社改革框架下推动农民合作组织发展的设想，得到理事长杨团支持。中国社会科学院农村发展研究所、社会学研究所 3 名专家赴民权进行调研，与县供销社及县有关部门进行初步沟通，协助民权供销社理清改革思路，认为民权可借鉴河北内丘及蒲韩社区的经验，加大力度，在乡镇基层进行突破。

中国社会科学院社会政策研究中心及农禾之家将大力支持民权供销社改革。多年以来，中国社科院社会政策研究中心联络院内外专家、学者开展研究，旨在促进综合性农民合作组织发展；并于 2012 年成立北京农禾之家咨询服务中心，利用社会机制增强服务能力。目前农禾之家为全国各地二百多家办得较好的合作社会员单位开展服务，发现很多会员在思考纳入供销社改革框架。2007 年实施农民专业合作法以来，供销社在领办合作社方面成绩显著，但离《决定》的要求还有很大差距，因此有必要创新思路，将供销社改革与合作社发展融合起来，以充分发挥农民合作社的力量，促进供销社改革。

二 组织建设

拟选择白云寺镇、人和镇进行试点，在乡镇层面建立包括基层供销社在内的各类合作组织、农户、公司以及其他为农服务机构的农业生产、服务单位的行业协会，暂拟名称为"××镇农村合作协会"（简称"农协"）。其中合作组织包括基层供销社、农民专业合作社。村民委员会作为村民自我教育、自我管理、自我服务的组织，往往负责管理村集体经济，是具有合作性质的为农服务单位。① 农户既是生活实体，也是农业生产单位。

采取行业协会而不是别的组织形式，主要考虑在于：第一，农民专业合作社法正在修订，很可能去掉"专业"二字，供销社立法将定位于农民合作社法的下位法；农村各类合作组织需要有行业自律和行业自我服务组织，在尚未立法授权供销社进行行业管理之前，可先在行业协会框架下进行基层改革。第二，不沿用河北内丘的"新农协"，因为"新农村综合发展"与合作社主题逻辑距离较大，难与农民合作组织法律框架相衔接。第三，不采取农民专业合作社联合社形式，因为其实体性强，组织弹性和兼容性不及协会组织。第四，供销社在县级及以上已称为联合社，必须与乡镇合作组织进行区别。

县供销社按照试点乡镇建立"××镇（乡）农村合作协会筹备组"，进行规划并委派专人负责筹建。按照"为农、务农、姓农"和生产、供销、金融、生活"四位一体"综合服务平台的目标，对农协发展进行规划和论证，搭建工作团队，制定服务清单，下村进行宣讲。在筹建期间开展一些见效快、影响面大的服务，以尽快聚拢人气。例如，开展年货下乡，消费品团购，节庆日社区大型活动，以及专题文化活动。筹建组负责协调、整合试点乡镇的基层社、专业合作社以及为农服务企业。县社负责协调县相关部门，并争取县领导支持，在适当的时候成立民权县供销社综合改革试点领导小组。

农协与基层社合并运行，在农协框架下发展会员，提供会员服务；由基层社法人对外进行交易，承担合同责任。目前人和镇供销合作社仍保持有工商执照，镇里还有二十多个专业合作社，均可作为团体会员进入农协。但白云寺镇因历史原因，已不存在工商注册的供销合作社，可考虑先建立供销专业合作社并进入农协；同时协调工商管理部门，恢复并补发基层供销合作社执照。《决定》专设独立章节系统地布置基层社改革，工商管理部门理应配合。基层社法人缺位问题不解决，则无从衔接《决定》的相关政策。

---

① 浙江、广东在行政村层面另设有"经济合作社""经济合作联合社"，作为集体经济的实体，法理清晰，但实际上仍由村委会负责管理。

农协实行自愿入会，特别是要吸引农户参与，以农户为主，实行低门槛、低会费，以及实现广覆盖。各类合作组织除作为团体会员进入农协之外，还应推动农户会员也参加农协。会员按年缴纳会费，享受农协提供的会员服务。发给每个会员"农村合作协会会员卡"（不具乡镇地名），附有内部服务交易、结算、识别功能，每年交会员费时或逾年首次交易交会费时，进行更新激活。逾年之后，再有一年无更新的会员，视为自动退会。会员卡由县供销社统一制作，统一管理，统一内部结算服务标准，并协调服务提供方，实现会员卡辅助结算。

把农协办成"姓农"的组织。筹备组必须深入农村，与"村两委"及农户充分沟通，动员农户，发现人才。河北内丘改革的"组织员"及山西永济蒲韩社区的"辅导员"在密切联系农民方面起到关键作用，其经验值得学习。可由"村两委"推荐熟悉当地、有公益心、能力强的农民进入筹备组开展工作，担任辅导员。等条件成熟，农协进行民政登记，召开成立大会，由有入会意愿的农户代表投票选举理事会、监事会，其成员应为本地农业及农业社会化服务从业者，其中可包括农协筹备组人员。理事会聘任农协总干事，监督其履行职责，并负责重大决策。部分理事、监事可在农协就任常设岗位。总干事负责组建工作团队，开展服务。工作团队包括农民辅导员，负责直接联系农户，掌握农户情况，并将农协服务送入农家。

在乡镇层面建立"农村合作协会××综合服务中心"（只具地名，不涉及乡镇行政区划名），标牌统一由县供销合作社制作，使用供销合作社标识。农协依托综合服务中心开展服务，并通过辅导员将服务向下延伸到农户。不普遍建设村级服务点，但可视需要，在乡镇范围设两个以上综合服务中心。

三 农资服务

农协的供销服务从"供"起步，运用合作机制和社区机制做好农村市场。与消费品供应相比，农资供应更为重要，因为农户普遍有需求，营业额大，关系到农业生产效果，与农户利益关系十分紧密。目前基层农资市场竞争无序，与农技服务脱钩，在农资使用效率、交易成本等方面均有很大改进潜力。农协通过农资服务紧密联系农民，触及生产，然后可开展农产品生产和品质管理，并在这个基础上做"销"字文章。农协起步期暂不系统地布局农产品销售服务，但可积极寻找机会开展零星的单项服务。从中、长期看，农协必须做好农产品销售服务，这才是农民最需要的。"销"字文章的重点在城市，需要上级加以布局，为基层提供支持；而"供"字文章的重点在乡村，农协有优势、有条件做好。

按照"农技推广主导的农资服务"思路，重构试点乡镇的农资服务体系。这种新思路已是国际公认的趋势。旧有服务模式将农技与农资割裂开来，出现诸多问题。例如，农户农技知识不足，难以合理选择和使用农资；单纯商业性的农资供应存在供方诱导，造成过度销售。传统的农资经营模式需要占用大量流动资金、保持大量存货以备农户选择，不能做到精准供货。新思路的核心在于农技人员为会员农户，围绕其农业经营项目和规模提供服务，帮助合理选择农资，按时按量精准供货，并指导合理使用。

在这方面，山西永济蒲韩社区有独创的、成熟的经验，可以仿效。十多年前，蒲韩社区针对农民缺乏农技知识问题，开展农技培训，发现农民学习需求强烈，热情很高，因此课后找资料继续学习，形成学习小组。而后学习内容从农业科技扩大到惠农政策、家庭关系，并扩展到唱歌跳舞，在周边农村有了影响。在此基础上，2005年动员农民入股办农资店，吸引了3600多农户参加，一年之内成立了5家农资店。每户按加入农资服务的土地面积，乘以当时每亩约需要50元的化肥农药，确定出资额。农资店根据会员土地作物及面积选择农资，确定供货时间和数量，精准进货，供给会员。货款可等到作物收成出售后再交，冬季完成资金回笼，则预付给流动资金正紧张的农资生产企业，来年可从企业获得价格优惠。农资店成为蒲韩农民合作社最初的、稳定的、基本的盈利点。

民权试点乡镇可在农协会员达到一定规模时，启动农技推广主导的农资服务。对其模式进行系统设计，精确测算，提出具体方案，并在会员中进行宣讲，组织讨论。农民应当会有需求，也有能力承担出资额，可以从中得到实惠；农协可通过差价或收取手续费，形成一个盈利点。

开展农资服务，农协可设农资部，通过综合服务中心进行运作。但农协只能收会费，不能吸收入股，因此还必须另外借助经营性实体组织进行运作。一种选择是用基层社名义，可以吸纳股金，但目前工商注册定义为集体企业性质，不符合农民专业合作社优惠政策范围。若农协之下设立农资店或农资公司，也存在优惠政策对接问题。因此，在国家没有明确基层社享受专业合作社政策优惠的情况下，可暂选择另成立农资服务专业合作社，作为农协的会员单位，与农协农资部合并运行。农资专业合作社理事会、监事会选举与农协的选举合并运行，两个牌子，一套人马。

农资服务专业合作社由农协会员自愿加入组成。每户按照其接受农技服务的土地面积，按现行化肥农药价格测算，每亩入股 200 元。专业合作社社员与农协会员区别开来，但不另发社员证，而只是在农协会员卡中，增加社员信息及其服务权限内容。社员享受的服务包括：农技咨询指导服务；庄稼医生服务；农作物或养殖业一个生产周期内使用的农资，可延迟到产品出售后再付钱；股金分红（不做交易额返还，因为出资额的测算，已考虑农资需求量因素）。农资专业合作社的闲置资金，可用于资金互助，或预付给农资生产企业，以获取价格优惠。农资专业合作社理事会、监事会与农协理事会、监事会选举合并进行。

农协农资部之下设立农技专家组，主要由当地种植养殖能手、土专家组成，也可由县内农技机构退休人员担任，甚至在职人员，也可兼职担任。农技专家组研究制定社员农技服务方案和农资供应目录，明确农资商品名、剂型、商标名、生产厂家以及全部会员各个农资品种的需求量及供货时间。农协农资部据此进行经营。专家组还针对社员出现的问题，提供田间现场指导服务。专家组成员可采取技术入股方式，享受会员待遇，参加分红。农协争取县科技局、农业局、林业局、畜牧局等部门支持，请县内各农技服务机构提供技术指导。

农协农资服务主动向上对接省供销社办的农资经营企业，相互支持。一方面，农协可获得社办公司信任，减少流通环节，保障供货质量，获得相关技术支持；另一方面，农协以广覆盖的会员面，给社办企业做好农村市场打下基础。河北内丘"新农协"在试点之初即得到省社企业的支持，解决种子、化肥供应货源，价格很有竞争力，农民得到实惠；还获承诺，社办企业将支持基层开展测土配方等技术服务。民权可就此事向省社报告，作为一个有价值的内容，形成民权与省社的一个接触点。

从中长期看，农协还应把一些大品种的货源做到和厂家直接对接，并将社员股金用活，冬季将回收货款后的闲置资金融给厂家，以获得更大的价格折扣。

农资服务新模式与当地农资经营现状需要衔接好。农协开展农资服务，会对当地现有农资经营者形成竞争压力。参加农资专业合作社的农户越多，这种压力就越大。其中一些农资经营者，是原来的供销社老职工。对这部分人，其中一些年龄偏大，近年即将进入退休年龄的；可考虑结合进入农协的农资部。千乡万村农业开发有限公司的农资业务也应融入新模式。公司可作为团体会员加入农协；其村村通大喇叭可为农协所用；公司资产可整理后转为农资专业合作社出资，参加农资经营分红；以后随着农协开展资金互助服务，可转投入金融服务中去。

四　生活服务

农协设立会员服务部，除进行会员发展和管理之外，主要是围绕农户生活多方面需要提供服务。这些服务在性质上属于社区服务，内容则可以涉及消费品购买、村庄环境卫生、老年服务、青少年服务、妇女服务、社区文体活动、乡村文化服务，等等。这些服务都通过综合服务中心及辅导员进行实施。

农协开展会员消费合作，进行消费品团购。随着会员数量扩大，农协的团购优势将越来越明显。在农协筹备期间，舍得电子商务有限公司可利用现有资源，为农协筹备组办理几次团购服务，让农民得到实惠，用事实证明农协的优势，聚拢人气，增强村民对农协的认同。农协正式成立之后，公司可作为团体会员加入农协，其电商信息系统可转变功能，从面向农村的下行电商，转变为县供销社主办的县域电商平台，并为农协提供信息服务支持，使其能进行信息发布、会员互动及网上办事。乡镇农协应为此向县电商平台支付使用费。作为县供销社的电商平台，还应向上与供销e家衔接，将县内优质农产品销售出去。在县级电商建设方面，安徽桐城农民企业家、优秀共产党员汪启航有较丰富的经验，他也是农禾之家的会员，可前往考察、学习。

农协的消费品团购可逐渐增加品种，逐渐前移至供应链上游甚至实现厂家进货，以减少环节，增加盈利能力。农协的团购可通过差价或收取一定比例手续费，形成一个盈利点。从品种看，团购将对当地零售市场造成压力，因此应避开小商店经营的品种，可选择一些占用流动资金大、不适宜小商店经营的品种开展团购。团购数量统计，可先由辅导员人工进行，以后可通过县电商平台的网上办事功能进行登记。从进货渠道看，农协可直接与县外电商衔接，例如与农禾之家的唯农汇（一家社会企业）衔接。农协会员服务部工作人员要学会利用全国电商信息的本领，开拓渠道，逐渐建立厂家供货合作关系。

农协开展青少年服务，举办假期儿童活动营，并拟在白云寺镇彭庄村和樊砦村试办农村幼儿园。2016 年暑假期间，民权县城关镇聚鑫资金互助合作社在农禾之家支持下办过一期夏令营，很受农民欢迎。山西永济蒲韩社区每年办夏令营，参加人数 200 多人，活动丰富，组织很有效，把社区资源都动员起来了，资金上可实现平衡。农协随着社区资源动员能力提高，也可以实现儿童活动营资金平衡。关于试办农村幼儿园，农协可先行进行可行性论证。可利用彭庄村小学闲置校舍办幼儿园，并设置青少年活动室。争取县教育部门支持，指导农协在基层开展工作，承担有关项目。

农协开展老年服务，围绕老年主题开展社区活动，着力组织老年人活动小组，开展文体活动。拟建立老年太极拳活动小组，请老师到农村教授太极拳。拟利用彭庄村小学闲置的校舍，经过必要的装修，建设成为老年活动室，并与青少年活动室及幼儿园共处一地，可方便管理，并增加人群之间的互动。从中期看，可学习山西永济蒲韩社区的经验，他们利用农村举家外迁而长年闲置下来的农家院，以每年几百元至两千元不等的成本租下来，每个院子投入一两万元做装修并添置设备，为二十多名老年提供日间照护。合作社工作人员负责管理，并组织十多名志愿者提供做饭等服务，老年人出伙食费，实现资金平衡。蒲韩社区目前已发展了 30 家老年照护中心。此外，对不能自理的老人，蒲韩农民合作社发挥中介作用，协调安排服务员提供上门服务，由老人在外打工的子女支付服务费用。这些经验都具有可推广性，农协拟试开展失能老人上门照护的中介服务；将来经济实力增强，再开展老年日间照护服务。争取县民政部门的支持，承担有关项目。

农协拟开展家庭服务，以农村妇女为主要对象，开展培训，提高其在家务、处理家庭关系、开展家庭教育等方面的能力。围绕家庭服务开展社区活动，组织主题学习小组和活动小组。例如，可围绕生育卫生和婴儿喂养，以及围绕儿童家庭教育，开展主题活动，建立学习小组，开展活动。争取县妇联、县民政的支持，指导农协在基层开展工作，承担有关项目。

农协拟开展村庄环境卫生服务。在这方面，民权的农村仍然是个空白。从山西永济蒲韩社区的经验看，即使镇政府出资建立保洁队，其效果也不及农协组织农民开展自我服务。他们的做法是，协会多次组织义务劳动，清理环境卫生，形成影响。然后动员村民每户每月交2元，聘请当地农民当清洁员，定期开车到门口收集垃圾，村里不再设置垃圾箱、垃圾池。垃圾进行分类，可用于做堆肥的，由清洁员拉到地头坑洼处做堆肥，由农协农技员提供指导。蒲韩社区的这项服务曾普及43个村，很受村民欢迎。农协拟在人和镇选择一个道路完成硬化、村民活动基础好的村庄，组织开展环境义务劳动，形成影响，然后动员农户出钱请清洁员提供服务。应争取纳入政府"美丽乡村"项目，开展更多的环境改善行动和建设。

五 金融服务

《决定》指出："有条件的供销合作社要按照社员制、封闭性原则，在不对外吸储放贷、不支付固定回报的前提下，发展农村资金互助合作。"自2008年以来，每年中央"一号文件"均强调发展农村金融服务，而且口径越来越宽。先只提"信用合作"，后扩大到社区性多种形式的资金合作。在资金互助方面，民权县城关镇聚鑫农村资金互助社已有多年运作经验，有较充分的技术条件，有利于在供销社改革框架下开展金融服务。

农协设立信用部，会员信用调查、授信、贷后跟踪等工作，由民权中合经济互助农民专业合作社（根据民权县人民政府办公室《关于印发民权县农村经济互助服务试点实施方案的通知》民政办〔2014〕52号文件精神成立）进行放款，其由工商注册。在专业合作社基础上开展资金互助，优点是政策明确；缺点是专业合作社组织规模小，融资能力差，社员同质性强，资金流同步，缺乏互补。还应当在基层供销社组织开展资金互助，这符合《决定》要求；在封闭运行和不支付固定回报两个原则下，资金互助有充分的成长空间。人和镇仍有基层社营业执照，已与人和经济互助合作社合并运行，吸纳社员开展资金互助。白云寺镇也应尽快解决基层社恢复补发营业执照问题，并在此基础上建立农协信用部，开展工作。

农协会员参加资金互助，应当另外办理供销社社员手续，参照专业合作社法的规定进行出资，获得社员资格。入社手续可每月定期办理。社员不另颁发社员证，只是在其农协会员证上增加识别和管理信息，由信用部掌握和识别其资格，作为提供服务的依据。

农协资金互助的资金来源主要不是基层供销社社员的出资额，而是其投资股。基层社建立社员个人账户，记录其出资和投资股金额。个人账户资金无固定回报，只参加分红，由每年经营情况而定。不采取交易额返还，因为从用款人角度看，已经认可了贷款利息水平；从出资人角度看，由于不支付固定回报，不存在社员与合作社的交易，只有农协与用款人的交易。为鼓励社员参与，可在其投资股金额范围内，给予相应的特别用款权，随时可以提取使用。已提取的资金，不再参与年终分红。

农协按照小额信贷的原则设计产品，为基层社社员提供信贷服务，不需要任何担保。简化贷款手续，围绕当地农业生产及农民生活特点，设定信贷产品种类、额度、利率以及还款方式。社员个人账户记录其贷款情况，由信用部进行管理。信用部不做现金出纳，全部业务均通过用款人在商业银行开设的账户进行转账。县社应统一与商业银行谈判，建立合作。

加强资金互助信用贷款的风险控制。提高辅导员的综合服务水平，充分了解农户的信息、农户人品和社会信誉情况，做好贷前调查。涉及生产资金贷款，还应结合其农技条件及农协、农技服务条件，判断其生产风险。信用部干事严格按章程办事，采取夫妻共同贷款方式，以家庭为单位，减小风险；入户进行核实，避免操作失误。加强贷款事后管理，辅导员利用综合服务产生的互动机会或专程开展贷后评估。对出现的呆账坏账，加强催款力度。可利用社区"邻近压力"机制，由社员出面帮助做用款人的还款工作。由于资金来自社员，关系到社员的利益，社员应当有这样的积极性。

动员农户参加资金互助，起决定作用的因素不在于农协的会员规模，而在于农户对农协的信任。因此，农协应视前期所形成的影响力，判断开展资金互助的时机。蒲韩社区就是在开展数年社区服务和农资服务基础上，开始进入小额信贷，每年贷款额3000万元，几乎无坏账，原因之一在于与村民的密切联系及村民的信任。农协也可沿着类似的发展路线，先通过生活服务形成影响，最好还通过农资服务，与农户建立更紧密的利益联结，并从中获得更深的信任，在这个基础上，再大力开展资金互助。只要这项服务开展起来，就会给农协提供最有力的盈利点，为农协健康发展打下坚实基础。

农村经济互助合作社发展的重点在县级而不在基层。经济互助合作社缺乏农协的信任建设机制，在基层资金互助方面的发展空间不及农协。应在发展农协资金互助的同时，着手将农村经济互助合作社的资产和经营资源融入基层社，纳入农协进行运作。农村经济互助合作社可在县级层面纳入供销社改革框架，按供销银行方向调整思路，指导乡镇农协以及资金互助合作社的业务，提供技术支持。

从长远看，供销系统的金融服务想要发展起来，需要在省级甚至全国布局，县级只先做一些必需的服务，保障基层资金互助的健康运行。河北省供销社与建设银行合作制作使用的"供销建行一卡通"，是一种很好的方式。特别是在基层组织会员覆盖面广、服务内容多、加盟服务机构多的情况下，其作用将更重要。民权在缺乏省社金融服务的情况下，也可考虑与银行合作，提供一些单项服务。民权有可能依据资金互助、资金存放及会员结算业务，选择一家银行进行合作。可就此事向省社汇报，作为一个有价值的内容，形成民权与省社的一个接触点。

六　生产服务

农协设立农事部，负责农业生产服务，包括农业技术推广，庄稼医院，新技术引进应用，农机服务，土地托管服务，对困难农户的生产扶持。农技推广需要有较雄厚的技术人才和装备设施。在技术人才方面，农事部组建农技专家小组，与农资部的专家小组合并运行。由农事部负责人才培养、管理、使用；由农资部安排专家以技术入股方式参加农资专业合作社，参与分红。其实质是用农资经营的盈利支付专家成本，为农业生产提供技术服务（包括合理选择农资）。在装备设施方面，农协初期可利用会员的设备，购买其服务；以后通过逐渐积累以及政府资助购置设备设施。

农协拟开展土地托管服务。劳动力不足特别是外出务工农民家庭，可将土地耕种的某些环节或全部种植委托给农协，支付一定费用。与合作社或公司流转土地直接进行生产相比，土地托管可保持农户经营，体现双层经营结构。千乡万村农业开发有限公司计划进入这个领域，进行了调研和测算，其模式可概括为：利用低价竞争争取农户委托业务，并通过批量业务与当地有服务能力的农机大户、专业合作社谈判，购买他们的服务。可考虑转变机制，利用农协组织平台开展土地托管服务，有需求的农户及有服务能力的种田能手、大户、专业合作社均加入农协。一方面，农事部了解委托方的需求，进行登记，提供管理服务，这要比公司机制更容易获得农户信任；另一方面，农事部了解、登记有服务能力的供给者，依托需求方及其业务量与供方进行谈判，争取较低的服务价格，购买其服务。农协可从中获得一定的差价收益，形成一个盈利点。

农协拟开展农机服务，了解会员需求，形成批量，与拥有农机的大户及农机合作社谈出优惠价，购买其服务。协调好本地与外地农机服务供方的关系。一方面引入外来竞争，掌握外地农机服务信息，依托会员批量需求，谈出优惠价格，农协从中获得一定差价收益。从中长期看，农协应逐渐通过积累，特别是利用国家农机补贴政策，形成自己的农机服务能力。农协将来的农机可采取租赁方式，由种田能手使用，收取一定租金。

农协推进当地应用农业新技术。农户的生产项目及技术选择存在惯性，农协可通过各种渠道引进新技术，包括优质种子替代、植保新技术应用、新品种替代、农业结构调整、设施农业，等等。政府的农业推广项目，可以委托农协加以实施。特别是一些资助项目，应当改进方式，将资助与服务结合起来，这就需要有农协这样具有综合服务能力的组织。例如购树养羊，是国家扶贫项目之一，邻县兰考正在试验。农协还应主动发现、引进、试验、推广新技术。

农协将推进生态农业，可考虑选择益生菌发酵床养猪，农户实行种养结合，使用生态肥料种植一定面积的经济作物。长春云凤合作社是农禾之家的会员单位，其技术和经营模式有现成的经验可供仿效。合作社 2005 年引进韩国自然农耕技术，有其独到之处，种养结合生产健康农产品，按社区支持农业思路在长春开拓市场，与城市居民建立了稳定的联系，经济效益很好。民权距离郑州、商丘不远，有条件开拓生态农产品。特别是郑州空港经济形成后，更有利于发展生态农产品。

农协的生产服务体系建立起来之后，将有条件参与农村扶贫工作，协助政府进行生产性扶贫，为有劳动能力的贫困家庭选择适当的生产项目，并在技术、农资供应、农机服务、生产管理、产品销售等方面提供全面的服务。还可利用会员资源，为贫困户建立社会支持网络，除帮助其做好生产之外，还可提供生活上的帮助。民权县已实行扶贫政策资金统筹使用，农协可视形成的生产服务条件，争取县领导支持，试验新的扶贫模式。

七　财务筹划

农协有可能形成 5 个盈利点，从运作难易及服务启动顺序看，应当依次为消费品团购、农资服务、土地托管、资金互助、农产品销售；从贡献率看，5 个盈利点依次为资金互助、农资服务、农产品销售、消费品团购、土地托管。其中资金互助对农协盈利最为重要，潜力最大。从山西永济蒲韩社区的经验看，仅有农资服务、消费品团购、土地托管服务的盈利不能使工作人员工资达到合理水平；只要开展资金互助，就可以使工资接近县城的普通工人的水平，这足以激励农民出身的人员的工作积极性。学习蒲韩社区的经验，还可发展加工，例如传统手工艺、传统食品加工，均可形成新的盈利点。

农协将以经济事业盈利支持社区服务，二者相辅相成。一方面，通过社区服务聚拢人气，提高农协的社会认知度，扩大影响，获得农民信任，以加强农协在农村市场中的竞争力；另一方面，农协将部分盈利用于社区服务，可有效提高农民生活质量，促进农村综合发展。在农协起步阶段，经济能力较弱，可支持建设各类学习小组和活动小组，开展社区活动，动员村民开展村庄环境卫生服务，以及开展失能老人上门照护的中介服务。随着农协经济能力加强，可投资建设老年日间照护中心、青少年活动中心。

农协可实现低成本运行，比单纯的市场机制和行政机制更有利于做好经济服务和社会服务。第一，综合平台的各项服务可以互补，农技服务可促进农资销售；生产服务保证品质从而有利于农产品销售；资金互助有利于促进生产服务；生产服务有利于控制信贷的生产风险；农产品销售服务的结算业务，有利于控制信贷的道德风险；综合服务形成工作人员与农户的密切联系，有利于简化信贷调查和风险管理工作，可大大降低成本，这也是社区性合作金融的根本优势。第二，农协尽量利用社区资源，包括闲置的场地、建筑、设施，更重要的是组织农民开展自我服务和志愿公益服务。志愿服务不仅降低成本，还可倡导农村社会新风气。

农协要正确处理组织与会员之间的利益关系。农资、消费品流通服务通过增大批量和减少流通环节盈利，可采取差价方式或手续费方式，处理农协与会员的关系。在农协起步阶段，当地存在众多市场主体，主要采取差价方式，能让会员在价格上得到实惠即可；从中长期看，农协在地方市场份额稳定后，则应以手续费方式为主，固定反映服务的成本。农产品销售以手续费为主，市场风险由会员承担。随着农协盈利点增多和盈利水平提高，则应先确定工资总体水平，以本县城镇平均工资水平为上限，将超出的盈利增长更多地用于会员分配和农协积累。

农协要正确处理组织内部人员利益关系，实行薪点制，反映职级差别和工龄差别，按月预先支付生活费，年终按农协盈利情况结算支付工资（类似旧体制下生产队的工分制）。职级薪点差距不宜过大，工龄薪点定期提高。可考虑总干事有40年工龄者的薪点设为100，其中工龄薪点每年1点，岗位薪点为60。农协可设总干事、副总干事、部门经理、副经理、主任干事、干事、辅导员共7级，每级薪点相差4点。这样，新入职的辅导员薪点为36。在农协起步阶段，各项工作还未展开，农民辅导员为非全日工作，则需按任务核定工时，计算工资。理事、监事除在农协就任常设岗位之外，均为志愿服务，只就误工、误餐、交通及通信等因素提供固定补助。

农协应当从政府得到部分支持。第一，政府的"三农"项目，有的可委托农协实施，其中可设服务费支付给农协。长期以来政府项目只涉及资金、材料和器材，不安排服务费用，这是不充分的。这些项目难以由政府工作人员直接实施，若借助农协这样的中介服务，可大大减轻政府部门特别是乡镇公务员的工作负担，还可提高服务效率，支付服务成本是值得的。第二，农协自主发展的项目，特别是需要较多设备设施的项目，符合政府"三农"发展目标的，应当予以支持。民权扶贫政策资金已实现统筹使用改革，可在这方面进行创新。

万事开头难，农协筹备期和启动初期的资金最为困难。河北内丘试点的筹备和启动资金，由县供销社拨给 10 万元，县领导承诺资助 10 万元，以及农禾之家协助众筹 5 万元，另外还有零星的项目支持资金。农民志愿服务也起了很大作用，理事、监事未领取补助，农民辅导员只领取很少的补助。金店镇供销社还为试点提供了场地。民权试点也应利用志愿服务，筹备组的工作主要由志愿服务完成。县供销社及试点乡镇基层社能提供的资金和物质支持有限，需要别的资源。彭峰所办的专业合作社、资金互助社和公司，有的资源可融合进入供销社，为试点提供支持，可解决部分设备设施及团购所需的流动资金。此外，其个人也愿意帮助开展一些社区服务，以尽快在试点筹备期形成影响。要解决试点启动资金，关键在于筹备期和启动初期能否吸引足够的会员愿意出资参加农资服务或资金互助服务。农禾之家将协助试点筹集公益资金，开展活动。县供销社将积极向上级市社和省社汇报，争取其支持。当然更希望能得到县领导的支持。

河北内丘金店镇新农协经营情况调查报告[①]

姜斯栋[②]

摘要： 在河北内丘金店镇，新农协的试点过程中，如何为农户提供生产、生活等多方面服务，满足农户的需求，是新农协试点能否成功的重要问题。为此，试点专家组进行了一次问卷调查，比较准确地掌握了农户对服务的要求。

关键词： 新农协 河北内丘 调查报告

2016 年 11 月，农禾之家专家组在金店镇 8 个村进行了问卷调查。调查的问题包括"当地基本情况""农户对新农协服务的参与度"，以及"农户对新农协服务的需求"三个方面。

8 个村村名与调查员名单：南关村段建文、金店村齐保芹、大垒东村智双珍、大辛庄村高贵芹、小辛庄村杨俊英、大辛旺村耿连巧、滩里村任志金、冢疙瘩村樊现江。

每村随机抽样 50 户，共收到合格问卷 394 份。

因为这次调查的村是以第一批开展试点的村为主，抽样会偏多抽取新农协会员。但对于了解农户的需求来说，样本的偏差影响不大。

---

① 自 2015 年开始，北京农禾之家咨询服务中心综合农协研究组和供销社系统合作，在河北内丘推出了"新农村综合发展合作协会"的试点，本文是对该试点的首批乡镇——金店镇，新农协经营方面的调研报告。报告于 2017 年 2 月 2 日完成。

② 作者系中国经济体制改革研究会特邀研究员。

一 基本情况

(一) 人口与劳动力

调查类别	人数 (人)	占全部样本户人口比例 (%)
总人数	1944	100
丧失劳动力的成年人	157	8.1
上学的孩子	439	22.9
劳动力	1026	52.8
其中：60 岁以上的劳动力	177	17.3
劳动力就业行业	人数 (人)	占劳动力人数比例 (%)
外出打工为主	355	55.5
本地打工为主	99	15.6
经商为主	64	10.0
务农为主	116	18.1
其他	6	0.9

注：调查样本 394 户，共 1944 人，平均每户 4.93 人。

说明：

(1) 以上五种类型的劳动力一共有 640 人，另外的 386 个劳动力可能因兼业而分不清楚以做什么为主。

(2) 打工为主的劳动力 (外出打工和本地打工合计) 占劳动力的比例为 71%。

(3) 在五种类型的 640 个劳动力中，务农为主的总共只有 116 人，占劳动力的 18.1%，他们分布在 57 户人家；另外的 337 户人家没有以"务农为主"，这些人家里的农业可能是靠别的劳动力兼顾，也可能有少数家庭没有人务农。

(二) 土地与种植

全部 394 户样本户中，380 户共有承包责任田 2127 亩，户均 5.60 亩；按总人口平均每人 1.09 亩 (按总人口 1944 人)。

1. 土地流转情况

调查类别	户数（户）	占总户数比例（%）	亩数（亩）	占总承包责任田比例（%）
样本总数	380	100	2127	100
租出借出	66	17.4	260	12.2
	户数（户）	占种植户比例（%）	亩数（亩）	占种植面积比例（%）
租入借入	26	8.6	309	14.3

注：样本种植户 303 户，2015 年总共种植了 2162 亩，户均种植 6.45 亩。

全国的土地流转率 2014 年达到 30% 左右。这次调查得到的土地流转比例低于官方公布的全国平均数。2016 年我们也在蒲韩地区做了一次问卷调查，得到的结果是，蒲韩地区 2015 年的土地流转率（租入借入土地占种植土地的比例）为 50.9%，高于全国的土地流转率。从全国、蒲韩、金店三个土地流转率数值我们得到一个假设，可能土地流转率与农业收入高低有关，农业收入高的地区土地流转率高，农业收入低的地区土地流转率低。

2. 种植情况

种植情况	户数（户）	占总户数比例（%）	亩数（亩）	占种植面积比例（%）
种植情况有效户数	336	88.4	2162	100
粮食面积	/	/	2121	98.1
经济作物	/	/	95	4.4
撂荒	2	0.6	9	0.4

填写种植情况的有效农户 336 户，2015 年总共种植了 2162 亩，户均种植 6.45 亩。这里仍以种植粮食作物为主，种经济作物非常少。现在农业收入提高得快的地区，一般都是靠多种经济作物，或者发展养殖业。土地撂荒还没有成为问题，这与我们从其他调查得到的结果是一致的。

3. 养殖情况

养殖情况	户数（户）	占养殖户数比例（%）
养殖总户数	21	5.3
养鸡	12	/
养羊	5	/
养猪	4	/

在养殖的 21 户中，其中 4 户有一定规模：一户养猪 100 只，两户养猪 150 只，还有一户养鸡 500 只、养羊 1000 只（这几家填的农业收入都不多，不知为什么）。其他十几户都属于零星养殖，都在 30 只以下。

4. 家庭收入的主要来源

家庭收入	户数（户）	占总户数比例（%）
种植收入为主	122	31
养殖收入为主	5	1.3
打工收入为主	209	53.2
经商收入为主	51	13
其他收入为主（靠子女供养、靠养老金等）	6	1.5

以上收入结构和劳动力的分布基本是相吻合的。

其中靠农业收入为主的占了农户的三成以上。在我们这个地区农业收入较低，但仍有三成的农户靠农业收入为主，这也说明争取提高农业收入在我们地区有很大意义。

5. 按全家收入高低分组（393 户）

家庭收入	户数（户）	占总户数比例（%）
5000 元以下	40	10.2
5000—2 万元	121	30.8
2 万—5 万元	137	34.9
5 万—10 万元	83	21.1
10 万—20 万元	12	3.1
20 万元	0	0

问卷调查了解到的收入情况，一般会低于实际收入，但仍可以作为参考。

6. 农业收入情况

农业年收入	户数（户）	占总户数比例（%）
5000 元及以下	159	10.2
6000—1 万元	58	30.8
1.2 万—2 万元	23	34.9
2.5 万—5 万元	9	21.1
10 万—20 万元	5	3.1
0	43	10.9

有 350 户有农业收入，平均每户 6800 元；有 43 户没有农业收入，占总户数的 10.9%。

7. 如果你家不想种责任田了，会选择（357 户回答）

意愿选择	户数（户）	占总户数比例（%）
把地租给或借给别的农户	79	22.1
把地集中到新农协种	278	77.9
宁可撂荒	0	0

如果自己不想种地了，大部分农户都选择了把土地交给新农协种，这个信息也有一定参考价值。再次说明新农协如果搞土地托管业务，可能是有需求的。

二　新农协已经开展过的服务的农户参与度

表 1　　　　　　　新农协开展过的服务的农户参与度

序号	服务项目	参与户数（户）	百分比（%）
1	化肥（春季）	247	63
2	玉米种	268	69
3	化肥（秋季）	250	64
4	小麦种	235	62

序号	服务项目	参与户数（户）	百分比（%）
5	日用品团购	165	42
6	技术讲课	90	23
7	儿童冬令营	85	22
8	儿童夏令营	67	17
9	广场舞	139	35
10	"七一"会演	100	25
11	汽车保险	14	4
12	建行卡	94	24

注：参与"七一"会演也包括观看演出的。

由于此次调查的村较多是最早开始试点的村，而且组织员在入户调查时可能也偏向于选择我们的会员，这些因素会使得上表调查到的会员参与度偏高，但各个项目不同的参与度的差别还是能提供一些参考。

我们这次还进行了一项会员对我们已经开展的活动的满意程度的调查，但我感觉这个调查结果存在一个干扰因素：回答者在回答问题时，可能更容易选择列在前面的项，这样我们列出的顺序起到了引导答案的作用。所以我们没有采用该项的调查结果。

三 农户对新农协服务的需求

（一）对农户需求的综合分析

我们问到下列 9 大类 24 项服务，以下列出需要各项服务的户数占调查总户数的百分比：

项　目	户数（户）	百分比（%）
农产品收购——小麦	343	87
农产品收购——玉米	334	85
农机服务——耕耙	66	17

项目	户数（户）	百分比（%）
农机服务——播种	331	84
农机服务——洒农药	239	61
农机服务——收割	301	76
团购——化肥	297	75
团购——种子	295	75
团购——日用品	272	69
技术服务——农技知识	254	64
技术服务——蔬果种植	18	5
技术服务——养殖	54	14
合作金融——贷款	193	49
土地半托管	167	43
土地全托管	134	34
文化活动——广场舞	213	54
文化活动——太极拳	90	23
文化活动——趣味运动会	64	16
文化活动——文艺会演	174	44
学龄儿童服务——夏令营、冬令营	167	42
学龄儿童服务——集中做作业	97	25
老人服务——敬老院	57	14
老人服务——日托	74	19
老人服务——每天两小时活动	31	8

我们试着分析一下从上表得到的信息：

（1）农户需求最强烈的服务是农产品收购。

对"小麦收购"回答"需要"的有 343 户，占 87%；对"玉米收购"回答"需要"的有 334 户，占 85%。

对于多数农民来说，一年辛苦劳动的果实能不能顺利卖出去，能不能卖个好价钱，始终是整个经营环节中最关键的环节。这提醒我们，2017 年我们一定要在农产品收购、销售上有所作为。

（2）农机服务。

调查数据表明农户对播种、收割两个环节的需求很高（分别占到84%、76%），而且他们可能希望新农协出面组织以便降低服务成本。另外，农户对尚未开展的机械洒农药的需求也很强烈，占到全体样本户的61%。

（3）农资和日用品团购服务。

表示需要农资（化肥、种子）团购服务的农户占到全体样本户的75%。这说明农资团购应该始终是我们提供的重要服务；也在一定程度上说明农户对我们此前已经提供的服务是满意的。

农户对于能够降低生活成本的日用品团购也是欢迎的，表示需要这项服务的农户占到69%。

（4）对农业技术服务的需求也是很高的。

需要什么样的农业技术服务，我们列出了"农技知识""蔬果种植技术""养殖技术"三项。从农户的回答看，对"农技知识"的需求最高，占全体样本户的64%。如果我们为农户提供的肥料、种子、农药是农户不熟悉的，最好请厂家提供必要的技术指导，这对农户是非常有用的。

由于我们地区以粮食种植为主，农户对蔬果种植技术的需求不高（需要的户只有18户，占5%）。相比之下，对养殖技术感兴趣的农户倒是多一些，有54户，占全体样本户的14%。这个信息对我们今后开展养殖服务也是有参考价值的。

从农户学技术的现有途径看，76%是向别的农户学习技术；18%是通过专家讲解学习；17%是从电视、互联网等媒体上学习。如果我们能多组织专家、技术好的农户讲解，应该能受到会员欢迎。

（5）合作金融。

问题：如果新农协开展合作金融业务，给农户提供小额贷款服务，你需要贷款吗？

表示需要的193户，占49%；表示无所谓的85户，占22%；表示不需要的116户，占29%。有一半的户表示有贷款需要，这个比例很是不小了。（对和开展合作金融服务有关的问题，我们下面再做补充分析。）

（6）土地托管。

回答愿意参加土地半托管的167户，占43%（半托管就是新农协提供农资、机械等服务，农户可以从中选择几项，在春耕前，签意向书，之后按实际提供的各项服务分别计算费用，但种植还是由农户自己负责，收获归农户）。

回答愿意参加土地全托管的 134 户，占 34%（农户把土地交给新农协，新农协全面负责种植）。

从这个结果看，同意托管的农户比例很高啊。如果我们认真组织一下，这个业务应该是能够开展起来的。当然我们可以先从半托管开始尝试，既能给农户提供服务，又可以避免风险。

在农户基本情况调查中，我们看到，在填写了以什么行业为主的 640 个劳动力中，务农为主的总共只有 116 人，占劳动力的 18.1%，他们分布在 57 户人家；另外的 337 户人家没有以"务农为主"，这些人家里的农业可能是靠别的劳动力兼顾，也可能有少数家庭没有人务农。这也表明的确有些家庭很需要土地托管服务。

社会类服务

在社会类服务中，我们列出了养老服务（3 个小项）、学龄儿童服务（2 个小项）、村民文化活动（4 个小项）三大类服务。

（7）文化活动。

如果仅从回答"需要"的人数比较，在社会类服务中，最受欢迎的是广场舞（54%）和文艺会演（44%）。广场舞是妇女们的最爱，是平日可以持续开展的活动，充满正能量；而逢年过节可以举办的文艺会演，也是农民喜闻乐见的文化活动。

相比之下，需要学龄儿童服务和养老服务的只是一部分农户，但这部分农户占的比例也不算低。

（8）养老服务。

在全体样本户（394 户）中，近三成农户家里有已经丧失劳动能力的老人。选择需要"养老院"服务的 57 户；需要老人"日托"服务的 74 户；选择老人每天集中几个小时一起活动的服务的有 31 户。老人看护服务已经成为农村中非常需要的社会服务。

（9）学龄儿童课外服务。

近 2/3 的农户家里有上小学的儿童。表示愿意参加冬令营、夏令营活动的有 167 户，占全部样本户的 42%；愿意接受"放学后照看做作业"服务的 97 户，占 25%。

（二）经济类服务和社会类服务不可偏废

从上表提供的信息看，农户对经济服务和社会类服务肯定都是有需求的，我们对经济和社会两类服务不能偏废。我最近问安徽省返乡知识青年、企业家刘磊，对经济类服务和社会类服务的关系怎么看，他明确反对那种只重视社会类服务而不重视经济类服务的看法。他认为农民现在收入还不高，如果新农协不能带领会员提高收入，新农协很难有持续性。

（三）对没有列出的服务还有什么要求

问题：在我们列出的 9 项服务之外，你认为新农协还应该开展什么服务？

回答这个问题的有 46 人，其中比较集中的有：手工艺 23 人（占全体样本户的 6%）；文化教育 7 人；其他都很分散。

这说明我们列出的 9 个大项 24 个小项的服务，基本上涵盖了目前农户主要的服务需求。

（四）对合作金融的补充分析

（1）问题：如果新农协开展合作金融，你是否需要贷款？

回答"需要"的 193 户，占 49%；回答"无所谓"的 85 户，占 22%；回答"不需要的"116 户，占 29%。

也许这些回答有一些仓促，但仍能说明贷款需求是很强烈的。

（2）问题：贷款用途？

回答"需要"贷款的 193 户中，66 户想用于"季节性生产需要"；51 户想用于"购买设备"；54 户想用于"生活性开支"；21 户想用于"经商"；还有 1 户想用于交学费。我感觉这些都是很合理的需求。

（3）根据 394 户统计，2015 年、2016 年两年，总共只发生了 19 笔借款，借款户只占样本户数的 5%，总金额是 140000 元，平均每笔 7368 元。

（4）问题：这些贷款是从哪里贷到的？

正规金融机构：3 笔，共 14000 元；

亲友无息借款：13 笔，共 95000 元；

有利息的民间借款：3 笔，31000 元，单笔最大金额 2 万元。

我们感觉这个统计结果肯定比实际发生的贷款数量少。有些农户不愿意让别人知道他借钱，更不愿意让别人知道是向谁借的，利息多高，等等。即使这样，仍然可以断定，当地正规金融机构向农户贷款很少，民间金融也不发达。

从这个分析可以看到，在现行金融体制下，农户很难得到金融服务。正规金融机构给农民提供的贷款机会少得可怜，根本无法满足农户需求。农户在需要借钱时，主要通过亲友之间互相周济来解决。

可以得出一个判断，现在很少有人贷款，不是因为没有需要，而是因为没有适当的渠道。如果能开展起来合作金融，贷款需求应该是有的。

如果今后通过新农协的工作，我们这个地区的农业发展起来一些新项目，比如种植经济作物，发展养殖业等，农户的贷款需求会更为强烈。

（5）问题：利息多高比较合理？

218 户认为五分左右合理，161 户认为一分左右合理，13 户认为一分五也是合理的。一般来说，对利息的实际接受能力会比农户回答的高些。

（6）问题：愿意参加为合作金融集资吗？

回答愿意的 106 户，占样本户数的 27%；没想好的 208 户；明确表示不愿意的 80 户。

有 27% 的农户愿意为开展合作金融集资，这个比例不算小了。当然如果到了真正集资的时候，一些农户可能还需要更认真地掂量。但我想有这么多农户表示愿意参加集资也是有合理性的。首先农民是明白参加集资既有赚钱机会也有风险的，但他们可能更相信新农协出来开展合作金融业务比较可靠。

问题：为什么不愿意参加集资？

表示不愿意参加集资的 80 户中，回答"没闲钱"的 33 户，占 41%；回答"有风险"的 47 户，占 59%。人们对合作金融的风险还是很明白的，这当然会造成集资的难度，但由于大家懂得有风险，对实行较高的利率、较严格的风险控制措施也容易接受。

问题：如果你愿意参加集资，愿意采用什么方法分配盈利？

表示愿意参加集资的 106 户中，选择"拿固定利息的" 55 户，占 52%；选择"年底分红"的 51 户，占 48%。

对这一部分的调查结果，我想再重复说的几点看法是：

（1）此次调查可以证明，目前农户得到贷款的机会是很少的，很多农户有贷款需求，但不能方便地得到贷款。

（2）对于新农协来说，合作金融肯定是农户欢迎的一项服务，但什么时候开展合作金融，可以经过认真准备，选择一个合适的时机。

（3）对于究竟有多少人需要贷款，有多少人愿意为此参加集资，利率设多高农户可以接受等问题，问卷调查可以在一定程度上说明问题，但要得到更准确的判断，还需要结合个别访谈、开座谈会等其他方法。

东亚农协（农会）研究

对韩国农协结构性市场化改革的探索[①]

杨 团[②]

摘 要：韩国农协自 2012 年起，直面市场竞争，以农协设立全资控股的金融和经济两大公司，以及对原属农协所有大小实业公司进行股权改造，规划流通布局，倡导农协理念教育，力图打造农协法团与工商公司密切合作的新型集团。这场结构性市场化改革对于处理农协与公司、公益与商业的目标冲突；持续打造既不同于行政控制又不同于市场放任、可持续成长的第三条道路；持续增进基层综合农协的能力；通过农协教育的软实力引领事业发展等等均有启发意义，尤对中国深化供销社综合改革有启迪作用。

关键词：韩国农协　东亚农协　结构性改革　市场改革　第三条道路　供销社改革

关于韩国农协的研究，自 20 世纪 80 年代至今，已有 30 余年，经历了从经验介绍到模式和政策探究的阶段。早期大部分的研究关注韩国 70 年代的新村运动[③]，甚至有学者认为，它启迪了中国的新农村建设政策。不过当时的

---

① 本文素材来自作者 2016 年、2014 年、2012 年三次访问韩国农协的研究报告。尤为感谢韩国协同组合学会会长、中源大学副校长金斗年教授，韩国农协中央会海外部李旭先生，韩国农协大学朴昌植教授的支持和帮助。原文载于《中国供销合作通讯》第 6 期（总第 403期），2017 年 9 月 6 日。同时刊登于北京农禾之家咨询服务中心内刊《综合农协》2017 年第 1 期（总第 23 期）。

② 作者系中国社科院社会学研究所研究员，中国社科院社会政策研究中心顾问，北京农禾之家咨询服务中心理事长。

③ 维普网查到韩国新村运动的文献 534 篇，其中，李水山曾以连载方式全面介绍韩国新村运动。

关注焦点在政府而不是韩国农协，其经验介绍甚至有意无意，忽略新村运动中韩国农协在政府支持下发动和组织农民的重要作用。2005 年以来，鉴于中国开展农民专业合作社法的研究并于 2006 年立法，境外农民合作的组织化经验，尤其东亚农协即日本、韩国和中国台湾地区农会大半个世纪的发展经验引起了广泛关注。其中研究韩国农协的论文颇多①，也有专著出版②，不过，大部分研究缺乏综观韩国农协发展历程的历史视角，更未及考察 21 世纪以来，在贸易、生态、城市化诸要素影响下，韩国农协为何和如何强力改革的现实；还有研究者常以东亚农协即三地一统的概念出现，致使研究难以区别化、精细化和深化。个中原因一部分源自材料的匮乏，懂韩文且做农协研究的国内学者很少；其次是研究方法单一化，大部分只做文献研究缺乏实地调查和案例研究，也未能与韩国同行共同研究，从而难于发现韩国农协不同于日本农协、中国台湾农会的特征和其背后的历史和文化根源。

　　笔者研究东亚农协已有十年，为探索中国综合性农民合作组织的可行道路，曾多次赴三地农协直接考察，试图不仅从文献更从实地调查，以及与当地学者合作研究中获取真知，从三地的比较研究中发现真知。笔者认为，韩国农协顺应不同历史发展阶段的需求，从国家管控走向共同治理，尤其2012 年以来的结构性市场化改革很不同于日本和中国台湾。它的经验已经不限于农协组织，而是从乡村治理进入国家治理的政策选择，应引起中国政界和学界的高度重视。

一　韩国农协的改革与创新

　　进入 20 世纪 90 年代的韩国，已经实现了农业现代化，尤其有机农业达到世界先进水平③。但是国家工业化、城镇化后的城乡格局改变，乡村人口锐减，粮食耕作农户转型，城乡居民收入水平的比率从几乎相等到差距逐渐

---

① 维普网查到韩国农协的相关文献 166 篇。
② 近年相关著作有《中国农民组织化与韩国经验》（许欣欣）、《韩国农业合作社论》（申龙均）、《农业产业化主体组织：韩国农业协同组合论》（申龙均）。
③ 参见韩国农协中央会海外部李旭先生提供的韩国农协 PPT 简介，2016 年 11 月 11 日。

拉大。1980年，两者的比率是1∶0.96；2015年则为1 1∶0.64①。加之贸易全球化下一国农业优势不再，农业自治结束，韩国进口农产品替代国内农产品的压力越来越大，农政资源从农协一口进出的格局随之瓦解，政府的支持减少了，由农协法规定的农协高于一般市场企业的法定地位摇摇欲坠，韩国农协面临与国内外公司激烈竞争的新局面。新形势下要求得自身的生产和发展，就必须依靠自身的改革与创新提升竞争力，同时重塑农协形象、满足会员的需求、维护农民利益都成为农协实现战略转型的必需。为此，自2000年以来，韩国农协开始全力推进改革与创新。

2000—2012年为改革的第一阶段。2000年，韩国农协将分离出去的畜产协会和人参协会重新并入农协中央会以壮大规模；出台改善农协事业的相关法律以形成激励机制。农协事业均以组合员实际利益为中心，以共同计算制、联合事业团等措施，努力提高农协的市场占有率，这些努力被称为基层农协再立基础结构的新农协运动。

自2012年至今，改革进入深水区。

基层农协的改革与创新激发了新的需求，对中央会营销组织化的需求尤为强烈。这凸显了中央会营销功能的停滞不前；农协信用事业安于现状，经济事业未能专门化，也没能以中央会组织化带动的高效率化解基层农协间的无序竞争，这使得农协作为一个整体，在与各类市场新型组合竞争中陷于被动；会员和职员也都面临从理念到实践的换代教育问题。

在以往的改革中韩国农协发现，尽管适应激烈竞争的市场态势，提出加强营销功能、打造销售型农协，但是金融功能为主的组织惯性难以摆脱，经济事业的专门化和再组织化受阻，结构决定功能，必须痛下决心对组织结构进行大刀阔斧的改革，以结构改革带动机制性要素进而重新焕发功能。

改革的深化主要体现在重新设计和构建新的组织架构，规划大流通布局和倡导理念教育上。

1. 一分为三的大鹏鸟式组织架构

韩国农协的结构历经几次大的变革。

---

① 申龙均：《农业产业化主体组织：韩国农业协同组合论》，2016，第136页。

早在日据时代的朝鲜，经历按照郡、道、中央三层级的农会体系统合各类产业团体的第一次整合；韩国独立后，1957 年将日据时期的农会与产业组合（合作社）合并为农协，算第二次整合；1961 年重立农协法，将农业银行并入农协，农协兼营信用事业与经济事业，算第三次整合。这是韩国学者的普遍看法，因此，1961 年被视为综合农协体系设计完成的标志①。我们可从中读出的一个重要信息是，当代韩国农协自设立之日起不同于日本农协和中国台湾农会的是，国家将公组织——农业银行作为政策性资本赠给了另一个公组织——农协。至此，农协法定团体中，不仅有基层农民的综合合作组织，还有与农民合作组织性质完全不同的金融公司的商业组织；商业组织和法定社团合作，这是韩国农协早期的创造。所以，农协中央会从来就有组织集团内部以商业支持农业，以公司支持农协的理念和做法。而后，还成立了很多加工类独立法人的经纪公司，所有的公司都隶属中央会，构成农协一统天下的格局。

2012 年 3 月的改革，其基本点是将农协这个商业和协会混合、以协会为本的巨型集团实现商社分立，为各方发展腾出更大的空间。

农协中央会出资 17.1846 万亿韩元和 1.7551 万亿韩元，分别设立了农协金融控股公司和农协经济控股公司两大农协公司，从而形成农协中央会与这两个控股公司三大法人合组农协集团的新组织格局。这等于再造了韩国农协。不过，一分为三的新体系并非三足鼎立，而是以中央会为头脑和中间体，以金融控股公司和经济控股公司为两翼的大鹏鸟式新型社群。

这一改革规划时间段为 2012—2017 年。2012 年 3 月改革伊始就宣布，农协金融控股公司当年到位，经济控股公司需 5 年到位，可见改革有整体规划。原属中央会的经济企业须经清产核资、人员调整以及与基层农协关系调整，才能成为经济控股总公司或控股或参股的子公司。农协中央会作为三大家统分结合新社群的龙头，也要对其组织结构进行大规模改革和调整。两大公司没有分离出去的改革前，农协系统职员约 10 万人，其中中央会系统 1.8 万多人。经过几年的改革，到 2016 年上半年，中央会系统的职员降到

---

① ［韩］金斗年：《韩国农协的历史与方向》，发表于"东亚农协的发展历程与新经验论坛"，2015 年 11 月 12 日。

2473 人，加上地域农协职员 62373 人，共 64846 人；金融控股和经济控股公司的职员分别为 17946 人和 5318 人，再算上中央会直属子公司（教育支援有关子公司）717 人，共有 23949 人。全农协系统共 88792 人，[1] 精减人员 11%。

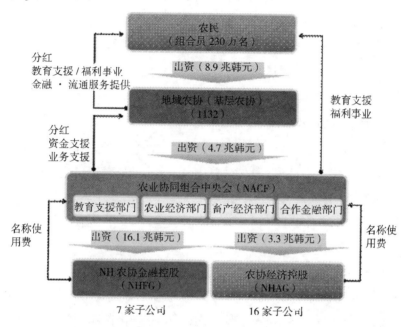

图 1　韩国农协组织及事业结构图[2]

上图简要勾勒了韩国农协目前的组织结构及出资结构。1132 个基层农协是由 230 万名农民所在的邑面（相当于中国乡镇一级）出资设立的，总出资额达 8.9 兆韩元。韩国农协中央会由 1132 个基层农协出资设立，总出资额达 4.7 兆韩元。农协中央会内部分为教育支援、农业经济、畜产经济和合作金融四大部门，外部设有百分之百控股的金融和经济两大控股公司。这两大公司均下设多家子公司。

农协中央会与两大控股公司签订合同，均需缴纳名称（品牌）使用费，缴纳额度是公司营业收入或者营业额的 25‰ 范围内，以中央会大会决定为

---

① 参见韩国农协中央会海外部李旭先生提供的韩国农协 PPT 简介，2016 年 11 月 11 日。
② 同上。

准。公司无论亏损，均须缴纳。并规定该使用费只能用于支援基层农协的各种事业项目，不可用于其他，因此2017年，将名称使用费更名为农业支援事业费。

至2015年年末，韩国农协中央会总资产为1257万亿韩元（折人民币74316亿元），中央会税后利润2797亿韩元（折人民币16.54亿元）[1]。农业支援事业费的规模，在2013年、2014年、2015年和2016年，分别是4692亿、3489亿、3762亿和4146亿韩元，折人民币分别为28.43亿、21.14亿、22.79亿、25.11亿元。

2. 农产品流通领域的改革与创新

在贸易自由化、全球化的大势下，韩国农协越来越感受到，农民合作事业可持续的核心，不在金融而在农产品和涉农事业的营销，这导致他们将流通体制改革列入重大日程。

韩国农协的流通改革主要在组织体系调整、规划布局和提升基层农协能力三个方向上着力。

（1）流通组织体系调整

韩国的农产品销售长期受到进口农产品和国内资本农产品营销两头的挤压，农协从而痛下决心成立农协经济控股公司，自设系统化农畜产品流通体系。

农协经济控股公司下设16个子公司，其中在各地的农产品流通公司共6个，分别是农协HANARO流通、农协流通、农协忠北流通、农协大田流通、农协釜山庆南流通和农协粮食，2017年计划将前5家流通公司合并为一家；5个农资公司，分别是南海化学、农协Chemical、农协Agro、农协土爱、农友BIO；3个制造业：农协红参、农协饲料、农协牧牛村；2个贸易物流：农协物流和NH贸易。其中，农协HANARO流通和农协粮食都是2015年新建的大规模流通企业，由农协经济控股公司分别投资6125亿韩元和200亿韩元全资控股。[2]

（2）大流通的规划布局

21世纪以来，韩国农协就开始进行农畜产品大流通体系的全面规划布

---

[1] 该利润额尚未计入两大控股公司上交的名称使用费，名称使用费远高于税后利润额。
[2] 参见韩国农协中央会海外部李旭先生提供的韩国农协PPT简介，2016年11月11日。

局，建成了统一的综合物流、改革了批发市场，将大型流通业态结构分为产地流通和消费地流通，用以节约农产品流通费用，实现基层农协农产品的规模化销售。

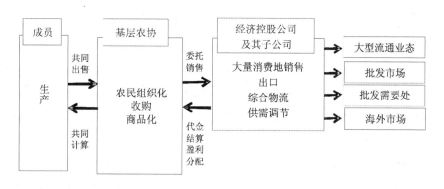

图2 农畜产品大流通体系①

从上图可知，韩国农协构建的农畜产品流通体系中，基层农协是农民与农协经济控股公司的中间主体，而农协经济控股公司是基层农协与市场间的中间主体。

贸易自由化后的农协与私人资本在流通市场上展开竞争，以农协的批发市场支持基层农协小规模流通中心的模式已经明显落后，不仅量产不足，产品化率也低，加上物流成本高，致使农协流通缺乏竞争力。为此，韩国农协明确提出要建成"销售农协"的口号，组建了农协经济控股公司，对于大、中、小型的流通业态进行规划和布局。农协中央会建设大规模的流通中心，农协市郡支部建立中等规模的流通中心，并与基层农协的小规模流通中心联网，由基层农协选择农产品运销途径。

韩国农协不仅分层级建设流通体系，而且按照产地流通、消费地流通、批发等不同功能区整合各类流通业态主体。

产地流通方面，农协创造了共选发货会这一新型的产地生产者组织。基层农协与农户签订合同，自生产至出售都由农协主导，进行共同计算。至2013年末，各地的共选发货会建成1804个，参与农户60853户，农协的手

① 申龙均：《农业产业化主体组织：韩国农业协同组合论》，2016，第65页。

续费收入达 422 亿韩元。共选发货这一新组织方式的成效，一是通过农产品生产的规模化和专业化节约了流通费用，推动了联合销售，2015 年，59 个市郡联合事业团、47 个地域农协共同事业法人等 106 个机构的联合市场销售额高达 2.0927 万亿韩元；二是通过联合发货、联合甄选、联合计算节约流通费用，创造了附加价值，推动了产地流通中心的效率提升。至 2015 年，韩国农协共设有 347 个产地流通中心。农协中央会还支持各基层农协设立粮食综合处理厂，就地解决大米加工问题，不仅节约了劳动力成本，且因减少粮食损耗节约生产费用，也对缓解大米生产农户劳动力短缺起到一定作用。①

消费地流通方面，主要是以农协直营卖场和网络购物中心（农协 e 超市）的直接交易方式压缩流通费用，形成零售流通市场，这方面还有很大的发展空间。

在批发事业方面，农协在全国布局，构建了农产品物流的全方位、网络化体系。新建的安城农食品物流中心，不仅有物流和储藏功能，还有小包装和预加工，面向便利店、餐饮企业、生鲜超市和外部流通企业拓展销路。为引领农产品的大规模销售和公平交易，农协经济控股公司与基层农协还分别经营了 12 个和 70 个农产品联合市场，通过拍卖、招标、定价买卖等多种交易方式，在 2015 年年末实现了 3.928 万亿韩元的销售业绩，在打造"销售农协"形象上走在了前列。②

为实现安全农食品供应，韩国农协以预防和先发性安全管理为主，致力于打造从农场到餐桌的食品安全生态管理环境。农协食品安全研究院在全国五地设立食品安全中心，构建食品安全监督系统，从生产阶段就开始严格把关，并对农协销售市场发货的农产品进行残留农药监测和原产地审查，努力防止食品安全事故的发生。农协还通过家庭、学校、部队等各种渠道供餐，培育代表性品牌，进行优质农产品的加工和销售。③

在海外出口方面，农协把农畜产品出口到美国、中国、日本等国，其中

---

① 《韩国的农协》，韩国农协中央会出品 2015 年版，第 31 页。
② 同上书，第 32 页。
③ 同上书，第 34 页。

果蔬、花卉等新鲜农产品占出口额的 80% 之多。截至 2015 年某月，农协农畜食品的出口业绩为 3.8 亿美元，新鲜农产品出口占韩国农产品出口总额的 55%。海外市场还在不断扩大中。①

（3）基层农协的能力提升

2012 年以来，为提升基层农协能力，开展以现场革新为目标的新农协运动。基层农协与农民就农产品销售问题持续讨论、充分沟通，建立创新的直营与加工机构以及联合事业团，联合销售业绩在 2013 年达到 1.5943 万亿韩元，比起 12 年前成长了 138 倍。通过农户的共同讨论，各地农协还设立了合作金融存款者保护基金，这是农协会员自愿增资支持农协的举动。致使会员资金占基层农协总资本的比例，从 2001 年的 4.20% 提升到 2010 年的 8.12%。

为加速农畜产品产地流通，加强基层农协的农业竞争力，韩国农协还创建了跨地域、跨层级的农协共同事业法人组织模式。韩国农协法以专章规定，两个以上的基层农协作为发起人，可联合农协中央会、营农合作法人、农业公司法人共同出资，还可与其他协同组合法人合作设立共同事业法人，而无须到工商或民政部门登记注册。这帮助基层农协扩大了融资范围和拓展了产业和市场，形成以基层农协为首的联合型社会企业。截至 2015 年年底，韩国的农协共同事业法人共 97 个。其中，园艺 42 个，粮食 38 个，畜产 8 个，加工两个，园艺和粮食统合的法人 7 个。

2015 年，韩国京畿道金浦市的一个基层农协自行创造了将产地和消费地直接连通的零售直销店，这一新经验经中央会的肯定迅速推广到全国。

这种零售直销店设在城乡接合部交通方便处，小规模、货品全、成本低、保质量、自主管理、主卖生鲜。每件产品都有生态标签、价格和生产者的照片、地址、电话等基本信息；店内和生产者家庭通过摄像头信息同步，随时可知货品售出状况，农协会员不用看摊，在家即可自动补货，价格由生产者自定、自调；农协只需派出一人负责收钱，以及执行生鲜产品当日销售规定（未卖出的由货主当晚拉走或委托农协做慈善捐赠），负责支持现场简易包装。农协为支持会员，不收摊位租金，还负责直营店的场地、培训、管

---

① 《韩国的农协》，韩国农协中央会出品 2015 年版，第 33 页。

理、售卖和给农民转账等工作，只抽取销售额的 10% 作为管理费。金浦市的直营店 100 多摊位可服务于几百农户（依农产品出产季节更换农民），每个摊位的月销售额达到 3.5 万—5.9 万元人民币，远高于未参加直营店销售的农户月收入，这当然获得农民的衷心支持。

韩国基层农协的规模不大，每个农协 1000 多户，且大部分是中小农户，收入少，去大批发市场路途遥远。这种小规模的城市周边农协直营店正好解决了中小农户的营销难题，促成了农协与农民和消费者的共同合作。

3. 教育支援事业的改革

教育支援事业与金融事业、经济事业是韩国农协的三大支柱。当后两项事业作为大鹏鸟的两翼从中央会分离之后，教育支援事业在农协中央会总部的地位更加提升。

韩国农协的教育支援事业涵盖极为广泛，培育指导农业人及地域农协的发展、提供农业咨询和信用保证服务、归农归村综合中心运营、爱农村"一社一村"运动、"爱农爱食"运动①、农民福利事业、农家乐和农家妇女社团，以及农政活动与教育宣传事业、社会贡献与国际交流活动都在其中。中国台湾地区农会将这一类事业统称为推广，农技、农机推广以及社区教育、社会福利推广等，虽与韩国的同类事业名称不同，内涵其实相去不远。只是较之日本农协和中国台湾农会，韩国农协的农业和农民教育规模更大、更加正规和完备。这与韩国农业和农民教育体系以农协教育体系为核心直接相关。

韩国涉农教育分为市场与农协两大体系，都具有学历教育、非学历专业教育和社会普及教育三个部分。而作为最大涉农利益群体，韩国农协无可非议地成为领军者。

1961 年，韩国农协成立之初，就建立了农协任职人员的研修院，后更名为农协中央教育院，专门培训农协理事长、总干事等经营管理人才和骨干。1962 年，农协初级大学成立，1998 年更名为农协大学，成为独立法人，

---

① 农协组织城市女性消费者成立主妇农产品直接交易购买团，到农村试吃后再购买，体验型消费拉近城乡距离，截至 2015 年，参加这个购买团的主妇人数达 3.2 万。另有"一村一社"运动，企业与农协结对，CEO 做名誉村长，下属做名誉村民。

主要进行农业经营学大专和本科生的学历教育，并可培养硕士和博士，同时兼顾农民培训。2006 年，为配合农协中央会发起市民和农民共同参与的"爱农村运动"，又在 1970 年代"新村运动"发源地——"笃农家（模范农民之意）研修院"的原址上，建立了爱农村指导者研修院，定位于搭建城乡价值认同的桥梁，以城乡互动共融的社会教育为重点。

韩国农协设立早期，农协法曾规定中央会会长和基层农协组合长要由政府直接任命，直到 1988 年修改农协法，农协步入民主化，才实现了中央会会长和基层组合长的直选。

2016 年 3 月，韩国农协换届选举，几百名基层农协的组合长（理事长）联合提名优秀的基层组合长金炳沅当选农协中央会会长。金炳沅上任伊始就提出农协能否可持续地健康发展，取决于实质上掌握农协资产配置的中央会职员与农协事业利用者的农民之间，能否建立互相理解、互相信任、齐心协力、共同参与的良好关系。而这种关系的建立必须从职员和农民这两个不同群体的理念和价值观教育做起。教育的重点需放在职员群体上。作为授薪人员的农协职员是农协的各项具体业务和事务的直接办理者，要针对农民的需求提供连续性的服务和支援，就必须突出农协会员的主体性，树立"农协会员至上""一切为农协会员服务"的理念和价值观；否则，不仅难以服务好农民，也无法协助农民树立"我的农协"的主人翁观念从而积极参与农协事业。金炳沅提出：农协中央会的职员长期脱离基层农协，对于农协理念理解不深，对农业的理解也不足，需要进行对农协职员进行系统性的理念教育。

金炳沅带领韩国农协中央会勾画了 2020 年农协发展蓝图，提出新的发展目标："农协不仅要生产具有高附加值的安全农产品，改善农畜产品的流通结构，还要以顾客感受为基础，为打造最具竞争力的农协金融不断进行创新和改革"；"农协作为农业、农村的坚强后盾，为了农民和消费者的共同发展以及农村和城市的均衡成长而不懈努力"。还提出了新的口号：打造出令"300 万农民开心"的农业、"受到 5000 万国民信赖的"的农协，实现"作为国民的农协，向农民的幸福迈进"的使命，"怀着农心、走近农民、接近国民"的实践路线，以及"农心（开朗的农协人）、现场（欢笑的农民）、共鸣（共享的国民）"的核心价值。

2016 年 6 月，金炳沅会长提出了改善教育部门的政策。原直属农协中央会的农协中央教育院更名为农协理念中央教育院；爱农村研修院更名为都（市）农协同研修院；在继续保持农协大学的独立法人身份外，特别设置了新的农协人才开发院。这个开发院是中央会的人才库，下设教育育人小组、教育计划小组，还授权专管农协在各地设立 8 所教育（研修）院；另设农协创造农业支持中心，作为支持创新农业的专门教育机构。

自 2016 年 6 月，农协理念中央教育院全面开发和开展了理念教育课程。学习分三段。第一阶段的课程三天两夜集中教育，先接受理念请农民来到课堂讲问题和批评农协职员的服务态度。第二阶段直接到农村 24 小时跟农民一起生活一起务农，到现场去了解问题的解决方法，大约 3 个月。第三段再回到课堂做三天两夜的集中培训。大家先报告在第一段和第二段课程中，尤其在农村生活和劳动中的收获和启发，而后提出与农民一起讨论出的问题解决方案和立项设想，以及如何实现这个项目的规划。课程鼓励职员放手设计和进行自己的项目，最后还要进行一一评价，选拔优秀者给予奖励。理念教育课程的学员一半是中央会职员，另一半为基层农协的职员。

按照现行计划，自 2016 年起，理念教育课程每年都要培育 1300—1500 名农协职员，通过理念教育点燃农协职员的热情，树立他们为农民服务、紧密联系农民的价值观，以及从实践中来，到实践中去，以解决问题为本的方法论，推动各级农协职员以理念带动行动，回到工作岗位充分发挥才干。显然，这种培训已经超越了一般的参与方式，而是以农民为主体，以实践为导师、以满足需求为目标的社会创新行动。受访的中央会职员说："理念教育让我们明白了农协公司和市场公司大不同，农协的公司经营好、多赚钱是为了服务和支持弱势的农民，不为老板干而是为农民干，我们干起活来就有劲头了。"可见，教育创新是推动农协事业不断创新的动力。

农协人才开发院管辖的 8 个地方教育（研修）院，5 个针对职员，3 个针对会员即农民教育，其内容有农业科技、农产品流通，还有帮助农民学写各项事业记录的课程。在短短两年间，针对农民的网络教育普及到全国，这种新型教育方式不仅节省了不少经费，还推动了知识的传播和扩散，大大提升了教育效率。

二 韩国农协结构性市场化改革的路向探索和启示

现代社会的目标是走向工业化、城市化，在此走向下形成全球贸易自由化，势必挤压所有国家的农业产出和农民的农业收入，各国的农民都不得不进城，从事非农行业赚取收入以敷家用。在这种状态下，从农业社会向工业社会转型早期走来的农协，无论韩国、日本还是中国台湾地区，在新形势下如何可持续，如何保障农民群体的权益，都面临前所未有的巨大挑战。面对普世性挑战，韩国农协交出了自己独特的答卷。

在日本、韩国、中国台湾地区三地农协农会中，韩国农协曾经受国家管控最强，而今的结构性市场化改革也最具创新性；笔者认为，对其的研究不应局限于农协组织，而应拓展为国家三农治理的政策选择。下文即从治理的视角提出韩国农协路向探索的重要命题。

第一，如何处理农协与公司，公益与商业的目标冲突？

农协作为法定社团，与工商业公司性质不同、目标不同、制度不同，如何化解农协成员利益最大化与工商利润最大化之间的目标冲突呢？以往的做法是将公司与法定社团放置在同一体系，突出农协"成本经营"[1] 和"共同行动"[2] 方面的经济优势。这在农协受到国家政策强力保护的时代是可行的，但是用于全球贸易自由化的竞争市场就捉襟见肘了。2012 年以来的改革正是试图在传统基础上做体制和制度创新，探索这两类不同性质的组织如何在目标、方法和利益分配上即分立又统合的新路。其主要做法是：

股权结构制。农协中央会是这两个公司的唯一股东，这就保障了公司的目的和目标必须完全服从于农协法团的目标。两大控股公司对原属中央会的

---

[1] 指的是为给成员最优价格，农协的服务价格按照平均费用的基准来设定，它低于公司高出平均费用的垄断价格。

[2] 共同行动指的是为抗衡大公司行使市场支配力，农协成员集体的自助努力，包括成员积极的经济参与、民主管理，对搭便车成员的监管，等等。韩国农协原经济研究所的研究指出，农协的比较优势在于成员制度。身兼投资者和利用者身份的成员利益一致时，农协可获得成员的忠诚、献身、知识公有、参与支持等。

企业经清产核资和根据其市场地位进行股权结构的改造，成为或控股或参股的子公司的独立法人。

农业支持事业费制。即所有独立于农协体系的公司法人均需缴纳使用农协品牌的年度使用费，无论盈亏。借鉴市场下的品牌缴费制，农协中央会既给全资控股的独立公司提供了自我发展的空间，也通过保障农协经济利益实现农协为基层农协和农户服务的目的。这与我国国企产权改革类似，交够了给农协的，剩下全是自己的，从而激发公司在市场上拼搏的动力。2013年，农协金融控股公司的总资产254.5兆韩元，总资本17.7兆韩元，实现利润2930亿韩元（折人民币17.32亿元），而向农协中央会缴纳的这笔使用费为4535亿韩元（折人民币26.8亿元）[①]。

灵活运用的合作制。农协中央会要求独立公司时刻牢记自己是农协投资的公司，须以支持基层农协和农民会员为本。经济控股公司及其子公司的部分利润要按照基层农协的利用额进行惠顾分配；金融公司要优先帮助基层农协信用部放款以助其获益，以强化改革后的新组织格局在维护基层农协利益、增强其实力等方面的能力。

第二，结构性市场化改革及修法实践，持续打造农协的第三路特征。

韩国农协作为东亚农协的重要组成部分，和东亚农协一起成为国内外农民合作组织研究中受到广泛关注的热点。国际研究界近年开始承认，日本、韩国、中国台湾的农协农会，不同于欧美的农民合作社和农业协会，而是走出了在国家行政模式与放任的市场模式之间的第三条道路。著名美籍华人学者黄宗智近两年发表多篇论文，屡屡提出中国农民合作之路的选择，不是欧美合作社而是东亚农协。[②] 东亚农协与欧美合作社的本质区别何在呢？欧美合作社是单纯的经济组织，而且无论大小，即便是合作社联合的协会，也大都从事相对单一的农产品生产、加工和销售。东亚农协则是综合了经济、金

---

① 申龙均：《农业产业化主体组织：韩国农业协同组合论》，浙江人民出版社2016年版，第65页。

② 黄宗智：《中国农业发展三大模式——行政、放任与合作的利与弊》，《中国乡村研究》第14辑，福建教育出版社出版，2017（即出）；《中国的隐性农业革命，1980—2010年：一个历史和比较的视野》，《开放时代》2016年第2期；《农业合作化路径选择的两大盲点：东亚农业合作化历史经验的启示》，《开放时代》2015年第5期；《"家庭农场"是中国农业的发展出路吗？》，《开放时代》2014年第2期。

融、保险、农技推广、社区福利与文化教育等多功能综合性农民合作组织，其基层组织都是综合农协。欧美农协是根据各国的合作社法（不是农民合作社法）和社团法自由登记注册的非企业类经济组织或经济管理组织，入会没有任何限制；而东亚三地的农协都依据特定的农协法或农会法登记注册，且须一地一会，一人入一会，因全体农民均入会故成为全覆盖的地域性农民合作组织。东亚三地的政府都对农协（农会）予以长期持续的政策支持，将其视为政府涉农政策落地的主要助手。

三地对其农协（农会）的组织定性大体类同。日本人说，它是"日本最大的资产拥有者，是具有多个非营利法人的非营利部门"①。中国台湾学者说，它是"集农民职业团体、经济合作组织与政府委办机构等特质于一体"的组织，是"政府农业政策体系的末端"②。韩国学者说，"它是农民的自主合作组织，是由农民组合出资，以民主方式运营的非营利特殊法人，是经营经济事业、金融事业、教育支援事业的综合农协，是政府的农政搭档"③。

可见，日本、韩国、中国台湾地区三地农协（农会）既不宜归入合作社类的私法法人，也不好归入国家序列的公法法人，它实际是介于私法与公法中间的特定法人，属于法定机构④。至于其法律性质更偏于私法还是公法，要由特定法或特别法的法条进行规定。⑤ 所以，依特别法确立其特定法律性质的组织，完全可能因法律的修订而改变其性质和地位。

---

① 参见杨团《新农村建设与农村社会保障》，《学习与实践》2006 年第 5 期。

② ［台］郭敏学：《台湾农会发展轨迹》，台湾商务印书馆 1984 年版。

③ ［韩］金斗年：《国农协的历史与方向》，发表于"东亚农协的发展历程与新经验论坛"，2015 年 11 月 12 日。

④ 法定机构（Statutory Board），依据特别法或专门法设立，具有由国家特别法律规定的任务和功能及组织独立的法人，兼具国家使命和市场精神。由特别法规定了其设立、变更和撤销、职责、经费来源、主要负责人产生办法和任免、管理架构、监督机制、与相关政府部门关系边界等内容，以及规定议会或受托的政府机构对其的监督方式。法定机构的人员不纳入政府公务员体系，机构享有法定事权，独立承担法律责任，不受相关政府部门的干涉和制约。法定机构的经费来源多样化，除了政府之外，也可依法通过社会筹募和市场收费等方式筹集。人员招募、薪酬决定等事项采用市场机制。

⑤ 参见杨团、孙炳耀、公法社团《中国三农改革的"顶层设计"路径——基于韩国农协的考察》，《探索与争鸣》2012 年第 9 期，以及杨团《法定机构、公法社团：试论供销社综合改革的方向》，《综合农协·中国三农改革的突破口（2015 卷）》，中国社会科学出版社 2015 年版。

近年来，在贸易自由化和境内外日益激烈的市场竞争下，三地都在寻求以改革解困的新路。2015年日本农协法作出重大修订，国家不再给予农协特殊政策，令其与其他农民合作组织在市场上同等竞争，不过，仍承认日本农协是公益性的社团。韩国农协法也于2011年和2015年作出修订，将上述农协中央会的重大组织结构变革，即设立独立法人的经济控股公司和金融控股公司纳入法条，从而形成韩国农协中央会（特定法人）＋两大集团公司（工商法人）的新型治理结构。

韩国农协这种组织体系的革命性创举，显然是为了应对日益激烈的国内外农产品市场竞争和农民群体利益日趋弱化的态势，期冀利用其法定机构的优势，以大幅度、大跨步参与市场竞争为手段，实现以商制商的新战略。为明确产权，这两大公司均由韩国农协中央会全额投资，并以新修订的《韩国农协法》法条明确规定，这两大公司需"支持农协的经济活动，促进它们经济地位的提升""谋求农民和农协利益"，并规定除农协法特别规定的事项外，两大公司的一切业务均要按照商法、银行法实施。①

韩国农协法的这一修订，是将农协法的法律定位向私法方向前进的一次重大调整，以往的法律地位更偏于公法，而现在则更加居中。这让韩国农协与国家公法人，与一般工商企业私法人的区分更为明显，成为同时兼有公共性和市场性在国家和私企之间一个特殊的公益商业或公益企业集团。这就更加凸显了韩国农协所走的第三条道路——既非国家行政控制又非放任市场自由竞争的特征。

韩国农协的这一改革特征对于中国有重要启发。

2015年，我国发布了关于深化供销社改革的11号文件，试图以深化基层供销社改革、建构"姓农、为农、务农"的综合性合作社以及建构"联合社机关主导的行业指导体系和社有企业支撑的经营服务体系"的双线运行机制双头并进的改革来解决供销社体系基层薄弱、上层强大的畸形倒三角形体系问题，还提出未来要为供销社立法的"特定法人"方向。可以说，改革的总思路是公益商业集团的居间法人，颇具前瞻性。不过，两年来，上

---

① 韩国农业协同组合法2015年修订版。参见申龙均《农业产业化主体组织：韩国农业协同组合论》，浙江人民出版社2016年版，第186页。

述两个方向上的改革成效都不理想，个中原因，在于未厘清这两项改革的内在联系，培育推动改革的动力机制。如果过于囿于现实基础，以为县社及其以上的供销社机构有队伍、有实力，能为上层改革提供动力；而基层供销社大都散了架，要想恢复谈何容易，于是只顾上不顾下，只顾后不顾前，只在如何服务上下工夫，却很少考虑服务的对象——农户及其合作组织的需求。这就将方法视作了方向。

再看韩国农协。他们之所以进行结构性改革，将金融和经济业务从中央会分离出去独立为法人控股公司，其目的很明确，就是为给弱势的基层农协及其会员以巨大支持，使其在市场竞争中得到来自农协上层可持续的保护和援助。上层为底层服务，才有最大动力，以基层农协为本，以农协会员为本，是这场结构性的市场改革的动力所在。而这一动力，是建构在农协中央会与基层农协产权独立、价值统一的一体化体系之上的。中央会只做基层农协办不了、办不好的事，是以上层商业公司的优势，维护和提升基层农协的利益和能力，将市场化与社会化两类机制相互嵌入，这才有利于在与单纯私人商业市场及单纯政府性机制比拼中获胜。

我国的供销社改革要想获得成功，关键在于树立以基层社"姓农、为农、务农"至上的理念和价值观，从而根据组织的内在机理重新厘定改革的逻辑次序。首先启动基层社改革，将其改造成全体农民自愿参加的综合性农民合作组织，从而教育县及以上的各级供销社及其社有企业以服务基层社从而服务农民社员作为前行的动力和方向。

基层社改革—县级联合社改革—社有企业改革—基层社改革，应该形成首尾相接、利益相连的改革生态链。为基层服务才能给县以上的社有企业改革带来强大的合法性动力。基层社的需求会倒逼社有企业进行供给侧结构性改革，提升其经营效率，从而带动其资产规模、种类和配置方式在改革中出现正向效益。反之，如果基层社改革走过场、盲目建立联合社、大举扩张社有企业，以为农服务名义争资源、争利益，则会让改革走入歧途。最终的走向不是公益商业居间法人，而是行政垄断商业资源。

第三，基层综合农协是农村可持续发展和乡村治理的基础。

韩国农协和日本农协、中国台湾地区农会一样，都在乡村类似中国乡镇的地域建立起综合性的基层农协。基层农协是农协中央会在乡村的基层组织、独立法人，以购销、信贷、农技推广、社会福利和教育文化的综合性事业服务于地域的会员。截至 2016 年 6 月底，韩国基层农协共有 230 万农民会员，占农民总数的 90%，占韩国国民总人数的 4.5%，再加上 1694 万人加入基层农协成为准会员的非农人，农协会员为 1924 万人，占韩国国民总人数的 38%。准会员除不能参与农协理监事选举外，其他的各项权利都与农民会员相同，可以享受合作金融、超市等事业的便利和优惠。这样的组织原则吸引了在乡的非农居民和城乡接合部乃至城市居民的踊跃参加。韩国农协准会员是正式会员（农民）的 7 倍，其规模远超日本农协和中国台湾农会。这种组织结构的改变，致使基层农协不仅代表农民利益，也成了城乡社区中低阶层居民的利益代表。

韩国基层农协这种地域化、全覆盖和沟通城乡的特征，致使基层农协的任何设施都具有了社区公共设施的含义。自 1961 年韩国农协成立，至今 56 年了，在农协中央会的统一规划和支持下，基层农协一直在持续建设和不断完善中；不仅通过不断合并扩大了规模，还通过新设施的不断建设提高了服务农民、服务社区的能力。这些设施的建设资金主要由基层农协承担，不足部分可以申请中央会支持，政府也会择项予以一定支持。尤其在城镇化和贸易自由化导致农业衰退的最近十余年，农协中央会更加强了基层农协基本设施的建设指导。例如，2016 年 10 月，笔者访问了韩国槐山郡槐山镇农协，这是 1990 年由多个里洞（村）农协合并而成的较新的基层农协，其超市、加油站和金融分部都成为当地居民（包括坐落于该镇的中源大学师生们）几乎天天光顾的公共场所。而这三项公共设施正是在农协中央会指导下，由槐山镇农协联合会员于 2012—2013 年共同投资设立的。

截至 2006 年 6 月底，韩国 1132 个基层农协在全国建有 1132 个本部，3445 家分部，4602 个金融网点，2095 个超市，635 个农机维修中心，668 个加油站，348 个产地流通中心，153 个大米处理中心，101 个农产品加工厂，11 个人参加工厂，75 个地区食品直销场。这些遍布韩国各地的基层农协产权所有的设施，支持了乡镇地域的为民服务，也成为与乡村衰退景象博弈的主要社会力量。

这些经验对我国乡村如何实现农民的组织化、合作化有重要启迪。在工业化、城镇化、贸易自由化的现实背景下，乡镇农协完全可能突破原有局限与时俱进，但是前提是农协组织实现对社区人口的全覆盖，树立为其生产生活服务的全局性思维。结构决定功能，功能体现服务，服务制度的构想和安排是全局性思维的成果而不是来源。产生于农业社会向工业社会过渡期的东亚农协正是由于有全局性思维，设立了覆盖全体人口的综合农协，构建了生产生活方便、交易成本最低的乡村群体性社会，才为今天工业社会向后工业社会转型中的乡村乃至"城乡一体化"社区，打下了公共服务的组织和制度基础。韩国农协中央会近期提出打造"国民的农协"以及"城乡居民一体"的理念教育与结构性市场化改革，正在指引农协走向城乡联动的新型社群协会方向。可见，在社会大转型进程中保佑乡村地区大半个世纪安定团结的乡镇综合农协，不啻是乡村治理乃至国家治理的社会基础工程。

对中国而言，建构这个基础工程已经错过了最好的历史时机。1978 年农村包产到户之后，中央曾提出"统分结合"的思路；1987 年中央政治局发出《将农村改革引向深入》的文件，曾提出要构建"社区性、综合性"的"乡村合作组织"①。但是这些正确的思路并没有发展成为框架性的制度构想和制度安排，这导致 30 多年后的今天，迄今还有六七亿农民人口的中国仍然在农村和农民问题上徘徊和踟蹰不前。其间，最大的思想障碍是将复杂问题简单化的单纯经济思想，将手段视为目的的二元性技术化思维，片面以农业产业经济视角理解社会—经济—政治混杂的三农问题，将社区性、人文性这类非经济涉猎广博的因素从农民合作中剔除。② 而正是"这些社区为纠正市场和国家失败，进而支持现代经济发展，提供了极为需要的组织原则"③。当前中央文件所倡导的农村集体经济产权改革政策④主要适用于已经城市化了的村庄，而且重点是将集体经营性资产确权到户以保有其分配权的秩序化，并非适合农村长程改革的制度安排。笔者认为，总结我国 30 余年的经验，同时借鉴东亚模式，提出方向明确的全局性构思，搭建中国自己的从乡村治理连通国家治理的社会基础工程的框架，已经适逢其时，需要整合

---

① 中共中央政治局：《将农村改革引向深入》1987 年 1 月 22 日。
② 杨团：《此集体非彼集体——为社区性、综合性乡村合作组织探路》，《中国乡村研究》第 14 辑，福建教育出版社 2017 年版。
③ 速水佑次拉郎：《贫困发展经济学：从贫困到富裕》，社会科学文献出版社 2003 年版。
④ 《稳步推进农村集体经济产权制度改革》，2016 年 12 月 29 日。

各类智库的精粹力量，尽早提出。

第四，农协教育是引领农协事业的软实力①。

韩国农协教育是全国农业和农民教育体系的核心，这在世界上独具一格。

韩国农协教育突出人文精神，将农协中央会与基层农协在理念和思想上结为一体，从而成为农协事业的引领力量。

自20世纪70年代以来，韩国农协发起诸多农民合作运动，从"新村运动""爱农村运动"到"爱食爱农运动""都农协同运动"，每次运动都以培育和传播农协理念为本；2016年以来，更是将重新确立"农协会员至上"的理念和价值观作为农协职员的必修课纳入理念教育课程。当农协公司的职员懂得了公司的盈利是用于支持基层农协的会员，这样的理念教育就成为职员与会员合作精神的人文启蒙。当农协的职员、正会员还有准会员都因教育、文化和福利事业而受益，从而以饱满的热忱投入农协的各项事业中时，教育支援事业就当之无愧地成为农协可持续发展引领性事业。

半个多世纪的实践证明，农协教育就是农协的软实力，为振兴韩国农村、支持综合农协长大、培育现代农民、实现城乡共融起到了重大作用。例如，农协大学毕业生百分百从事农业，85%以上到农协的各类机构就业。相比之下，韩国政府投资给国立农业院校和职业教育的部分，没能发挥应有的作用。毕业生从事农业的只占5%。教育供需脱节的问题，不仅韩国，中国和世界上的很多国家也面临这种制度性困惑。

教育是一种具有明显文化特质的公共产品，其文化特质往往蕴含在生产和经济特质之中。当政府对教育机构进行产权界定，以减少投资效益的不确定性，降低学校产生机会主义行为可能性的时候，往往容易滑向另一极端，即过分强调教育的经济性，导致教育成为市场盈利的工具。韩国农协却以独特的制度创新避开了这个两难命题。

根据韩国农协法，农协本身就是将经济活动、金融活动、农业技术推广活动和社区教育、文化、福利活动融为一体的综合性、服务型农村社会组织体系，其农协中央会和基层农协都是各自独立的法人机构。依据农协法，法

---

① 此结论得到韩国农协大学朴昌植教授的资料和观点支持。

人机构拥有独立产权，教育与支持、福利保障、医疗、文化等均为农协机构的事业成本，其盈余的 20% 须依法转为下一年度教育与支持事业的成本，10% 转为法定积累金，农协另有自定的任意积累金可用于福利、医疗文化等事业。盈余中还有一部分用于会员分配，即利用事业份额的惠顾分配及股金分红。[①] 这意味着，经营得好，合作金融、购销等服务事业盈余较多的基层农协，就能有较多的资金用于教育、文化与福利事业。而农协中央会的事业盈利中相当大部分，都支持基层农协由其决定使用方向。例如 2016 年，农协中央会将利润的一半约 1000 亿韩元拨给基层农协。

关于政府对农协非经济事业的支持，主要是通过经济政策（包括低息和无息贷款）帮助农协盈利，以及全国统一的居民社会保障和社会福利给付，并无特别给予的教育或福利投资。例如，农协大学因获得政府评优的业绩，可得约占 10% 的教育资助金。[②]

可见，农协能够担当起韩国农业教育的重要角色，主因并非来自政府财政倾斜，而是自身的制度化收益。制度是一种公共物品，本身极易产生正或负的外部性。出现负的制度外部性的原因往往是社会责任与权利的不对称。农协法规定下的韩国农协因明确界定农协与国家、与农民的产权关系和分配关系，致使农协的社会责任与权利完全对等，从而遏制了产生负的制度外部性的可能。而国立农业院校制度由于难以界定国家公权力与院校权利之间的关系，院校得到国家资源却没能承担这个资源要求承担的社会责任，甚至还缺乏责任履行的监督制度和罚则，导致制度负外部性长期存在、难于改变。

三　韩国农协改革中待解决的问题和警示

东亚三地农协中，资历最浅的韩国农协，反而是最有勇气、最敢创新、

---

① 《大韩民国农业协同组合法》，2011 年 3 月 31 日，第 66—70 条。申龙均教授翻译。

② 农协大学每年运营需经费 81 亿韩元，折合人民币约 4455 万元，其中，农协中央会补助约占一半，不足部分要农协大学自己通过产业合作团的运营及学生缴费补足。学费一学期 200 万韩元，仅为一般学校的 40%。政府给农协大学的援助是 8 亿元韩币，不过这需要通过政府对优秀大学的评估，两年评一次，2014 年，农协大学通过了评审，拿到了资助。

最能坚持改革的组织，而且取得了可观的成效。

不过，在复杂的外部环境变迁和全球不确定性风险面前，在日益增进的城乡融合、跨地域和跨国融合的新态势下，无论综合农协模式还是农民合作社模式都面临严峻挑战。要生存就必须改革，几乎成为所有农民组织的共识。韩国农协以组织结构改革带动供给侧功能改革，创造多种产权、多种功能、多类不同法律性质的组织如何共处的新社群。尽管现在评价这项创新还为时过早，如何化解这个新社群的内外冲突仍需探索，不过，厘清问题类别，分别处置是十分必要的。

有些问题是在体制重大变革中只能逐步消化的，有些是需根据形势变化调整决策的，还有的则是具根本性、长期性的探索在当下阶段的表现。

第一类主要是原属中央会的公司需清理整顿后进入两大控股公司。第二类有些复杂，主要表现在农协流通布局的决策上。3 年建成 5 个大型综合物流中心是 2012 年中央会提出的计划，而至今只在 2015 年建成了一个安城中心，经济控股公司为该中心的建设花费巨额投资，而今还得承担其亏损。这导致其他中心的建设计划只有停摆。同时，据市场调查，韩国全国的流通供给已经超过了需求，且网络购物、电视购物的成长占据了部分市场份额。可见，打造"销售型"农协主要依靠投资大型流通设施这一昔日的决策受到严峻挑战，而 2015 年以来，如前所述，由基层农协创造的小型直营店在各地自发推开。流通市场的竞争加剧既有时代原因——工业社会向服务社会转型，相当一批工业企业转而经营农产品销售；又有生态农食品需求热涨和互联网技术革新的原因，这不仅是韩国，各国各地域农产品流通似乎都在发生转折，从价格维持、大宗批量、大卖场向更注重品质和销售经营能力的方向转化。为此，韩国农协已经在考虑战略转型、扬优汰劣、改变主要依赖自己做流通的策略，打造多做农产品供应商，少做流通商的新策略，以自身控制产地农商的 50% 以上的优势与其他市场流通企业合作。

第三类问题是长程问题。农业地位降低、生态地位提升、城乡融合度提升的新时期，农协如何可持续地维护会员即农民的利益，提升农协职员队伍的素质，处理好金融和流通两大业务之间的关系，强化基层农协经营效率，扩大农民的经济权和社会权，扩大农协的社会影响力，等等。

在现阶段，韩国农协新任会长从理念教育和结构调整两方面入手。而在处理两大控股公司结构性关系，以及它们与基层农协的生产与分配关系都遇到难题。农协的营销与金融的关系就像水源和水池，但是在市场环境中的盈利能力相反。要化解农协长期依赖金融收益的结构性风险，就要加强流通实业。韩国农协为此已经不遗余力，但是收效尚不明显。在互联网和人工智能革命的今天，营销和品牌建立已经成为各行各业走向创新、创业的重要通道，韩国农协显然需要抓住时机开拓自己的未来。

另外，金融事业经营本身也存在风险。目前金融控股公司的商业金融和农协中央会与基层农协一体化的合作金融，兼有水源（商业金融）和水池（合作金融）两利，已经采取两个金融体系既分立又联合的多样化配置手段用于抵御风险，这是很智慧的资源配置。不过，当基层农协的农户资金储蓄已经常年大于资金需求，需要借助商业金融放贷时，如何处理风险和两者的利益分配，成了新形势下的新难题。

还有，农协内部经营管理效率有待提升。据金斗年教授提供的资料，90%以上的韩国基层农协效率不高，平均费用减少45%依然可以保持生产和提供够质量的服务。由于农协不以利润为唯一或主要目标，能保持平衡就行，这导致需要有一定的压力才能推动农协干部降低成本、提高效率、增加服务，这不仅对韩国农协，也是对日本农协和中国台湾农会的考验。

日本政府的农协改革方案及
农协自主改革现状①

曹斌　成田拓未　神田健策②

摘要：本文通过文献整理和统计分析的方法，梳理了 2012 年 12 月第二次安倍政权成立以来，日本农协改革方案制定的过程、影响及农协系统的应对措施。了解到：日本政府主导的农协改革主要涉及废除中央会制度、将信用和共济业务从农协剥离，并将全农改组为股份有限公司和限制准组合员数量等内容。按此方案将会削弱基层农协的经营能力、导致大部分基层农协收益减少，甚至破产。为此，日本全农在大米、园艺作物和食品出口三个领域重组资源，制定了相应的发展目标和实施方法。基层农协通过业务合并降低营业成本、通过品牌化提高产品价格进而提升自身的集货能力，增加收入。总体来看，鉴于日本内外环境变化，推动农协改革有其合理的一面，只要坚持为农服务基本宗旨，推动以成员为核心的内生型改革，日本农协才会取得成功。

关键词：农协改革　综合农协　自主改革　日本

2017 年 5 月 23 日，日本政府发布的《2016 年食物·农业·农村白皮书》提出"进一步强化农业产业发展，提升农业产业竞争力"的基本方针，并且力图寻求与之对应的农业协同组合（简称"农协"）改革。众所周知，

---

① 本文为国家自科基金项目"以农民合作组织发展为中心的农业产业组织体系创新与优化研究"（编号：71333011）阶段性研究成果。

② 曹斌，中国社会科学院农村发展研究所副研究员；成田拓未，弘前大学生命科学部副教授；神田健策，弘前大学生名誉教授。

日本农协的基本特征是以信用、共济为核心的金融业务与生产资料统一购买及农产品统一销售的经济业务有机结合，是具有多重服务功能的综合性农业合作经济组织。然而，2014 年 5 月 14 日，日本制度改革委员会①农业小组在《农业改革相关意见》中，提出废除全国农业协同组合中央会（简称"全中"）制度、推动全国农业协同组合（简称"全农"）成为股份有限公司、农协剥离金融业务、限制准组合员数量等农协改革的建议。如果这些改革措施得以落实，将成为"二战"之后日本农协系统最大规模的改革。

日本农协在农村地区是与政府机关并列的公共机构，对农业经营者及当地居民生产生活发挥着巨大作用。从"二战"结束至今 70 年以来，日本农村社会发生了巨变，对农协提供的服务内容也提出了新的要求。但是，对综合农协大刀阔斧的改革将会给日本农业、农民、农村带来深远的影响。中日学者认为"此次日本政府农协改革的目的在于应对经济全球化、尤其是环太平洋经济合作协定（Trans – Pacific Partnership Agreement，TPP）谈判，而采取的农业结构调整措施"（金红兰、曹斌、神田健策，2016；神田健策，2017）。部分日本学者认为"这样的改革将会导致日本农协解体"，"目前日本农业正在发生重大的结构变化，如老龄化、农业经营的中坚力量减少、食物自给率下降、进口农产品增加、农业产出额与农产品价格低迷、实施安倍经济学中的农业政策与农产品的出口战略等。因此，有必要综合外部环境变化因素对此次日本农协改革方案进行慎重的探讨"（太田原高昭，2016）。

本文梳理了 2012 年 12 月第二次安倍政权成立以来，日本制度改革委员会农业小组提出的改革方案要点，讨论了政府改革方案可能会带来的深刻影响，介绍了全农及基层农协正在推进的自主改革内容，提出了今后日本综合农协自主改革的方向。

一　安倍政权下的农协改革方案出台过程

2012 年 12 月安倍晋三在第二次当选首相之后，明确表示将要全面废除

---

① 日语：規制改革推進会議。

关税，积极参加 TPP 谈判，并且提出"希望通过积极产业政策，提升农业竞争力，扩大农产品出口，使农业成为朝阳产业"的政策目标。由安倍晋三首相担任主任的日本内阁府①"农林渔业及激发地域活力办公室"②公布的《农林渔业及激发地域活力规划》，在参考了总理咨询机构"制度改革委员会"建议的基础之上，表明了日本政府和执政党对农协改革态度，即推进农协组织体系改革和以全农为核心的农协业务改革。

2013 年 12 月 10 日，日本内阁府公布的《农林渔业及激发地域活力规划》（简称"规划Ⅰ"）认为，农协在承担促进六次产业化发展、促进农产品出口发挥着重要作用，亟须开展自主改革以及加快在全国层面和地方层面推动与工商界的合作，并且在成员多样化发展的基础上，讨论农协的现状及作用问题。

2014 年 5 月 14 日，规制改革会议农业小组提出的"关于农业改革的相关意见"，进一步提出了即便是说为了"解散农协"，也不为过的改革方向，即坚决废除中央会制度、剥离金融业务使综合农协成为专业农协，并推动全农改组成为股份有限公司、限制准组合员人数不得超过成员总数量的 1/2 等的改革方案。但是，遭到了农协方面强烈抵制。

2014 年 6 月 10 日，日本执政党在上述文件基础上以执政党建议的方式，通过了"关于推进农协、农业委员会等改革的相关意见"，指出："农协改革应该以农协内部讨论结果为基础，由农协提出中央会制度的改革方案、实现全农转型为农协投资控股的股份有限公司、减轻农林中央金库＋信用联合会＋全国共济连合会金融业务的改革方案、限制农协非成员使用比例及应对农协准组合员增加进行改组，并将一部农协业务划分成股份公司、加大对准组合员的使用限制章程等改革内容。"这一方案，不但比制度改革委员会提出的方案更为稳妥，并且给予了农协五年缓冲时间用于自主改革，同时要求政府完成相应的立法和修法工作。

2014 年 11 月 6 日，全中公布了"关于农协系统自主改革方案"。2015年 2 月 13 日，日本内阁府"农林渔业及激发地域活力办公室"公布了农协

---

① 相当于我国的国务院。
② 日语：農林水産業・地域の活力創造本部。

与政府、执政党谈判的妥协结果，即"农协改革法律框架"。这次谈判主要集中在重新构建中央会制度和引入限制准组合员数量两个方面。农协系统接受了前者，政府则承诺在对后者进行为期 5 年的调查之后再做慎重判断。2015 年 9 月 4 日，日本公布了由上述政治环境变化引发的《农业协同组合法》（简称《农协法》）修改方案，并于 2016 年 4 月 1 日正式实施。

2016 年 11 月 29 日，农林渔业及激发地域活力办公室提出《农林渔业及激发地域活力规划》第 2 次修订方案（简称"规划Ⅱ"）。其中，对农协改革新加入了"提升农业产业竞争力项目"，并且进一步明确了政府和执政党对农协改革具体方向的态度。

二　日本政府与农协系统围绕农协改革的博弈

在修改《农协法》的讨论期间，日本内阁府制度改革委员会于 2014 年 11 月 12 日发表了《关于农业协同组合改革的相关意见》，否定了日本农协系统提出的方案，并且非常清楚地表明了不满意农协提出的自主改革方案的态度，其主要内容如下：

（一）废除中央会审计制度

农协系统提出"为了保障基层农协稳定经营与合规运营，必须将财务审计和业务审计合而为一，执行《立足于基层农协特点的审计制度》"。对此，制度改革委员会认为"全农的业务审计与一般股份有限公司的审计制度并没有明显区别，农协原则上应该采取与股份有限公司一样的审计制度。基层农协应该通过吸收各类人才，使之成为农协管理人员来保障业务审计的客观性及提升审计效率"。坚持基层农协应该与股份有限公司一样采用第三方审计。

（二）推动全国农业协同组合成为股份有限公司

农协系统提出将信用和共济业务从农协剥离出来，并将全农改组为股份有限公司，应该以"成员代表大会投票批准为前提"，并对于"（把全农）

从《反垄断法》不适用名单中排除这一提案，需要对当前业务产生的影响等继续讨论"。对此，制度改革委员会指出"农协系统并没有提出明确的改革方向"，要求"全农和经济联合会（简称'经济连'）为了真正地、高效地为农业经营主体和基层农协的新业务提供服务，应该通过公司化途径使其从《农协法》的规定和中央会审计中解放出来，开展更为自由的经营活动"，并且期待农协系统早日就对全农改组为股份有限公司达成一致意见。

（三）限制准组合员数量

农协系统提出"将准组合员定位为共同支撑农业、农村经济发展的合作者，推动准组合员参与基层农协的业务、运营"，表明农协希望推动农协体系向地区性农协发展的改革意向。对此，制度改革委员会认为"准组员人数过多，背离了农协是以农业经营者为主体的这一农协原则"，主张"在明确具体数值的基础上，尽早引入限制准组合员数量的规定"。

三 日本政府"农协改革方案"对农协经营的影响

日本政府推动农协改革的态度主要体现在制度改革委员会对农协提出的"自主改革方案"之中。如果按照日本政府要求，推动农协体系改革的话，那么将会对日本农协产生什么样的影响，以下结合日本农业部相关数据进行具体分析。

（一）废除中央会审计制度的影响

日本全中实施的审计制度是对财务报表的正确性进行检查的财务审计，以及对基层农协业务运营、民主管理等情况进行检查的业务审计，相结合的综合审计制度，从两个方面保障了基层农协业务的稳健运行。但是，2016年4月开始执行的新《农协法》废除了由全中负责的综合审计制度，而是采取了与股份有限公司相同的第三方财务审计制度。这将使出现经营状况恶化的农协无法正确调整经营方向，无法得到全中建议改善经营问题，其结果必然会导致部分农协采取退出或缩小非营利部门的措施。

日本学者（神田健策，2017）指出合作经济组织成员具有所有、使用、运营"三位一体"的特征，与一般的股份有限公司有着本质上的不同。农协运营情况不好，例如出现特定部门赤字，不能简单地认为农协经营不善。这是因为，农协的使用者是成员，农协应提供何种服务也由成员自己决定。服务即便是不划算，其损失归根结底要由出资人，即成员自己来承担。因此，只要农协成员希望农协提供该项服务，该业务就会存续下去。另一方面，农协是以成员的出资和存款等资金作为本金来维持运营的合作经济组织，如何经营农协，是由成员通过成员大会民主决定。信用和共济业务的盈余是否要用来补贴经济业务的赤字，或者说要不要维持农协的集货、销售等经济功能，需要成员之间表决即可。但是，由注册会计师开展的财务审计是为了让投资家放心开展投资活动为目的，从而如实公开企业财务报表的审计制度。企业为了获得尽可能多的分红，不会允许赤字部门存续。另外，公司的所有人与使用人并不一致，对于投资人来讲继续该服务如果能够产生足够的回报，才有存续的价值。采用企业财务审计制度对农协监管，只能看到盈利不盈利，并不能挖掘出问题的原因，甚至将弱化成员对农协民主管理制度的监管。因此，废除基于合作经济组织特点而建立的综合审计制度，采用与股份有限公司相同的财务审计制度，来判断不同部门的盈亏情况，并以此要求停止赤字部门运营是非常危险的。

（二）将信用和共济业务从基层农协中剥离带来的影响

如果采取将信用和共济业务从基层农协中剥离，使综合农协成为专业农协，进而使全农改组为股份有限责任公司的改革方案，将可能导致大部分基层农协破产。

表1梳理了平均每家基层农协不同业务部门的损益情况。从中可以看到，日本农协的信用和共济业务都是盈利的，但是经济业务是赤字，也就说日本基层农协基本上采取了依靠信用和共济业务产生的盈利来弥补经济业务等[①]的亏损，进而实现整体盈利的经营模式。这主要是因为随着日本工业化、城镇化快速发展，日本农业经营者之间出现分化，大规模农业经营者往

---

① 包括技术指导、营农指导等业务。

往拥有自己的销售渠道，采取与末端消费者直销等模式，绕过农协销售。剩下的中小规模农户的农产品品质不统一、产地较为分散，农协为了收集到一定数量、一定品质的农产品，所花费的集货、销售成本较高。另外，农协要对成员无偿提供公益性的技术推广、宣传教育以及政府补贴的咨询、代办等营农指导服务。因此，农协虽然能够保障农民获利，但是自身的经济业务等与农业生产有关服务领域往往很难获利。

另外，从表2中也可以看到2014年[①]，日本综合农协中整体盈利的农协有676家，亏损的只有16家。再从不同业务盈利情况来看，信用业务675家，共济业务679家，经济业务只有137家。从不同业务亏损情况来看，信用业务17家、共济业务13家，而经济业务竟然多达555家，也就是说几乎所有基层农协的信用业务、共济业务都是盈利的，而80.2%的农协经济业务是亏损的。在这种状况下，如果强行推进制度改革委员会提出的"将信用和共济业务从基层农协中剥离，使农协成为专业农协"的方案，将会大大削弱农协的补血功能，仅参照表2所示数字来看，日本全国将仅剩下137家基层农协能够存活。

（三）限制准组合员数量的影响

如果采取限制准组合员数量的改革方案，将可能导致基层农协收益下降，以下从信用业务和共济业务盈利情况分别进行分析。

首先，现行日本《农协法》规定日本农协成员可以分为组合员、准组合员和非组合员三种类型。其中，组合员主要是农业经营者，包括自然人和法人；准组合员主要是当地非农居民；非组合员则是两者以外的自然人和法人。《农协法》第10条第18款规定，"非组合员存款金额不得超过农协成员存款总金额的25%"，对准组合员没有提出明确要求。由日本相关统计来看，2014年，日本综合农协存款余额是95兆日元，按照《农协法》第10条第18款规定比例来计算的话，非组合员的存款规模应该是19兆日元。另外，假设正组合员和准组合员各为50%，那么均分剩余部分的盈余，将得出正组合员38兆日元、准组合员38兆日元。如果按照日本政府提出的改革

---

① 按照日本会计年度统计，即每年4月1日到次年3月31日。以下相同。

方案，按照准组合员人数不得超过正组合员50%的比例来计算的话，日本综合农协的存款余额将减少到71.3兆日元（图1）。假设按照此比例来计算信用业务盈利减少额度的话，如表1所示，2014年业务年度中，平均每家农协的盈利将减少到287百万日元。但是，实际上日本准组员人数已经超过了正组合员，2014年日本综合农协中准组合员577.3万①，已经超过正组合员28.4%，实际利润亏损可能会高于287百万日元。

其次，现行日本《农协法》第10条第18款规定，"共济业务的农协非组合员合同金额限定为农协成员合同金额的20%以内"。对准组合员没有提出明确要求。按照上述计算方式来推算，2014年日本农协共济业务中长期共济期末保有合同金额是274兆日元、假设按照正组合员41.7%（114.2兆日元）、准组合员41.7%（114.2兆日元）、非组合员16.6%（45.7兆日元）的比例进行分配。与信用业务一样，假设按照政府改革方案限制准组合员数量的话，共济业务保有的合同金额将减少25%，下降到205.6兆日元。2014年平均每家基层农协的盈利金额减少到151百万日元。

由此可见，假如按照日本政府提出的农协改革方案，让综合农协剥离信用和共济业务成为专业农协，那么大部分农协都无法依靠经济业务维持经营，将会出现大面积破产。如果采用限制准组合员数量的改革方案，信用和共济业务盈利将大幅度减少，仅从2014年的数据推断平均每家农协盈利要损失约438百万日元。虽然目前农协体系和政府博弈的结果给予了农协长达五年的缓冲期，但是，对于农协系统及基层农协来讲提升经济业务的盈利能力实际上是满足成员需求，以及应对政府改革方案的唯一出路。为此，日本全农以及基层农协都先后提出了相应的对策。

四 全农拟订实施的"农协业务改革方案"

2014年6月24日，"规划Ⅱ"之中略微涉及了农协业务改革，其具体

---

① 2014年日本692家综合农协共有正组合员449.5万，其中个人组合员447.9万，农事组合法人及其他法人等团体组合员1.6万。准组合员577.3万，其中个人准组合员569.3万，团体准组合员8.0万。

表述是，第一，对采取买断方式制定明确的目标值，并且要有步骤地扩大该比例；第二，建立对成员有利的生产资料购买体制。也就说，日本政府对农协经济业务的改革主要集中在农产品销售和农资购买这两个领域。2016 年 11 月 29 日，日本政府在"规划Ⅱ"中附加了"增强农业产业竞争力项目"（表3），更加具体表达了这一态度，并且谋求实现以全农为对象的农协经济业务全面改革。

日本全农针对"规划Ⅱ"提出的要求，于 2017 年 3 月 29 日公布了"本会对于《农林渔业及激发地域活力规划》的应对措施"，制定了具体目标值和实施方案（表4），其主要内容如下：

（一）大米销售

全农计划迅速提高买断销售方式①的比例，预定在 2024 年提高到 70%。并且，提升对终端消费者的直销比例，2024 年达到 90%。全农为了实现此目标，一方面，加大了对餐饮等集团业务用米的销售力度。目前全农正在对日本大型回转寿司连锁店，SUSHIROI 国际控股公司进行多达 40 亿日元的投资测评。另一方面，积极推进订单农业发展，争取与农民签订大米播种前供应合同以及长期合作协议，以保证大米供给稳定。但是，这种变化要求部分大米主产区必须大幅度改换大米品种，加快硬件设施改造，以应对大规模生产经营者采取的软性包装方式出货的需求，以及采取低温保藏来保持大米品质来实现周年稳定供给的末端消费者需要。目前，岩手县、新潟县、山口县、石川县，4 个主产区已经开始着手对集货出货设施进行大规模改造。

（二）园艺作物

全农在推进对终端消费者的营销活动的同时，将卷心菜、莴苣、胡萝卜、洋葱、葱类 5 个品种，选定为"重点品目"，计划扩大对加工、餐饮等

---

① 日本农协与成员之间采取代销方式销售农产品。农协在销售完农户委托的农产品之后，从销售价格中收取一定比例的手续费。好处是可以将成员利益与农协收益紧密挂钩，通过保障农产品销售价格、数量增加农协收益。但是，近年来，农协行政化趋势严重，农协职员乐于办理手续，不愿以开辟市场，造成代销价格越来越低，既损害了农民利益，也损害了农协自身利益。要求农协采取买断方式的呼声日益高涨。

集团消费者的订单生产规模。制定了按不同地区、不同业态的销售体制，以及区域合作销售方式。同时，2017年，还制定了全农与基层农协进行不同品目的销售战略，推进细分市场和定期评估工作。

（三）食品、农产品出口

全农提出在2019年之前扩大日本食品、农产品出口的具体目标，即牛肉130亿日元、大米45亿日元、蔬果135亿日元。为此，全农计划截至2019年新培养10个大米农协、10个蔬果农协，并且实现蔬果的托盘出货。全农还在网页上开设了"出口一站式服务窗口"，已经对希望出口农产品的基层农协提供咨询服务。同时，全农开始利用在中国香港、中国台湾、新加坡等地区和国家建立的长设性销售柜台，帮助农协开展试验性出口服务。

由于日本人口减少将会造成市场规模萎缩，且人口结构的快速老龄化引发即食食品①、在外用餐以及加工食品的需求不断提升，有必要通过农产品出口支撑农业发展。因此，全农作为农民的组织需要未雨绸缪，制定立足于外部环境变化的发展目标以及为实现该目标做好包括硬件改造在内的准备工作。因此，即便是日本内阁府规制改革委员会没有提到全农的改革问题，全农迟早也需要推进自身的改革。

五　日本基层农协推动"自主改革"的现状
——以青森县十和田奥入濑农业协同组合为例

如表1所示日本每家基层农协的不同部门损益结构，基本是用信用和共济业务盈利弥补经济业务等的亏损。但是，各地域的情况有所不同，如表2所示全日本还有137家经济业务盈利的农协。其中，表5中青森县内10家基层农协里面，就有9家实现了生产资料统一购买和农产品统一销售业务，即经济业务的盈利，其成功经验在于扩大业务规模和提升对成员的服务

---

① 即食食品是指不需要额外加工处理或者简单加工，打开包装（或散装）可直接入口食用的一类食品。

能力。

十和田奥入濑农协（简称"十和田农协"）是 2010 年 4 月由 4 家基层农协合并成立的广域合并农协，管辖地区横跨 2 个市 5 个町 3 个村，有 9 家分店、1 家办事处和 6 个经济中心。2015 年，该农协组合员总数 11978 名，其中正组合员 6909 名，准组合员 5609 名，出资金额 58 亿日元，销售额 194 亿日元，购买额 64 亿日元，存款余额 710 亿日元，共济保险 3633 亿日元。十和田农协以蔬菜和畜产生产为主，2015 年销售额中的 50% 是蔬菜，30% 是农畜产品，19% 是大米。

十和田农协合并后，整合资源在全区实施测土配方，抑制肥料的多度投入，降低生产成本。合并前，虽然各家农协也进行测土配方，但是规模小经营成本较高。新农协成立后，集中所有技术力量，根据测土配方结果给每家每户制订了具体的施肥规划，并且派专人指导。由于业务规模扩大，降低了农协的经营成本。同时，十和田农协注册了商标，只要是本区域内生产的长山芋、大蒜、牛蒡、长葱、茼蒿、青椒、扁豆、黄瓜、西红柿、萝卜、胡萝卜、卷心菜等蔬菜，在上市前经过含糖量、硝酸铵含量检测，并符合标准，可以粘贴"TOM – VEGE"商标统一销售。由于氮肥使用量的减少，蔬菜中硝态氮的含量降低，蔬菜口感好、涩味少，受到消费者的喜爱，品牌蔬菜价格上升，也增加农民以及农协的收入。目前，农协成员认为与其自己把蔬菜拿到市场上销售，不如交到农协分拣、包装后统一销售划算，农协的集货数量增加，农协中介费收入增加，进一步提升了农协为成员的服务能力，实现了农协与农民的共赢。

目前，农协成员在品牌化和测土配方实施过程中，追求规模效益的意识逐渐形成。在十和田奥入濑农协《第 3 次地域振兴规划（2017—2019年)》中，农协计划按照每个地域的农业类型将营农中心压缩为三个，并且提高设施的运营效率。要将营农中心打造成集营农指导、销售（收购、分拣、包装、出货）、购买业务与生产资料配送、使用加工业务、仓储业务等功能为一体的综合性服务中心，同时，计划将单品销售额在 1 亿日元以上品种指定为"战略作物"，配备专职营农指导员专人专管，提升技术服务的效率。

六 综合农协的存在意义与农协改革的方向

本文通过对统计数据与文献资料梳理，系统分析了日本农协改革中政府提案的要点与农协系统应对措施，认为日本农协改革中，废除中央会审计制度的组织体系改革已经木已成舟，下一阶段改革重点在于提升农协经济业务盈利能力。鉴于农协内部成员的异质化以及外部市场的国际化冲击，即使日本政府不主导农协改革，无论是日本全农，还是基层农协，推动自主改革在所难免。全农和基层农协都是经常与既是服务的使用者又是农协行为决策者的成员打交道，深知其需求变化，也认识到必须不断地进行大大小小的改革才能生存的道理。只要成员有需求，农协不但不能规避，还要在成员的民主决议中不断改善和维持业务发展。相反，政府主导的农协改革，采取了改变审计制度与限制准组合员数量的方案，实质上是削弱了农协经营实力，特别是让信用业务和共济业务从农协中分离出去，将会使基层农协的经济业务以及具有公益性功能的营农指导业务的发展陷入停顿，因此，不少日本学者认为当前日本政府主导的农协改革目的是引入弱肉强食的市场理论，让能够盈利的农协存活下去，让其他地域的农协消亡。但是，农协消亡之后，当地农民如何与市场衔接？农民收入是否能够得到保障？却鲜有讨论。

日本综合农协是基于日本社会的实际情况发展起来的，符合东亚小规模、分散家庭经营特点的合作经济组织。小规模家庭经营需要从生产到生活的各个环节，得到农协的帮助，综合农协的多元化服务本身就是基于这一基本需求而展开的。这种制度安排可以以较低的融资成本促进农民、农业、农村发展，在农产品收获之前支付农民定金；在农协将产品完全销售完之前向农民提前支付货款；还可以向农民提供农业生产资料的赊销，减少农民再生产的投入；提供生产技术服务提升农业产出；根据农民销售情况确定农民贷款信用额度，通过向农民提供阶段性的现金，保障农业经营以及农村社会的稳定。目前，虽然日本工商资本批评农协是以金融业务为主的金融农协，但是从历史上来看正是因为日本农协获得金融业务的垄断，才从高利贷中帮助解放了农民。如果剥离金融业务、减少准组合员的数量会对基层农协生存，进而对农民生计造成巨大影响。

2016 年，日本政府宣布将全面推动农协改革，特别是将限制准组合员数量等方案推迟 5 年执行，给农协自主改革留下了一定的空间。但是，缓冲期很快要过去，而且《农协法》修订案中也明确了将全农改组为股份有限公司，农协按照政府既定轨道进行改革已经难以避免。需要注意的是日本农协是民建、民管、民受益的公益性社团组织，农协改革的目标必须是以提升为农服务为目的，而不应该是单纯地追求利润和效率，农协如何改革应该由农协成员经过民主表决之后自行决定。但是，当前，日本政府却不彻底履行民主程序，无视农民自身诉求，过度追求改革速度。这种对民主程序的重要性和合作组织特点缺乏理解的"农协改革"，既不具备合理性，也不具备有效性。特别是非当事者的外部介入，最终会歪曲农协内生的真正改革意愿。

参考文献

[1] 太田原高昭：《新明日的农协 从历史与现场》，《农文协》2016 年。

[2] 金红兰、曹斌、神田健策：《日本农业协同组合改革现状与"综合农协"存在的实践意义——以日本青森县相马村农业协同组合为例》，杨团、孙炳耀等：《综合农协·中国"三农"改革突破口》2016 卷，中国社会科学出版社 2016 年版，第 403—421页。

[3] 神田健策：《トランプ新大統領·TPP·農協改革の問題点－総合農協解体のねらい－》，《住民と自治》2017 年 4 月，第 33—37 页。

[4] 農林水産省：《平成 26 事業年度総合農協統計表》，《農林統計協会》2016 年。

附：

表1　日本基层农协不同业务部门的平均收益情况

单位（百万日元）

年份	信用业务	共济业务	经济业务等	合计
2006	242	230	－218	254
2014	383	202	－238	347

注：日本会计年度从每年4月1日起至次年3月31日。

资料来源——農林水産省：農協について（http：//www.maff.go.jp，2017－8－15）。

表2　不同业务部门盈利基层农协与亏损基层农协的数量（2014年）

单位：家

	信用业务	共济业务	经济业务	整体盈亏情况
黑字	675	679	137	676
赤字	17	13	555	16

注：日本会计年度从每年4月1日起至次年3月31日。

资料来源——農林水産省：農協について（http：//www.maff.go.jp，2017－8－15）。

表3　　　　　　　提升农业竞争力项目中的"全农改革"内容

业务分类	农协改革内容
购买业务	·录用了了解生产资材信息的农协外部人才，推动农协向精锐组织转型； ·充分发挥统一购买的优势； ·对农业经营者、农协采取不同价格、各项经费的对策； ·导入竞争性的招标等方式； ·与农业经营者、农协共享全农收集的农业生产资料等信息； ·为实现上述目标，通过业务重组、提升业务部门效率、调整人员配置、向生产资料生产商等转让相关业务等，构建更为简洁的经营体制，将富余的人才充实到农产品销售业务领域； ·在充分考虑生产资料生产厂商的生产能力的基础上，开展进口、销售肥料、饲料原材料等业务； ·对生产资料生产厂商或进口商投资时，应向农协成员说明投资预期目标。如果没有投资成效时，应及时进行投资再评估； ·在购买业务中不特别优待己方投资企业。

业务分类	农协改革内容
销售业务	·对已经持有面向实际需求者、终端消费者稳定的销售渠道的流通企业，开展战略性的投资，并且向农协成员说明投资预期。如果没有投资成效时，应及时进行投资再评估； ·通过稳定客户的方式，逐步由委托销售转向买断销售； ·选择与有长处的商社等合作，构筑农协销售体系。
其他	·改变管理层的意识，录用农协外部人才，改善组织结构等； ·公开年度计划、数值目标； ·定期追踪执政党及政府动向。

表4 全农"本会对《农林渔业及激发地域活力规划》的应对"提出的政策目标

品种	目标值（单位）	年份				
		2016	2017	2018	2019	2024
米	买断方式（万吨）	22	30（14%）[1]	50（25%）	—	（70%）
	直销数量（万吨）	80	100（47%）	125（62%）	—	（90%）
园艺作物	直销金额（亿日元）	3100	3200	3300	—	5500（过半）
出口	出口金额（亿日元）	130	174	207	340	—
	牛肉（亿日元）	45	55	69	130	—
	米（亿日元）	10	29	32	45	—
	蔬果（亿日元）	60	72	82	135	—
	出口大米试验基地（JA数）	—	10	15	20	—
	大米出口产地（JA数）	—		5	10	—
	蔬果出口产地（产地数）[2]	—	3	8	10	—
肥料	高度化学合成（普通）品牌	约400	10个左右	—	—	—
农药	通用农药	—	已开始研发	—	—	开始销售
	「直送经营主体的规格」品种	7	11	—	—	—
	「直送经营主体的规格」品种的普及面积（万ha）		4	8	12	—
农机	低价格模式		开发	一揽子采购	—	—
饲料	小批量品牌	500	—	消减20%	—	—

注：1）括号内是全农经手比率。其中大米是食用大米的全农经手比率。

2）主要指柿子、草莓、葡萄、桃的出口产地。

表 5　日本青森县十家基层农协不同业务部门的经营情况

单位：千日元

	信用业务	共济业务	经济业务	生活其他业务	合计
A 农协	20739	208715	403386	58389	695229
B 农协	68559	266104	354873	− 12529	677007
十和田奥入濑农协	106000	148000	105000	143000	504000
C 农协	69055	26739	244160	36446	376400
D 农协	43373	204683	− 17981	60704	290779
E 农协	108850	88573	85522	31577	251368
F 农协	7326	69591	173531	− 4409	246039
G 农协	74006	12497	125937	484	212924
H 农协	54055	100617	12452	26607	193731
I 农协	9601	22253	102324	16181	150359

注：2015 年的营农指导业务是扣税前盈余

资料来源：根据各农协年度报表汇总制作。

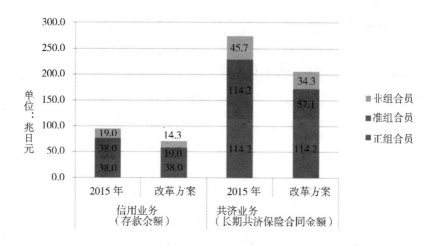

图 1　限制准组合员数量对基层农协信用和共济业务收益带来的影响

资料来源——农林水产省：农协について（http：//www. maff. go. jp，

2017 − 8 − 15）。

农林水产省：《平成 26 事业年度总合农协统计表》，农林统计协会，2016 年。

从构想到实践：地政学派与
台湾土地银行的创设[①]

程朝云[②]

摘要：台湾光复初期，以 CC 系干将萧铮为首的地政学派在台湾行政长官公署行政长官陈仪的支持下，在接收日据时期金融资产的基础上，成立了中国近代史上第一家独立的土地专业银行。台湾土地银行的设立，是地政学派从 20 世纪 30 年代以来倡导设立土地银行的结果，但从光复初期该行的实际运营来看，其难以行土地金融之义，显示出地政学派的理念与社会现实间存在落差。

关键词：土地银行　土地金融　土地改革　萧铮

1946 年 9 月 1 日，台湾土地银行正式宣告成立，这是中国近代史上第一家独立的土地专业银行，[③] 以土地金融[④]为主要业务，在后来的台湾土地

---

① 原文发表于《福建论坛》2016 年第 12 期。

② 作者系中国社会科学院近代史所副研究员。

③ 台湾土地银行编辑：《台湾土地银行》，台湾土地银行 1947 年版，第 1 页；收入张研、孙燕京主编《民国史料丛刊》第 477 册，大象出版社 2009 年版。

④ 所谓土地金融，广义地说即不动产金融，分农地金融和市地金融两种，主要手段是以土地为信用工具，运用土地信用抵押及发行土地债券，使土地资金化，从而使土地所有权人获得长期且低利的资金。（参见黄通《土地金融之概念及其体系》，《地政月刊》第 2 卷第 2 期，1934 年；吴福明《历史视角下的土地金融探索》，《金融博览》2013 年第 10 期）就农地金融而言，属农业金融的一部分。）

改革过程中，该行扮演了非常重要的辅助机构角色。① 对于这一特殊的金融机构，以往学界鲜少关注。② 追溯台湾土地银行的历史，将会发现该行的设立，不仅建基于接收日据时期金融资产之上，还深受地政学派土地金融思想的影响。以 CC 系干将萧铮为代表的中国地政学派是国民党土地改革政策的重要策划者，其土地金融制度构想对土地改革方案有着非常深刻的影响。本文尝试梳理地政学派的土地银行构想及其对战后台湾土地银行创设的影响，分析台湾土地银行成立的原因及其初期实践，从而探讨地政学派的土地银行构想在付诸实践过程中面临的问题与落差。

一　地政学派与土地银行之议

土地银行是一种不同于普通商业银行的特殊金融机构，主要经办"供给土地购买、改良及开发资金"等土地金融业务，"以期促进土地改革，增进土地利用"，属于政策性的、不以营利为最终目的的特种银行。③ 土地金融于 18 世纪首先出现于德国；19 世纪下半叶得到快速发展，就其背景来说是农业资本化之后的产物。欧陆其他国家及英美继德国之后也陆续设立了类似金融机构，由于各国国情与采取的政策不同，欧陆与英美的土地银行或类似机构在制度与功能方面略有不同，英美因地权问题不严重，社会资金也比较充裕，其土地政策相对放任，土地银行的任务旨在为农民从事的农业技术改良提供资金；欧陆各国，尤其是土地银行的发源地德国，土地银行则是配

---

① 农复会土地改革组组长汤惠荪在一次世界土地改革会议上指出，土地银行与农会是台湾土地改革最重要的两个辅助机构。参见李昌槿《台湾土地银行与土地改革（上）》，台湾《人与地》第 37 期，1987 年。

② 关于台湾土地银行，目前仅见曾任台湾土地银行总经理的李昌槿对该行 40 年来的业务经营状况做过介绍，参见李昌槿《台湾土地银行与土地改革》，分上、下两篇，分别载台湾《人与地》第 37 和 38 期，1987 年；还有台湾政治大学地政研究所纪伟的硕士论文，从实务角度，研究如何改进台湾土地金融的弱点，参见纪伟《台湾土地银行推行土地金融业务之研究》，台湾政治大学地政研究所硕士论文，1974 年，后收入萧铮主编《台湾土地及农业问题资料》丛书，台湾成文出版社 1981 年版。在有关台湾土改的众多研究成果中，也很少有研究论及土地银行。

③ 崔醒魂：《对土地银行应有之认识》，《人与地》第 1 卷第 3 期，1941 年。

合政府推行相关土地政策的制度性工具，如德国地租银行，就以解放小农为鹄的。①

我国在相当长一段时间内并无专门的土地金融机关，仅有一些公私营银行兼办土地抵押信用。据统计，1936 年以前，全国具有农业性质的金融机关（不含合作社）有 30 余家，其中仅中国农工银行和中国农民银行可以合法经营农地放款业务。总体而言，抗战前银行，尤其是商业银行的土地抵押放款主要针对都市土地，新式农业金融的放款范围主要是针对农民购买肥料、种子、牲畜等的短期信用，属于中期信用的排水工程、农场设备等贷款，在农贷中不占重要地位，期限较长的农地信用业务更是传统金融，甚至高利贷的地盘。②

尽管土地金融业务还很不发达，但到 20 世纪 30 年代，已有人注意到土地银行及其代表的现代土地金融制度的作用，并将土地金融与中国土地问题结合起来思考。1932 年留德归来的萧铮，就是其中的践行者。

萧铮 1905 年出生于浙江永嘉，广州国民政府时期，进入国民党中央组织部，在代理部长陈果夫手下任干事，从此成为陈果夫一系重要人物。不久又以国民党特派员身份被派回浙江从事党务工作，在任期间，曾参与浙江"二五减租"，开始关注土地问题。③ 1929 年，萧铮赴德学习，受到德国土地改革专家达马熙克（Adolf. Damaschke）思想的影响。④ 达氏主张将土地与资本、劳力区分开，前者作为自然资源，其收益应归社会所有，或者说国家所有，并主张以渐进方式实行土地改革，对地主既有的地租收益不予触动，对未来的地租收益或者土地增值部分，则通过征收土地增值税的方式收归公有。⑤ 由于土地过度商品化导致严重负债问题，为保护农民与稳定土地

---

① 辛膺：《土地银行创设之理论及中国创设土地银行制刍议》，《中国合作》第 1 卷第 5—6 期，1940 年。

② 潘信中：《我国土地金融制度回顾与前瞻》，《财政评论》第 12 卷第 6 期，1944 年。

③ 萧铮：《土地改革五十年——萧铮回忆录》，地政研究所 1980 年版，第 8—9、第 12—13 页。

④ 萧铮自述其思想深受孙中山和达马熙克影响，后来推行土地改革运动，方法上主要参考达氏的主张。参见萧铮《土地改革五十年——萧铮回忆录》，第 34 页。

⑤ 萧铮：《德国土地改革运动》，《地政月刊》第 1 卷第 2 期，1933 年；黄通：《达马熙克先生与德国土地改革运动》，《地政月刊》第 3 卷第 9 期，1935 年。

经营，达氏主张设立公营的土地信用机关，贷与长期低利资金，使其偿还债务，所放资金分年摊还，并整理财赋体系，化利息为赋税。①

达氏主张不脱所谓"税去地主"和"买去地主"的土改框架，但将土地制度改革与土地金融及财赋整理相结合，是其特别之处。萧铮对达氏极为服膺，认为达氏学说和孙中山的民生主义土地政策极为契合。② 1932 年从德国回来后，萧铮即试图运用达氏的主张来解决国内的土地问题。

萧铮先是应蒋介石指令，拟具鄂豫皖苏区"匪区土地整理计划大纲"，建议分三步进行土地整理：第一步，任由农民"占田"，令农民银行贷与资金，发展生产；第二步，于一年后进行土地呈报与测量登记，政府确定地价，征收地价税；第三步，农民提供"匪灾"之前的土地契据，"占田"面积如超过原有面积，则于 5 年后分期缴还地价，如小于原有面积，则由政府另外补偿，农民银行发行土地债券，用于补偿地价。③ 此后不久，萧铮又被陈果夫延揽至其新接手的导淮委员会，任土地处处长，重点帮助陈果夫为浩大的导淮工程筹措经费。萧铮与陈果夫商谈的结果，准备以工程完工后淮河流域受益土地的预期收益为基础，以相关土地作抵，分步骤向银行贷取资金，并准备以土地做抵押，发行公债 4000 万银圆，作为导淮工程经费。④

上述两个土地整理方案均将土地金融作为重要手段，以银行借款为整理土地的资金来源。从这两份方案也可以看出，萧铮关注的不仅是土地问题，还试图通过土地资产化，解决财政需求。萧铮的想法得到陈果夫的支持，其主持的导淮工程以土地做抵押向国内外银行借款，还曾在江苏发行水利建设公债 2000 万元，其中仅 600 万元用于导淮工程费用，其他则移作他用。⑤ 在主政江苏期间，陈果夫还推行土地陈报、催缴大户欠粮、征收地价税、试办耕者有其田等土地政策。⑥ 蒋介石对萧铮的主张也不排斥，中央政治学校附设地政研究班开班仪式上，在"剿匪"前线的蒋介石发表了书面"训词"，

① 达马熙克：《土地改革论》，张丕介译，（台湾）"中国"地政研究所、台湾土地银行研究室1959 年版，第 130—150 页。
② 萧铮：《土地改革五十年——萧铮回忆录》，第 37 页。
③ 同上书，第 41 页。
④ 同上书，第 45—46 页。
⑤ 吴晓晴：《抗战前南京国民政府的导淮入海工程》，《民国档案》2002 年第 4 期。
⑥ 萧铮：《土地改革五十年——萧铮回忆录》，第 89—95 页。

鼓励该班学员研究土地问题，并从增加财政收入角度强调土地整理之重要，"是我们国计民生一个生死关键"。①

萧铮的土地政策思路虽符合蒋介石等人对财政的迫切需求，但如何细化与落实，还任重道远，萧铮于是在蒋介石、陈果夫的支持下，邀集曾济宽、刘运筹、万国鼎等 10 位土地问题专家，研究制定国民党的土地政策。1932年 7 月，"土地问题讨论会"在南京成立召开，至 9 月，讨论通过了"推行本党土地政策原则十项"，内容包括土地权属、建立平均地权制度、促进土地利用和设立地政机构四个部分，规定土地属于国民全体，人民有依法使用收益之权，政府则有最高管理及支配之权；依照地价征税，并课征增值税以限制土地集中，实施涨价归公；改善租佃制度，扶植自耕农，以达成耕者有其田；实行土地重划，规定土地合理经营面积，设立土地金融机构，协助促进土地改良；中央和地方普遍设置地政机关，负责推行土地政策，办理土地整理等。这十项原则成为后来国民党土地政策的基础，此后的相关讨论基本未超出这一框架。②

1933 年 1 月 8 日，萧铮等人在土地问题讨论会基础上，组建中国地政学会，并确定其宗旨为研究土地问题、促进土地改革。这是国民党官方的土地问题研究机构，不仅国民党的相关土地政策出自该机构，后来各级地政机关的工作人员及各时期土改政策的执行者，也均来自该学会及其培养的地政人才队伍，战后台湾土改的执行者们，基本上也出自该系统。在土地改革问题上，该会采取达马熙克所言的"税去地主"与"买去地主"两种方式。该学会第三届（1936 年在杭州召开）、第四届（1937 年在青岛召开）年会分别以"租佃问题"和"如何实现耕者有其田"为中心议题，通过发行土地债券、供应农民低利资金帮助农民购买土地、实行累进地价税使地主"逐步放弃"土地等解决方案，即主要运用金融与税收手段，并不涉及减租与地权分配等"激进"方式。③ 就"税去地主"而言，需要农民申报地价，政府征收地价税。至于"买去地主"，其重要手段为设立土地专门银行，通

---

① （附录）《蒋校长对本班开学时训词》（1932 年 11 月 15 日）；萧铮：《土地改革五十年——萧铮回忆录》，第 70 页。
② 萧铮：《土地改革五十年——萧铮回忆录》，第 52—55 页。
③ 同上书，第 175—176、179 页。

过土地信用抵押和发行土地债券，供应农民长期低利资金。

关于设立土地银行，在 1934 年春召开的中国地政学会第二届年会上，就有学者建议设立中央土地信用银行，发行土地债券，从而解决耕者有其田问题。① 1935 年 10 月，中国地政学会和浙江省政府合办浙江平湖地政实验县，主要工作是通过航测进行地籍整理。对该项目，萧铮建议在县政府成立地政科，主管地政工作，并建议成立土地银行，"负责土地金融之业务，帮助地政工作之开展"。萧铮的建议大多被采纳实行，唯土地银行未能设立。② 同年 11 月，国民党第五次全国代表大会召开，萧铮等人提出了"积极推行本党土地政策案"和"设立土地银行流通金融复兴经济案"，获大会决议通过。土地政策纲领分为实行土地统制、迅速规定地价、实现"耕者有其田"、促进垦殖事业、活动土地金融等 5 项。大会同时通过了设立中央土地银行的决议。③

此后国民党还有多次大会通过类似设立土地银行的决议案，但一直未能付诸实施。时任财政部长的孔祥熙曾表示"土地哪能成银行"，显示时人对土地银行非常陌生，更谈不上接受。④ 且设立土地银行是萧铮主导的地政学派的主张，背后是陈果夫的人脉力量，陈果夫一系的影响力主要在党务和教育系统，在财经领域影响力极为有限，加上此时的国民政府对土改并不重视，地政学派的土改建议往往成为一纸空文，⑤ 其土地银行构想也就未在战前引起波澜。

二　妥协的产物：1941 年中国农民银行农业金融处的成立

抗战爆发后，东南富庶地区沦陷，工业损毁严重，农业与农村成为抗战

---

① 黄公安：《创建战时土地银行制度刍议》，《财政评论》第 6 卷第 3 期，1941 年。
② 萧铮：《土地改革五十年——萧铮回忆录》，第 106 页。
③ 同上书，第 136—137 页。
④ 同上书，第 225 页。
⑤ 郭德宏：《南京政府时期国民党的土地政策与实践》，《近代史研究》1991 年第 5 期。

建国的基础，其重要性显著提升。为发展农业生产，战前不太受重视的农业金融，逐渐获得更多的政策支持，四联总处成立后，即专门设立了农业金融处，负责农贷业务。1940 年，中央信托局，中国、交通、农民三银行及农本局制定农贷办法纲要，统筹安排农贷业务，其项目包括农业生产贷款、农业供销贷款、农业储押贷款、农田水利贷款、农村运输工具贷款、佃农购买耕地贷款、农村副业贷款、农业推广贷款八项。[①] 其中如佃农购买耕地贷款属于土地金融范畴，只是其执行效果甚微，该年度的贷款总数仅 200 万元，只占农贷总额的 0.7%，[②] 显然土地金融并未受到金融机关重视。

随着东南沿海的沦陷，战时财政也深受影响，因战前主要依赖的关税、盐税均出自这些沿海城市，财政收入因此大为减少。[③] 与此同时，为支应巨额军费，战时支出不减反增。到抗战中期，国民政府的财政压力日益沉重，由于财政赤字与货币增发等原因，通货膨胀极为严重，尤其是民生及军队必须的粮食，价格飞涨。1940 年夏，国统区的粮价上涨使粮食问题成为困扰蒋介石的三大危机之一。[④] 对于粮价上涨的原因，地政学会认为，并非因为粮食生产不足或成本提高，而是地主大户囤积居奇。而地主大户可以垄断粮食，则源于现行分配不均的土地制度，使他们可以掌握粮源，操纵粮价。[⑤]

为彻底解决粮食问题，增加财政收入，1940 年 12 月中下旬，蒋介石将实施耕者有其田与粮食管理问题放在一起考虑，试图找到同时解决的办法。[⑥] 至于如何同时解决粮食问题与土地问题，蒋介石曾在日记中表示已苦思出一办法。[⑦] 1941 年 6 月，国民政府召开第三次全国财政会议，蒋介石在开幕式上讲话，强调土地与粮食是中国财政的两大基石，管制粮食与平均地权是战时财政与经济的中心问题，除了要将田赋收归中央，实行田赋征实

---

① 洪瑞坚：《中国土地金融事业之前途》，《服务月刊》第 6 卷第 4—5 期，1942 年。
② 潘信中：《我国土地金融制度回顾与前瞻》，《财政评论》第 12 卷第 6 期，1944 年。
③ 孔祥熙：《抗战以来的财政》，胜利出版社 1942 年版，第 30 页。
④ 《蒋介石日记》1940 年 10 月 21 日。原件藏美国斯坦福大学胡佛研究所，此处引用中国社科院近代史研究所档案馆所藏抄本，下同。
⑤ 张之锦：《地政学会六次年会三大议案》，《人与地》第 2 卷第 1 期，1942 年。
⑥ 《蒋介石日记》1940 年 12 月 18 日、19 日。
⑦ 《蒋介石日记》1940 年 12 月 21 日，"上星期反省录"。

外，还要贯彻民生主义的土地政策与加强粮食管理。①

在财政会议召开之前，1940 年 7 月召开的国民党五届七中全会也聚焦于战时经济问题，并通过了萧铮等人提出的"拟请设立中国土地银行，以促进土地改革，实现平均地权，活泼农村金融，改善土地利用案"。同年 8 月，蒋介石以行政院训令要求财政部照提案办理，但财政部长孔祥熙无意遵照执行，并在回复中附上了四联总处对萧铮所提"筹设中国土地银行办法纲要"的审查报告。四联总处的审查报告基本否定了萧铮的土地银行方案。除认为中国农村土地集中情形并不严重，战时不宜分化地主这一观念分歧外，该报告从实务角度出发，认为由银行贷款给农民购置土地只是实现耕者有其田的途径之一，且必须配合先进的农业技术指导、各项农业扶植政策以及优良的赋税制度；萧铮等人提出的"照价收买"政策，应该是政府的工作，银行很难强制执行，中国户籍、地政未经整理的客观状况，即便政府也很难推行这一政策；为便利农民，不赞成将长期农贷（土地金融放款）单独划分出去，建议可由有发行权的中国农民银行兼办长期农贷；至于萧铮所提在一亿元资本之外，拟通过发行地价债券与抵押债券筹集资金，报告认为低利的债券在战时很难发行，若以发行的债券转押中中交农四行，则有造成通货膨胀、加重金融市场压力的风险。② 这些意见应该说相对中肯。土地银行的设立确实需要一系列前提条件，包括健全的土地行政，完善的地籍整理，明确的土地抵押权登记，还须有地方基层组织等的配合，③ 这些均非短期内能够准备，战前仅办理土地陈报即已劳民伤财，且成效不彰。④ 关于债券发行，后来的经验也证明确实存在很大困难。

针对四联总处和财政部的不同意见，地政学派当时发表了不少文章证明

① 蒋中正：《第三次全国财政会议训词——建立国家财政经济的基础及推行粮食与土地政策的决心》，《财政评论》第 6 卷第 1 期，1941 年 7 月。

② 《七中全会萧铮等提设土地银行》，台北"国史馆"馆藏行政院档案，人藏登录号：014000008021A。

③ 台湾土地银行编辑：《台湾土地银行》，第 3 页。

④ 萧铮：《土地改革五十年——萧铮回忆录》，第 96 页。

设立土地银行的必要性，并认为土地银行作为特种专业银行，应该单独设立，[①] 又说明土地银行与现存银行的业务并不构成竞争，反而可以并行不悖，相得益彰。[②] 1940 年 10 月，萧铮呈请蒋介石执行七中全会决议案，创立土地银行。[③] 蒋介石不久回复萧铮，认为不必另外单独设立一家银行，决定由蒋氏掌控下的中国农民银行参照土地银行办法纲要，先行试办土地金融业务。[④]

1941 年 2 月，中国农民银行设立农业金融处，由萧铮推荐的黄通、洪瑞坚分任正、副处长，专门办理土地金融业务。同年 9 月，国民政府公布《修正中国农民银行条例》和《中国农民银行兼办土地金融业务条例》。次年 3 月，又公布《中国农民银行土地债券法》，中国农民银行兼办土地金融业务的法律依据基本完备。[⑤] 根据相关规定，中国农民银行农业金融处"以协助政府实施平均地权政策为宗旨"，办理照价收买土地放款、土地征收放款、土地重划放款、土地改良放款、扶植自耕农放款等土地金融业务。农业金融处会计独立，其业务基金，由财政部拨款 1 千万元。[⑥] 1943 年，农民银行奉财政部命令，增资为 6 千万元，农行为土地金融基金增拨了 1 千万元，使其基金达到 2 千万元。其放款种类根据四联总处的命令，自该年起增加了地籍整理放款和乡镇造产放款两项。[⑦]

农业金融处的土地金融业务是当时的一项创举，基本上从无到有地做起。该处对于经办业务确定了四点原则：（一）不以营利为目的，尽量节省

---

① 崔醒魂：《对土地银行应有之认识》，《人与地》第 1 卷第 3 期；杨予英：《土地金融制度建立之商榷》，《人与地》第 1 卷第 3 期；辛膺：《土地银行创设之理论及中国创设土地银行之刍议》，《中国合作》第 1 卷第 5—6 期，1940 年。

② 黄公安：《创建战时土地银行制度刍议》，《财政评论》第 6 卷第 3 期，1941 年。

③ 洪瑞坚：《中国土地金融事业之前途》，《服务月刊》第 6 卷第 4—5 期，1942 年；萧铮：《土地改革五十年——萧铮回忆录》，第 225—226 页。

④ （附录）蒋介石 1940 年 11 月 26 日回复萧铮电文，萧铮：《土地改革五十年——萧铮回忆录》，第 226 页。

⑤ （附录）黄通：《中国农民银行土地金融处简史》，萧铮：《土地改革五十年——萧铮回忆录》，第 229 页。

⑥ 《中国农民银行兼办土地金融业务条例》（1941 年 9 月 5 日府令公布），《经济汇报》第 4 卷第 7 期，1941 年。

⑦ （附录）黄通：《中国农民银行土地金融处简史》，萧铮：《土地改革五十年——萧铮回忆录》，第 229 页。

开支；（二）考虑到社会政治环境，从较合乎条件的地方做起；（三）和政府机关合作；（四）靠宣传工作推动业务。成立后的第一年，该处着重在川、康、湘、桂四省开展扶植自耕农及土地改良放款，但该年工作偏重与地方政府联络以及宣传工作，基本没有贷款业务。该处第二年服务区域扩大到甘、陕、赣、闽、鄂、粤等省，第三年又进一步增加黔、浙、豫、宁等省。由于农业金融处人员、资金有限，加上战时各地环境限制，该处的土地金融业务事实上主要集中在少数几个区域，如湖北恩施、福建龙岩、江西赣南的扶植自耕农放款，甘肃湟惠渠的扶植自耕农和土地改良放款，以及陕西汉中和广西柳城等地区的土地改良放款等。[①] 从战时农业金融处历年放款余额情况来看（参见表1），土地改良放款金额最高，占放款总数的一半，扶植自耕农放款次之，照价收买、土地征收与地籍整理放款均为数不多，从农业金融处的放款情况，也可窥见战时国统区的土地改革推行状况。

表1　战时中国农民银行农业金融处历年各种放款余额表

单位：法币元

年份	扶植自耕农放款	土地改良放款	地籍整理放款	土地重划放款	照价收买放款	土地征收放款	乡镇造产放款	合计
1941	—	—	—	—	—	—	—	—
1942	493475	900000		2140000				3533475
1943	12179222	36706573	1930000	2344800	4000000	5250000	1600000	64010595
1944	50180047	85857990	13211000	775000	4870000	4850000	4374000	164118037
合计	62852744	123464563	15141000	5259800	8870000	10100000	5974000	231662107

资料来源——洪瑞坚：《土地金融业务的检讨》，《中农月刊》第5卷第11期，1944年。

　　农业金融处在开展业务过程中可谓困难重重，在业务开展初期，由于土地法规不健全，和地主关系紧密的各级政府又缺乏土地改革积极性，农业金融处只好以一个原该处于辅助角色的金融单位，实际扮演土地改革工作的推动者，"从选择地点起，以至测量面积，议定地价，实施征收，都由我们去

---

① 洪瑞坚：《土地金融业务的检讨》，《中农月刊》第5卷第11期，1944年；《中国农民银行三十二年度业务报告书》，中国人民银行金融研究所编《中国农民银行》，中国财政经济出版社1980年版，第168页。

协同办理"，其承担的工作，远远超出了本身职责①。农业金融处土地金融业务面临的又一个困难，是地籍紊乱。土地金融是以土地做抵押的一种放款业务，土地产权必须确定才能办理，② 四联总处后来让农业金融处增加地籍整理放款，正基于其必要性。只是地籍整理绝非短期内所能完成，且须大量人力、物力，战时经办者很少。战时币值跌落、物价飞涨以及地价飙升，也增加了土地金融业务的困难。根据《中国农民银行土地债券法》，农业金融处可通过发行公债筹募资金，但战时币值一再跌落，土地债券利息微薄，根本无法在证券市场销售，农民银行 1942 年发行的 1 亿元土地债券只能在借款时搭发，且截至 1944 年年底仅销出 1 千万元。农业金融处的放款资金，不得不从农民银行透支，并为此支付较高的利息。在工作开展近四年后，相关人员总结"仍然在试验改进之中"，"还不能说已经打好基础"。③

战时中国农民银行农业金融处的设立，是地政学派一直以来倡议设立土地银行、以土地金融推进土地改革的结果，也是战时国民政府鉴于财政压力，重视土地生产力及其作为税收重要来源的结果。然而，一方面，由于财经部门的反对及客观条件限制，土地银行在大陆一直未能正名，土地金融业务只能由中国农民银行兼办；另一方面，尽管战时国民政府通过了土地政策纲要，提出了平均地权、扶植自耕农等主张，但除寥寥几个土地改革实验区，国民政府并未真正推行相关土地政策，加上战时经济与社会环境动荡，资金不裕等因素，战时农业金融处的土地金融业务只能算试办性质，可以发挥的空间很小，这种处境直至抗战胜利后都未发生根本变化。④

三 构想初现：1946 年台湾土地银行的设立

地政学派土地银行的构想在大陆一直未能得到彻底践行，但他们并未放弃实现理想的机会。抗战胜利后的台湾为地政学派提供了机会，在取得陈仪

---

① 洪瑞坚：《土地金融业务的检讨》，《中农月刊》第 5 卷第 11 期。
② 洪瑞坚：《中国土地金融事业之前途》，《服务月刊》第 6 卷第 4—5 期。
③ 洪瑞坚：《土地金融业务的检讨》，《中农月刊》第 5 卷第 11 期。
④ 黄通：《土地金融政策实施的状况》，《中央周刊》第 10 卷第 11 期，1948 年。

的支持后，他们在接收日据时期金融资产的基础上设立了土地银行。

从 1895 年到 1945 年，台湾处于日本的殖民统治之下，就金融业而言，光复前夕，在台经营的银行共有七家，分别是台湾银行、台湾储蓄银行、三和银行、日本劝业银行、彰化银行、华南银行、台湾商工银行。① 其中，日本劝业银行成立于 1897 年，宗旨是为工农业发展提供融资服务。该行主要业务为抵押放款、无抵押放款和特别担保放款，抵押放款是以田地、房屋、建筑物、工场财团、轻便铁道财团、渔业权等为抵押所做的放款；无抵押放款则以有稳定收益的县市町等行政机关、公共团体、社会组织等为贷款对象；特别担保放款，是指各农工银行以其放款债权及其收入为抵押，向劝业银行请求的放款。就放款的事业对象来说，农业放款在抵押放款中为数最多，其中又以土地开垦、耕地改良放款为主；在无抵押放款中，面向公共团体的水利放款为数最多。除放款这一主要业务外，该行还为筹集资金发行债票，接受各农工银行的存款，并办理票据贴现等短期借款业务。② 劝业银行在台业务早期交由台湾银行代理，1923 年，劝业银行在台湾开设分行，至台湾光复前夕，共在台北、台南、台中、高雄、新竹设立了五家分行。根据光复后台湾银行编制的资料，日本劝业银行在台分行除不办理特别担保放款外，其他与日本类似，主要办理抵押放款和信用放款。前者包括田地及盐田放款、宅地建筑物放款和工场、铁路轨道财团抵押放款；后者包括州、市、街、庄及其他公共团体放款和产业合作社及其他团体放款。③ 日本劝业银行的业务偏重生产性和技术性内容，针对农地的土地金融业务并不突出，因日据初期殖民政府已经完成了台湾土地调查及消除大租权的工作，此后殖民政府的土地行政不再关注地权问题，而侧重地籍管理。④

---

① 叶理中：《台湾银行业之史的研究——五十三年来台湾之银行业》，《台湾银行》第 1 卷第 2 期，1947 年。

② 沧：《日本劝业银行调查录》，连载于《银行周报》第 2 卷第 30—35 期，1918 年；章午云：《今日我国应采之土地金融政策》，《经济学季刊》第 7 卷第 1 期，1936 年。

③ 《台湾五十年来之金融概要》，《台湾银行季刊》第 1 卷第 1 期，1947 年。

④ 在台湾调查委员会拟订的《台湾地政接管计划草案》之后，附有一个说明，提道："台湾现在地政人员只办地籍事项，对于地价地权等行政全不了解。接管后须注重地价地权。办理地政人员，除地籍外，对此二者，须有相当知能。而此项人员，接管时就地无法取材，故须预先训练。"参见陈鸣钟、陈兴唐主编《台湾光复和光复后五年省情（上）》，南京出版社 1989 年版，第 126 页。

对于日据时期台湾金融业，负责筹备台湾光复后接收工作的台湾调查委员会曾在成立之初，在主任委员陈仪的推动下，专门成立了台湾金融研究会，约集专家学者和财政部、中央银行的有关人士，研讨台湾金融接收和管理的基本原则。在财政部等财经部门的主导下，1945年8月，金融研究会拟订了《台湾金融接管计划草案》。[1] 该草案规定，由财政部指派四联总处、四行、二局会同台湾省政府组织接管台湾金融委员会，办理接管台湾金融事项。对于日据时期各家银行，该草案还分别指定了负责具体接收的行局，其中对于日本劝业银行，认为其办理农贷，可由中国农民银行主持接管，并将其改为中农的分行。[2]

不过，由于劝业银行的土地金融业务还涉及土地问题，台调会下设的台湾土地问题研究会对于接收有不同的意见。该研究会除谢南光、夏涛声、钱宗起、宋斐如、何孝怡、刘启光、林忠、康瑄等原台调会人员外，参加者还有地政署参事陈正谟、中央设计局土地组专员宾业绳、"立法委员"李庆麐以及曾在福建龙岩主持土改的地政署地权处科长林诗旦。该会经多次讨论后，提交了一份报告书，其中，关于土地金融，认为过去台湾土地金融由日本劝业银行掌控，另外，近年来发展较快的"组合"（即信用合作社）也承办一部分农贷，对于接管后土地金融究竟由哪个机关办理，该会认为必须明白规定，最终通过决议："设立台湾土地银行，办理土地金融，惟各种组合之经办土地金融部分，仍暂维现状，逐渐调整。"[3] 与这份报告书同时提交台调会讨论的还有一份《台湾地政接管计划草案》，同样提出了"接管应筹办土地银行，办理土地金融事宜"的建议。[4] 1945年8月15日，台湾土地问题研究会的报告书和地政接管计划草案，以及金融接管计划草案等均交由

---

[1] 严如平、贺渊：《陈仪大传》，人民出版社2011年版，第257—258页。
[2] 《台湾金融接管计划草案》，陈鸣钟、陈兴唐主编《台湾光复和光复后五年省情（上）》，第127页。
[3] 《台湾土地问题研究会报告书（1945年5月）》，陈鸣钟、陈兴唐主编《台湾光复和光复后五年省情（上）》，第71页。
[4] 《台湾地政接管计划草案》，陈鸣钟、陈兴唐主编《台湾光复和光复后五年省情（上）》，第126页。

台调会讨论，经决议后修正通过。①

在两种不同的意见中，最终采纳的是土地问题研究会的意见，这中间陈仪应该发挥了重要作用。据萧铮回忆，他曾与陈仪商议，接收日本在台的劝业银行，改为台湾土地银行，并拟由与陈仪有旧、时任中国农民银行农业金融处处长的黄通任台湾土地银行首任总经理。② 萧铮的上述说法未能找到佐证，不过从陈仪的立场，他接受设立土地银行的意见在情理之中。首先，从光复后台湾金融体制的建设来看，陈仪一直在谋求台湾金融独立，不仅争取到由台湾银行发行台币的权力，力阻法币流入台湾，还为了维护台湾银行的台币发行权，不让中央银行在台湾设立分支机构，进而出于"一视同仁"，也不允许另外三家国有银行在台湾设立分支机构。③ 由中国农民银行接办台湾农贷业务，显然不是陈仪能接受的意见。其次，从土地政策角度言，陈仪的想法和萧铮有共通之处。在主持福建省政期间，陈仪曾公开表示，对于土地问题，"我们的理想是要做到耕者有其田。我们的意思，凡不是种田的人，不需要田地"。为实现耕者有其田，陈仪主张由政府设立一种土地银行，"一方面收买那些不能自行耕种的人的田地，一方面将这些田地，卖给无田可种的农人"④。中国农民银行农业金融处成立前后，也是各方讨论土地银行设立事宜最为热烈的时候，陈仪还对土地银行如何发行土地债券提出了他的见解："土地银行的设立，最重要的业务，是在发行土地债券。此项债券，应以由县发行为原则。"⑤ 可见对于设立土地银行一事，陈仪一直相当支持。陈仪会接受设立土地银行的建议，可能还有一种原因。据研究，陈仪在为台湾调查委员会选用人才时，曾驳回陈果夫荐用台湾省党部人员的意见，令陈果夫颇为不满。⑥ 在土地银行问题上，若陈仪接受 CC 系干将萧铮

① 《台湾调查委员会座谈会记录（1945 年 8 月 15 日）》，陈鸣钟、陈兴唐主编《台湾光复和光复后五年省情（上）》，第 75—76 页。

② 萧铮：《土地改革五十年——萧铮回忆录》，第 370 页。

③ 龙在田：《台湾的金融现势》，《财政评论》第 14 卷第 5 期，1946 年 5 月。

④ 陈仪：《我们的理想国——一个民有民治民享的三民主义国家》，《改进半月刊》第 2 卷第 5 期，1939 年。

⑤ 陈仪：《如何发行土地债券与设立土地银行的我见》，《闽政月刊》第 8 卷第 5 期，1941 年 5 月。

⑥ 严如平、贺渊：《陈仪大传》，第 225—226 页。

的建议，一方面土地银行与其一贯的理念相合，另一方面也等于缓和了和
CC 系的关系，可谓两全其美。而萧铮让和陈仪有旧的黄通抛下中农的农业
金融处，前来台湾负责土地银行设立事宜，既反映了对第一家独立的土地专
业银行的重视，同时可能也有类似政治上的考虑。土地银行成立后，董事长
与总经理通常分别由省方和地政学会系统的人担任，也可提供佐证，如第一
任董事长是时任行政长官公署财政处长、陈仪在福建时的部下严家淦，总经
理是黄通，黄通回到土地金融处之后，则由洪瑞坚继任。国民党迁台后，萧
铮被任命为第二任董事长，总经理即由掌握台湾省政的陈诚的弟弟陈勉修出
任。

　　1946 年 5 月 11 日，"日本劝业银行在台支店监理委员会"成立，中
国农民银行应台湾省行政长官公署之邀，派出了包括黄通、李昌槿在内的
8 名土地金融业务骨干，来台协助监理工作。同年 6 月 11 日监理结束，
改设"台湾土地银行筹备处"，由黄通出任筹备主任，同时进行接收工
作，将台北分行（支店）改为总行，新竹、台中、台南及高雄四个分支
机构改为土地银行在各该地的分行。经过三个月的筹备工作，台湾土地银
行于 1946 年 9 月 1 日正式成立。① 台湾土地银行资本金共计旧台币 6 千万
元，由财政部全额拨付，实际上是由接收日本劝业银行在台五家分行的资
产折合而成。② 和日本劝业银行及中国农民银行不同，台湾土地银行是一
家非股份制银行，不设股东，但设有董事会和监察人会，行政长官公署对
该行人事有很大发言权，董事与监察人人选须经长官公署荐请财政部核
派。③ 首任董事长与总经理分别由严家淦和黄通担任，萧铮则成为 11 位董
事之一。④

---

① 李昌槿：《台湾土地银行与土地改革（上）》，台湾《人与地》第 37 期，1987 年。
② 《台湾土地银行 1947 年度岁出预算分配表及营业概算书（1948 年 4 月）》，陈云林主编
《馆藏民国台湾档案汇编》第 256 册，九州出版社 2006 年版，第 220 页。
③ 《台湾土地银行章程》，台湾土地银行编《台湾土地银行》，第 19 页。
④ 李昌槿：《台湾土地银行与土地改革（上）》，台湾《人与地》第 37 期。

四　名不副实：光复初期台湾土地银行的经营实践

根据《台湾土地银行章程》，台湾土地银行"以调剂本省土地金融，发展本省农林事业暨协助政府推行土地政策为宗旨"，以此推之，土地金融应当是该行的主营业务，在该行章程的业务项下，也确实罗列了照价收买土地放款、土地征收放款、扶植自耕农放款、土地重划放款、土地改良放款等战时农业金融处承办的土地金融业务，除此之外，台湾土地银行经办的业务还有十余项，主要涉及农业放款（农业生产推广，农产运销贮押，农产加工，农村副业等）、农田水利放款、房屋修建放款、其他不动产抵押放款以及一般商业银行经办的存款、储蓄、票据汇兑等，另外，土地银行还办理农业仓库，代办中国农民银行委托业务，并经财政部特准发行债券。[①] 从章程所列的业务范围来看，台湾土地银行不仅涵盖了战时农业金融处的功能，也参照了中国农民银行的经营范围，同时日本劝业银行的经营习惯也有所保留，[②] 经营范围极为宽泛。

以台湾土地银行主营的放款业务来看，光复初期农田水利放款和农业放款占有极高的比例，两者加一起几乎占当年放款总余额的一半，土地金融的五类放款仅见扶植自耕农放款和土地改良放款，其中扶植自耕农放款数量逐年增长，渐渐趋近农田水利放款和农业放款，但照价收买、土地征收和土地重划三项均付之阙如（参见表2）。土地银行的放款状况，一方面是光复前日本劝业银行的经营惯性使然，因劝业银行以经营较长期限的放款为主，这些放款光复后很难在短期内收回，从而使放款结构发生改变；另一方面，则

---

① 《台湾土地银行章程》，台湾土地银行编《台湾土地银行》，第23—30页。
② 日本劝业银行和中国农民银行的业务范围有交叉，如农业放款、水利放款、不动产抵押贷款、代收代解、存款业务等。有些业务则是彼此不同，但都出现在土地银行业务清单里的；如主要针对都市地区的房屋修建放款，并不在中国农民银行的业务范围内；又如农业仓库业务，日本劝业银行的业务范围里似乎并没有，但中国农民银行的章程里却有明确规定。关于日本劝业银行的业务情况参见《日本劝业银行一九三九年六月底营业报告》，《银行周报》第23卷第39期，1939年；中国农民银行的业务范围参见《修正中国农民银行条例》（1941年9月5日府令公布），《经济汇报》第4卷第7期，1941年。

和光复初期的土地政策和农业政策有很大关联。

表2 光复初期台湾土地银行历年放款余额表

单位：旧台币元（1934—1948 年）；新台币元（1949 年）

放款类别	1946 年	1947 年	1948 年	1949 年
扶植自耕农放款	—	5227000	2053281000	1821000
土地改良放款	—	75296000	204820000	105000
农田水利放款	—	507536000	5321805000	3517000
农业放款	—	933441000	1426285000	2279000
房屋修建放款	217035000	348506000	632607000	59000
其他不动产抵押放款	—	310250000	260347000	593000
定期质押放款	—	249565000	1013471000	1053000
存放同业	253870000	303860000	1148472000	855000
贴现及买汇	—	15100000	9200000	1163000
活期放款及透支	93631000	340429000	208873000	560000
其他	—	111671000	389397000	58000
合计	564536000	3200881000	12668992000	11964000

资料来源：陈荣富编：《台湾之金融史料》，台湾银行经济研究室 1953 年版，第 62 页。1949年陈诚主政台湾后，实行币制改革，以 1 元新台币兑换 4 万元旧台币。

对于光复后的土地政策，光复前台湾调查委员会有人提出，应在台湾实施孙中山平均地权的主张，以实现耕者有其田，[①] 但台湾土地问题研究会拟定的报告书则建议"平均地权候将来实行"。[②] 光复初期，台湾省政当局的土地政策主要集中于对公有土地的处理，在指导思想上，虽一直标榜要实现"耕者有其田"，但更认同公有制经济形态，主张办合作农场，对地权改革较少涉及。台湾省土地总面积为 360 万公顷，日据时期绝大部分由日人占有，光复以后，这些土地大多被行政长官公署接收为公有土地，其面积达到

---

① 《台湾调查委员会座谈会记录》，陈鸣钟、陈兴唐主编《台湾光复和光复后五年省情（上）》，第 17 页。

② 《台湾土地问题研究会报告书》，陈鸣钟、陈兴唐主编《台湾光复和光复后五年省情（上）》，第 70 页。

265 万公顷，占土地总面积的 73.6%。[①] 陈仪计划将这些公有地，尤其是公有可耕地放租给有耕作能力的农民，使其组织合作农场。[②] 从 1946 年 11 月开始，各县市均举办承耕公地之现耕农户登记；次年 2 月，公有地放租在花莲、台东、澎湖三县及彰化市试行，由于二二八事件影响，全面实行则从 1947 年 5 月 1 日开始。[③] 到 1948 年 5 月，放租耕地面积约达 10.4 万公顷，占全省耕地总面积的八分之一，放租农户 12.4 万余户，超过全省农户数的五分之一。[④] 二二八事变后，台湾省政当局对土地政策有所调整，在 1949 年陈诚接任台湾省主席、正式实施三七五减租之前，部分县市开始试办减租。1948 年台湾省还公布了相关法令，准备放领台糖等公营公司的零星土地。[⑤] 但总体而言，光复初期台湾土地行政仍以公有地整理及放租为主轴，尚未触动私有土地的地权问题，在此背景下，土地金融的重要性相对较低。

与此同时，因为"二战"末期美军飞机轰炸等原因，台湾农田与水利设施均受损严重，农业生产受到影响，粮食产量急剧下降；光复初期，甚至发生严重粮荒。对台湾省政当局来说，恢复农业生产，提高粮食产量，较之土地问题更为急迫。为此，修复水利设施，增加化肥施用，加强农业试验与品种改良，是光复初期农业政策的重要内容。[⑥] 土地银行农田水利放款和农业金融放款业务量远超过土地金融放款，既有日据时代劝业银行的传统，也与光复初期的农业政策密不可分。

为配合省政当局的土地政策与农业政策，土地银行制订的 1947 年业务计划提出 4 点中心内容：（一）增设分支机构，充实内部组织，完成全省土地金融网；（二）配合省府以工代赈的救济失业政策，大量举办农田水利、

---

① 台湾省行政长官公署编印：《台湾省统计要览》第 3 期，1947 年 3 月，第 7 页。

② 《三十五年除夕广播辞》，陈鸣钟、陈兴唐主编《台湾光复和光复后五年省情（上）》，第 327 页。

③ 《台湾省民政厅施政报告（土地行政部分）》，陈鸣钟、陈兴唐主编《台湾光复和光复后五年省情（上）》，第 466 页。

④ 《台湾省民政厅关于公地放租与公地领耕事宜答台湾广播记者问》，陈鸣钟、陈兴唐主编《台湾光复和光复后五年省情（上）》，第 468 页。

⑤ 《公地放领在台湾》，侯坤宏编辑《土地改革史料》，第 514—515 页。

⑥ 参见拙文《光复初期台湾农业之恢复与重建》，中国社会科学院近代史研究所编《中国社会科学院近代史研究所青年学术论坛 2003 年卷》，社会科学文献出版社 2003 年版，第 749—756 页。

土地改良和垦殖放款，扩充耕地面积，以期地尽其利，增加生产；（三）扶植农民购地自耕，组织合作农场，调整地权分配，同时奖励农村修建新式房屋，改善农民生活；（四）活泼农业资金，扶助农业增产，复兴农本经济，提高国民收入。① 根据该计划，土地银行1947年预计放款20亿元，其中农业放款6亿元、农田水利放款5亿元、土地改良放款2.5亿元、扶植自耕农放款与土地重划放款各1亿元、收买及征收土地放款5千万元，另外房屋修建放款和其他不动产抵押放款各2亿元，② 农业放款与农田水利放款合计超过一半，而土地金融放款仅及四分之一。在实际运营中，如表2所示，两者的反差更大。据自土地银行设立以来就供职于该行的李昌槿的统计，从1946年到正式实施耕者有其田的1953年，土地银行每年的农田水利放款和短期农贷均占到总放款余额的90%以上。③

除放款业务外，土地银行作为一家政策性专业银行，有别于商业银行，应当不以营利为最终目的，为资金安全起见，一般也不随便吸收存款，筹集资金的主要方式为发行债券。《台湾土地银行章程》对这些原则都有所规定，实际运营中却颇多偏差。台湾土地银行为筹集资金，曾参照日本劝业银行在台发行有奖劝业债券的方式，于1948年初拟定了台湾土地债券发行办法，但台湾土地银行发行土地债券需要请示财政部核准，该部因抗战胜利后刚取消了战时发行的储蓄奖券，认为不便再发行有奖债券，于是改用无奖十足发行方式，发行额度以不超过台湾土地银行土地抵押放款总额为限，定为旧台币10亿元。因往来请示及修改耽误了债券印制时间，最终不得不改以预约券形式发售，受时局动荡与币制不稳等因素影响，预约券发售未能引起购买兴趣，只能对往来客户酌量劝购。由于债券发售成绩不佳，国家财政又无力量供应长期固定的巨额资金，台湾土地银行为筹集资金不得不揽收部分流动存款，但成绩也并不理想。④ 为拓展业务与吸收存款，该行还申请在台南县大林飞机场内设立办事处，因该场内驻有空军第七供应分处，每月有大笔往来经费，该行希望设立办事处来吸收存款。大林办事处后经财政部核准

---

① 台湾土地银行编：《台湾土地银行》，第13页。
② 同上书，第16页。
③ 李昌槿：《台湾土地银行与土地改革（上）》。
④ 陈荣富：《台湾之金融史料》，台北，台湾银行经济研究室1953年版，第62—63页。

设立，兼营省内汇兑，但不经营放款业务。① 该行运营压力及变通经营由此也可见一斑。

从光复初期台湾土地银行的经营实践来看，该行并未发挥土地金融功能，受省政当局土地政策和农业政策以及日据时期劝业银行的经营惯性影响，该行放款业务偏重农田水利放款和农业放款，并经营农业与农地范围之外的房屋修建放款，土地金融方面仅办理扶植自耕农放款和少量土地改良放款。资金筹集方面，由于该行没有自行发行土地债券的权力，受财政部规章所限，不能根据台湾自身情况发行债券，加上光复初期金融形势不稳，债券发售成绩不佳，不得不将更多精力放在吸收存款方面，甚至设立专门的办事处来吸取存款。光复初期台湾土地银行的经营实践不免给人以名不副实之感。

余　论

20 世纪 30 年代，以萧铮为代表的中国地政学派发现西方土地金融制度在解决土地和财政问题方面的作用，试图将其引入中国，不断呼吁、倡导设立土地银行，进行土地改革。抗战期间，为加强粮食与土地税收管理，地政学派的主张在国统区得到部分践行，于 1941 年在中国农民银行内成立了农业金融处，办理土地金融业务，但因财力、人力所限，加上各级政府对于土改并不积极，农业金融处只能在极少数几个区域办理有限的土地金融业务，土地金融在大陆只能算试办性质。抗战胜利后，萧铮为首的地政学派在台湾行政长官公署行政长官陈仪的支持下，在接收日本劝业银行在台分行的基础上，成立了台湾土地银行，并取得该行的领导权，地政学派的土地银行构想初步落实。受省政当局土地政策和农业政策以及日据时期劝业银行经营惯性影响，台湾土地银行以农田水利放款和农业放款为其主要放款业务，土地金融放款实际办理很有限，土地银行徒有其名。从战时国统区农业金融处的部分践行，到光复初期台湾土地银行的正式成立与开展业务，地政学派的土地

---

① 陈云林：《馆藏民国台湾档案汇编》第 69 册，第 292—294 页。

银行构想在付诸实践过程中颇多不易，甚至出现与构想的背离，这中间既有各种政治势力的纠葛，更有现实条件的限制。直到国民党政权败退台湾后，下决心在台湾推行耕者有其田，以实物土地债券和公营公司股票搭配现金支付地价，收购地主的土地，再由农民以分期付款形式承领，土地银行的土地金融功能才得到发挥，并成为台湾土改重要的辅助力量。可见，只有当国民党政权真正确立并切实推行土地政策，土地银行方可成政策之工具。

调查与研究

雄安新区建设中创新型的
"三农"问题解决思路[①]

综合农协研究组

雄安新区的开发与建设一定要重视农业的定位与规划,处理好"三农"问题,吸取我们这么多年来在城市化进程当中的教训,综合各方已经有的成功经验。

一 既有的教训

我们近年城市化进程当中最重要的一个教训就是,在大城市和沿海城市周边,搞了一大批城中村,然后这些城中村最后都变成城市发展的一种阻碍。这个阻碍第一个问题就是土地问题,因为城中村的土地按照我国《宪法》规定,是村组集体所有,在村组的土地上建的所有东西,都应该归地主所有,所以,就形成了近郊农民坐地致富不劳而获的现象。大城市近郊的农民一夜暴富,从而引起一种新的分配不公平。而且,这带来了更多的新问题,比原来面临的问题还大而复杂,并且会累积,比如:农民会不断来找政府闹,索要土地收益,国家不知道要承担多大的成本,面对多少困难!雄安新区作为新型的城市化建设,要尽量避免这个问题,具体的政策应该既要维

---

① 本文系北京农禾之家咨询服务中心综合农协研究组应有关部门邀请,杨团、刘建进、许欣欣、仝志辉、刘海波参加会议研讨,由刘海波执笔的政策建议稿。刘海波,中国社会科学院法学所副研究员。刊登于北京农禾之家咨询服务中心内刊《综合农协》2017年第2期(总第24期)。

护农民利益，也要维护国家利益和社会公平。要有新政策、新办法，为将来其他地方的城市化、城镇化，解决城乡二元结构问题打下一个比较好的政策基础和样本。

我们另外一个教训就是城乡不能够同步发展，在纯农业的乡村，出现了青壮流失、公共治理恶化、农业生产模式不可持续导致环境污染和食品安全危机。

二 具体的创新办法

1. 农民转市民模式既不能出现农民失去生计问题，也要避免拆迁暴富现象

可以采取的一种办法是把划入雄安新区所有的乡村土地都在当下用比较合理的价格一次性买断，变性成国有土地，之后再做土地具体用途的规划。也可以采取不把土地收归国有，而是在既有土地产权形态下，进行土地利用管制或土地税征收的办法。配套的税收政策，有土地交易利得税、房屋保有税等。这和雄安的新房地产模式也相关，暴富的土地食利阶层会使得雄安的房价或者居住成本高涨。

目前，应该尽早开始通过宣传渠道，向全社会传达以往在京、深、沪、广郊区农民暴富的这个现象在雄安绝对不会发生，彻底打消当地农民的暴富预期。同时也给全社会一个明确的说法，就是失地农民不会失去生计。

2. 以财政体制改革来融合城乡人口，实现雄安新区的公共服务均等化

把雄安新区的农业人口纳入城市管理，既杜绝城中村的出现，使得郊区土地升值的大部分收益进入政府财政，而不是归了具体的暴富农民，造成新的分配问题。同时，让政府有钱也有义务为全体居民高效地提供教育、医疗、养老等社会服务。

3. 建设现代化生态农业生产区，实现基本食品就近供应

所谓基本食品，不是燕窝、鱼翅，而是粮、菜、肉、蛋、奶。如果基本食品通过远距离运输，会成本高昂、食品不新鲜，越远、运送环节越多的食品越不容易做到安全。另外，就近供应可以使城乡紧密结合，成为一个共生

的共同体。甚至，可以考虑市民参与农业，农民农忙时节利用城市劳动力的模式。城市与生态化的农业生产区域相邻共生，也是绿色城市建设的一环，不造成庞大全部是钢铁水泥和混凝土的区域。当然，要同时强调现代化的生态农业生产，不仅仅局限于传统农业。实际上，现代化生态农业不仅提供安全食品、优美环境，还是提供包括生活方式、文化、休闲等在内的新型农业。这个时候才能真正地使雄安的农民、农业不成为负担，而成为区域的优势资源。

4. 建设党领导下的农民合作体系

要做到农民增收，农业生产现代化生态化，党领导下的农民合作体系至关重要。

在农民专业合作社与村委会之外，还必须建立新型的综合性功能的农民合作组织。这里称为综合农协，其特点是两个"三位一体"。首先，它是农民经济合作、社会服务、代行行政的"三位一体"，同一组织，分别履行三种功能；其次，在农民经济合作方面，它又是农民生产技术合作、供销合作、信用合作三类合作组织的"三位一体"，也就是流通、金融、科技三种合作功能的"三位一体"。这种组织帮助下，大大有助于使得专业农民的收入达到城市打工的社会平均收入。由合作组织来帮助农民从非农产业，涉农而非农业的产业当中取得收入，这个收入占了相当主要一部分，如日本达到农民总收入的60%。综合农协除了经济上流通、技术、金融综合功能，还包括社会服务、部分代行政府的行政职能，甚至有在政治层面为农民代言的功能。

习近平总书记以前在谈到供销社改革时，提出要在乡镇这一级，真正接地气，搞一个综合性合作社。也是在2015年，河北省邢台市内丘县金店镇成立了一个党领导下的社会联盟化，城乡一体化的综合农协，这个经验可以考虑搬到雄安去。综合农协是为农民和城市中下层的居民服务的。综合农协只要做好了，是可以城乡统筹的，日本、韩国、中国台湾地区已经有现成经验。而且，还有助于就地消化劳动力，为城市就近提供绿色、安全的食品，保护农村的环境，解决农村养老、幼儿教育、家庭纠纷、完善农村的社会文化功能等社会管理问题。

例如，农协可以在雄安新区建立非营利追求的一级农产品批发市场。京津冀周边的市场容量够大。我们已经建立的农产品批发市场关键时刻起不到发挥市场稳定的作用。韩国可乐洞农产品批发市场就是韩国农协主办，有些拍卖市场上农协是几家拍卖者之一。由于农协具有国家稳定市场的职责，而且规定市场是非营利性组织，因此稳定农产品市场的功能得以发挥。我们的生产规模上去了，市场稳定却看不见，反而大幅度波动。鸡蛋现在 2 元多一斤，几乎是过去的一半。如果雄安新区规划建设能够在市场建设方面也有所作为，对广大农村和城市的生产者消费者都是好事。

农协与村委会是平行的关系，根本不存在相互替代问题。村委会和农协的经济功能区分是清晰的，农协的经济功能是村委会无法替代的。在社会功能方面是分工合作关系，二者可以在现实中逐步清晰各自功能的界限。

综合农协是特殊的社团法人，它以社团面目出现，却拥有经济服务功能。一般来说，综合农协是分层构建的。日本、韩国、中国台湾地区的经验是开始分 3 层，最后进化成 2 层，最基层从村、组、乡等开始整合，一层层自发组合或者合并，最后成立全国性农协。

综合农协必须在党的领导下进行建设，它和农业局不一样，是一个群众性的组织，和村组织一样，是党在农村基层工作的抓手，是树立党在群众中威信的有力途径，是农民组织起来参与市场竞争的保护伞，也是农民和中央直接保持联系，表达自己政治或者利益诉求的有效渠道。建设党领导下的农民合作体系政治意义巨大，实际上可以视为是一个党建工作。

河北省刘现庄调查简记[①]

2017 年 7 月 4 日，杨团、刘建进随林泉先生（中国社会文化发展基金会红色文化基金管委会负责人）到唐山玉田鸦鸿桥镇刘现庄村考察。

概　况

该村是明朝永乐年间，一个叫刘现的在此地建的，距今 600 余年。该村地理位置优越，位于京、津、唐金三角的中心，距京沈高速出口 3 公里，东邻鸦鸿桥市场（华北重要的小商品批发集散地，商户 1.5 万户，年交易额 200 多亿元）2.5 公里。

刘现庄共有土地 3330 亩，其中宅基地和村建设用地约 800 亩，500 余户，2016 口人。

2009 年 1 月，村委会选举，选上了该村唯一姓白的独户（百余年前移民到此地）家中在外创业的白利国当村长，当时他已经是拥有多家企业（主要是花炮），上亿元身家的唐山丽泰集团公司董事长。白初中毕业后，只身外出闯天下，1990—1998 年在玉田县孙各庄花炮厂（乡镇企业）从工人当到副厂长，后企业改制，他当了厂长，从花炮生产到销售再到出口，积

---

①　刊登于北京农禾之家咨询服务中心内刊《综合农协》2017 年第 2 期（总第 24 期）。
②　杨团，中国社科院社会学所研究员，中国社科院社会政策研究中心顾问，北京农禾之家咨询服务中心理事长；刘建进，中国社会科学院农村发展研究所研究员。

累了家族企业的庞大资产。

白利国自 2009 年至今，一直是该村的带头人（刘现庄村党支部书记兼村委会主任），带领该村综合发展、村民共同致富，人均年收入从 2009 年的 3000 多元增长至 2016 年的 3 万多元，获得荣誉无数。刘现庄已成为农业部、中组部在河北省联合办的农村干部培训基地，每年都有大批基层农村干部到这里参观、接受培训，白利国也被全国总工会授予"全国五一劳动奖章"，被评为全国劳动模范，2016 年"七一"又荣获"全国优秀共产党员"称号。

蓝图、设想与实际

白利国在当选现场，郑重许下了"双百万"的诺言。即 2010—2020 年十年间，要实现全村每户村民均拥有 100 万元资产和 100 万元存款的"双百万"目标。而且为获得村民信任，他立下军令状，如果到时完不成计划，就把自家的资产全部变卖，分给大家作补偿。

当时，为达成这个目标，他的设想是，利用本村紧邻鸦鸿桥市场的区位优势，将本村的土地流转出来建成新鸦鸿桥市场，主要通过类似义乌、白沟这样的市场经营赚取利润，为村民赢得十年内百万存款。而土地流转须动员农民上楼，腾出宅基地，农民的楼房 10 年内增值至 100 万元不成问题。

白利国先后从自己的公司拿出 2 亿元投入这个规划（新民居一期工程 5000 多万元是白利国从企业抽调的，新民居建到一半，资金再次出现缺口，贷款下不来，白先后卖掉了内蒙古的花炮厂、县内的采石场、服装厂和饮料厂，筹资 1.6 亿元垫到工程里）。

这两个亿中的 6000 万元，占总投入的 30% 作为股份分给上楼的农户，按照房子的宅数分，全村 600 多处房子，一处房子分到 9.5 万股，9.5 万股占 2 亿股的不足二千分之一。（白家只一栋房子，分到的股份少，他本可将自己的投入算作股份，但他坚持算借款，股份只要二千分之一。）

白利国介绍说，村里的投资开发公司获取的利润每年按照 30% 分红、30% 偿还债务、20% 提供福利、20% 投入滚动发展资金的方式分配经营利润。也就是说，这不是集体经济可经营性资产完全量化到成员，而是有结构性的制度安排，尤其规定将集体经营利润的一定比例投入发展。

刘现庄发展集体经济的同时兼顾农户分配的模式值得重视。第一，他们是真正在做集体性经营，而不是只靠资源性资产，例如土地的增值。第二，他们给农户的股份分红不是按照土地股，而是从集体经营股中提取一部分。也就是说，只有经营得好才能获得分红。值得一提的是，白利国作为带头人，拿出个人巨额资产投入集体经济时，没有按投资计入股份，而是作为集体经济的债务，并且自行承担经营失败风险。这是挑战自我，有勇气、有担当的表现。第三，分配比例中专门规定了还债的比例。一般而言，若债务还清，分配模式就会不同。不过，未来也可能在发展中继续举债，如果遵守30%的还债比例，对举债就会有一定的要求和限制。总而言之，农村集体经济的产权划分和分配归属在固定制度框架内不完全清晰的现象其实目前到处存在，如何解决这个难题，并非只有将集体产权确权到户这一条出路。

由于政府对基础设施建设没能够按预期计划到位，原来的一些发展设想没有到位，集体经济集团也正在调整经营方向，像钢管加工制造、制酒、广告、养生保健等产业方向投入。白利国解释，集体经济的资产都归大伙，将来还掉债务以后，所有的经营利润仍然是归集体，按照预设方案分配。

村里有个人承包农地 2500 亩，农户的耕地流转到村集体，一亩地给租金 1000 元，村集体成立公司经营土地，再将收益分给村民。给村民集体每人每月 15 斤面、10 斤米、3 斤油、30 元蔬菜票。但是，原本希望通过流转的土地建新市场的设想被拖延至今仍未实现。尽管利用政府下达的"新民居"计划，花费 4 年半，总算将全村 95% 的户都迁到新楼房，宅基地腾出来 200 亩，不过，从鸦鸿桥市场到该庄的 2.5 公里的公路，政府修到至今仍未完工，甚至市场 1.5 万商户的污水得不到处理，一路上臭味难闻。这就逼迫白利国绞尽脑汁用各种方式帮助农民增收，维系农民的信任。

村里最初有 800 亩的非农用地。经过统一集中上楼居住，拆出五六百亩地，可腾出宅基地 200 亩，有一共近 500 亩地可以用于开发经营（原来已经有一些非农建设厂房用地）。

白利国迄今的投资已经达到 3 亿多元。其中有相当部分是以自己的企业资产向银行抵押担保借来的。其中投资集体企业有 5000 万元，投入水、电、气等村公共设施 3000 万—5000 万元，还有一部分作为奖励基金。这些投资等于是白利国个人企业借给村集体的钱，据白利国说，自 2016 年已经开始还款，目前的还款约占总投入的十分之一。

按人头分配的"股份分红"体系

刘现庄的股份分红不是按土地而是按人头和积分值均分。分粮食，分福利，按人头走，还有一系列如孝敬老人、讲求卫生、参加集体活动、文明户、优秀村民、致富能手等都可得到相应的分数奖励，每个人的分数不同，年终的分红也不同。这是以经济激励机制推动农民养成文明习惯。该村分配给农户的财富均来自刘现庄农工商总公司集体的经营收益。

刘现庄集团创立于 2012 年，现已形成商业（房地产）、文化、金融、培训四大产业，其中最重要的产业是房地产，在村旧址拆建、建成的新楼面积有 27 万平方米。原有面积是给村民上楼建设的，自 2015 年起，开始给商户建房，其出售的利润是该集团的主要收益。在农业上的投资主要是兴建了国家现代农业示范区——玉田县千亩食用菌标准化示范基地。目前重点投资健康产业。

社区生活

该村自命名为中华孝老村，把 9 月 9 日定为"孝老节"，全体村民为 60 岁以上老人集体祝寿，为 80 岁以上老人上门祝寿。全村 400 多名 60 岁以上老人，每天免费吃早餐，每月发 100 元补贴，长一岁加 10 元，免费理发、洗澡、体检。村民还能定期领取米面油，物业费、取暖费免交，参加新农合有补贴，孩子升学有奖励，幼儿园、小学校、体育馆、医疗室、健康保健中心、村民综合服务中心等公共服务设施一应俱全。

农民收益

为兑现承诺，帮助农民增收，白利国的做法一是让搬进新居的农民降低生活成本，以刘现庄集团投资覆盖本村水、电、气公共设施的方式，实现了上楼农民水、电、气全部免费，又以成立富达农民合作社加绿通公司的方式流转了 2300 亩耕地，实现粮食、蔬菜统一耕作，低价配售给农户，还为村内 400 多名老人提供免费早餐，为驻村的企业员工提供低价餐食。二是成立了资金互助合作社，最初 30 人投资 500 万元，目前已经有 1000 多人存款，共达 3000 万元左右的资本金规模（政府设卡，希望控制在 3000 万元的资金规模，前几年最高的时候达到过五六千万元的规模）。这部分的收益每年按一定比例分配给 30 位股东（2013 年的分红相当于 2 分的利息）和 1000 位互助资金出资人（2013 年的利息分配为 1.05）。贷款的利率是 1 分 4 厘几。现在的资金规模按照政府的希望控制门槛，是 3000 万元。有 20% 是作为备付金不可全部投放出去的。

我们当场计算了一下，农民每人实际获得的收益 3 万—4 万元。其中股份分红和福利收入大约各占 1 万元。

刘现庄的集体经济是社区共有概念，对于社区成员，从集体经济获得的福祉是"生就带来，死就消失"的，集体资产不可量化到个人，不可赠予和继承，但私人资产是得到尊重的。

刘现庄与周边村庄在发展上的不同之处在于，别的村庄无法统一集体行动，让土地等资源重新流转、统一配置获得更大的发展红利空间。

后　记

　　本书是北京农禾之家咨询服务中心综合农协研究组年度集体著作的第四本。

　　2017 年是中国农村变革向纵深发展标志性的一年。曾经大规模推进的土地流转开始降温，农村集体产权制度改革快速突进，从部分地区向全国全面推开。这是继 40 年前农村包产到户以"分"为标志的改革后，在政策层面首次大规模进行的"统"的实践。不过，"统"什么？谁来"统"？"统"向何方？如何"统"？在这些看似简单的问题背后，凝聚了几代人的探索性实践。

　　2017 年以来，这个探索比往年更突出之处，是尤为重视从历史维度的开掘。不仅从现实观照历史，更从历史观照现实。引发这种探索的根由，是历经 40 年改革的中国，在与境内外的环境相互作用下，国家在经济、社会、文化上的结构性变局，这一年多量变的性质结果被凸显出来。如何理解、适应和参与这个大变局，尤其通过建设性的不断尝试，推动农村的集体经济改革朝着"社区性""综合性"乡村合作组织的方向努力，正是我们这一群探索者正在做着的事情。

　　本书就是我们探索正在路上的初步成果，多篇文章都谈到这一主题。尽管思想和表达还很不成熟，却留下了我们努力攀登的足迹。

　　细心的读者可以从中发现我们的变化和成长。还可以发现，研究组成员的认识和看法有共同之处也有不同之处。

　　共同之处是我们对中国"三农"的基本认识：绝不可忽视小农户的地

位和作用，小农经济并非权宜之计；不可学西方搞农业大规模化，而要将小农经济引入现代生态农业；这需要为小农提供综合性、社会化的服务。这类服务不可能由政府直接提供，必须依靠将小农户组织起来的农民合作组织。

不同之处，主要在怎样的农民合作组织是有效的、如何组织起这样的组织、它们和政府和企业的关系怎样等更具方法论意义的议题上。

我们这个和而不同的群体的研究正应了费孝通先生的名言：各美其美，美人之美，美美与共，天下大同。

本书的编辑方式与前三本基本相同，总论提出本年度的研究主题，在"农村和农业""农民合作组织发展""东亚农协（农会）研究"等议题下分编各组文章。不同点是，本年的文集专门列出"土地流转"议题，以其成果显示行动援助（中国）对该课题的支持。土地产权及其运营机制决定着中国农村未来的走向，其重要意义不言而喻。本年的这个研究于我们仅是初步尝试，今后还要持续下去。

还要提及的是，2017 年文集中的"供销社综合改革"议题，是 2016 年文集中这一议题的继续。2016 年的该议题记录了自 2015 年开始，综合农协研究组和供销社系统合作，在河北内丘推出了"新农村综合发展合作协会"的试点过程，2017 年以来，试点县河北内丘和所在地区邢台市的党和政府都发出了推广"新农协"的文件。这直接影响了邻近的河南省民权县的供销社也要试办"新农协"。我们将协助河南试点的初步设计方案收入本书，以及反映 2017 年我们支持供销社综合改革的成果。同时，也收入了反映河北内丘首个试点镇——金店镇新农协经营情况的调研报告。

本书的责任编辑冯春凤为在最短时间内出版本书费尽了心力，农禾之家咨询服务中心研究部干事齐蕊参与了本书的编辑，在此一并致谢！

杨团、孙炳耀并综合农协研究组全体成员
2017 年 10 月 10 日